最後一役

納粹第三帝國的末日

二戰經典
三部曲

III

The Classic History of the Battle for Berlin

THE LAST BATTLE

關於戰爭，我不敢以任何沒有足夠事實根據的資料，或者只憑自己的想法來寫。我只以本身親眼目擊，或者是經過對別人最仔細的詢問所得而加以敘述。這項工作極為辛勞，因為目睹同一件事情發生的人們，會依照自己記憶所得或者因為所關注的事項，只是其中一面或者反面，而提供不同的敘述。本人嚴格的歷史敘述，很可能會使聽到的人失望。但如果有人期冀過去發生的事情，能以真像在眼前呈現……會宣布說在下的所為很有用處，那麼我就滿足了。

修昔提德，《伯羅奔尼撒戰爭》第一卷

公元前四百年

本書為了紀念彼得費奇（Peter Fechter），一個生於二次大戰最後幾個月時的孩子。一九六二年，他被自己同胞以機關槍擊中，躺在盟國勝利最悲慘的紀念物——柏林圍牆邊血流至死。

維斯杜拉集團軍司令韓李奇上將。

作者考李留斯雷恩（右）與戰後的韓李奇合影。

1945 年擔任陸軍參謀總長的古德林上將（中），「我們的情況非常糟糕」。他最後還是被撤職。

德國統帥部作戰廳長約德爾上將（右），於 1945 年 5 月 7 日簽署德國投降書。

希特勒最後希望之所繫，倉促成軍的第 12 軍團司令溫克將軍，左為 1945 年照片，上為本書 1960 年代出版時的照片。

藍格上尉（1944 年攝，右戴眼鏡）在戰況不利時，曾經警告韓李奇要注意自身安全。站在藍格右前方是他的老長官，被希特勒謀殺的隆美爾。

送牛奶工人波加諾斯卡，1945 年攝。左邊是牛奶車和兩匹輓馬：利莎和漢斯。每一天，波加諾斯卡留意送奶圖中的某些特定的跡象，這有助於使他不會感到沮喪。

柯布家位於史達肯分區的住宅，柯布告訴太太：「戰爭會繞過我們的。」然而第一個出現的跡象顯示並非如此。德軍的野戰炊事車就停在他家大門前開設。

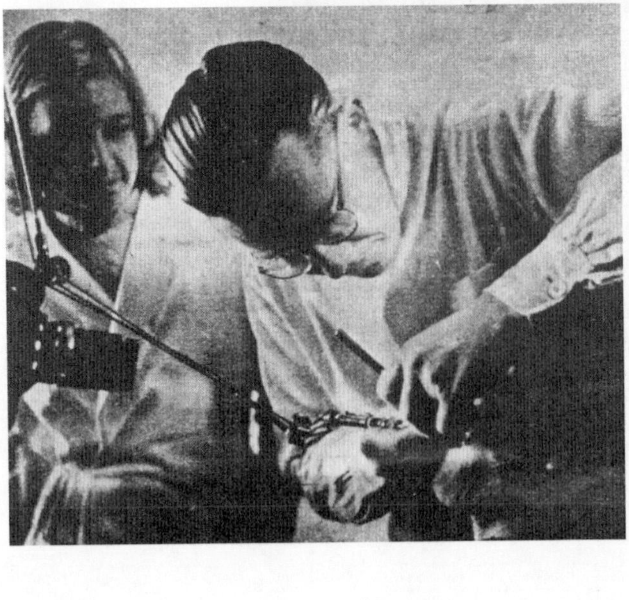

凱西·霍伊瑟曼與布萊什克教授為宣傳部長戈培爾治療牙齒，「她知道一個被嚴密保守的秘密——希特勒人在何處。」

蘇軍戰車於科斯琴越過奧得河，開啟柏林戰役的第一步。

蘇軍在戰火下於奧得河構工，他們以繫繩拴著浮橋（右側）。

柏林保衛戰中的「士兵」，年齡從 12 歲到 15 歲不等，他們被俘虜後留下這些照片（下）。這是由蘇俄拍攝並提供給作者。上圖是德國的國民突擊隊員，他們之中很多人都已經是屆齡七十歲的人士。

布蘭登堡門前罕見的景象，顯示廣場張掛一幅龐大的偽裝網。偽裝網像傘衣般掛在市區各處，阻止為空襲作戰做準備的偵察機尋找方位。

蒂爾加滕公園內飛機殘骸，背景是德國國會。

1943 年德黑蘭會議的三巨頭。左起蘇聯的史達林、美國的羅斯福、英國的邱吉爾。本次會議達成對納粹德國開闢第二戰場的共識。

盟軍將領聚會，前排左起：蘇可洛夫斯基元帥、羅柏・墨菲（Robert Murphy）、蒙哥馬利元帥、朱可夫元帥，艾森豪將軍，和法國的科尼希（Koenig）將軍。

1945 年，蘇聯烏克蘭第一方面軍司令柯涅夫元帥（左）。右為美軍第 12 集團軍司令布萊德雷上將，雙方於戰後留影。

柯涅夫元帥與作者對攻佔柏林戰役進行長達 4 小時的交流，這次機會極為難得，還獲得准許拍攝他的照片。

1945 年的崔可夫元帥。進攻柏林時，他擔任第 8 近衛軍團司令。照片攝於 1960 年代。

蘇聯白俄羅斯第一方面軍司令朱可夫元帥，柏林戰役時柯涅夫元帥的競爭對手，1945 年攝。

4 月 13 日夜，美軍 83 步兵師工兵營完成建設橫渡易北河便橋的任務。為了慶賀新總統的就任，士兵們把這座通往柏林的大門命名為「杜魯門橋」。

1945 年 4 月 25 日下午 4:40，美國 69 步兵師的羅賓遜中尉於易北河北邊 20 英里處的托爾高，正式與蘇聯的第 58 近衛師會師。

美軍 69 步兵師的柯茲布中尉，用找到的 8 人手划賽艇渡過易北河來到施特雷拉與蘇軍會師，時間是 4 月 25 日下午 1:30。河岸上揮手的是烏克蘭第一方面軍。比官方版的時間還要早了幾個小時。

美蘇部隊聚集在吉普車前討論雙方的戰術現況。

美軍士兵用床單以水彩顏料臨時製作簡易版的美國國旗，好向蘇軍證明自己是美軍。

蘇軍戰車於攻擊發動後駛入柏林近郊。

無武裝的 L-4 草蜢式小型偵察機「密小姐號」的飛行員法蘭西斯中尉（右），站在被他擊落的德軍 Fi 156 鸛式機旁邊。

蘇軍一路攻進柏林，蘇軍在戰火中越過街道。

蘇軍強大的戰車不斷向柏林市中心推進，第三帝國的領土正快速縮小當中。

蘇軍卡秋沙火箭發射車，近距離對柏林市內的目標射擊。

士兵藏身在蘇軍宣傳標語牌後，上面寫著「史達林格勒戰士前進！勝利近了！」遠方為柏林市勝利紀念碑。

幸福時光中的希特勒與伊娃．布朗，他們在自殺身亡之前完成結婚儀式。

1945 年 5 月 23 日戰後被扣押的納粹高官。左起戰爭生產部長史佩爾、接任希特勒的總統鄧尼茲海軍元帥、最高統帥部作戰廳長約德爾上將。

在最後關頭，戈林元帥離開了柏林，在巴伐利亞期間曾一度遭到黨衛軍衛兵軟禁。希特勒最後指責戈林叛國。第一排左一是在紐倫堡大審中的戈林。

希特勒最後一次的公開行程。4 月 20 日生日當天表揚他認為有盡到保衛第三帝國國民義務的包括青少年在內的一些非正規人員。

守城的國民突擊隊員，他們許多都參與過上一場戰爭，現在要再被徵召站在敵人的面前。他們配發的武器往往不足，鐵拳反裝甲榴彈似乎是能夠得到的最佳裝備。

5 月 2 日，站在德國國會大廈高點的蘇聯士兵，手執旗桿上的蘇聯國旗，正準備要插在德國主權象徵的建築物上。這是一張與美國海軍陸戰隊在 1945 年 1 月 23 日在硫磺島上立起美國國旗的畫面齊名的照片。

柏林交通要道可以看到用來作為路障的路面電車，他們發揮的效果不大。

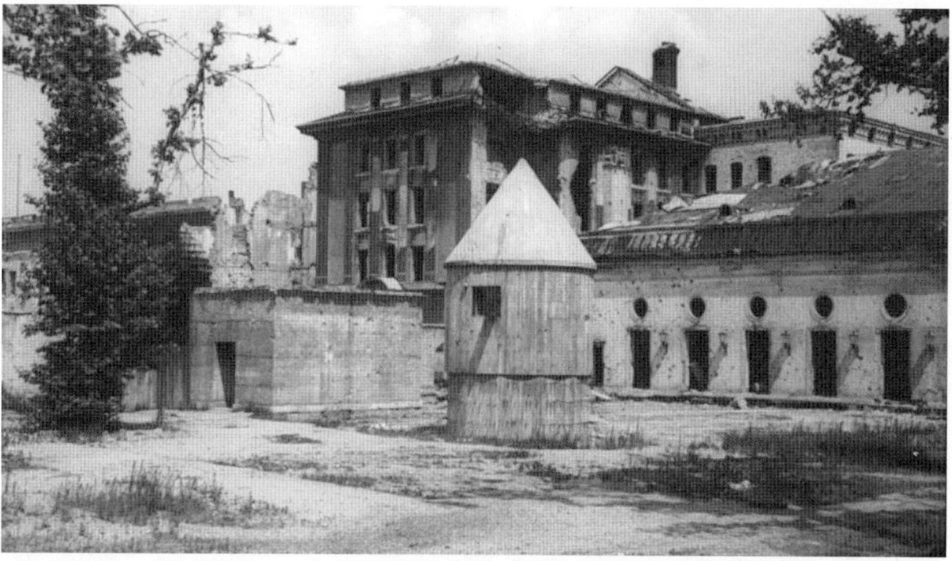

希特勒地下室的入口，左側是放下希特勒及伊娃・布朗的遺體後澆灌汽油後焚化的位置。

德軍陸軍總部參謀總長克雷布斯將軍於 5 月 1 日站在蘇軍崔可夫司令部外，這是雙方在希特勒自殺之後的第一次正式談判。這是唯一一張還保存在蘇聯國防部檔案局的照片，本書是首次發表此圖。

在二十年後的同一棟房子。經崔可夫在莫斯科的提示後，作者發現位於滕珀爾霍夫區舒倫堡環二號的歷史地點。屋主依然是戈斐爾太太（Goebels），崔可夫回想說道：「裡面有間房，高高掛著達文西「最後的晚餐」的石版畫。」

戰後紅軍士兵公然調戲德國女性。可以想像位於蘇聯佔領區的德國民眾面臨的是那些威脅。

逃離戰火的柏林市民。許多德國女性在柏林戰役期間受盡凌虐，戰敗之後受害人數及範圍都有擴大，甚至有說是上百萬人。

蘇聯軍人站在菩提樹下大道西端、巴黎廣場旁豪華的阿德龍飯店陽台，看著戰火平息的柏林市中心。位於 77 號的阿德龍飯店大部毀於戰火。

戰後柏林的地標布蘭登堡門，後方即是菩提樹下大道。

1945 年 5 月 2 日，勝利者在布蘭登堡門前廣場留下了這張象徵柏林戰役結束的照片。

位於柏林動物園附近的 G 塔。這座高聳、抗彈的防空砲塔，是柏林戰役之中最重要的據點之一。

目錄

前言

A日，一九四五年四月十六日，星期一

柏林戰役，攻擊希特勒第三帝國的最後一次攻勢，或者西方盟國所稱的A日，在一九四五年四月十六日星期一早上四點準時開始。就在那一刻，德國首都東方不到三十八英里外，河水高漲的奧得河（Oder）上，夜空中爆開紅色信號彈，引發驚天動地的砲兵彈幕射擊，展開蘇軍對柏林的攻擊。

大約同一時間，美國陸軍第九軍團的各部隊卻調頭離開柏林，朝西後退，沿著易北河（Elbe），在唐格明德（Tangermünde）與巴爾比（Barby）兩地間佔領新的陣地。四月十四日，艾森豪將軍已經決定，停止英美軍橫掃德境的行動。他說道：「柏林已不再是一處軍事目標了。」當美軍部隊收到他的命令時，有些距柏林僅有四十五英里而已。

攻擊開始時，柏林人在市區轟炸後的廢墟中等待，嚇呆到動彈不得，固守著目前所恃的唯一手段——求生存的手段。吃的比愛情更重要，藏起來比戰鬥更有尊嚴。在軍事上，挺下去遠比打勝仗更為正確。

以下的內容便是這最後一役的故事——攻擊及佔領柏林的故事。雖然本書包括了作戰的敘述，但不是一份作戰報告。或者說，這是普通人的故事，包括了軍人和老百姓，他們身陷在絕望、挫折、恐怖以及戰敗與戰勝雙方的恣肆搶掠之中。

第一部 作為目標的柏林

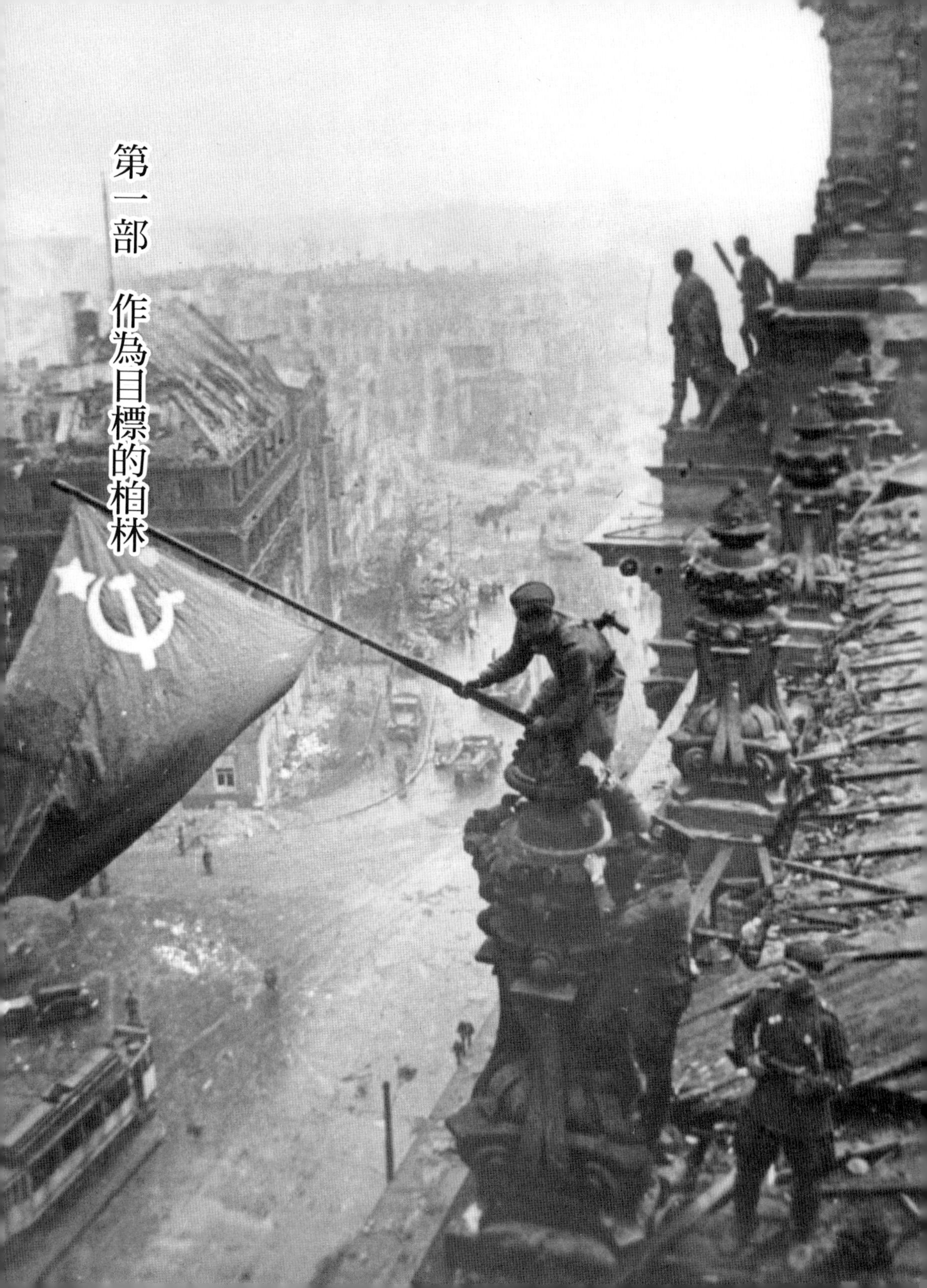

1

北方，破曉來得早，當轟炸機群剛剛掉頭離開柏林，東方就露出了曙光。安靜的凌晨，巨大的黑煙柱籠罩著潘科區（Pankow）、白湖區（Weissensee）和利希滕貝格區（Lichtenberg），低矮的雲層上，很難區分下方柔和的晨曦和柏林爆炸後熊熊火起的反光。

隨著濃煙慢慢飄過廢墟，德國炸得最慘的都市，露出荒涼、恐怖的氣息，全市被煙燻得烏漆墨黑。廢墟中充斥著扭曲的樑柱，密密麻麻佈滿了成千上萬個彈坑。一整個街區的公寓大樓化為烏有，首都市中心已經夷平。這片廢地當中，一度寬敞的大街小巷，現在堆積了如山的斷瓦殘磚，坑坑巴巴的小徑在其中彎來繞去。放眼望去，空空如也的建築都是以平方英畝計，沒有窗戶，也沒有屋頂，向天空張開大口。

緊跟在空襲過去後，細細的煙灰如雨而降，在頹垣廢墟上又塗上一層，在粉碎的磚堆與承受著扭壓的鋼架之下的巨大峽谷的下方，除了湧起的塵埃之外，沒有任何的動靜。塵土沿著菩提樹下大道（Unter den Linden）廣闊的路面旋轉。而今，那些著名的菩提大樹變得光禿禿，枝椏都掛著乾枯的葉苞。在這條夙著盛名的林蔭大道上，兩排的銀行、圖書館和雅緻的商店，差不多都炸毀了。可是在大道的西端，柏林最有名的地標——八層樓高的布蘭登堡門（Brandenburg Gate）——雖然傷跡斑斑，勝利女神維多利亞依然屹立在十二根雄偉的多立克柱式巨柱上。

附近的威廉大街（Wilhelmstrasse），放眼望去都是政府大廈和昔日的宮殿，幾千扇窗戶的玻璃碎片，在瓦礫堆中閃閃發光。七十三號那座漂亮的小王宮，在第三帝國以前，是德國歷任總統的官邸，已經被一把火燒得空空如也。這裡一度被人們形容為小凡爾賽宮。豎立在前院、華美噴水池中的海上女神像，也支離破碎地倒了下來，抵靠著雙柱的進口大門，沿著因為彈片而百孔千瘡的屋脊，那對萊茵河少女銅像，頭已不知去向，躺在一地狼籍的邸院裡。

一街之隔的七十七號，雖然彈痕纍纍，卻還屹立如故。這棟成直角形的三層樓樓房，四周全是瓦礫堆，它那棕黃色的外牆凹凸不平，每一扇門上耀眼的金鷹國徽，鷹爪中抓住花環的卍字，也都坑坑巴巴受了重創。突出在屋頂上的，便是那座顯眼的陽台，全世界都聆聽過多次從這陽台上發表的激烈演說，這裡就是希特勒的總理府，依然還屹立在原處。

選帝侯大街（Kurfürstendamm）——柏林市的「第五大道」[1]——在它一片狼藉的盡頭，一度大名鼎鼎的「威廉皇帝紀念教堂」，巨大的結構扭曲、變形。燒焦了的教堂大鐘，指針正停在七點三十分，自從一九四三年起，就一直停在那裡。那時，也就是十一月的某個晚上，柏林有近一千英畝面積，被炸彈夷為平地。

一百英尺外如今是一片廢墟叢林，那裡是國際夙有盛名的柏林動物園。水族館完全毀棄，爬蟲館、河馬館、袋鼠館、猛虎館和大象館，連同幾十座其他建築，都受到嚴重的損毀。動物園四周，佔地六三〇英畝的公園——「蒂爾加滕公園」（Tiergarten），佈滿許多宛如房間大小的彈坑，園湖中填滿了瓦礫，大象館也有一部分毀掉了。公園曾經是一片鬱蒼的天然林；而今，大部分樹木都在焚燒，有的成了醜陋的樹墩。

1 編註：以紐約市曼哈頓的第五大道作比喻，是紐約高級住宅區及名媛仕紳聚集的場所，高級購物商店和高樓林立的區域。以此說明是柏林最精華的地段。

蒂爾加滕公園的東北角，矗立著柏林最為壯觀的廢墟，這倒不是毀於盟軍的炸彈，而是毀於德國人的政治。這是雄偉的德國議會，國會的所在地。一九三三年被納粹黨人[2]故意縱火燒掉——並把這一次失火歸咎於共產黨。這麼一來，也就給了希特勒藉口，奪取整個獨裁大權。在這六根高柱的議會大門口，從上面崩塌的門廊，可以俯瞰大規模的瓦礫堆幾乎淹沒了整棟建築。門廊上可見鑿出的黑色字句：「奉獻給德國人民」。

在德國議會的前面曾經豎立著的許多銅像全都毀掉了，只有一座銅像尚存。在雄偉的柱廊基座上，矗立著二百英尺高，由暗紅色花崗岩和青銅鑄造的巨柱。一九三三年大火以後，希特勒下令把它遷走，現在它矗峙在大約一英里外的夏洛登堡大道（Charlottenburger Chaussée）[3]，靠近東西軸心路（Ost-West-Achse）的中心。東西軸心路是一連串連接的道路，橫越市區，大致上西起哈非爾河（Havel），東到菩提樹下大道的盡頭為止。

在這個三月的清晨，太陽升起，曙光照射在柱頂的金像上：一個有翼的人像，一隻手拿著月桂花圈，另一隻手上有鐵十字的旗幟。它在廢墟中峨然矗立，在轟炸中安然無恙，這是柏林細長、優美的紀念碑——勝利紀念柱。

——

這個受盡苦難的城市上空，響起「警報解除」的聲響。盟軍對柏林的第三百一十四次轟炸結束了。二戰前幾年，空襲一直都是間歇性的。可是現在，首都幾乎在連續不斷的轟炸下——美機白晝轟炸，皇家空軍則是夜間前來。摧毀的統計數字，差不多每小時在增加。到了現在，這些數字更令人大為吃驚。在高樓櫛比的地區，有十平方英里以上被炸彈夷為平地，十倍於德國空軍在倫敦所摧毀的地區，偏地的瓦礫達三十億立方英尺——足以堆成一座高達上千英尺的瓦礫山堆。柏林一百五十六萬兩千棟民宅，幾乎有一半遭受了相當程度的損害，每三戶便有一戶不是全毀便是無法住人。傷亡人數之高，根本不可能有真正的記錄，但至少有五萬二千人死亡，兩倍於這個數字的人重傷——比起轟炸倫敦的死亡與重傷人數高了五倍。柏林已成為第二座迦太基城——而最後的痛苦還沒有來臨。

在滿目荒涼的瓦礫堆中，驚人的是居然有人還能活下來——哪怕生活是在殘垣斷壁中以瘋狂與理智相交織的狀態持續下去的。一萬兩千名警察依然在值勤，郵務士在送信，報紙每天送到，電話與電報運作如常，垃圾也有人收。一些劇院、電影院照常營業，甚至已經被摧毀的動物園也有一部分開放。柏林交響樂團正完成表演季，百貨公司舉行特別大減價。飲食店和麵包店每天早上開放，而洗衣店、乾洗店和美容院生意很好。地下鐵與地面鐵道照常通車，少數幾家沒有挨炸的酒吧與餐廳依然高朋滿座。而柏林有名的花販賣花聲，如同太平時期在街道中迴響。

或許最值得一提的是，柏林依然有百分之六十五以上的大工廠，多少還在開工。差不多有六十萬人就業——可是現在要到工廠卻是個大問題，常常要耗上好幾個小時，交通堵塞、繞道行駛、行車速度慢，還有車輛拋錨。因此，柏林人選擇早起，人人都想及時上工，因為美國人也是起得很早的，通常上午九點就飛到柏林上空來了。

---

2 編註：全稱國家社會主義德國工人黨（National Socialist German Workers' Party），通稱納粹黨。
3 編註：現稱六月十七大道（Straße des 17. Juni），以紀念蘇聯在一九五三年六月十七日在東柏林發動的武裝鎮壓。

柏林市區廣袤，一共分成二十個行政區。現在的柏林人像新石器時代的穴居人，從地下鐵出來，從公共建築物的防空洞裡出來，從他們支離破碎的家中地下室、地窖出來，不管他們懷著是希望或者畏懼，不管他們是忠誠不二或者政治信仰是什麼，大多數柏林人的共同點便是：這些又活過了一晚的人，決心要再活一天。

國家本身可以說也是如此。在第二次世界大戰的第六年，希特勒統治下的德國，正在拚命奮鬥以求生存。要延續千年的帝國，已經遭受到東面與西面的入侵，英美大軍正橫掃壯麗的萊茵河，在雷瑪根（Remagen）突破過河，正向柏林長驅直進。而在奧得河的東岸，一項更為緊急，也更為無限恐怖的威脅正在形成，那裡擺開了蘇聯的大軍，距離不到五十五英里遠。

一九四五年三月二十一日，星期三——春季的頭一天。這天早上，柏林人在收音機中聽到了最近的一首熱門歌曲：《大地之歌》（*Das Lied von der Erde*）

2

柏林人對威脅著他們的這些危險，反應各自不同。有些人頑固地不理會這種劫難，希望它會遠離。有些人迎接危難。有些人的反應或是憤怒，或是害怕。還有些人已經無路可走，帶著聽天由命的心理，準備勇敢地面對對頭而來的命運。

柏林西南邊的策倫多夫區（Zehlendorf），送牛奶工人波加諾斯卡（Richard Poganowska）像往常般，天一亮就起床。過去這些年，他的日常例行工作常顯得單調。而現在他卻感謝這份工作了。他在策倫多夫區新郊區達勒姆（Dahlem），一家有三百年歷史的達勒姆杜曼農場（Domäne

Dahlem）工作。這裡離市中心只有幾英里。在任何都市，普遍認為牧場的位置很偏遠，可是柏林並非如此。柏林有五分之一是湖泊、水圳及溪流圍繞的公園與森林。但是波加諾斯卡以及杜曼牧場的很多員工，巴不得牧場在別的地方——市區外，遠離危險和經常、持續不斷的轟炸。

波加諾斯卡和太太麗斯貝（Lisbeth）以及三個兒女，已經在路易斯皇后路（Königin-Luise Strasse）一棟建築的地下室又過了一夜。由於轟隆隆的防空砲射擊聲，以及炸彈的爆炸聲，幾乎沒法睡。跟其他的柏林人一樣，三十九歲的大塊頭牛奶工人，這些日子經常覺得很累。

他不知道晚上的時候炸彈會落在什麼地方，但認為不會有炸彈丟到杜曼牧場那些大牛棚的附近。寶貴的乳牛都很安全。幾乎沒有什麼事情會煩擾這兩百條乳牛，在炸彈爆炸與防空砲火的雷鳴中，牠們悠哉地站在欄內，平靜地咀嚼反芻的飼料，而且相當奇蹟地，牠們持續產乳，從來沒有停止過。波加諾斯卡為此感到驚奇。

他睡眼惺忪地把老舊的棕色牛奶車和拖車裝滿牛奶，再把兩匹馬栓上。兩匹狐色輓馬，分別是利莎和漢斯，他的灰色絲毛狗波爾蒂放在自己座位邊，出發去送牛奶。車聲轆轆越過圓石鋪地的院子，向右轉到派綏里路（Pacelli Allee），向北往施馬根多夫區駛去（Schmargendorf）。這時是早上六點，這一趟送完，就會到晚上九點了。

波加諾斯卡筋疲力盡，極想睡上一覺，但還沒有失去他那生硬但又快活的態度。對他的一千二百名牛奶訂戶來說，他已經成了提振士氣的人。他走的這條路，在三個區的邊緣：策倫多夫區、舍訥堡區（Schöneberg），還有維爾默斯多夫區（Wilmersdorf）。這三區都被炸得很慘，舍訥堡區與維爾默斯多夫區最靠近市中心，差不多被夷平了。光以維爾默斯多夫區來說，有三萬六千多戶住宅炸毀，這兩區的三十四萬居民當中，幾乎有一半無家可歸。在這種情況之下，一張高高興興的臉孔，是很難得也很受歡迎的景象。

即使在這麼早的時刻，波加諾斯卡發現每一處十字路口，都有人在等他。這些日子，到處都大排長龍，等著買肉、買麵包，甚至在大水管炸壞了時，還要排隊等水。雖然牛奶訂戶早已排成了一排排，波加諾斯卡還是揮著一個大牛鈴，宣告他來啦。在白晝轟炸增加的那一年，不可能挨家挨戶送牛奶，他就在年初開始了清早送奶。對牛奶訂戶、對波加諾斯卡本人，牛鈴聲成了一種象徵。

這天早上沒什麼不同。波加諾斯卡向他的訂戶打招呼，把配給的牛奶數量和奶製品發放給他們。有些訂戶，跟他認識都快十年了，他們也知道，不時可以指望他多來一點點額外的數量。每逢歡慶喜事，像是孩子命名、結婚，波加諾斯卡在配給證上動動手腳，通常可以多給一些牛奶或者奶油。當然，這麼做違法，也很冒險——可是這年頭，所有的柏林人都要面對風險。

波加諾斯卡的主顧，似乎越來越疲憊、緊張和心不在焉。幾乎沒有幾個人再談到戰爭，沒有人知道戰況進行得如何，也沒有人能為戰爭做些什麼事。何況，已經有太多光說不練的人了。波加諾斯卡也不會加入他們談論新聞。他專心做上每天十五個小時的工作，對戰爭根本不去多想。他，也像成千上萬的柏林人，已經不再去過問了。

每一天，波加諾斯卡留意某些特定的跡象，這有助於使他不會沮喪。至少，道路依然暢通，大街沒有設路障，沒有挖防戰車壕，既沒有大砲，也沒有掘壕據守的戰車，關鍵位置也沒有士兵把守。毫無跡象顯示當局害怕蘇聯軍隊的進攻，或柏林正遭受圍攻的威脅。

但有個微不足道，卻顯得很重要的線索。每天早上，波加諾斯卡趕著牛奶車，來到住有幾名顯赫的客戶所在的弗里德瑙分區（Friedenau）。他瞧了瞧一位很有名的納粹黨員的家，他是柏林郵政部的重要官員。從敞開的起居室窗戶，他見到那幅厚框大照片、神情狂妄花俏的希特勒肖像依然還在那裡。波加諾斯卡知道第三帝國這些做官的人的行徑，如果情況真的危急，元首聖壇現在就會消失不見了。

他輕輕叱喚兩匹馬，繼續自己的行程。不管什麼情況，他所見到的，都沒有理由令他過分驚慌。

——

全市沒有一處地方能夠完全逃過轟炸的命運。唯有施潘道（Spandau）——柏林市第二大，也最西邊的地區躲過了人們最害怕的攻擊方式：飽和轟炸。夜復一夜，居民都在擔心這種攻擊，卻從沒有發生過，使最他們深感驚訝，因為施潘道區是柏林規模最大的兵工業中心。

比起柏林市中心的各個區（它們的損毀程度約一半到七成半），施潘道區的房屋只損失了一成。雖然這代表有一千多棟房屋不是摧毀了，便是無法住人，但對挨炸已經習以為常的柏林人來說，這只不過是跳蚤咬咬罷了。市中心各區被炸彈燻黑了的廢墟荒原，流行著一句苦澀嘲諷的話：施潘道區的小子最後才會步入棺材。

施潘道區的最西邊，寧靜而有田園氣息的史達肯分區（Staaken），羅伯柯布（Robert Kolb）和瑛吉波柯布（Ingeborg Kolb）對於住在這麼偏遠的地方而心存感念。掉下來、靠得最近的炸彈，是偏離附近的機場而來的——而且損害很輕微。這戶兩層樓由橙色與棕色構成的灰泥住宅，有玻璃密封的走廊，四周有草地和花園，依然沒有任何受損。可以說在正常過日子——除了五十四歲的羅伯，他是一家印刷廠的技術部主任，發現到市中心去上班的這條路越來越費力。白天都要暴露空襲之中，這讓瑛吉波得經常擔心。

這一晚，柯布家像往常般收聽英國ＢＢＣ的德語廣播。實際上這是嚴禁已久的事。他們一直收聽消息並且了解盟軍在東線與西線的進展。目前，紅軍位置在柏林東郊，僅有巴士行駛的距離而已。然而，由於他們四周平靜的田野環境，若要說柏林市已經受到立即威脅，是難以想像的事。戰爭距離這麼遙遠，不像是真的。羅伯柯布相信自己很安全，瑛吉波也認為先生一向都是對的。畢竟，他是第一次世界大戰的老兵。「這場戰爭，」羅伯要她放心：「會繞過我們的。」

柯布家很篤定，不論發生什麼情況，他們不會捲進去，沉著地展望未來。現在春天來了，羅伯在想，決定要在花園的什麼地方掛上吊床，瑛吉波也有自己的事情待做。她打算種菠菜、荷蘭芹菜、萵苣、還有第一季的馬鈴薯。只是有個大問題：該在四月上旬就種第一季馬鈴薯呢，還是到五月份春天更為穩定的時候再種？

——

離奧得河二十五英里的蘭芝柏格（Landsberg）郊外，一棟灰泥的三樓總部裡，蘇俄的朱可夫元帥（Georgi K. Zhukov）坐在辦公桌前，正細細考量自己的一些計畫。牆上掛著大型的柏林地圖，仔細顯示他計畫要拿下這座城市的攻擊方案。辦公桌上有三部野戰電話，一部供一般情況使用，第二部與他的同僚相連：他南北兩翼兩個龐大的集團軍司令，北翼為羅科索夫斯基元帥（Konstantin Rokossovskii），南翼為柯涅夫元帥（Ivan Stepanovich Koniev）。第三部電話直通莫斯科與最高統帥——史達林。虎背熊腰、年方四十九的白俄羅斯第一方面軍總司令，每天晚上十一點會與史達林通話，報告當天戰事的進展。現在，朱可夫納悶，不知道史達林會多快下達命令攻下柏林，他希望還能有點時間。必要時，他是可以一舉拿下柏林，但他還沒有做好萬全的準備。他暫時計畫攻擊訂在四月底前後。他認為，如果運氣好，就能在十天或十二天以內攻抵柏林，消滅所有抵抗。德軍定會寸土必爭——這一點他也料得到。或許他們會在柏林西郊邊緣進行猛烈的戰鬥。就他看來，只有在這裡，才有一條明顯可供德國守軍突圍的路線。但他計畫在德軍打算突圍時，兩面夾擊。他預料在五月份的第一個星期，就會在施潘道區來一次徹底的殲滅戰。

——

卡爾．威伯格（Carl Johann Wiberg）在維爾默斯多夫區一棟公寓大樓的二樓，推開起居室落地式百葉窗，走上小陽台，瞧瞧這一天的天氣。跟他一起的是兩隻形影不離的狗伴，一隻叫「奧圖叔叔」，另一隻叫「愛菲阿姨」，兩隻蹣跚行走、一身赤褐色的德國臘腸狗，牠們若有所思地抬頭看著他，等著早上這一趟的出門溜狗時間。

這段日子以來，溜狗是威伯格用來打發時間的方式。附近鄰居人人都喜歡這個四十九歲的瑞典生意人。他們認為與其說他是瑞典人，還不如說他是個「好柏林人」。他像許多外僑一樣，從轟炸柏林開始，就沒有離開過這裡。特別的是，雖然威伯格從來沒有對自己的苦難發過牢騷，鄰居們都知道，幾乎他的身家都沒有了。他太太死於一九三九年。他的黏著劑工廠被炸得關門大吉。在柏林做了三十年的小生意以後，現在他什麼也沒有留下，除了兩隻狗和一戶公寓大樓。部分鄰居認為，他比很多的德國人還要愛德國。

威伯格低頭看著奧圖叔叔和愛菲阿姨，說：「是時候出去了。」他關上窗戶，穿過客廳，走向短小的走廊，穿上剪裁合身的長大衣，戴上小心刷過的漢堡帽，打開擦得亮亮的桃花心木大桌子的抽屜，取出小山羊皮的手套，站了一會兒，注視放在抽屜裡一幅裝框的石版畫。

這畫色彩鮮豔，顯現一名全身盔甲的騎士，騎著一匹用後腿站立、意氣風發的白馬，騎士的長矛上，有一面飄揚的旗幟。從鋼盔敞開的盔簷下，騎士正凶狠地朝外注視。他前額上垂著一綹頭髮，眼神銳利，留著一撮小小的黑色唇髭。在飄揚的矛旗上，寫著「旗手」（Der Bannerträger）。

威伯格緩緩把抽屜關上，他把這幅畫埋藏深處，因為全德國都禁止這種嘲弄希特勒的諷刺文圖。不過威伯格並不想把它丟掉，這幅圖太有趣了，捨不得丟掉。

替兩隻狗扣上皮帶，小心地鎖好身後大門，走下兩層樓梯，步入街上的瓦礫堆裡。公寓大樓附近，向一些鄰居脫帽打招呼。在兩條狗領頭下，來到街上，小心繞過路面的窪地。末日看來近了之時，不知道「旗手」在什麼地方？慕尼黑（Munich）嗎？貝希特斯加登（Berchtesgaden）山上的「鷹巢」裡嗎？或者，就在這裡——柏林？似乎沒有人知道——雖然這並不令人意外，希特勒置身何方一向都是個大秘密。

這天上午，威伯格決心到自己喜歡的酒吧去。那是在長老街七號（Nestorstrasse）的哈瑞羅思酒吧（Harry Rosse）——是柏林這一區很少幾家還在營業的其中一家。酒吧裡各種人都有：納粹黨要員、軍官以及少數生意人。店裡一向都是相談甚歡，還可以聽到最新的消息——昨晚炸彈落在什麼地方，哪些工廠遭空襲，柏林如此還是屹立不搖等等。威伯格喜歡在這種陶然自得的氣氛下和老朋友見面，他對戰爭的任何面向都很關心，尤其是轟炸的結果和德國的民心士氣。他最想知道希特勒在什麼地方。過街時，又一次搖了搖帽子，向一個熟識的人打招呼，盡管心裡充滿了問題，且有少數幾件威伯格所知道的事情，足以使鄰居們大吃一驚。因為這個瑞典佬，比起德國人更為德國的人，是美國最隱密的機構，戰略情報局（Office of Strategic Services, OSS）[4]的一員。他是盟國的間諜。

墨蘭頓教堂（Melanchthon Church）的路德新教徒牧師萊克沙伊得博士（Dr. Arthur Leckscheidt），在十字山區（Kreuzberg）他所住那棟公寓大樓的一樓，滿懷悽傷和絕望，他那座雙塔尖的哥德式教堂已經毀了，教友也已經星散。通過窗戶他還可以見到教堂的餘骸。幾星期以前，教堂被一枚炸彈直接命中。幾分鐘以後，燃燒彈又使得教堂陷入火海。他每一次看著教堂，更加深自己的哀傷。在空襲最厲害之時，萊克沙伊得牧師忘了自己的安全，衝進大火熊熊的教堂。教堂的後面和那具壯觀的管風琴還依然無恙。他三腿兩步踏上管風琴閣樓的窄梯，他心中只有一念：向他熱愛的管風琴和教堂道別。萊克沙伊得博士淚水盈眶，自己輕聲唱歌，彈奏他的驪歌。同一時間，炸彈一批批在十字山區遍地爆炸，附近的城區醫院（Hospital Am Urban）中的病人和躲在附近地窖的人，簡直不敢相信自己的耳朵。他們聽見墨蘭頓教堂的管風琴，隆隆奏起一首古老的讚美詩，《從深處我向主呼求》（*Out of the deep I cry to Thee*）。

這時他在用另一種方式道別。辦公桌上擺著一份他要寄給離開柏林或者在軍中服役教友的信件草稿。「即使在東方與西方的戰鬥，使得我們緊張，」他寫道：「德國首都經常是空襲的重心……親愛的朋友，你們可以想像得到，死神有了豐厚的斬獲，連棺材都難找了。有個女性告訴我，她用二十磅的蜂蜜換來一口棺材，好安葬死去的丈夫。」

---

4 編註：美國中央情報局（CIA）的前身。

萊克沙伊得也很生氣，「空襲遇難的人下葬，並不一定請我們聖職人員去，」他寫道，「時常由黨來舉行下葬，沒有牧師……也沒有天主的祝福。」他信中一再提到柏林的災難。「你們無法想像柏林現在是什麼樣子，最漂亮的建築物都已成廢墟……我們時常沒有瓦斯，沒有燈光或者水。天主沒有讓我們餓死，黑市的貨品要價高得可怕。」他在信末的語氣透露出悲觀。「這或許是接下來很長一段時間都不會再有的最後一封信了。不久，各種的通訊管道都將切斷。我們會不會再見面？這一切都交到天主手中。」

——

另外一位教士哈畢克神父（Bernhard Happich）騎著自行車，故意穿過滿地狼藉的達勒姆區街道，決定照自己的方式來處理事情。有一個需要小心處理的問題讓他煩惱了好幾個星期。每一晚他祈禱天主的指引，冥想出自己應該採取的行動方案。現在，他下定了決心。

所有神職人員都十分忙碌，哈畢克神父尤其如此。五十五歲的他，身分證上寫著「耶穌會士，不宜服兵役」（這是納粹黨加諸於他的戳記，正如給猶太人以及沒用的不受歡迎人物的戳記）。他也是醫術高明的醫師。除了繁重的職務外，也是耶穌聖心修女會創辦的孤兒院、產科醫院、棄兒之家的負責人，以及達勒姆區的主教。由於女修道院院長孔古茲（Cunegundes）和她的修女們，提及這個問題，他為此做出決定。

哈畢克神父對納粹黨以及戰爭會如何結束，並沒有什麼期待。他很早以前便斷定希特勒以及他那殘酷的新秩序在劫難逃。而現在，危機正逼近了，柏林已經困住了，在征服者的眼裡，它只是一隻黯然無光的聖杯而已。達勒姆之家（Haus Dahlem）還有它那些善良而超凡的修女們會遭遇什麼狀況？

滿臉嚴肅的哈畢克神父，在達勒姆之家只有建築表面有點損傷的外頭停下車。修女們都深信，她們的祈禱很靈驗。哈畢克神父並非不同意她們，不過他是個實際的人，知道這是由於運氣夠好，還有投彈的技術不夠好才會有這樣的結果。

通過進門的大廳時，他仰望著身披藍、金色衣服，高擎寶劍的聖米迦勒（Saint Michael）巨型雕像——「為天主掃蕩一切罪惡的戰鬥騎士」。修女信仰聖米迦勒很可以理解，但哈畢克神父也一樣，他很高興自己作了決定。他和許多人一般，從蘇聯推進大軍前頭逃出來的難民那裡聽說到了許多恐怖的事情，其中很多說法很誇張，但有一些他相信是千真萬確的。哈畢克神父決定向修女提出警告。現在他認為已經是最適當的時刻來告訴她們。他得使用恰當的字眼。哈畢克神父對這種事很擔心，對六十位修女和在俗修女，要如何說她們會有遭受強暴的危險呢？

3

對性攻擊的害怕，就像件棺衣覆罩了整個柏林市，因為經過幾近六年的戰爭，全市目前成了一個以女人為主的都市了。

一九三九年戰爭初啟時，德國首都有居民四百三十二萬一千人。但是戰爭的大量死傷，男女的徵召入伍，以及一九四三年到四四年，自願疏散了一百萬平民到比較安全的鄉下，使市民的數字削減了三分之一。目前留在市區的男性，多數是十八歲以下的孩子和六十多歲以上的老人。十八歲到三十歲的男性，總共還不到十萬人，而且大多數是免服兵役或者傷殘的人士。一九四五年一月，據估計柏林市人口為兩百九十萬人，可是到了現在——三月中旬，這個數字一定是高估了。過去不到十一個星期，來了八十五次空襲，以及瀕臨圍城的威脅，成千上萬的居民已經逃離了。軍方判斷，柏林居民目前大約為兩百七十萬人，其中有兩百萬為婦女——而這種數字，也僅僅只是稍有根據的猜測而已。

要得到人口的正確數字之所以這樣費力，是因為有來自德國東部各省在蘇俄軍隊佔領下大量逃亡的難民，有些人認為難民數字高達五十萬人。他們離鄉背井，把自己的家當肩挑手提，或者載在馬拉的大車、手推的推車上，還趕著家畜，阻塞到柏林的各個道路，這樣的情況已經有好幾個月了。大多數難民並沒有待在柏林市內，而是繼續向西逃亡。可是在他們走後，卻留下了一大堆惡夢般的故事，這些身歷其境的轉述，就像瘟疫一般散播到整個柏林，使得很多市民驚恐萬分。

難民們說蘇軍宛如征服者，存心報復、凶猛非常，而且貪得無饜。遠從波蘭，或者東普魯士的佔領區、波美拉尼亞（Pomerania）、西利西亞跋涉長途來的人，作出慘痛的陳述，說明敵人絕不寬容。難民們說，蘇俄的宣傳事實上便是叫紅軍不要放過任何一個人。他們說有一份公告，是蘇俄最高宣傳官員愛倫堡（Ilya Ehrenburg）所撰寫，公告不但通過電台廣播，而且印成小冊子分發給紅軍：「殺！殺！」通告上這麼說：「德國人這種民族，不是魔鬼，就是壞東西……遵從史達林同志的訓示，就在老窩裡踩死這些法西斯禽獸，一了百了！對付這些德國女人，使用武力，打破她們的種族驕傲，把她們當成是你們合法的戰利品！殺！勇往邁進！殺！英勇的紅軍弟兄們！」[5]

難民回報說，做為先鋒的第一線部隊不論是紀律或行為都很良好，但緊跟在後面來的第二線部隊，都是毫無組織的烏合之眾。在那些酗酒狂歡的脫序狀態下，紅軍官兵謀殺、搶劫和強暴。難民們說，似乎很多蘇軍指揮官都縱容部下的這些行動，至少他們沒有盡力去阻止。從農夫到仕紳所敘述的都一致，到處有如潮水的難民群中，都會有許多婦女訴說令人悚然的殘忍暴行——強迫脫去衣服，然後屈從一再的強暴。

究竟有多少是幻想？有多少是事實？柏林人沒把握，那些知道黨衛軍曾經在蘇聯犯下暴行以及大規模屠殺的人——有成千上萬人——都很害怕這些敘述是真的。那些清楚知道集中營的猶太人遭遇了什麼事的人——這是納粹主義還不為自由世界當時所知的新恐怖面向——也相信難民的話。這些比較有見過世面的柏林人，更十分肯定加害者現正成了被害者，因果不爽，正加速奉還。很多人因為知道第三帝國幹過的恐怖情事，更是對此不抱任何希望。高地位的官員們和納粹

---

5 原註：我沒有見過愛倫堡的這本小冊子，但我訪問過的民眾，很多人都見過。而且在德軍官方文件、作戰日誌與回憶錄都一再提到。最完整的版本，參閱德國海軍上將鄧尼茲《回憶錄》（*Memoirs: Ten Years and Twenty Days*）的一七九頁。關於這小冊子的存在，我很肯定。不過我卻對上述版本有疑問，因為從俄文譯為德文，內容經常失真是眾所皆知的。愛倫堡也寫過其他的宣傳書刊，任何人都可以看得出他的文筆很糟，尤其是大戰期間蘇聯以英文刊出由官方發行的書刊《蘇維埃戰爭新聞》，一九四一至四五年，一至八卷（*Soviet War News*, 1941-45, Vols. 1-8）。他的「殺德國人」的話題一再被重複——而且顯然得到了史達林十足的支持。一九四五年四月十五日，蘇聯《紅星》（*Red Star*）軍報有一篇從未有過的社論，愛倫堡遭受宣傳部長亞力山卓夫（Georgi Alexandrov）的公開譴責：「愛倫堡同志太誇大了……我們不是與德國人民作戰，而只與全球的希特勒們作戰。」要是任何其他的蘇俄作者遭受這種批駁那代表大禍臨頭了，可是對愛倫堡卻不是如此，他還持續「殺德國人」的宣傳，彷彿什麼都沒有發生一樣——史達林對此事視而不見。在他回憶錄《人民、歲月、與生活》（*People, Years and Life*，一九六三年，莫斯科出版）第五卷，愛倫堡刻意忽視自己在戰爭期間所寫的內容。他在一二六頁寫著：「在幾十篇文章中，我強調我們務必不可，也確實不可去追殺老百姓——我們畢竟是蘇聯人，不是法西斯。」可以這麼說，無論愛倫堡寫些什麼，都不比德國宣傳部長戈培爾所發布的消息要好——而這項事實，卻是很多德國人都故意忽視了。

黨的高級首領，都已經悄悄地將家人搬出柏林，或正在進行搬家計畫。

狂熱分子選擇留下。一般柏林人消息既不靈通，對真實情況又渾然不知，也都在市內待著，他們沒法走，也不會離開。「啊，德國，德國，我的祖國，」六十五歲的家庭主婦厄娜森格爾（Erna Saenger）是六個孩子的媽。她在日記中寫著：「信任帶來了失望，忠誠與相信意味著愚蠢和盲目，……可是……我們還會留在柏林。每一個人都像你的鄰居那樣離開的話，敵人就可以予取予求了。不——我們不要這種方式的敗仗。」

然而沒有幾個柏林人還能說自己不明白這種危險的可怕。幾乎每一個人都聽到這些故事了。紐曼恩（Hugo Neumann）與妻子艾迪絲（Edith Neumann）住在十字山區，確實從電話裡接收過這些消息。一些住在蘇軍佔領區的親人，在所有通信要斷絕以前，冒著生命危險警告過紐曼恩，戰勝的蘇軍正在強姦、殺人、搶劫，毫無約束力量。然而紐曼恩夫婦還是留下來不走，紐曼恩的電器行被炸了。對於現在就此放棄，卻是件無法想像的事。

基於是宣傳手段的關係，其他人都排斥了這些故事，不管是難民散播的也好，或出自政府之手，對他們可以說沒有，甚至毫無意義。自從一九四一年希特勒下令侵入蘇聯起，所有的德國人都見識過許許多多仇視蘇聯的宣傳，形容蘇聯人民為未開化的次人類。到了情勢逆轉，蘇聯各戰線的德軍被迫後退時，第三帝國的跛腳宣傳部長戈培爾博士（Joseph Goebbels）就加強了宣傳——尤其是針對柏林。

戈培爾的秘書溫納．瑙曼博士（Dr. Werner Naumann）私底下承認，「關於蘇聯人是什麼樣子，關於蘇聯人將對柏林人怎麼處置等等，我們的宣傳是非常成功的，結果使得柏林人陷入了絕對的恐怖狀態。」到了一九四四年底，瑙曼覺得「我們做得太過火了——反而受到這些宣傳所害。」

而現在宣傳的方向改變了。正當希特勒的帝國一塊塊失去，柏林市逐條街遭到摧毀，戈培爾已經開始從販售恐怖的販子變成安定民心的救星。這時他告訴老百姓，勝利在望。戈培爾這麼做，倒是成功地在見多識廣的柏林人之中，產生了可笑、可怕的黑色幽默。這種幽默採取了大規模、集體的嘲笑方式，大夥自我嘲笑、嘲笑領袖和這個世界。柏林人很快就把戈培爾的標語給改了，「元首下令，我們遵從」改成「元首下令，後果我們擔承」。宣傳部長承諾的最後勝利，這些不在乎的人都一本正經地敦促大家「在打仗中找樂子吧，和平太恐怖了。」

難民的陳述造成了瀕臨恐慌的氣氛，謠言取而代之，事實和理性都遭到扭曲。全市各地傳遍了各種不同的暴行謠傳。把蘇聯人形容成是斜眼睛的蒙古人，見到婦孺就殺。還有他們會用火焰噴射器將教士活活燒死，還傳說修女遭到強暴，然後強迫她們赤身裸體在街上遊街。又說如何把女人當成軍妓，男人送到西伯利亞去做奴工。甚至有電台廣播說，俄國人用釘子把受害人的舌頭釘在桌子上。比較不受別人影響的人，覺得這些謠傳離譜得令人難以置信。

有些人則是嚴峻地意識到後果將會發生什麼事情。魏芙醫師（Dr. Anne-Marie Durand-Wever）雖然人在舍訥堡區的私人診所裡，卻知道事實的真相。魏芙畢業於芝加哥大學，是歐洲最有名的婦產科醫師之一。五十五歲的她以反對納粹黨的觀點而知名（她著作等身，擁護女權、性別平等和生育控制——全都遭禁）。她敦促自己的病人離開柏林。她曾經檢查過眾多的難民婦女後有了結論：如果要說實話的話，那些有關強暴姦淫的敘述遠比實況少得多。

魏芙醫師本人打算留在柏林，但現在她不論到什麼地方，都隨身帶著小小一顆氰化鉀膠囊。當過這麼多年的醫師以後，她不敢保證自己能夠自殺，但她把這顆藥丸放在手提包裡——如果蘇俄軍隊攻下柏林，她認為從八歲到八十歲以上的每一個女人都會遭到強暴。

瑪谷・紹爾布魯赫醫師（Dr. Margot Sauerbruch）也作了最壞的打算。她與先生一起工作，她的丈夫費迪南德・紹爾布魯赫教授（Ferdinand Sauerbruch）同時也是德國最有名的外科醫師。紹爾布魯赫教授是來自米特區（Mitte）的夏洛特大學附屬醫院（Charité），這是柏林最古早也是規模最大的醫院。由於醫院大，位置又靠近火車總站，接收過情況最慘重的難民。由於瑪谷醫師檢查過這些病患，她對紅軍的膽大妄為，並不存疑。她確實知道紅軍強姦婦女並不是宣傳。

企圖自殺的難民那麼多，也使瑪谷大為震驚——企圖自殺的幾十個婦女，並沒有受到糟蹋或凌辱，只是因為所見所聞使她們心生恐怖。很多人割腕，有些女性甚至想把子女殺死。這種自行了斷的做法有多少人做到了無從得知——瑪谷醫師只見到沒有死成的人——很明顯，如果蘇軍佔領了德國首都，柏林將會發生一股自殺潮。

大多數醫師顯然也同意這種觀點。維爾默斯多夫區的外科醫師蘭普雷希特（Günther Lamprecht）在日記中寫著，「主要的話題——甚至在醫師彼此之間——都是跟自殺有關的技巧，這一類的談話真令人受不了。」

這並不只是光紙上談兵而已，死亡計畫已經在進行當中。每一區的醫師都受到病患與朋友的包圍，打聽要如何死得快的資訊，請求開出毒藥的藥單。醫師不肯幫這個忙時，大家便去找藥師。成千上萬置身在這一陣驚恐浪潮當中的柏林人心神錯亂，寧可用盡任何方法去死，也不落入紅軍手裡。

「我只要見到第一個蘇聯軍人就會自殺。」二十歲的麥妮（Christa Meunier）如此對她的朋友包荷妮克（Juliane Bochnik）吐露心聲。她已經弄到了毒藥，包荷妮克的朋友羅茜・霍夫曼（Rosie

Hoffman），以及她的雙親也是如此。霍夫曼家人極其沮喪，預料蘇聯軍隊不會手下留情。包荷妮克當時並不知道，霍夫曼家與希姆萊（Heinrich Himmler）有親戚關係。而希姆萊是德國蓋世太保與黨衛軍的頭子，他也是執行各地集中營幾百萬人集體屠殺的負責人。

服毒——尤其是氰化鉀——是自裁的人願意使用的方式。稱為KCB的氰化鉀膠囊尤其供不應求，這種濃縮的氫氰酸混合劑毒性極強，幾乎可以立刻致人於死地——甚至它的蒸氣也能致命。一些政府機構，基於日爾曼人的先見之明，已經在柏林大量儲備。

納粹黨官員、高級官員、政府各部會首長，以及位階較低的人，幾乎隨便就能為自己、家人以及朋友取得這種毒物的供應。醫師、牙醫師、藥劑師以及化驗師，也有門道弄到這種毒藥。有些人甚至改進了毒藥的藥效。柏林大學的病理學家休克爾教授（Dr. Rudolf Hückel），是柏林市鼎鼎大名的癌症病理學家，他為自己及太太的氫氰酸膠囊裡再加上乙酸。他要太太放心，如果他們用得到毒藥的話，乙酸將會使藥效更快發揮。

有些柏林人無法取得快速的氫氰酸，便儲藏巴比妥或氰化鉀的衍生物。時常被人稱為「德國丹尼凱」（Danny Kaye）的諧星亨氏・魯漢曼（Heinz Rühmann），對自己的美艷明星太太赫塔費勒（Hertha Feiler）以及幼子的未來感到憂心。他已經在花盆裡藏了一罐老鼠藥，以備不時之需。德國前駐西班牙大使、退休的威廉　福佩爾中將（Wilhelm Faupel）[6]，計畫用過量的藥品毒死自己和太太。由於他的心臟衰弱，每逢心臟病發，便服含有毛地黃的強心劑。福佩爾知道，服食過

6 編註：德國軍事顧問塞克特將軍（Hans von Seeckt）曾於一九三三年建議派遣福佩爾擔任駐中華民國的軍事顧問，但沒有成事。

量會造成心跳停止，事情結束得快。他甚至還存下了足夠的數量供應給朋友。

有些人則認為槍彈是最好、最勇敢的結束。可是有許多女性，大多數是中年人，數量多得驚人，卻選擇了最為血淋淋的方式——剃刀。在夏洛登堡區（Charlottenburg）的克茨勒（Ketzler）家裡，四十二歲的吉翠德（Gertrud），平時是個愉快的女人，而今卻在自己的手提包裡帶了刀片——她妹妹以及婆婆也都是如此。吉翠德的朋友盧玲（Inge Rühling），也有準備刀片。她們兩人擔憂地討論哪一種方式死得最有效，橫切手腕呢，還是縱割動脈？

總有可能不必採取這麼激烈的手段。大多數的柏林人，依然有最後的一絲希望。面對紅軍的恐怖，絕大多數居民尤其是女性，這時都迫不及待地期待英美盟軍早些來攻佔柏林。

——

差不多中午了，在蘇軍戰線後方的布倫伯格市（Bromberg），格爾波夫上尉（Sergei Ivanovich Golbov）和紅軍另外兩名記者，剛剛「解放」了一棟三樓公寓，他瞪大眼看著裡面偌大的豪華客廳。格爾波夫和兩個朋友酒喝得很痛快。每天，他們都要從布倫伯格的總部，開上九十英里的路程上前線去採訪新聞，可是這段期間一切都很平靜，除非柏林攻勢開始，否則沒什麼可以報導的。歷經好幾個月的前線採訪之後，二十五歲、臉目俊秀的格爾波夫便趁機找點樂子。

他一隻手握著酒瓶，站著欣賞那些昂貴的裝飾，他可從來沒有見過這樣的豪宅。四牆有華美金框的大幅油畫，窗戶都是羽緞襯裡的帷幔，綿緞織料裝飾的家具，地板上是厚厚的土耳其地毯，客廳與鄰接的餐廳，都吊著大型吊燈。格爾波夫確定這戶公寓的主人，一定是納粹黨的要員。

客廳的一端有一扇小門。格爾波夫把門推開，發現是間浴室，牆上鉤子垂下一根繩子，底下是一具服裝整齊的納粹官員屍體。格爾波夫只稍微瞥了一下，他見過成千上萬具德軍屍體，但這具自縊的死屍看起來有夠愚蠢。格爾波夫喊那兩個朋友，可是餐廳裡卻有太多的樂子讓他們無暇回答，他們正在把德國與威尼斯製的水晶器皿往吊燈上砸——還彼此砸來砸去。

格爾波夫走回到客廳，發現一張長長的沙發，打算坐下來——不過這時卻發現那上面早已有人了，直挺挺躺著一具女屍，身穿一件希臘式長袍，腰間紮著垂穗腰繩帶。她很年輕，死前還仔細準備了一番，頭髮結成了辮子垂在兩肩，兩手交握在胸脯上。格爾波夫抓住酒瓶，坐在扶手椅上看著她。在他身後，餐廳裡的嘻哈大笑聲與玻璃砸碎聲持續不斷。這女孩約莫二十來歲，以她嘴唇泛紫的痕跡來看，或許是服了毒。

在女屍躺著的沙發後面一張桌子，有許多銀框的照片——微笑的孩子和年輕的一對男女，或許是他們的父母吧，還有一對老年人夫婦。格爾波夫想起了自己的家庭，列寧格勒（Leningrad）[7]被圍時，他的爸媽餓得半死，想用一種工業用油做湯，結果兩個人都毒死了。一個哥哥，戰爭初期就被打死了，還有另一個哥哥，三十四歲的米哈伊爾（Mikhail）是個游擊隊長，被德國黨衛軍抓到，結果被綁在柱子上活活燒死。他想，這女生躺在沙發上，倒是死得挺安詳的。他就著瓶口咕嚕嚕喝了一大口，走到沙發前，抬起死去的女孩走到關閉的窗戶前，身後是狂笑的嘯叫聲，餐

7 編註：今天的聖彼得堡（Saint Petersburg），十八世紀建城時即用這個名稱，並成為沙俄的首都。直到共產黨人革命、列寧去世而改名。一九九一年蘇聯解體後，再次稱為聖彼得堡。

廳裡的吊燈一聲響亮的嘩啦啦砸碎在地面，格爾波夫把女屍直直地朝窗外拋出去，自己也砸碎了好多玻璃。

4

柏林人幾乎每天都對著轟炸機群揮舞拳頭。經常為了家人、親人，或者朋友死在空襲或者軍中而感到悲傷。而目前卻興致勃勃地談著英軍和美軍，稱他們的「征服」為「解放」。這種態度與心理上極其不尋常的扭轉，產生了奇妙的結果。

夏洛登堡的瑪麗亞．科克勒（Maria Köckler），不願相信美軍和英軍會讓柏林落在蘇聯手裡，她甚至決定要協助西方盟國。這位四十五歲頭髮灰白的家庭主婦告訴朋友們說，她「準備出去作戰，擋住紅軍，直到美國大兵來到。」

很多柏林人靠收聽英國ＢＢＣ的廣播，來戰勝自己的恐懼。他們留意崩潰的西線戰事的每一個階段的發展——彷彿是在追隨著德國陸軍的勝利，急急進軍來為柏林解圍。瑪格麗特．史瓦茲（Margarete Schwarz）是個會計，經歷多次的空襲，每一夜都跟鄰居在一起，仔細標出英美大軍越過德國西部的進展情勢。他們每進展一英里，對她來說就像朝解放又前進了一步。拉文妮（Liese-Lotte Ravené）也是這種看法。位於滕珀爾霍夫區（Tempelhof）那裝滿書籍的公寓，她的時間都耗在那裡。在一幅大地圖上，她仔細把美軍最近的進展都用鉛筆畫出來，急切盼望美國大兵的推進。拉文妮太太不敢想像，如果蘇軍先到柏林會發生什麼情形。她算是半殘，她的臀部圍著鋼製的矯正架，矯正架一直延伸到她的右腿。

成千上萬的人深信美軍會先到柏林，他們的信念可說是太天真了——不具體又不真實。休克爾太太（Annemaria Hückel）的先生是個醫師，她開始把納粹黨旗撕開來當作繃帶，她料到美軍抵達那一天會有一場大戰。位於夏洛登堡區的碧姬．韋伯（Brigitte Weber），二十歲，結婚才三個月的新娘子。她幾乎確定美軍快要來了，認為自己知道他們打算要住在什麼地方，碧姬聽說美國兵享受高水準的生活方式，喜歡生活中的美好事物。她準備要跟人打賭說，美軍已經仔細地選擇了富裕的住宅區——尼可拉湖區（Nikolassee），那裡一枚炸彈都沒有被丟過。

還有些人一邊懷著美好的希望，一邊做最壞的準備。頭腦清醒的賀芬（Pia van Hoeven）和她的朋友依百克．波曼恩（Eberhard Borgmann）和魯比．波曼恩夫婦（Ruby Borgmann），勉強得出一個結論。那就是唯有奇蹟才能阻止蘇軍不領先進入柏林。就這樣，他們欣然答應了愉快、圓臉的好友史海勒（Heinrich Schelle）的邀請，一等柏林戰役開始，便去和他以及他的家人待在一起。史海勒就在波曼恩家樓下的一樓經營全柏林最有名的酒莊與餐廳之一格魯本－蘇謝（Gruban-Souchay）。他把其中一個地窖改裝成華麗的防空洞，準備了東方地毯、帷幔以及糧食，可以熬過圍城的時日。吃的東西不多，只有馬鈴薯和鮪魚罐頭。但在隔壁的地窖，卻有大量稀有、最香醇的德國與法國葡萄酒——再加上軒尼詩干邑白蘭地酒，和一箱箱的香檳酒。「我們這樣等待，天知道會出什麼事情，我們倒不如活得舒服一些，」然後他又補充一句，「如果我們的水用光了，至少還有香檳。」

四十一歲有兩個年幼女兒的容咪黛（Biddy Jungmittag）認為，所有關於英美軍到來的說法，簡直胡說八道。這個出生在英國的德國太太，她對納粹黨認識得太透徹了。她先生由於被懷疑是一個德國反抗團體的一分子，五個月以前遭到處決。她認為，德軍會像抵抗蘇軍般猛烈抵抗西方盟軍，只要在地圖上看一眼，便明白形勢不利於英美軍隊先到柏林。但是紅軍早晚將到來這件事，並沒有使她過分恐慌，他們不敢碰她的。她會以英國人的睿智應付第一批到達的蘇軍。她會把自己的舊英國護照拿給他們看。

——

但還有些人，他們覺得並不需要什麼文件來保護自己。他們不但盼望蘇軍，而且還迫不及待。到那時，可真是他們大半生努力、追求的夢想終於實現了。在蓋世太保與刑警無時無刻都在搜捕、騷擾下，德國共產黨只剩下寥寥無幾的死硬核心分子設法生存下來。他們和同情分子都熱切等待東方的救世主到來。

柏林的共產黨員雖然獻身於推翻希特勒主義，可是他們的力量太分散了，以致於他們的努力——再怎麼說對西方盟國有利——卻微不足道。的確有一個組織鬆散的地下共產黨存在，但只接受莫斯科的命令，完全只替蘇聯間諜網工作。

一九二九年到一九三二年，拉杜夏（Hildegard Radusch）是柏林市議會的共產黨議員，可以說就只靠忠誠這一點而得勢。她餓得半死、凍得半死，和少數幾名共產黨員，藏匿在柏林東南邊緣的普里諾斯村（Prieros）附近，和她的女友克洛普施（Else "Eddy" Kloptsch）住在一口放在水泥洞、用來裝大型機器用的寬十英尺、高八英尺的板條箱裡。箱內沒有瓦斯，沒有電力，沒有飲水，也沒有衛生設備。不過對身體結實，四十二歲的拉杜夏來說（她自稱是「屋子裡的男人」），這卻是完美的避難所。

自從一九三九年起，拉杜夏便和克洛普施在一起生活了。她們藏身在普里諾斯村差不多有十個月的時間。拉杜夏名列納粹的通緝名單，但是她能一再騙過蓋世太保。她和附近的其他共黨黨員同樣最大的難題就是食物的取得。申請配給卡會立刻暴露她的身分而被捕。幸運的是，克洛普施雖然是個同情分子，卻不是被通緝的共產黨黨員，每週有配給。可是所配給的那一點點東西，根本不夠一個人吃。（納粹黨報《國民觀察者報》（*Völkischer Beobachter*）曾經刊出過，每一週成人的配給額：四又四分之一磅麵包、兩磅肉與香腸、五盎司油脂、五盎司糖。每三個星期配二又四分之一的起司和三點五盎司代用咖啡。）偶爾這兩個女人，還能謹慎地在黑市上買點東西補充不足，可是價錢太貴——光是咖啡，每磅就要一到兩百元不等。

拉杜夏心裡經常想到的兩件事：食物、紅軍的解放。可是等待很難熬，光是要活下去就一個月比一個月困難——這些她都有條不紊地記載在她的日記。

一九四五年二月十三日，她寫道：

「應該是蘇軍來的時候了……這些狗還沒有抓到我。」

二月十八日：自七號起，就不再有來自朱可夫有關柏林戰線的報導，我們等待他們來是急得要死。來吧，同志們，你們來得越快，戰爭結束得越快。

二月二十四日：今天去柏林，喝到暖壺倒出來的咖啡，一片乾麵包。當時，有三個男人用猜疑的眼神看著我，知道克洛普施就在我身邊，真是安心多了。到處都找不到任何東西可吃。克洛普施去這一趟，用黑市買到的配給卡去買香菸——卡上有十根香菸到期可配了。店裡什麼也沒有，所以她換了五根雪茄。她原希望用一件綢衣和兩雙長襪換點可吃的東西，卻什麼也沒辦到，也沒有黑市的麵包。

二月二十五日：三根雪茄都抽完了，依然沒有來自朱可夫的公告，柯涅夫（Koniev）的公告也沒有。

二月二十七日：一直在等待，搞得我神經兮兮。困在這裡，對一個想要做事的人來說，簡直是災難。

三月十九日：中午這一頓好極了——馬鈴薯加鹽巴。晚上用魚肝油煎馬鈴薯烤餅，味道並不太腥。

現在已經來到春季的第一天，拉杜夏依然在等待。日記上寫著：「為了找些東西吃，人都差一點瘋了。」蘇軍戰線方面毫無消息。她能找到可寫的事情只有「風刮走了田野與草地的隆冬，球根雪花草盛開，太陽閃耀，空氣暖暖的，例行的空襲……依爆炸判斷，機群正靠近我們飛來。」後來，她注意到西方盟軍兵臨萊茵河，根據她的推想，可以在「二十天內到柏林」。她心情低落記載著，「柏林人寧可有資本主義國家的兵來。」她希望蘇軍快一些到，期待朱可夫在復活節時進攻。

普里諾斯村正北方大約二十五英里處，柏林東方邊緣的新恩哈根（Neuenhagen），另有共產黨組織也充斥陰冷等待的氣氛。黨員們經常生活在逮捕與死亡的恐懼之中。比起普里諾斯的同志，他們較為強悍、有組織，運氣也好些。他們離奧得河不到三十五英里，預計他們所在位置將會是各個柏林郊區當中最早被佔領的其中一區。

他們這一組人，就在極為接近蓋世太保的地方一夜復一夜地草擬著解放那一天的大計畫。他們知道本區每一個納粹黨員、黨衛軍以及蓋世太保官員的姓名與行蹤，也知道這些人誰會合作、誰不會。有些人做了註記，要立即加以逮捕，有些人要予以清算。這一組人有很完善的組織，甚至為管理本區的未來行政，擬定了詳細的計畫。

該組的黨員，都焦急地等待蘇軍到來，並且非常篤定他們的建議會被接受，卻沒有一個人像查齊茲基（Bruno Zarzycki）等得那麼焦急。他有嚴重的胃潰瘍，萬分痛苦，連東西都吃不下。但總是說，蘇聯紅軍到達的時候，他的胃潰瘍就會消失，他是確信這一點的。

遍布整座柏林市窄小的臥室、密室，潮濕的地窖，以及空氣不流通的閣樓，在所有納粹黨的受害人當中，最受痛恨、備受迫害的少數人，不可思議地過著悽慘生活的他們，等待著可以從藏身處現身的那一天的到來。他們並不在乎誰先到達，但求有人來，而且要來得快。有些是幾個人住在一起，有些是全家在一塊，有些人則是群居在一處。大多數的朋友都以為他們死了。就某方面來說，他們確實已經死了。有些人有好幾年沒見過陽光，或者在柏林的街道上散步。他們不能生病，一旦病了就得去看醫師，立刻就會被詢問，很可能就此洩露身分。即使在轟炸得最嚴重的時候，他們還是待在藏身處。只要一進入防空洞，立刻就會被別人認出來。他們保持著鐵一般的冷靜，因為很久以前，他們便學到了絕不要驚慌。他們自己的命，全繫在個人的情感自制的能力上。他們在希特勒帝國的首都經過六年的戰爭，以及幾近十三年的恐懼和騷擾，大約還有三千人還活著。他們的存活，證明了這個都市裡大多數的基督徒足智多謀、堅強不屈，這些基督徒沒有人因為這個義行而獲得適當的表揚：他們保護了在新秩序下備受輕視、作為替罪羔羊的猶太人[8]。

---

8 編註：猶太人的倖存人數預估數字是根據柏林自由大學（Berlin's Free University）沃爾夫岡·舍夫勒博士（Dr. Wolfgang

西格蒙德・韋特林格（Siegmund Weltlinger）與妻子瑪格麗特（Margarete Weltlinger）都五十好幾了，他們藏身在潘科區一棟公寓一樓小小的一戶裡。基督教科學派的默林夫婦（Möhrings），冒著生命危險收容了他們。默林夫婦和兩個女兒，再加上韋特林格夫婦，一起住在這戶兩房的公寓裡。但是默林總是把所領的配給，以及每一樣東西和韋特林格夫婦共用，從來沒有怨言。在這段期間，僅有一次韋特林格夫婦膽敢冒險出門去。由於牙疼，他們只得冒險去看牙醫把牙拔掉。醫師接受了韋特林格太太的解釋，說是來作客的表姐。

直到一九四三年為止，他們的運氣都還不賴。雖然韋特林格在一九三八年被證券交易所趕出來，但沒有多久，又請他擔任柏林市猶太事務局（Jewish Community Bureau）的專責工作。那段時期，在海因里希・史塔爾局長（Heinrich Stahl）領導下，專門負責登記猶太人財產的工作。後來該局又與納粹交涉，以減輕集中營猶太人的痛苦。史塔爾與韋特林格都知道，事務局遲早是要裁撤的——但他們還是勇敢地繼續為猶太人的福祉而努力。到了一九四三年二月二十八日，蓋世太保把猶太事務局給關閉了。史塔爾消逝在泰雷津集中營（Theresienstadt），韋特林格一家則奉令搬到賴尼肯多夫區（Reinickendorf）住了六十戶的「猶太屋」裡去。韋特林格夫婦在那裡待到天黑，然後把身上的猶太人標誌「大衛星」拆下來，在夜色中溜之大吉。打從那以後，他們便住在默林家。

兩年來，他們所見到的外面世界，就只有房子框出的一方天空——再加上一棵生長在陰鬱天井、正對著公寓廚房窗戶的孤樹。這棵樹成了他們困處室內的日曆。韋特林格太太向先生說：「我們已經兩次看見這棵栗樹白雪滿枝，兩次樹葉變黃，現在它又開花了。」她十分沮喪，他們還要再藏上一年嗎？「說不定，」韋特林格太太對先生說：「上帝已經拋棄我們了。」

韋特林格安慰她、告訴她，他們還要為了好多的事情而活下去，兩個孩子——十七歲的女兒，和十五歲的兒子——都在英國。自從一九三八年韋特林格安排把他們送出德國以後便沒見過了。他翻開聖經，看著「詩篇」第九十一首，慢慢唸道：「有千人倒斃在你左邊，有萬人橫屍在你右邊，禍患也不至於臨到你。」他們所能做的便是等待了，「上帝與我們同在，」他告訴太太。「相信我，解救的日子就在眼前了。」

過去這一年，蓋世太保在柏林街頭逮捕了四千多名猶太人。這些被捕的人當中，有很多人之所以被發現，是因為他們再也無法忍受不自由的生活，選擇偶爾冒險出來透透氣。

二十歲的漢斯・羅森塔爾（Hans Rosenthal）[9]，依然躲藏在利希滕貝格區，他下定決心要熬下去。在一間六英尺、五英尺寬的小隔間裡度過了二十六個月。其實那只是一個連在屋子後面的小小工具棚，是媽媽的朋友的房子，他住到現在一直都很危險。他十六歲時父母雙亡後被送進勞工營。一九四三年三月，他從那裡逃了出來，身上沒有證件，卻搭上火車來到柏林，躲在媽媽朋友的家中。他藏身的小窩，沒水沒電，唯一有的便溺設施是一個老式的尿罐。唯有在夜間空襲

Scheffler）為柏林州議會所準備的統計而來的。但一些猶太專家對此有不同意見——其中德國戰後政府猶太人事務部（Jewish Affairs）主席西格蒙德・韋特林格（Siegmund Weltlinger）認為，倖存的猶太人約為一千四百人。舍夫勒博士宣稱，除了隱藏的猶太人外，至少還有五千一百名與基督徒結婚的猶太人，以所謂的合法條件住在柏林。不過充其量也是處於惡夢邊緣，因為這些猶太人不知道他們什麼時候會遭到逮補。今天有六千名猶太人住在柏林——只及一九三三年希特勒掌權時，猶太人口十六萬零五百六十四人中的零頭。從這些數字，沒有人確實知道有多少猶太人離開了柏林，有多少人搬離了德國，又或者有多少在集中營裡被流放、滅絕。

9 編註：戰後成為西柏林受到歡迎的電台主持人及喜劇演員。

時，他才敢離開藏身處出來把尿罐倒乾淨。小棚裡除了一條窄長椅之外，別無他物。但羅森塔爾有一本聖經，一具小收音機，牆上還有幅細心標示的地圖。他很期盼西方的盟軍。但他認為蘇軍會佔領柏林。這一點令他很擔心，盡管這也代表著自己會得到解救。但他自我安慰要放下心來，一再說：「我是個猶太人，活得過納粹，也會活得過史達林。」

同一區，位於卡爾斯霍斯特分區（Karlshorst）的一處地窖裡，李普希茲（Joachim Lipschitz）在庫魯格（Otto Krüger）的保護下生活。整體來說，庫魯格的地窖十分安靜，但李普希茲有時卻認為聽到了遠處蘇軍的隆隆砲聲。那聲音低沉而輕微，就像是已經厭煩的聽眾，戴著手套在鼓掌。他以為這是自己的想像——蘇軍還離得遠。但他對蘇軍的砲聲很熟悉，他擔任醫師的父親是猶太人，母親是非猶太人。他曾徵召進入德國國防軍。一九四一年他在東線，失去了一條手臂，可是為德國服兵役，並沒有挽救他免於身為半猶太人血統的罪過。一九四四年四月他被列入了囚禁集中營的名單。從那時起，他便東躲西藏起來。

二十七歲的李普希茲好奇，現在戰爭已經來最後期，還可能發生怎樣的事情。每天晚上，庫魯格的大女兒伊蓮諾（Eleanore Krüger）會來到地下室與其討論前景。打從一九四二年起，他們便心心相印了，而伊蓮諾也不把他們的友誼當作秘密，以致不夠資格上大學，因為她和一個「不匹配」的人往來。而今，他們期望著有一天能結婚。伊蓮諾心裡認為納粹在軍事上已經破產，崩潰指日可待。李普希茲的想法不同，德軍一定會死戰到底，柏林一定會成為戰場——或許成為另一個凡爾登。哪一國大軍會攻佔柏林，他們有不同的意見。李普希茲推估是蘇軍，伊蓮諾則認為是英軍及美軍。但是李普希茲認為兩個人應該對任何結局都要有心理準備，所以伊蓮諾在唸英語——而李普希茲則專攻俄語。

在等待柏林陷落的人，沒有人比史坦菲爾德（Leo Sternfeld）、他太太安格尼絲（Agnes）以及二十三歲的女兒安妮瑪莉（Annemarie）更為痛苦的了。史坦菲爾德一家人是新教徒，並沒有躲藏起來，可是史坦菲爾德的媽媽是猶太人，所以納粹視他為半猶太人。如此，他和家人在戰爭期間，一直生活在惴惴不安當中。蓋世太保像貓捉耗子般耍玩，准許他們按照個別意願在任何地方居住，但其實在他們頭上，始終有隨時可能被逮捕的威脅。

戰爭越來越近，危險也變得越來越大，史坦菲爾德竭力維持妻女的士氣。前一晚，一枚炸彈毀了附近的郵局，史坦菲爾德還能對這件事開玩笑，「妳以後再也不必走遠路寄信了，」他告訴太太，「郵局就擺開在階梯上。」

史坦菲爾德在這個三月中的一天早晨，離開了自己在滕珀爾霍夫區的家。這位生意人，現在被蓋世太保徵召去當垃圾收運工，他過去延後自己的計畫，如今已為時太晚了。他們沒法離開柏林，也沒有時間躲藏起來。如果柏林不在幾星期內被攻佔，他們就會大劫難逃。史坦菲爾德得到消息，蓋世太保計畫在五月十九日那一天，把所有身上流有一滴猶太血液的人全都一網打盡。

——

西線方面，在荷蘭邊境瓦爾貝克市（Walbeck）的英軍第二軍團司令部，軍醫處長休斯准將（Hugh Glyn Hughes），推測在今後幾個星期，尤其是在兵抵柏林以後，他也許會遇到些衛生方面的問題。他心裡很擔心斑疹傷寒的傳染爆發。

已經有少數難民越過了前線，他的醫官報告說，他們帶來了各種傳染病。休斯准將也像盟軍戰場上其他的醫官，極為注意這種發展，來上一個嚴重的傳染病，那可就災情慘重了。他手摸著唇髭，心中思量該如何因應點滴匯成洪流的難民；還有成千上萬的盟軍戰俘。一旦兵臨柏林城下，天曉得他們還會發現什麼事物。

軍醫處長也關心另外一個相關的問題：集中營與勞工營，透過中立國家，他們對相關營區有一些資料，但沒有人知道它們是如何管理，拘禁了多少人，或者情況如何。目前看來，英軍第二軍團會是第一支佔領其中一個集中營的部隊。他的辦公桌上有一份報告說，在漢諾威（Hanover）以北，有一座集中營就在他們的前進路線上。但是對該集中營卻幾乎沒有什麼更進一步的情報。休斯處長好奇到時他們會有什麼發現。他希望在醫務上，德方展現了他們通常做事認真徹底的態度，衛生條件都能予以控制。他以前從沒聽說過這個名叫做貝爾森（Belsen）的地方。

5

蘇聯戰場老兵、二十五歲的柯茲上尉（Helmuth Cords），是一位因作戰勇敢而奉頒鐵十字勳章的德軍官兵。他也是關閉在柏林的囚犯，八成無法活著見到戰爭的結束。八個月以前，一九四四年七月二十日，一次企圖暗殺希特勒的行動中，有七千名德國人遭到牽連逮捕。他就是菁英團體中小部分還活著的人之一。

希特勒的報仇行動野蠻且毫無節制。幾乎有五千人因為被斷定參與其事而遭到處決。不論有罪無罪都一體看待，全家全戶的人遭到殺害，只要與陰謀人士稍有關連，就會被逮捕，經常是立即處決。處死他們的方式，依照希特勒本人的命令，「一定要把他們通通像貓一樣吊死。」主犯確實是照這種方法處以絞刑——吊在肉鉤上，大多數人都不是用絞繩而是用鋼琴絃吊死。

這時，在星形結構的萊特街監獄（Lehrter Strasse Prison）B翼，最後一批定罪的陰謀分子在等待著。他們有保守派，也有共產黨員。職業則是陸軍軍官、醫師、牧師、大學教授、作家、前政壇人士、普通的工人與農人都有。有些人根本不知為什麼會身陷囹圄，政府從來沒有對他們提起過公訴。少數人經過審訊，在等著再審，有些人其實已經獲判無罪，卻依然關在牢裡。沒有人確切知道B翼關了多少犯人——上一個月可能有兩百人，有人認為少於一百人，但也無法清點。每一天都有犯人被帶出去，就再也沒有見過人了。這一切全取決於某個人的心血來潮——蓋世太保頭子黨衛軍中將海因里希・繆勒（Heinrich Müller）。關在牢裡的犯人不能指望他會手下留情，即使英軍已經攻到了監獄大門，他們相信繆勒還會是持續屠殺行動。

柯茲便是無辜人士之一。一九四四年七月，他被派任做後備軍參謀長史陶芬堡上校（Claus Graf von Stauffenberg）手下的一名初階軍官，駐在本德勒路（Bendlerstrasse）[10]。事後證明，這項任命只有一件事情不甚理想。面貌英俊、三十六歲的史陶芬堡——只有一條手臂，左眼戴著黑眼罩——七月二十日暗殺案的主角，他自動請纓要去刺殺希特勒。

當時希特勒在東普魯士的拉斯滕堡（Rastenburg），舉行著冗長的軍事會議。就在元首的總部裡，史陶芬堡把一個內裝定時炸彈的公事包，放在靠近希特勒所站位置——一張長形地圖桌下方。史陶芬堡溜出室外，啟程回柏林的幾分鐘以後，炸彈爆炸了，希特勒卻奇蹟似地倖免於難。

10 編註：意指進駐在德國的軍事要樞本德勒大樓（Bendlerblock）。這裡同時是國防軍最高統帥部（ＯＫＷ）、陸軍總司令部（ＯＫＨ），以及情報單位「阿勃維爾」（Abwehr）的所在地。

幾個小時過後，史陶芬堡和這次密謀案中的其他三名主角，就在本德勒大樓總部庭院裡，未經正式審判就槍決，與他關係不近的人，也遭到逮捕——包括柯茲在內。

柯茲的未婚妻祖譚．蘇（Jutta Sorge），是德國前總理及外交部長史崔哲曼（Gustav Stresemann）的外孫女，她也被捕下獄，她的父母也是如此。這一家人再加上柯茲，自從抓進來後就未經審判，一直被拘留在監獄。

赫伯特．科思尼中士（Herbert Kosney），他對七月二十日的事件比柯茲知道得更少，也關在這裡。他是不經意被牽連進來的。身為共產黨抵抗小組的一分子，他被指控事件當中，運送一個不知名的人從里希特菲爾德（Lichterfelde）到萬湖（Wannsee）。

科思尼雖然不是共產黨員，但自從一九四〇年以後，便一直遊走在好幾個外圍的共黨地下組織。一九四二年十一月，他在柏林休假，從一九三一年起便是共產黨員的弟弟庫特（Kurt），極力不要他回去前線，更用步槍打斷了科思尼的手臂，帶他到軍醫院，說他發現一個受傷的阿兵哥躺在一條溝裡。

這一招很管用，科思尼再也沒有回到前線，而是被派往駐柏林的補充兵營，每三個月由歐伯茲醫官（Dr. Albert Olbertz）開一張證明，讓他執行「非繁重的業務」。醫官湊巧也是共黨抵抗組織的成員。

科思尼因歐伯茲而下獄。在企圖行刺希特勒事件後幾天，歐伯茲要科思尼擔任緊急運輸工作。他們開了一輛軍用救護車，接了一個科思尼不認識的人——一位高階的蓋世太保官員，通緝在案的刑警局局長阿圖爾．奈比將軍（Artur Nebe）。不久後奈比遭到逮捕，歐伯茲與科思尼也受到牽連。歐伯茲自殺、奈比處決，科思尼由民事法庭審訊，判處死刑定讞，但因為他人在軍中，必須由軍法再審一次。科思尼知道這只是個過場——但對蓋世太保頭子繆勒來說，這種形式毫無作用。科思尼從獄窗向外望，不知道自己什麼時候會遭到處決。

不遠處，有一個人坐著在想自己的未來——他就是科思尼的弟弟庫特。他曾被蓋世太保一再訊問，但到現在為止，他一點都沒有把共黨活動供出來。當然也沒有透露過任何事情，他只為科思尼感到擔心：他現在人怎麼樣了？在什麼地方？兩兄弟間僅僅隔了幾間囚室，但彼此不知道對方就在同一棟牢房。

——

還有一批人，他們住在柏林，雖然沒有關在牢房，卻形同囚犯。他們妻離子散、強迫遷離自己的家鄉，他們只有一個願望——像其他許多人一般——聯軍快快前來解救，任何人都好。他們都是奴工，來自納粹所蹂躪的每一個國家中的人們，波蘭人、捷克人、挪威人、丹麥人、荷蘭人、比利時人、盧森堡人、法國人、南斯拉夫人和俄國人。

整體而言，納粹強徵幾近七百萬人——差不多等於紐約市的人口總數——在德國的家庭和企業工作。有些國家幾乎人都要被運光了，小小的荷蘭，一千零九十五萬六千人口，竟運出了五十萬人。人口不多的盧森堡（人口二十九萬六千人），運走了六千人。光以柏林一市來說，外國勞工——多數是法國人與俄國人——就有十多萬人。

外國勞工從事的工作，只要是想像得出來的都有人在做。很多納粹要員家中都以俄國女孩當侍女。從事戰爭相關工程的建築商，辦公室裡用的都是年輕的外籍繪圖員；重工業都用俘虜，以補充配額所需的電工、鐵工、鑄模工、機械工、以及不熟練的勞工。瓦斯、供水以及交通等公營事業，都「雇用」了成千上萬額外的員工——實際上卻分文不付。甚至在本德勒大樓的德軍總部，也有外勞的配額。法國人萊加瑟（Raymond Legathière）就在這裡擔任專職玻璃工，每當炸彈震破玻璃窗，他便立刻換上新的玻璃。

柏林的人力短缺情況極為嚴重，以致納粹公然對日內瓦公約置之不顧。利用外勞以外，也利用戰俘擔任與戰爭相關的重要工作。因為蘇俄不是日內瓦公約簽約國，便把紅軍戰俘用來擔任德國人認為任何合適的工作。在這時刻，事實上戰俘與外勞幾乎沒有什麼區別。由於戰況一天比一天惡化，戰俘便被用來修築防空洞，協助重建被炸的軍營，甚至在工業電廠中加煤。而今，這兩個團體的唯一區別，就是外勞比較自由一些——這一點也要看工作的地區與種類而定。

外國勞工住在工廠附近，或者工廠內用木材架起兵營似的「市區」之內。他們吃大鍋飯，佩戴識別章。在柏林市，有些管理員對規定睜一隻眼閉一隻眼，容許外籍工人住在工寮以外的住所。很多外勞可以自由在市區閒逛，看看電影，或到別的娛樂場所去，只要他們遵守嚴格的宵禁[11]。

有些警衛見到了厄運臨頭的預兆，便放鬆了態度，很多外國工人——有時甚至包括戰俘——發現自己偶爾可以翹翹班。有一個負責管理二十五名法國人的警衛（這批法國人每天都坐地下鐵通車到柏林市上班），現在態度放軟了。工人下了火車，他不再清點人頭。他不介意有人在過程中「迷路」，只要每一個人都在晚上六點到波茨坦廣場地鐵站集合回營即可。

並不是所有的外國工人都有這麼好的運氣，成千上萬的工人受到嚴格的控制，實際上連一點自由都沒有，在柏林市營或國營工廠中尤其如此。在柏林南邊馬林杜夫分區（Marienfelde）瓦斯公司工作的法國人，能享有的權利屈指可數。伙食比起私營工廠的工人更是差得多，但比做同樣工作的俄國人好些。法國人安德烈・布爾杜（André Bourdeau），在日記中寫說警衛隊長費思勒（Fesler）「從沒把任何人送進去過集中營」。在某個星期天，為了補助配給的不足，「我們到田裡去撿一兩個馬鈴薯」。布爾杜很高興自己不是來自東方的人，他寫道，俄國人的營區「擠得要死……大多數時候，伙食都難以下嚥」。而在別的地方，一些私營工廠，俄國工人過的日子則和西方人過的一樣。

在柏林各地工作的西方工人，注意到俄國工人的改變，覺得好奇：他們幾乎每過一天便會改變一些。夏洛登堡區先靈化工廠（Schering chemical plant）的俄國人，人們以為他們會對情勢的發展感到高興；事實卻剛好相反，他們變得極為沮喪，尤其是來自烏克蘭與白俄羅斯的女人，她們對柏林可能被同胞攻佔下來這件事，顯得惴惴不安。

這些女人在兩三年前來到時，都是穿著樸素的農家服裝。漸漸地她們變了，在衣著與姿態上都多彩多姿起來。很多女性頭一遭學會用化粧品，頭髮和服裝的式樣改變得很顯著——這些俄國女孩仿效她們周遭的法國或者德國女性。這時候，旁人注意到這些女性差不多一夜之間，又都換回了農家人的衣服。很多工人認為，她們預期會受到紅軍的報復——即使她們並非自願被運出俄國。顯然，這些女性會受到懲處，因為她們變得太西方化了。

環視整個柏林，西方工人的士氣十分高昂。在魯勒本（Ruhleben）的艾克特工廠（Alkett），

---

11 原註：還有另外一類勞工——志願外勞。成千上萬的歐洲人，有些是狂熱的納粹同情分子，有些人自認在協助對抗共產黨。而大部分的人都是憤世嫉俗的機會主義者——因為德國報紙刊登的廣告，追求第三帝國的高薪工作而來。這些人被允許以相對自由的方式住在工作地點附近。

有法國、比利時、波蘭與荷蘭各國工人兩千五百人負責生產戰車，除了德國警衛以外，每一個人都在為自己的未來作打算。他們晚上都在大談特談，腳一踏進法國，就要吃上多少頓豐盛大餐，還唱些流行歌曲，像莫里斯・雪佛萊（Maurice Chevalier）的《我的蘋果》（*Ma Pomme*）和《繁華》（Prospère）是最受歡迎的。

來自巴黎，二十一歲的機械員波丁（Jean Boutin），就特別覺得愉快。他知道自己正在進行使德軍垮台的工作。他和一些荷蘭工人多年來一直在進行破壞戰車零件的事情。德國領班一再威脅，要把搞破壞的人送去集中營，卻從來沒有這樣做過，這有很多原因。工人嚴重缺乏：這家工廠差不多全靠外國工人，波丁認為這種情況真逗，他製造的鋼珠軸承零件，應該在五十四分鐘做完，他卻設法不在二十四小時內交出一件成品——而交出去的通常都有瑕疵。在艾克特工廠，這些強迫的勞工都有一個基本原則，只要有一件不堪用的零件能逃過領班法眼，他們就朝勝利與攻佔柏林更進一步。

到目前為止，還沒有人被抓包過。

6

盡管轟炸不斷，盡管紅軍陳兵奧得河畔，盡管盟國大軍從東、西兩線緊緊迫近，德軍陣地逐漸縮小，必然還是有些人頑固地拒絕考慮有大難臨頭的可能。他們就是納粹的狂熱分子，大多數似乎都接受眼前的磨難，把它當成是一種煉獄——用來考驗、強化他們對納粹主義與目標的奉獻精神。只要他們展現自己的忠貞不二，所有事情定就會至當不移。他們認定，不但柏林不會陷落，而且勝利一定屬於第三帝國。

納粹黨員在日常的都市生活當中，享有特殊的地位。柏林人從來就沒有完全接受過希特勒或者他的福音。他們一向精明老到，會在表面上擺出四海一家的態度。事實上，柏林人愛挖苦的特性，政治上的憤世嫉俗，以及對元首的新秩序完全缺乏熱忱，長久以來都困擾著納粹黨。納粹要讓世界所有人留下深刻印象而在柏林舉行的火炬遊行或者示威，都得從慕尼黑運來成千上萬的突擊隊員以加強遊行的聲勢。「在新聞影片上，他們看起來比我們好看多了，」柏林人俏皮地說，「而且他們的腳掌也大得多。」

希特勒費盡力氣，也無法爭取到柏林人的心。早在盟機摧毀柏林以前，由於備受挫折與氣憤難消，希特勒也已經在策畫，要以適合納粹形象的方式重建柏林，甚至要改稱日爾曼尼亞（Germania）。他絲毫沒有忘記在一九三〇年代舉行的每一次自由選舉，柏林人都抵制了他。一九三二年那次至關緊要的大選中，希特勒自信會推翻興登堡（Hindenburg），柏林人投給他的選票卻是最低的——只有百分之二十三。而今，市民當中的狂熱分子決心要把這個德國境內最不納粹化的城市——柏林——改造成納粹主義最後的堡壘。雖然他們只是少數，卻依然握有大權。

成千上萬的狂熱分子都只是青少年，就像他們那一代的大多數人，心中只有一個神——希特勒。打從孩童時代起，希特勒就向他們灌輸國家社會主義的目標與意識型態。還有很多青少年受過武裝訓練，以捍衛主義永垂不朽。使用的武器，從步槍到稱為「鐵拳」（Panzerfäuste）的反裝甲榴彈發射器都有。庫斯特（Klaus Küster）便是青少年中典型的一個，他是希特勒青年團（Hitler Youth）的成員（柏林有一千多名團員）。他的專長是在六十碼外擊潰一輛戰車，他還未滿十六歲。

在所有人當中，最效忠的軍事機器，便是黨衛軍成員。他們深信最後會獲得勝利，且對希特勒忠貞不二。對別的德國人來說，他們的心理態度幾乎難以理解。其狂熱堅強的程度，彷彿已經成為了下意識。當紹爾布魯赫醫師在夏洛特醫院為一名剛從奧得河前線送來的重傷黨衛軍進行麻醉時，他有一度整個人愣住了。在安靜的手術室裡，這名深度麻醉的黨衛軍開口說話了。聲音雖小卻很清楚，他一再地說：「希特勒萬歲……希特勒萬歲……希特勒萬歲！」

這些人是真正的極端分子，但有幾十萬軍民也好不到哪去。有些人就表現得像極自由世界那些諷刺漫畫當中的狂熱納粹分子的模樣。其中一人便是四十七歲的卡爾（Gotthard Carl），他雖然只是個基層公務員——在德國空軍擔任臨時會計，卻穿上一身刷亮的藍色空軍制服。得意傲慢，宛如王牌戰鬥機飛行員。每當晚上下班進入公寓時，都會腳後跟砰一聲靠攏，右手向前一揮，大呼一聲：「希特勒萬歲！」他如此展現已經行之多年。

太太袈達（Gerda）對先生的這種狂熱感到厭倦。可是她更煩惱的是要如何跟他討論讓兩人活下去的計畫。她指出，蘇聯大軍離柏林很近了，卡爾一句話就給頂回去：「謠言！」他火氣沖天地說：「謠言！敵人故意散播的謠言！」在他心中，每一件事情都依照計畫在進行，蘇聯軍隊並沒有兵臨城下，希特勒必定勝利。

還有一些人極其熱衷且容易受人影響——他們從沒有想過德軍可能會失敗。就像舒爾芝（Erna Schultze），她是海軍總司令部的秘書，四十一歲，這職位實現了她一生的雄心壯志，當上海軍將領的秘書，今天是他頭一天去上班。

海軍總部所在地的貝殼大廈（Shell-Haus），過去四十八小時受到慘烈的轟炸。但是，灰塵與斷瓦殘垣並沒有使舒爾芝心煩——一項命令剛被送到她的辦公桌。她很鎮定。命令上說，所有列為「最高機密」的檔案，都要焚毀。可是更令她傷心的是，在這個新工作的第一天，在快下班的時候她被通知，她和其他員工可以「無限休假」，政府會把她們的支票送到家。

舒爾芝依然毫不動搖，她的信念極其堅強，當戰爭失敗的報導傳來時，她不相信官方的公報。她認為，整個柏林的士氣高昂，第三帝國的勝利只是時間問題而已。即使到了現在，到她離開總部大廈時，她的心中還是十分篤定，幾天內海軍會找她回來的。

還有些人，與納粹機構的高級官員相互信任，也關係匪淺，他們很少想到戰爭，或者戰爭的結果。置身在使人迷惑的氣氛，以及特權地位的魅力當中，由於盲目崇拜希特勒，他們覺得安全可靠。其中這麼一位便是藍眸動人的凱茜・霍伊瑟曼（Käthe Heusermann）。

在選帝侯大街二一三號（Kurfürstendamm）上班的凱茜，三十五歲，一頭金髮、活潑。全心全意投入她作為納粹首領高級牙醫師布萊什克教授（Hugo J. Blaschke）助理的工作。布萊什克自從一九三四年以來，就是希特勒及其親信的牙醫，擁有黨衛軍准將的官階，也是柏林市黨衛軍醫務中心的牙科主任。布萊什克是一名狂熱的納粹黨員，利用自己和希特勒的關係，建立了柏林市最大、也最賺錢的私人診所。現在他打算再賭上一把。不像凱茜，他清楚見到情勢岌岌可危——他打算一有機會就離開柏林。假如他留下來，自己的黨衛軍軍階與地位，也許會是個麻煩：到了蘇聯人手裡，今天的尊榮就會成為明天的負擔。

凱茜・霍伊瑟曼卻幾乎完全忘記了戰事。她太忙了，從清晨到深夜，她都在忙，協助布萊什克的幾家診所、各總部，或者在選帝侯大街的私人診所工作。她能力強，又討人喜歡，也充分受到納粹菁英的信任，曾經為希特勒身邊的人看牙——有一次，還替元首看牙。

這一次她達到了一生事業的頂點。一九四四年十一月，她和布萊什克緊急應召到東普魯士拉斯滕堡的元首總部去。他們到了以後，發現希特勒異常牙痛，「他的臉，尤其是右頰，腫得可怕，」她後來回憶時說，「他一口爛牙齒。他一共有三個牙橋，上排牙僅只有八顆是原來的牙齒，而且這些牙齒都填了金粉來支撐。他的上部牙齒，已經有了一個牙橋，靠現在的幾顆牙齒把它固定，其中一顆，右側的智齒，已經嚴重感染。」

布萊什克只看了一下那顆牙齒，便告訴希特勒得拔掉，他沒辦法救了。他解釋說，需要拔掉兩顆牙，除了牙橋後面的那顆假牙以外，還要拔掉另外受到感染的一顆。也就是說，要在那顆假牙前面的一點，繞過瓷牙橋和金牙橋切割，這項程序需要相當多的鑽孔和鋸開的工作。拔完最後一顆牙以後，然後再挑一天，不是裝一個嶄新的牙橋，就是把舊牙橋裝回去。

布萊什克對這項手術緊張萬分。手術很複雜，很難說希特勒會有什麼反應。更難的事，就是希特勒不喜歡麻醉。凱茜還記得，希特勒告訴布萊什克，「只肯接受最少」的劑量。凱茜和布萊什克都知道，那他就會極為痛楚，尤其這項手術也許要長達三十到四十五分鐘。可卻又沒有別的辦法可想。

布萊什克替希特勒在上顎注射了一針，便開始動手術，凱茜站在元首的一邊，一隻手把他的面頰向後拉，另一隻手拿一面鏡子，布萊什克立即把嘎嘎作響的牙鑽鑽進牙橋，然後又變換了鑽頭開始鋸。希特勒坐在那裡一動也不動，她回想說：「就像凍僵了一樣。」布萊什克終於清理蛀牙，很快把它拔了出來。「整個手術過程，」凱茜後來說，「希特勒都不動，也不說半句話，那真是一種非凡的表現，我們奇怪他是如何熬得住疼痛的。」

那已經是五個月以前的事了。到現在為止，對元首那個吊著的牙橋，什麼都沒有做。除了希特勒的貼身親信以外，沒有幾個人知道手術的細節。對於為元首工作的人來說，天條之一便是，有關他的每一件事，尤其是疾病，都是最高機密。

凱茜就能保密。例如，她知道布萊什克正在替帝國公認——但還沒有舉行結婚儀式——的第一夫人做一副特定的假牙。布萊什克準備在她下一次到柏林時，替她裝上金牙橋。希特勒的情婦伊娃·布朗（Eva Braun），確實需要一副假牙。

終於，凱茜知道了一項非常機密的事情。元首到的地方，她都要負責送一套完整的牙科工具和醫療用品過去。尤其，她正在為希特勒的四名秘書之一——矮矮胖胖、四十五歲的喬安娜·沃夫（Johanna Wolf），準備一副鑲金的新牙橋。很快，凱茜就要在總理府的醫務室替喬安娜配上它。在最後的九個星期，她幾乎每天都在總理府與布萊什克診所間來來回回，自從一月十六號以後，希特勒就住在那裡。

——

春夜襲人，市區的景色荒涼。柏林一片廢墟，陰風慘慘不堪一擊，伸展在慘白的月色下。這都市正是敵人夜襲的清晰目標。在地底下，柏林人等待著轟炸機群飛來，不知道他們當中有誰能活到明天。

到了晚上九點，皇家空軍機隊回來了。這是二十四小時內第四度響起的空襲警報。對柏林的第三百一十七次空襲開始了。黑爾姆·雷曼少將（Hellmuth Reymann）在霍亨索倫登大街（Hohenzollerndamm）的司令部，正在辦公桌後認真工作，根本不去管防空砲火與炸彈爆炸的隆隆聲，他在拚命趕時間——而剩下的時間已經不多了。

就在十六天以前，他在德勒斯登（Dresden）家中的電話響了。是希特勒的副官威廉·布格杜夫將軍（Wilhelm Burgdorf）打來的。他說，「元首已派你擔任德勒斯登市的衛戍司令。」雷曼一下子真還沒法回答。德勒斯登，這個十六世紀薩克遜人的首府，有童話中的尖塔教堂、古堡和圓石鋪就的街道，在三次大規模的空襲過後，幾乎已經完全毀了。想到這座可愛古城的毀滅，雷曼火氣就來，「告訴他，這裡除了瓦礫堆之外，沒有什麼可供防衛的了。」他吼叫著掛上了電話。他講這些氣憤的話，可真是魯莽任性。一小時後，布格杜夫又打電話來，說，「元首改派你擔任柏林衛戍司令。」

雷曼在三月六日到職視事，不到幾小時，他就有了可怕的發現。雖然希特勒宣稱柏林是一座要塞，實際存在的工事，僅僅只是元首的想像而已。衛戍柏林沒有計畫、沒有防務，而且根本沒有部隊。更糟的是沒有為老百姓準備糧食，為老弱婦孺準備疏散的計畫，壓根兒沒有。

這時，雷曼日夜不停地工作，狂熱地試圖解決這些情況。許多問題都使人吃驚：他在什麼地方搞到部隊、大砲、彈藥和裝備來據守這座城市？又能在什麼地方找到工兵、機械和物資來興建防線？會讓他把老弱婦孺疏散嗎？如果不許，那麼一旦圍城開始，他如何能供應他們吃的，如何保護他們？他心中一再環繞到這個主要問題上：時間——他還有多少時間？

甚至要得到高級將校來協助都很困難。直到這時，在這麼晚的時刻，才派了參謀長——漢斯．里福歐爾上校（Hans Refior）給雷曼將軍。能幹的里福歐爾早了幾個小時到達。柏林的混亂，令他比雷曼更為驚訝。幾天以前，他在《帝國畫報》（*Das Reich*）上看到一篇文章說，柏林是牢不可破的金城湯池。他特別記得有一句，「柏林的豪豬陣地，根本就是密密麻麻的防務。」如果真是如此，那這些陣地一定隱藏得很好，畢竟除了少數幾處陣地以外，里福歐爾再也無法找出多的陣地來。

這麼多年來他都是個專業軍人。頭髮灰白五十三歲的黑爾姆・雷曼，從沒想到會面臨像這樣的任務。然而，每一個問題他都非解決不可——而且還得快。挽救柏林可能嗎？雷曼決心竭盡自己的一切來做。戰史上有許多戰例，眼看打敗仗已不可避免，卻竟然反敗為勝。他想到一六八三年，維也納成功瓦解了土耳其人的圍攻；一八〇六年，普魯士元帥格奈森瑙將軍（Graf von Gneisenau）的參謀長布呂歇爾（Gebhard Leberecht von Blücher）守住了科爾堡（Kolberg）。沒錯，這些是令人膽顫心驚的比喻，但或許也能提供一些希望。然而，雷曼也知道，每一件事情都要取決於奧得河前線的德軍，以及這支守軍的司令官。

大將都已不在了——隆美爾（Rommel）、倫德斯特（Von Rundstedt）、克魯格（Von Kluge）、曼斯坦（Von Manstein）——這些戰無不勝的將帥，一度曾經家喻戶曉，他們全都消失了。有的死了，有的備受猜忌，有的被迫退役。而今，國家和軍隊遠比以往更需要精嫻韜略的大將。再來一個能大膽進取的隆美爾，或再來一個處事審慎的倫德斯特吧。柏林的安危，甚至德國的存亡，就全靠將才了，斯人何在？

第二部　接手的總指揮

1

三月二十二日破曉時分，迷霧朦朦，春寒襲人。柏林南邊的九十六號國道延伸經過滴水的松林，在廣闊的柏油路面上，一片片的積霜隱隱約約閃光。在春季開始的第二天寒冷的清晨，這條公路上擠滿了車流——車輛之多，即使是在此時的德國，也是不尋常的。

行駛在公路上的一些沉重貨車，載著大型檔案櫃、公文箱、辦公室家具和硬紙箱。別的貨車則高高地堆著藝術品——精緻家具、裝箱的油畫、銅器、瓷器以及銅像。其中一輛卡車的車頂上，還有一座凱撒頭部銅像，輕輕地前後擺動著。

卡車之間，散佈滿載乘客的各種廠牌的車子——霍希（Horch）、漫遊者（Wanderer）以及賓士（Mercede）。這些車輛全都有銀色的萬字黨徽，顯示它們是納粹黨的公用車輛。它們都沿著九十六號國道向同一個方向行駛——南方。車上都是第三帝國的官僚人員——「金雉雞」（Golden Pheasant）。這些人是納粹的菁英，有資格佩戴萬字型金色黨徽。妻兒子女家當和他們在一起，這些金雉雞正要移居別處。穿著棕黃色制服，他們面色僵硬、嚴肅，凝視著前方，就有一種可能性陰魂不散似的；也許他們會被令止步，被送回到他們最不想要去的地方——柏林。

國道的反方向，一輛軍車正疾馳北上。這是一輛賓士牌的國防軍公務車，左擋泥板上，有一面黑、紅、白三色格子的「軍團司令」金屬旗。韓李奇上將（Gothard Heinrici）縮進老式的羊皮大衣，脖子圍上一條圍巾，坐在駕駛的旁邊，黯然地看著路上的景色。他很熟這條路，德國所有的將領也是。韓李奇的表哥倫德斯特元帥，曾經挖苦地稱它為「永生之路」，它是曾經引領多少高級將領在軍事走向毀滅的道路。因為九十六號國道，是從柏林直達十八英里外的德軍參謀本部。在高級將領圈以外，沒有幾個德國人知道參謀本部的位置何在。甚至連當地居民也都一無所知，因為在希特勒統治下的德國，這處軍事神經中樞，位於密林深處，有著良好的偽裝，地點就在十五世紀的古鎮佐森市（Zossen）外。而佐森市區正是韓李奇的目的地。

如果迎面而來的車流使人不安——政府的各部會正在搬遷，這位將軍有什麼感觸的話，他也不會和三十六歲的侍從官畢拉上尉（Heinrich von Bila）說，畢拉和將軍的勤務兵白爾森（Balzen）坐在後座。在這長達五百英里的旅途，車內很少談話。他們今天很早就離開了匈牙利北部。韓李奇原來在那指揮第一裝甲軍團與匈軍第一軍團。從那裡他們坐飛機到靠近捷德邊境的包岑市（Bautzen），再換車繼續行程。現在，隨著時間的過去，都使德國陸軍中防禦作戰著名的名將之一，五十八歲的韓李奇越來越接近他四十年軍職生涯當中最大的一次考驗。

韓李奇會因為他在佐森的新職務而清楚知道全部的細節。但目前他已經曉得，與他對上並不是西線的英軍，而是他的老對手——蘇聯紅軍。對韓李奇來說，那是一次痛苦而又有代表性意義的職務，他奉派出任維斯杜拉集團軍（Army Group Vistula）司令，要他在奧得河擋住蘇軍和挽救柏林。

突然，響起了空襲警報。韓李奇吃了一驚，轉回頭來看看後面剛剛經過的一片一半用木材建成的房屋，並沒有飛機轟炸的跡象。警報聲繼續鬼哭神嚎，裊繞的餘音已在遠處消失。使他驚駭的倒不是警報的聲音，對轟炸攻擊他並不陌生，使他驚訝的是，現在才知道，如此深入德國境內，就連小小的村落都發布空襲警報了。韓李奇慢慢地又回到原來位置。自從一九三九年起，他就統率部隊，先在西線，一九四一年以後又調到蘇聯戰場，不在德國已經兩年了。雖然對國家遭受全面戰爭的衝擊幾乎一無所知，覺得自己在國內竟成了個陌生人而感到十分沮喪，但沒料到會有這種情形。

然而，德軍中有像他這麼多作戰經驗的並不多。高階將帥也沒有幾個像他這樣既高階卻又名氣不大的，他並不是耀眼的隆美爾，後者因戰功被德國人尊為雄獅，又被深信廣告宣揚的希特勒授以元帥權杖的尊榮。韓李奇的大名除了在戰鬥序列以外很少在報紙中出現。每一個軍人所追求的威名與光榮都躲開了他。他在東線擔任了多年的作戰指揮官，而在他與蘇軍作戰時所擔任的角色，使得他默默無聞。他作戰不是發動閃電戰得到光榮，而是負責拚死奮鬥的撤退戰。他的專長在防禦。在這方面，沒有幾個人能比得上他。韓李奇是一位深思熟慮，一絲不苟的戰略家，舉止溫和但行為難以預料，也是古老貴族學派的頑強將領。很早以前便學到了以最小的兵力、最低的代價據守陣線。他麾下幕僚中的一位參謀便說過，「韓李奇唯有在佔了上風時才會退卻——而且是在經過深思熟慮之後才會進行。」

從莫斯科郊區一直撤退到喀爾巴阡山（Carpathian Mountains）的那次行動，對韓李奇來說，既緩慢又痛苦。在許多幾近無望的陣地，他一再的挺住。他頑強、無畏、要求嚴格，緊緊抓住每一次機會——哪怕甚至只是多據守住一英里，多挺住了一分鐘的事都會做。他打仗之凶狠，使得麾下官兵得意地為他取了個外號：「我們凶悍的小雜種」[1]。第一次見到他的人，時常因為「凶悍」這個形容詞而感到尷尬，他塊頭小，個子矮，一對沉靜的藍眼睛，金色頭髮和剪得整齊的唇髭。一眼看去，他像個教師而不是個將領——而且是個不怎麼稱頭的教師。

這成了侍從官畢拉最關心的事。韓李奇一點也不在意自己外表上像不像上將，畢拉卻常為韓李奇的儀容而煩惱——尤其是他的軍靴與大衣。韓李奇很討厭德國軍官最愛穿的那種擦得光亮的齊膝馬靴，而喜歡普通的低筒軍靴，加上老式的一戰扣帶在旁邊的綁腿。至於大衣，他倒是有好幾件，但他喜歡多少有些破舊的羊皮大衣。哪怕畢拉耗了好大力氣，他還是不肯與他的羊皮大衣分手。此外，韓李奇穿軍服也一樣，要穿得一直磨出了線頭為止。而且，他總認為出差以輕便為主，韓李奇出門很少帶一件以上的軍服——只有穿在身上的那一件。

韓李奇總是得由畢拉先告訴自己需要新衣服——畢拉並不喜歡這樣，因為通常他都是輸家。畢拉最近一次冒險談到這個問題時，他採取了比較謹慎的路線，他試探式地問韓李奇：「報告司令，或許我們該找點時間，量一量新軍服。」韓李奇從他的老花眼鏡上面看著畢拉，說得很溫和：「畢拉，你真的這麼想嗎？」這一下子，畢拉以為自己成功了，然後這「小雜種」冷冰冰問道：「為什麼？」打那以後，畢拉就不再提這個問題了。

不過，如果韓李奇看起來不像是個將官，他的行動卻顯示他是個將才。對他所屬的官兵來說，他渾身每一寸都是軍人，尤其是在他挺守莫斯科的那一仗以後，他成了傳奇人物。

一九四一年十二月，希特勒大軍的閃電攻入蘇聯，就在抵達莫斯科前，終於被凍結住。沿著整個德軍前線，有超過一百二十五萬名官兵，衣著單薄地困在這一年早來的酷寒冬天。正當德軍在冰天雪地中掙扎時，被希特勒以及他的軍事專家認為已完全消滅的蘇聯大軍卻從天而降。在一次總攻擊當中，蘇聯發動了歷經寒冬訓練的一百個師的大軍與侵入的德軍作戰。德軍損失慘重，向後撤退。那一陣子，像是重演拿破崙一八一二年從俄境的可怕撤退——但規模更大，死傷更

1 原註：依據德文 Unser Gihtzwerg 字面的解釋，意為「我們狠毒的三寸丁」，而這個說法顯然是那些不喜歡他的人加諸於韓李奇的。

多。

戰線必須穩住，韓李奇奉令據守最艱困的作戰地區。一九四二年一月二十六日，他奉令指揮第四軍團的殘餘部隊。該軍團據守的地帶，正面對著莫斯科，而且是德軍戰線的中央，這一部分只要有任何一次的大規模退卻，就會危及兩翼的各軍團，可能導致兵敗如山倒。

韓李奇奉命的那一天天氣酷寒，氣溫在攝氏零下四十一度，蒸汽火車頭的水都凍結了。機槍無法射擊，塹壕和散兵坑都沒法挖掘，因為地面凍得像鐵似的。韓李奇麾下裝備不全的官兵，在深及腰的雪地作戰，鼻孔和眼睫毛都掛著冰柱。「我奉令據守挺住，直到發動一定可以攻下莫斯科的大攻勢，」他後來回憶說：「然而在我周圍，我的官兵都奄奄一息——不是因為紅軍的槍彈，絕大多數都是凍死的。」

他們堅持住幾乎有十個星期。韓李奇利用了他能到手的每一樣東西，正規的也好，不正規的也好。他鼓舞部下，激勵他們，升級的升級，撤換的撤換——一再不理會希特勒堅持且毫不通融的命令，「小雜種」硬是挺住了。在那年春季，第四軍團的參謀判斷，在那個漫長的冬季，「小雜種」所對抗的敵軍優勢為十二比一。

韓李奇在莫斯科郊外，發展出一種戰術使他享有盛名。他知道蘇軍即將到某一地區，攻擊迫在眉睫，他便下令部隊在晚上撤退到後面一到二英里的新陣地，蘇聯砲兵的彈幕便射擊落在無一人的陣地。以韓李奇的說法，「那就像是揍空袋子，蘇軍損失掉攻擊速度，因為我軍無一損傷，正嚴陣以待。然後沒有遭受攻擊的各個戰鬥部隊便靠攏過去，重新佔領原有的前線陣地。」在蘇聯軍隊準備攻擊時，從情報報告、斥堠以及俘虜訊問中，再加上超凡的第六感，韓李奇便能以極精準、絲毫無誤地推估出攻擊時間與地點，好用上這一招。

並不是經常可以運用這些方式。一旦他使用上，韓李奇便得以高度小心進行——希特勒曾經把不遵守他不許撤退命令的將領給囚禁甚至槍斃。「沒有他的允許，我們都不許把派在窗口的衛兵調到門前，」韓李奇後來寫道，「我們中一些人，只要能辦得到，就找出方法來避免他這種自殺式的命令。」

道理很簡單，韓李奇根本沒有在希特勒或者他的朝廷中走紅。他那貴族出身以及保守性的軍事背景，要求他誠實執行效忠希特勒的誓言，但是更高權威的要求永遠優先。在大戰初期，韓李奇便由於自己的宗教觀點，和希特勒起了衝突。

韓李奇的父親是一位新教牧師，他每天要看一段聖經，星期天都參加教堂聚會，也堅持所屬官兵上教堂。這些措施，使他和希特勒很難處得好，就有人直接暗示他，讓希特勒認為見到將領公開去教堂是不智之舉。上一回他回到德國，在西伐利亞省的明斯特（Münster, Westphalia）休假時，就有納粹黨的一名高級黨職官員，奉令從柏林專程去看不是納粹黨員的韓李奇，說及「元首認為您的宗教活動，與國社主義的目標不相容」。韓李奇面無表情聆聽這次警告。下一個星期天，他和太太兒女依然如常上教堂。

打那以後，他的晉升就慢慢吞吞、勉勉強強了，要不是他卓越的領導能力，根本別想晉升。事實上，他跟過的許多長官——尤其是克魯格元帥——極力支持他的晉升。

到了一九四三年底，這回他的宗教立場惹火了空軍元帥戈林（Hermann Goering）。戈林向希特勒大發牢騷，說韓李奇的第四軍團從蘇聯撤退時，沒有執行元首的焦土政策。他特別指控這位軍團司令故意藐視命令，沒有將斯摩稜斯克（Smolensk）市內「每一棟能住人的建築物給焚毀、夷為平地」。那些依然矗立的建築物當中，包括了東正教的大教堂。韓李奇鄭重解釋說：「如果斯摩稜斯克全市起火，我就沒有辦法經由市區撤退手下的部隊了。」這項答覆並沒有讓希特勒和戈林滿意，但就作戰來說，卻完全有理，他因此沒有被送軍法。

不過，希特勒並沒有忘記這碼子事。韓李奇在一戰作戰時受過毒氣的傷，之後便一直有各種消化系統的病。自從他與戈林這一回交手之後，希特勒便以他的病情為由，以「健康不佳」將韓李奇納入非現役將領名單。韓李奇退休住在捷克斯洛伐克的卡羅維瓦利（Karlsbad, Czechoslovakia）的療養院。以他的話來說，「他們就是要把我給投閑置散。」在他去職後幾個星期，蘇軍頭一次突破了他的老部隊——第四軍團。

在一九四四年初的前幾個月，韓李奇還是待在卡羅維瓦利隔岸觀火。眼見許多地動山搖的事件，漸漸使希特勒的帝國垮成一堆廢墟。六月，西方盟軍在諾曼第登陸；英美聯軍在靴形的義大利境內前進，攻佔了羅馬。七月二十日，謀刺希特勒功敗垂成，蘇俄大軍越過東歐，進行排山倒海而來的攻勢。戰況發展越來越嚴峻，韓李奇發覺自己無所事事，挫折萬分得難以忍受。如果他肯求希特勒的話，也許會派任指揮官，但他不來這一套。

終於，在一九四四年夏末，經過八個月的強迫退休以後，韓李奇收到命令恢復現役。這一回被派往匈牙利，指揮備受重創的第一裝甲軍團以及匈牙利軍的第一軍團。

韓李奇到了匈牙利，又恢復了他舊有的作風。當戰事最激烈時，韓李奇的頂頭上司，也是希特勒的信徒——舍爾納上將（Ferdinand Schörner），下了一道指令，發現任何士兵未經命令而待在戰線的後方，應「立即處決，暴屍示眾。」韓李奇很厭惡這項指令，氣憤反駁：「在我的部隊，從來沒有用過這種方法，以後也絕對不會用。」

雖然他被迫從匈牙利北部退到捷克境內，卻是寸土必爭，奮戰不已。到一九四五年三月三日，他收到通知獲頒「騎士十字加橡葉寶劍勳章」——這對一個希特勒極為不悅的人來說，是一項顯赫的成就。而現在，恰恰在獲頒勳章後兩週，他馳往佐森，口袋中有了一紙出任維斯杜拉集團軍司令的命令。

他在加速奔馳的賓士公務車上，看著九十六號國道在輪下消失，心中琢磨不知道這條國道要把他引向何方。他還記得在匈牙利獲得任職令時，要他到陸軍總部（ＯＫＨ）向參謀總長古德林上將（Heinz Guderian）報到，參謀們聽到消息大為震驚，問他，「司令真的要那份差事嗎？」

他的部屬憂心忡忡。直言無諱的韓李奇，似乎正奔向麻煩：擔任奧得河方面的司令官，那裡已經是俄軍與柏林之間的最後一道重要防線了。他會經常處在希特勒和那些「朝廷奸佞」——這是韓李奇麾下一名軍官對他們的稱呼——的監控之下。韓李奇從來都不會拍馬屁，也從來沒學到過隱瞞真相，那又如何能避免與元首身邊的人士起衝突？而人人都知道，與希特勒意見不同的人，會發生什麼事情。

接近韓李奇的軍官們，盡可能委婉地建議他找一個藉口回絕新職務——或許以「健康理由」。使人大為吃驚的是，韓李奇簡單回答說，他會服從命令——「就像小兵舒爾茲或施密特一樣。」

現在，他正接近佐森市郊了，韓李奇止不住想起別離時麾下參謀看著他，「就像我是隻牽向屠宰場的綿羊似的。」

2

基地大門很快放行韓李奇的座車，內層紅黑兩色的警戒桿升起。在一連串的敬禮中，座車進入佐森的總部，幾乎就像開車進入了另一個世界似的。在某方面來說，的確也是如此——隱匿、偽裝、井然有序的軍事天地，只有寥寥幾個人知道這處地方，而稱它為「麥巴一號」（Maybach I）和「麥巴二號」（Maybach II）。

他們開車經過的這一片營區，便是「麥巴一號」，陸軍參謀總長古德林，在這裡指揮東線的大軍。一英里開外，是一處完全隔離的營區：麥巴二號。那裡就是最高統帥部（ＯＫＷ），三軍最高司令部所在，盡管編號位列第二，麥巴二號可是最高當局，三軍統帥希特勒的總部。

古德林將軍在陸軍總部直接指揮作戰，而統帥部的高官——參謀總長凱特爾元帥（Wilhelm Keitel），與作戰廳長約德爾上將（Alfred Jodl）卻大不相同。不論希特勒走到那裡，他們都隨侍在側，只有統帥部的作戰指揮機構待在佐森。凱特爾與約德爾經由這裡指揮西線的部隊。除此以外，還利用這個地方作為希特勒向德國三軍將士下達指示的資訊流通中心。

因此，麥巴二號是聖地中的聖地，與古德林的陸軍總部完全隔開，連陸總當中也只有少數軍官曾經獲准進入過。封鎖之徹底，兩處總部之間是由高高的鐵刺網實實在在地分開，經常有衛兵巡邏。一九四一年，希特勒便說過，任何人都不得知道超乎執行職責之外的事情。在古德林總部，就有人說，「要是敵人把統帥部佔領了，我們還會一如尋常工作下去：我們對統帥部的事，一點也不想知道。」

森林中鋪天蓋地的密集樹木下，韓李奇的座車行走在營區中縱橫交錯的狹窄土路。樹木中有幾座形狀不規則的一排排低矮混凝土建築物，它們極為分散，而且有樹木作掩護。但為了確實萬全保護，還在外表漆上了綠、棕、黑三色的偽裝色彩。車子都停在路外，蓋上偽裝網停在營房似的建築物兩邊。到處都站有衛兵，在營舍四周的各處要點，都有突出在地面上低矮的伏地堡堡頂。

這些只是遍及整個營區下層的部分設施。麥巴一號與麥巴二號的地下部分，比地上的建築物還要多。每一棟建築物地下都有三層，可以利用通道與鄰棟相連。在這些地下設施中最大的一棟，便是「五〇〇電話交換所」——德國境內電話、打字電報與軍用有線電話最大的總機。它完全能夠自給自足，有本身的空調（包括專門的過濾系統，可以抗拒敵人的毒氣攻擊），飲用水供應、廚房與住所，深入地下達七十英尺深——等於深入地下七層的建築。

「五〇〇電話交換所」是陸軍總部與統帥部唯一共用的設施，這兩處總部聯繫柏林遙遠的各軍種高級司令部，也是德國政府以及諸多部會的主要電話交換所。「五〇〇電話交換所」於一九三九年落成，設計上是為一個幅員遼闊的帝國服務。在主要幹線或者長途台電話機，幾十名接線生坐在燈光閃爍的交換總機前，每一個總機上有張小卡片，寫出城市的名字——柏林、布拉格、維也納、哥本哈根、奧斯陸等等。雖然總機台上有些燈光已經熄滅，但依然標示著的名牌，有雅典、華沙、布達佩斯、羅馬和巴黎。

盡管有了偽裝的預防措施，佐森營區還是遭受過轟炸——韓李奇的座車駛過營區，停在古德林司令部外時，可以清楚見到留下的痕跡。這一帶坑坑疤疤全是彈坑，有些樹木連根拔起，部分建築炸得損傷慘重。但由於建築本身的堅實結構，轟炸的威力抵消掉了，有些建築物的牆厚達三英尺[2]。

主要建築物內，有更多被攻擊的痕跡。韓李奇與畢拉見到的第一人，便是古德林的參謀長克雷布斯中將（Hans Krebs），他在那次空襲中受了傷，單眼鏡片撞進了他的右眼。他的辦公室接近古德林的辦公室，人坐在辦公桌後面，頭上裹著一塊大大的白繃帶。韓李奇並不怎麼在乎克雷布斯，雖然這位參謀長極其機警，韓李奇見到的是一個「拒不相信真相，為了替希特勒低估真實的形勢，他可以把黑的變成白的。」

韓李奇看著他，單刀直入問道：「你怎麼回事？」

克雷布斯聳聳肩，「啊，沒什麼，」他答道，「真的沒什麼。」他一向都很鎮靜，戰前他在莫斯科德國大使館擔任武官，說得一口近乎道地的俄語。一九四一年，簽訂「日俄中立條約」，史達林摟抱克雷布斯說，「我們會永遠是朋友。」這時，他和韓李奇隨便聊聊，提到說他依然在學俄語。「每天早上，」他說道，「我刮臉時，便在鏡子下面的架子上擺一本字典，多學幾個字。」韓李奇點點頭，克雷布斯馬上就會發現俄文派得上用場了。

這時，古德林的侍從官洛林荷芬少校（Freytag von Loringhoven）到了他們這裡，和他一起的是博爾特上尉（Gerhard Boldt），也是古德林的侍從參謀。他們正式迎進韓李奇和畢拉，然後帶他們到參謀總長辦公室去。對畢拉來說，這裡似乎每一個人都儀容整齊，高統馬靴雪亮，剪裁合身、鐵灰色的軍服熨得筆挺，衣領上有紅色的參謀領章。韓李奇和洛林荷芬在前面走，看起來他一如尋常，服裝與這處地方不大搭配——尤其是從後面看過去。翻羊毛的大衣領子，令畢拉皺了一下眉頭。

洛林荷芬一閃身進了古德林辦公室，沒多久轉回身打開辦公室的門迎進韓李奇。韓李奇經過時，他說了聲，「韓李奇將軍閣下到。」便把門關上，然後那天下午他就和畢拉以及博爾特待在一起。

古德林坐在一張大辦公桌後面，桌上滿是文件。韓李奇進房間時，他起身迎接，熱烈歡迎客人，請他在椅子上坐下，談了一下韓李奇這次的旅程。韓李奇發現古德林有些緊張、躁急，他膀闊腰圓，中等身材，稀疏的白髮，零落的鬍鬚，看上去比他的實際年齡（五十六歲）老得多。大家都知道他有些病在身，血壓高、心臟弱，經常不斷的挫折並沒有使他的病情減緩。這一位為希特勒創建龐大裝甲部隊的人物——將軍的裝甲戰術，使他在一九四〇年時，只花了二十七天，就佔領了法國。在蘇聯作戰也幾乎締造相近的類似勝利——發覺自己差不多完全沒有力量了。即使他身為參謀總長，實際上他對希特勒沒有一點影響力。在飛黃騰達時，他的脾氣暴躁，而現在卻橫遭拂逆。韓李奇有聽說過他動不動就會大發雷霆。

---

2 原註：事實上，由於蘇俄的要求，佐森在七天前，也就是三月十五日，遭受美機猛烈轟炸。目前在華府與莫斯科的檔案中，還有紅軍參謀長謝爾蓋·胡加可夫元帥（Sergei V. Khudyakov）致駐莫斯科美國軍事代表團團長約翰·迪恩少將（John R. Deane）的電文，本書是首度披露。對蘇聯在德國的情報活動，有了驚人的說明。「迪恩將軍勳鑒。根據我方這份文件的情報所示，德國陸軍參謀本部，位於柏林南方三十八公里處，是一個專門打造的地下碉堡，德人稱之為『衛城』（The Citadel）。它的地點位於……佐森市南南東方五點五公里到六公里處，在一條寬闊國道（九十六號國道）的東邊一到一公里半位置，與柏林到德勒斯登的鐵路線平行。這帶地區都是地下工事……面積約五、六平方公里。整個區域都環繞了好幾層的鐵刺網，由一個黨衛軍步兵團嚴密警衛。根據同一消息來源，這項地下構工起於一九三六年。在一九三八年及一九三九年，工事的強度經德軍測試，足以抵抗空中轟炸與砲兵轟擊。因此，本人謹此請求閣下不要拒絕，盡可能立即對盟國空軍下達指示，以大量炸彈轟炸『衛城』。個人認為……德軍參謀本部如果尚在該處，在遭受損害與損失，停止了日常工作……（也許）會遷往他處。因此德軍將損失一處結構良好的通信中心與總部。謹附地圖一幅，圖上標有德軍參謀本部（總部）的正確位置。」

他們在談話時，韓李奇看了看四周。辦公室簡單樸素，一幅大型地圖，幾把直背椅子，兩具電話，辦公桌上一盞綠罩檯燈，黃褐色的四面牆，除了常見的希特勒裝框照片以外，一無所有，這幅照片掛在地圖桌上面。參謀總長連一張安樂椅都沒有。

雖然古德林與韓李奇並不算是好友，但他們彼此認識已有多年，在專業競爭上相互敬重，也密切得足以自在隨性交談。他們一談到正事，韓李奇的話就很坦率。「總長，」他說，「我一直在遠離中樞的匈牙利，對維斯杜拉集團軍幾乎一無所知，它的兵力如何，奧得河的戰況又是什麼情形？」

古德林也同樣直爽。他回答得很乾脆：「韓李奇，我必須告訴你，希特勒並不想把這個集團軍給你，他心目中另外有人。」

韓李奇默不吭聲。

古德林繼續說，「這件事跟我有關。我告訴希特勒，你是我們需要的人，起先他壓根不考慮你，到最後，我才使他同意了。」

古德林說得鄭重其事，態度上實事求是，但當他切入主題時，音調就變了。即使在二十年後，韓李奇還記得在這之後古德林說過的長篇抨擊性談話的細節。

「希姆萊，」古德林突然說道，「就是最大問題之所在，去掉這個人，由你去接替——希姆萊！」

他從坐著的椅子上猛然站起來，繞著辦公桌走，開始在屋裡踱步。韓李奇最近才知道帝國領袖希姆萊是維斯杜拉集團軍司令，起先他大為驚訝得不敢置信。他知道希姆萊是親近希特勒的人士之一——或許在第三帝國，他是僅次於希特勒最有權勢的人。他並不知道希姆萊有過指揮野戰部隊的半點經歷——更不必說指揮一個集團軍作戰了。

古德林繼續敘述，表情痛苦。一月時，在紅軍發起排山倒海的攻勢以前，波蘭前線瓦解，他拼命要求組成維斯杜拉集團軍。在當時，對於該集團軍的設定為集結北部各軍團，據守一條介於奧得河與維斯杜拉河之間的防線。大致上起自東普魯士向南面與另一個集團軍相連接。假如這一線守得住，就可以防止蘇軍直向德國腹地進攻，穿過下波美拉尼亞以及上西利西亞（Upper Silesia），進入布蘭登堡，最後攻向——柏林。

古德林建議，由魏克斯元帥（Freiherr von Weichs）出任集團軍司令。「當時，在這種情況下的恰當人選，」古德林說，「你猜怎麼著？希特勒說魏克斯太老了。開會時，約德爾也在場，我本以為他會支持我，可是他卻說了些關於魏克斯宗教情感上的事，這件事就告一段落。」

「然後，」古德林咆哮說，「我們得到了誰？希特勒指派希姆萊！在所有的人中居然選了——希姆萊！」

以古德林的話來說，他曾經對這項嚇人又荒謬的派職，做出爭論與請求來反對。他反對這個毫無軍事常識的人，可是希特勒卻不肯改變原先的決定。在希姆萊的指揮之下，整個前線瓦解了，紅軍的進兵行動，正如古德林所料。一旦蘇軍渡過維斯杜拉河，就會派一部兵力向北方旋迴，到達波羅的海的但澤（Danzig），把在東普魯士境內的二十到二十五個師切斷予以包圍，其餘的蘇俄大軍則自波美拉尼亞與上西利西亞中間切過，兵臨奧得河及尼斯河（Neisse）。在東線戰場的每一處地方，德軍都遭遇優勢的敵軍。但沒有一處戰區，是像希姆萊戰區垮得那麼快。他的敗仗，使得蘇俄大軍進攻德國的大門敞開，而且會與西線的盟軍會師。尤其這一來使得柏林變得岌岌可危。

古德林告訴韓李奇，四十八小時以前，他曾經驅車去柏林北邊五十英里外的比肯赫恩（Birkenhain）到維斯杜拉集團軍司令部，想說服希姆萊辭去集團軍司令一職。到了那裡，他得到消息說希姆萊病了，然後在二十英里外快接近利興（Lychen）的地方，他找到了這位黨衛軍司令，「只不過一點頭痛感冒，就畏畏縮縮，待在療養院。」

古德林很快就看出來，可以大加利用希姆萊的「病」，對帝國領袖表達慰問，建議說也許他一直工作過分勞累，身兼多職，「任何健康的人都吃不消」。野心勃勃的希姆萊除了身任維斯杜拉集團軍司令以外，也兼任內政部長、秘密警察署署長、德國警政署及特勤署署長、黨衛軍司令，以及陸軍訓練司令部司令。古德林建議他說，為什麼閣下不辭卸一項職務呢——比如說，維斯杜拉集團軍司令？

希姆萊對這項建議很領情，他告訴古德林說，的確他一點也沒講錯，從事這麼多工作，他要有很大的耐力。「不過，」希姆萊問道，「我怎麼可能向元首建議，說我要放棄維斯杜拉集團軍呢？」古德林立刻告訴希姆萊，只要授權給他，由他去提這件事就行了。希姆萊立刻同意。古德林補充說，當天晚上，「希特勒顯然十分勉強，在發了一大陣牢騷之後，免除了帝國領袖那令他過勞與過度的職務。」

古德林停了下來，但只停了一會兒，他顯得氣憤，狠狠道出當時形成的禍害，這時又發作開來，他氣得話也說不出來。然後他說，「我們現在的情況糟得不能再糟，那種管理作戰的方式令人難以置信，難以置信。」

古德林回憶，在過去幾個月，他一直想讓希特勒了解，「真正的危險在東線，」而且「必須要有果斷的措施」。他要求從波羅的海各國，進行一連串的戰略性撤退——尤其是拉脫維亞的庫爾蘭（Latvia, Courland）——從巴爾幹半島撤退，甚至於放棄挪威和義大利。要縮短每一地的戰線，盡快把能撤回的每一個師調到蘇聯前線。根據情報，蘇俄部隊的師級單位，是西線盟軍的兩倍——然而，德軍在東線作戰的兵力卻比西線少得多。尤其，德軍的各精銳師都正用來對抗艾森豪。但是希特勒拒絕強化東線的防禦，一點都不相信在他面前的事實與數字。

古德林又說，「希特勒可能犯了他一生最大的錯誤。」一九四四年十二月，他對西線盟軍孤注一擲發動大規模攻勢，穿過比利時與盧森堡北部的阿登森林。希特勒表示，這次攻擊可以把盟軍切割，改變整場戰爭的局勢，他派出三個裝備充足的軍團進攻盟軍陣線中央——總共為二十個師，其中十二個裝甲師，目標：突破、攻抵馬士河，然後揮兵北上，攻佔重要的補給海港安特衛普。盟軍被打了個措手不及，受到嚴重打擊，帶著重大傷亡往後撤退。可是這次攻勢很快就停了下來，盟軍部隊迅速回神。不到五個星期就重創希特勒的大軍，把他打得退回到德國境內。

「等到情況明朗，這次攻勢已經顯現失敗時，」古德林說，「我想求希特勒把我軍部隊從亞耳丁撤出，部署到東線，因為我預料俄軍的攻勢迫在眉睫。沒有用——他不肯相信我們對蘇俄軍力的判斷。」

一月九日，古德林告訴希特勒，預料蘇俄大軍會發起攻勢，北起波羅的海，南達巴爾幹半島，這支龐大的軍力總共達兩百二十五師，以及二十二個裝甲軍。古德林的情報署長蓋倫少將（Reinhard Gehlen）擬定了這份狀況判斷。文件指出，蘇聯兵力優於德軍，步兵為十一比一，裝甲兵為七比一，砲兵與飛機至少為二十比一。希特勒氣得大拍桌子，大罵這份報告的撰稿人，「誰擬的這堆垃圾！」他咆哮道，「不管是誰，都給我送到精神病院去！」三天以後，蘇聯大軍開始攻擊，蓋倫的判斷證明是正確的。

「戰線形同崩潰，」古德林告訴韓李奇，「完全是因為我們大部分的裝甲師都困在西線，到最後希特勒同意調撥一部分裝甲兵，但卻不讓我用來攻擊柏林以東的蘇聯軍前鋒。他把裝甲兵往哪裡派？匈牙利，把它們派到那裡。進行一場十足一無用處的攻擊，以收復失去的油田。」

「什麼話，直到現在，」他憤憤說道，「還有十八個師蹲在拉脫維亞的庫爾蘭——固定在那邊，無事可作。這裡需要他們，而不是在波羅的海各國，如果我們要活下去，所有東西都須集中到奧得河陣線。」

古德林停了一下，努力使自己平靜下來，然後說道，「蘇軍已經掐住我們的咽喉。他們停止攻勢、進行整補，我們判斷你會有三四個星期的時間準備——然後攻勢的洪流才會湧來。這段期間，俄軍會企圖在西岸建立新的橋頭堡，以擴大他們已建立的幾個。要把這些橋頭堡給趕回去，不管別的地方有什麼情況發生，一定要把蘇軍擋在奧得河一線，這是我們唯一的希望。」

3

這時古德林吩咐取圖。在外面侍從室的一名侍從官，從準備好的一堆地圖當中，抽出幾張帶進辦公室，在兩名將領面前，攤開在地圖桌上。

這還是韓李奇頭一遭窺見全面的戰況。德國有三分之一已經丟了——已經被東西兩面戰線推進的盟軍所淹沒，剩下來的僅有在兩條天塹間的部分。西面為萊茵河，東面為奧得河以及它的支流尼斯河。韓李奇也知道，帝國的大工業區，雖然還沒有淪陷，卻正遭受日以繼夜的空襲。

西線一如韓李奇所聽到的，艾森豪的大軍的確已經兵臨萊茵河——德國最大的天塹。英美大軍延伸在西岸幾達五百英里長——大約從北海到瑞士邊境，並且已經在萊茵河岸一個地點建立了過河的橋頭堡。三月七日，波昂（Bonn）以南、雷瑪根（Remagen）的一座大橋，還來不及炸毀，就已被美軍攻佔了；現在已在河東岸建立了二十英里寬、五英里深的橋頭堡陣地，預料隨時也會在其他地方進行渡河行動。

東線的蘇聯大軍已經蜂湧越過東歐，據守超過八百英里的陣線——從波羅的海直達亞得里亞海（Adriatic）。光是在德國本土，他們沿著奧得-尼斯河這一線陳兵，直抵捷克邊境。這時，古德林告訴韓李奇，他們正大肆準備恢復進攻。偵察機已發現增援兵力正湧向第一線，每一處火車站，正卸下大砲與裝備。每一條路上都堵塞著戰車、卡車與馬拉的大車車隊，以及行進中的部隊。攻擊發起時，紅軍兵力會達到什麼程度，沒有人能做出判斷。但在德國境內已經發現了三個集團軍，大部分都集中在維斯杜拉集團軍陣地的正對面。

正如他後來所敘述的，韓李奇看著他已經接掌的這段戰線，第一次見到「一個完全使人震驚的真情實況。」

地圖上用紅線曲折標示出來的一條單薄陣線，就是維斯杜拉集團軍的陣地，長達一百七十五英里——起自波羅的海海岸，到西里西亞（Silesia）奧得河與尼斯河的交會處，與舍爾納上將的兵力連接。大部分戰線都在奧得河的西岸，但東岸依然還有三處重要的橋頭堡：北面是斯德丁（Stettin），原是波美拉尼亞十三世紀的首都；南面在科斯琴（Küstrin），以及奧得河畔古老的大學城，法蘭克福（Frankfurt）——這兩處重要的橋頭堡，正好就在柏林的對面。

韓李奇發現，要阻止蘇軍攻佔柏林市區、長驅直入德國腹地，他麾下僅有兩個軍團。據守戰線北方的是第三裝甲軍團，軍團司令是身軀短小的曼陶菲爾將軍（Hasso von Manteuffel）。德軍之中，或許他是繼古德林與隆美爾之後，最偉大的裝甲作戰戰術家。他所據守的陣地延伸達九十五英里長——從斯德丁直到霍亨索倫運河（Hohenzollern Canal）與奧得河的交會處，位於柏林東北方約二十八英里的地方。在那兒的下方，到八十英里外尼斯河的匯流處，負責防務的是四十七歲戴眼鏡的布瑟將軍（Theodor Busse），以及他的第九軍團。

對於整體戰局他雖然感到沮喪，但對排列在他面前的大軍，他卻不會過度意外。在東線他已經習慣於沒有重軍掩護，用最小的戰車兵力，與至少九、十倍於本身的敵軍作戰。韓李奇知道，一切要看部隊的素質而定。但是這兩個軍團的素質令他惶恐。

對能征慣戰的韓李奇來說，一個師的名稱以及師長的身分，通常就可以顯示出這個師的歷史，以及它的戰鬥能力。而今，他檢視地圖，發現在東線根本沒有他認識的正規軍師，這些師並沒有通常用來識別的番號數字，大多只有一個古怪的名稱，如克虜伯卡森師（Gruppe Kassen）、德貝里茨師（Döberitz）、尼德蘭師（Nederland）、庫馬克師（Kurmark）、柏林師和明歇貝格師（Müncheberg）。韓李奇對這些部隊的組成感到納悶，他們是不是雜牌部隊——把各師的殘兵敗將湊合在一起而成的？古德林的地圖並沒有給他一個清晰的概念，他必須自己親身去看看，這些只有名稱而無番號的師，越來越令他存疑。韓李奇並沒有就此提出他的疑慮。反之，古德林還有另外一個更迫切的問題要討論——特別是科斯琴。

韓李奇指揮的最大規模的部隊便是布瑟的第九軍團，是柏林市區前方的防盾。地圖上雜亂的紅色符號，很清楚顯示布瑟面對著許多急迫的問題。古德林說，蘇軍正集中在第九軍團的當面。他們正用強大的兵力掃蕩科斯琴以及奧得河畔法蘭克福地區德軍在河東岸據守的兩處橋頭堡，而科斯琴的戰況最為危急。

過去幾個星期，在這個地區的紅軍曾經幾次成功地渡過奧得河，在河西岸得到了立足的據點，這些進攻大多數都遭到擊退。儘管德軍在防禦上竭盡一切手段，蘇軍仍然據守在科斯琴的周圍。他們在當地的兩側佔有相當大的橋頭堡，在這個鉗形立足點中間，還有一條唯一的走廊，維持著科斯琴守軍與第九軍團間的聯繫。一旦這鉗形挾緊，德軍就會失去科斯琴與兩個橋頭堡之間的聯繫。那就會為蘇軍提供一條渡河到西岸的重要跳板，能夠長驅直入柏林。

現在古德林卻把另外一枚炸彈拋給韓李奇，他說：「希特勒已經決定要掃蕩科斯琴以南的橋頭堡，布瑟將軍正在準備，我相信會在四十八小時內發動。」

據古德林概略指出，該計畫是從科斯琴南邊十三英里的法蘭克福發動攻擊。五個裝甲擲彈兵師渡河進入德軍橋頭堡，從那裡沿著河東岸攻擊，從對面方向進攻位於科斯琴的蘇軍橋頭堡。

韓李奇研究著地圖，法蘭克福橫跨奧得河兩岸，市區的大部分則在西岸，只有一座橋連接這兩部分市區。對維斯杜拉集團軍的新司令來說，有兩個事實十分顯著。東岸的高地地形為蘇軍砲兵提供了理想的條件——他們居高臨下，可以把德軍的裝甲部隊擋住；而更糟糕的另一件事，就是對岸的橋頭堡太小，不能供五個摩托化步兵師集結。

韓李奇看地圖看了很久，在他心中充滿了疑問。把幾個師集結起來，立刻就會被敵人察覺，起先會被砲兵摧殘，繼之會有敵機炸射。他看著古德林，簡單一句說，「這行不通。」

古德林也同意，他氣憤地告訴韓李奇說，讓這五個師集結的唯一辦法，就是「車輛與戰車一輛跟著一輛駛過橋——形成長達十五英里的行軍縱隊。」可是希特勒堅持要進行攻擊，「這會成功的，」他告訴古德林，「因為蘇軍絕不會料到我方會大膽採行這種非正規的作戰方式。」

韓李奇依然冷冷看著地圖，只見科斯琴與法蘭克福中間的這帶地區，密密麻麻都是蘇軍。

即使能夠從橋頭堡發動攻擊，蘇軍如此強大，德軍的各師絕對到不了科斯琴。韓李奇表情嚴肅地說：「我們的部隊會背水困守在奧得河，那可會是一場災難。」

古德林不作聲——已經無話可說了。突然他瞄一下手錶，急躁地說：「啊，老天，我可得回柏林去，參加三點的元首會議。」只要一想到開會，又引發他的火氣。「根本不可能工作，」古德林氣呼呼，「一天兩次，我得忍受上好幾小時，靜聽希特勒周圍那一批人胡說八道——討論的都不是正事！我要做事也做不成！所有我的時間，不是耗在路上，就是在柏林聽人說夢話！」

古德林的火氣大得使韓李奇警覺。參謀總長的臉孔漲得通紅，有一陣子韓李奇擔心古德林會心臟病發，當場氣死。古德林努力控制住自己，然後他說，「希特勒會要討論攻擊科斯琴的事，最好你跟我一起去。」

韓李奇不肯去，「如果要我在後天發動這場瘋狂的攻擊，」他說，「我最好盡快到司令部去。」然後又表情頑固地說，「要見到我，希特勒可得等上幾天。」

——

侍從官畢拉上尉坐在侍從室，計算著這次會面的時間。那一堆地圖和描圖，逐一被拿進古德林的辦公室。眼下只剩下一兩張圖，他想說簡報也差不多要結束了。他隨性走到圖桌前，懶洋洋看著上面那張地圖。這地圖是德國的全境，不過圖上的線條看上去不知道什麼緣故有些不一樣。畢拉正要轉身，卻有些東西吸引了他的目光，他接近一點看，這張地圖果然與所有的其他地圖不同。圖上的文字引起了他的注意——圖上都是英文，他彎身開始仔細端詳了起來。

4

當一身疲憊的韓李奇，抵達他位於普倫茲勞（Prenzlau）附近，比肯赫恩的司令部時，時間快六點了。從佐森開車到這裡的兩個半小時車程，他依然保持沉默。有一陣子，畢拉想開始說說話，便問司令看過那幅地圖沒有，他以為古德林已經把另外一幅複製圖給韓李奇看過，解釋過它的內容。但事實上，韓李奇一點也不知道這件事，畢拉也沒有得到答案。司令只是緊閉嘴唇坐著，憂心忡忡，畢拉從沒有見過他這麼沮喪過。

韓李奇頭一眼看見自己的司令部就更為洩氣。維斯杜拉集團軍司令部，是一棟富麗堂皇的巨宅，兩邊都有木造營房，主建築物是建築界的怪物，一棟龐大、裝飾華麗的玩意。門前有一排十二根超大號的柱子。這是希姆萊在多年以前，為自己退隱而修建的房舍。附近的鐵道支線停著指定作為他專車的豪華車廂，斯太爾馬克號列車（Steiermark）。

跟在佐森一樣，司令部也隱身在樹林之內，但比較到此為止。這裡跟韓李奇所預料的不同，沒有處於作戰的集團軍司令部那種緊張氣氛。除了門廳有一名黨衛軍中士以外，整個地方都像是被棄置了。中士問了他們的來歷，引導他們在長板凳坐下後，人又不見了。

幾分鐘以後，一個身材魁梧、服裝筆挺的黨衛軍中將出來了。他自我介紹是希姆萊的參謀長拉默汀（Heinz Lammerding），很自如地說明司令「正在進行非常重要的討論」，「目前不便打擾」。拉默汀人客客氣氣可又冷冰冰，並沒有邀請韓李奇到他的辦公室去，也絲毫沒擺出想接待的姿態。一個向後轉，他就讓韓李奇和畢拉在門廳等候。韓李奇身為將官，這些年來從來沒有受過這麼不客氣的接待。

他耐著性子等了十五分鐘，便對畢拉輕輕說，「去告訴拉默汀，」他說，「我不打算在外面多坐上一分鐘了，本人要求立刻見希姆萊。」幾秒鐘以後，韓李奇被引導走過一條走廊，進入了希姆萊的辦公室。

希姆萊站在書桌旁，他中等身材，上身比腿要長。韓李奇的一名參謀還記得那就像「牛的兩條後腿」。他臉型狹窄，下顎往後縮，平框眼鏡後一雙斜眼，小小的唇髭，薄薄的嘴唇。韓李奇注意到他的膚色「蒼白、鬆垮，多少有點軟趴趴。」

希姆萊走向前來，互道寒暄後，立刻做出一番冗長的解釋。「你一定要了解，」他說道，挽著韓李奇的手臂：「離開維斯杜拉集團軍，在我是一個最困難的決定。」他一面說，一面請韓李奇坐下。「不過你也一定知道，我的職務太多了，要做的工作也太多——而我的身體並不太好。」

希姆萊自己在書桌後坐下，身體向後一靠，說，「現在我要告訴你概況，我已要求把所有的地圖，所有的報告送來。」兩名黨衛軍走進室內，一名是速記員，另一人則送來一大堆地圖。他們後面來了兩名參謀官，韓李奇很高興這兩名軍官是國防軍，而不是穿黨衛軍制服的人。一位是副參謀長金澤爾中將（Eberhard Kinzel），另一位是作戰處長艾斯曼恩上校（Hans Georg Eismann）。韓李奇尤其高興見到艾斯曼恩，他認識這個極為優秀的參謀，拉默汀則沒有來。

希姆萊等所有的人都就座後，裝腔作勢般發表為個人辯護的說辭，韓李奇事後看來，「他從開天闢地說起，」然後十分費勁地說明細節，「而他說的沒有半點意義。」

金澤爾和艾斯曼恩兩個人都曉得，希姆萊能像這樣一說就是幾個鐘頭。幾分鐘後，金澤爾便因「要務待理」而告退。艾斯曼恩坐在那裡，看著希姆萊與韓李奇。他所見到的韓李奇，是一位

「不屈不撓的白髮老將──認真、沉默、嚴格的小個子，把禮儀視為理所當然」，他卻在聽一個暴發戶般的老百姓夸夸其談，「這傢伙連地圖上的比例尺都不認得」，他看著瘋狂擺弄手勢的希姆萊「就像在演戲的長篇大論，把一些雞毛蒜皮的事翻過來覆過去的說個沒完沒了。」

艾斯曼恩也盡其所能等待，然後他也因為「待辦事務太多」而告退。幾分鐘以後，韓李奇注意到速記員因為沒法跟上滔滔不絕的希姆萊，也已經把他的鉛筆放下了。韓李奇煩躁無比，只好靜靜坐著，讓希姆萊的話東風過馬耳吧。

突然，希姆萊辦公桌上的電話響了，他抓起話筒聽了一下，神色非常驚慌，把話筒交給韓李奇，「你是新司令，」他說道：「這個電話最好由你來接。」

韓李奇抓起電話：「我是韓李奇，請問是哪一位？」

打電話來的是布瑟將軍，第九軍團司令，韓李奇聽電話時人都僵住了，他新到職的這支集團軍慘禍已降臨。蘇軍已經察覺布瑟對科斯琴的攻擊進行準備了，布瑟指揮的最精銳的其中一個師，第二十五裝甲師，幾個月以來負責維持蘇軍在科斯琴西側兩個橋頭堡之間的走廊暢通。為了攻擊準備，他們悄悄撤出陣地。另外一個師，第二十裝甲師，接替第二十五裝甲師進入陣地。蘇軍察覺到換防，便從南北兩方發動攻擊。這種鉗形攻勢，正是古德林所害怕的迅速合圍。第二十裝甲師遭到截斷，科斯琴受到孤立──蘇軍現在有了一個進攻柏林的重要橋頭堡。

韓李奇還手持話筒，就把消息冷冷地告訴希姆萊。帝國領袖神色緊張地聳聳肩，「這個，」他說道：「你現在是維斯杜拉集團軍司令了呀。」

韓李奇目不轉睛盯著他，「喂！你看看我，」他說得很衝，「我對這個集團軍真他媽一點都不了解，我甚至不曉得我有些什麼兵馬，也不曉得哪些部隊該在什麼地方。」

希姆萊面無表情看著韓李奇。韓李奇知道無法從他那裡得到什麼幫助了，便轉頭對著電話，立即授權布瑟發動逆襲，同時向第九軍團司令承諾，自己會盡快到前線去。他才剛把電話放下，希姆萊又開始不著邊際的談話，彷彿什麼事都沒發生過似的。

可是現在韓李奇是十分地火大。他斷然打岔，告訴希姆萊，他想聽聽帝國領袖就德國以及德國的未來，有無全盤狀況考量過後的看法。他後來回憶說，看得出希姆萊對這個問題沒有確切的掌握。帝國領袖站起身來，繞過辦公桌，握住韓李奇的手臂，引著他到房間最遠一端的軟椅上坐下，使速記員聽不到他們的對話。然後彷彿投下了一枚炸彈，希姆萊輕聲地說出內心話，「我已經透過中立國，採取了必要的步驟，與西方開始談判。」他停頓了一下，又補充道，「你要了解，這是件絕對機密的事。」

一陣沈默之後，希姆萊有所期待地看著韓李奇——像是等待對方給予意見。韓李奇怔住了，這視同叛國——出賣德國，出賣軍隊、出賣元首，他拚命控制住自己的想法。希姆萊說的是真話嗎？或者只是詭計，要手段使他輕舉妄動？韓李奇深信，希姆萊的野心，是有可能做出任何事來，甚至為了奪權而叛國。這位久歷戎行的第一線將領坐著，一語不發，對希姆萊的態度感到厭惡。

房門突然打開，一個黨衛軍軍官進來。這一下打岔，令希姆萊看起來如釋重負。「報告帝國領袖，」這名軍官說，「參謀們已經集合要向您道別了。」希姆萊站起身來，一聲也不吭，離開了辦公室。

到晚上八點，希姆萊，他的黨衛軍軍官、貼身護衛全都走了，把每一樣東西都帶走了。據韓李奇的勤務兵白爾森所了解，就連司令部內的盤碟，甚至杯子與佐料瓶都沒有了，他們搬得真是徹底，幾乎就像希姆萊從來沒有來這司令部似的。希姆萊上了他豪華的私人專用列車，離開奧得河前線，在夜色中迅速向西駛去。

他留下的是暴怒的韓李奇。他巡視一下集團軍司令部，新司令越來越感到氣憤與厭惡。他麾下一名軍官後來回憶說，韓李奇檢查了希姆萊官邸那種嬌柔風的裝飾，「他的脾氣就升高了好多度。」「那間大辦公室和室內所有東西都是白色——寢室的裝飾倒是淡綠色——帷幔、地毯、椅套以及被單與床罩都是淡綠色。韓李奇尖酸地說道，這地方「更宜於一位優雅的女士居住，哪適合指揮一支大軍的軍人。」」

那天深夜，韓李奇打電話到西里西亞給他的前參謀長，這也是他答應過的事，談談發生的事情。他已經恢復了控制情緒的能力，能更為冷靜地思考這天的事情。希姆萊所透露的話，可信度不高。韓李奇決定不予理會，他在電話中向西里西亞的老同事說道：「希姆萊能離職，他是快樂得不得了，巴不得走得越快越好，展現潰敗時，他可不要當敗戰將軍。不，他要的是一個普通的將領負起失敗的責任——而我就是那個替死鬼。」

韓李奇的侍從官畢拉上尉，在指定給他的房間中走來走去，心中始終離不開在佐森的古德林總部所見到的那張地圖。他想真是古怪，在他打量地圖時，沒有人認為不妥——但那幅地圖卻明顯是機密的指揮用文件。因此，可不可能地圖並不像自己所以為的那麼重要？也許地圖是古德林總部所設計的——是對盟軍企圖的作戰判斷。但畢拉覺得這一點還是難以接受——為什麼印的是英文，而不是德文？也不知道怎麼搞的被德國情報人員弄到了手，還能從什麼別的地方來？如果這是真的——畢拉想不出別的答案——那麼，他就得設法警告太太和三個孩子。根據那幅地圖，如果德國戰敗，他的老家柏恩堡（Bernberg），便處在蘇軍控制的地區。除非畢拉想太多，不然他所見到的，是一份最高機密文件，顯示盟軍佔領和瓜分德國的規劃。

5

地圖的原件，以及它的附屬文件都在五十英里外、柏林的達勒姆區（Dahlem）山脊路一號（Auf dem Grat）——也就是統帥部作戰廳長約德爾上將備用司令部的保險箱裡。戰爭期間，落進德國情報局手中所有內容稀奇古怪的秘密文件當中，這份紅色封面的卷宗，是約德爾所見過最粗暴的一份。

這份檔案中有一封信，以及七十頁說明的備忘錄，釘在背頁的是兩份折頁地圖。每份地圖大約為二十乘十八英吋，比例尺為一英吋等於二十九英里。約德爾心中奇怪，是不是美軍還沒有發現在他們的最高機密的作戰指令中，有一份序論已經遺失了。這是在一月底從英軍手中擄獲而來，正是在阿登攻勢快結束的時候。

在希特勒看來，盟軍的這份計畫極具爆炸性，只准統帥部極少數人員閱覽。在二月的頭一個星期，元首耗費了整整一個晚上研究卷宗內容後，將它們列為「國家最高機密」，他的軍事顧問與幕僚可以研究這份計畫，但別人不行，甚至連他內閣閣員都沒被告知。不過，盡管有這些限制，還是有一位平民老百姓見到了文件與地圖，那就是和約德爾結婚才幾個星期的新娘露薏絲（Luise Jodl）。

就在他們結婚前的一個晚上，約德爾將軍決定把文件給未婚妻看一看。畢竟，她是統帥部的機要秘書，收過很多軍事機密。他把整個卷宗放進公事包，帶到她離總部一個街區的公寓，差不多在前門剛剛關上時，他就拿出文件向未婚妻說：「這就是盟國打算對德國幹的好事。」

露薏絲把紅色卷宗放在桌上，開始看裡面的各頁內容。她很早以前便學會閱讀軍事文件與地圖，不過這一回幾乎不需要這些本領——寫得再清楚明白不過了。她的心一沉，手中的東西是敵人要在德國戰敗後，對祖國如何佔領的藍圖。她認為，艾森豪總部在選詞用句上有一種復仇的傾向。這份卷宗的封面上，印著使人發毛的標題：「日蝕計畫」（Operation Eclipse）。

約德爾從她手中拿起文件，把地圖攤開，鋪在桌上。「妳瞧瞧，」他語氣很激烈：「瞧瞧這些區域。」

露薏絲默默研讀地圖上的粗界線，北方和西北方地區，一英吋大小文字的寫著UK，南部和巴伐利亞（Bavarian）則寫上US，德國的其餘部分，大致上是整個中央地區，以及從那裡往東一帶，都寫上USSR。甚至包括柏林都要被「三強」分割佔領，她看得十分沮喪。圍繞著在中間的蘇軍地區，由盟國三等分劃分，美軍在南，英軍北以及西北，而蘇軍則是東北和東邊。她想到，這就是戰敗國所付出的代價，她看著自己的未婚夫，說：「這真是像極了一場惡夢。」

露薏絲雖然知道地圖一定是真的，卻發覺有些跡象是令人難以接受。她就問道，這份「日蝕計畫」打從什麼地方來的？她認識約德爾將軍多年，知道他向來嘴巴很緊。她一向認為約德爾會「退縮，即使面對著我，也會藏在面具後面。」而現在他的答覆更是閃爍，盡管他確認這些地圖與文件都是真的，卻不願透露是如何弄到手的。只說：「我們從英軍的某一個司令部裡取得的。」

到約德爾回總部去了以後有一陣子，露薏絲才意會出「日蝕計畫」另一方面的可怕之處。假如德國打了敗仗，她在哈茨山（Harz Mountains）的親人就會住在蘇軍佔領區。雖然她愛約德爾，也完全忠於國家，她卻做了一個很人性的決定。在這件事情上，她才不理會他的警告。露薏絲雖然不會把她所知道的內容洩露出去，卻不能讓嫂嫂和四個小孩落進蘇軍手裡。

露薏絲決心冒一次險。她知道約德爾專線電話的密碼，於是拿起電話，要接線生接通她的親人。幾分鐘以後電話接通了，她的嫂嫂十分驚喜，經過短短一陣寒暄之後，在結束時露薏絲彷彿隨口般說道，「妳曉得這個時節東風很強勁，我真心認為，妳和孩子們應該搬到河西這邊來。」

她慢慢放下話筒——希望嫂嫂聽得懂自己的暗語。在電話的那一頭，嫂嫂聽見話筒放下的卡咯聲，心中奇怪，為什麼露薏絲這麼晚了還打電話來。聽到她的電話很好，卻不明白露薏絲所說的話，也就不再多想這件事了。

約德爾將軍和露薏絲在三月六日結婚，打那以後她心裡就擔心先生會發現她打的這通電話，但她多慮了。工作繁忙的約德爾，多的是更為迫切的問題。

這時，約德爾和下面的參謀，已經對「日蝕計畫」研究分析得十分透徹，幾乎都能倒背如流了。雖然這不是一份戰略性文件——也就是說，它並沒有預告敵人何時就要有所行動，而要求德軍作相應的對抗手段——但「日蝕計畫」幾乎同等重要。至少有一件事，它回答了約德爾，以及統帥部多年來十分苦惱的一連串問題：他們一直想知道，西方各國與蘇聯之間的聯盟到底有多堅固？這種聯盟會不會在他們坐下來分贓時而導致分裂？而今蘇聯大軍已佔領了大部分中歐，那一九四三年卡薩布蘭加會議後，由邱吉爾與羅斯福宣布的「無條件投降」依然不變嗎？難道盟國認真打算要以這種條件，加諸於戰敗的德國嗎？當約德爾與統帥部研究「日蝕計畫」檔案，一切關於盟國意圖的所有問題都消失了，這份盟國文件字斟句酌地作了清楚的答覆。

然而，一直到二月的第二個星期，約德爾才充分體認到這份檔案的重要性——尤其是它的地圖。二月九日這天，以及接下來的三天，羅斯福、邱吉爾與史達林，在雅爾達（Yalta）舉行了秘密會議。盡管情報單位費盡心思，想了解會議的內容，但約德爾所知道的，都包含在二月十二日交由全球媒體公布的官方公報上——不過這也就足夠了。公報的隱約其詞、措詞謹慎，使人毫無疑問，「日蝕計畫」的文件與地圖，大致反映出盟國的意圖。

官方公報中有一款寫說：「對於強迫執行無條件投降條款，它的共同政策與計畫，我們都已同意，而將聯合進行……這些條款在德國最後戰敗之前不會公告周知……在我方同意的計畫當中，三強的軍隊將各自佔領德國的一區……」已不再需要等盟國宣布「條款」了——約德爾已經在「日蝕計畫」檔案中閱讀過了。雖然雅爾達公報並沒有透露有關各佔領區的細節，約德爾也已知道了。各區的位置與精確界線都已畫在「日蝕計畫」地圖上。

從公報內容還可以推斷出許多結論，其中一項特別讓約德爾無法接受。不管在雅爾達發生了什麼事情，盟國對德國的計畫，顯然是在三強會議中獲得批准的。雅爾達公報使人有這種印象，分割佔領的藍圖是在會議中提出動議，而根據「日蝕計畫」文件與地圖上的日期，則毫無疑問，證明這項基本決策在好幾個月以前便已經做出決定。附在「日蝕計畫」背面備忘錄上的那封信，一月份就簽了字。地圖的製作比這更早，一九四四年年底就印製了，日期為十一月。顯然「日蝕計畫」被定位成「佔領德國的計畫與作業」。除非盟國彼此完全團結，否則這個計畫是絕對產生不出來的——這項令人警醒的事證，使得德國其中一個最後寄望的機會消失了。

打從紅軍越過德國東境那一刻起，希特勒和他的軍事顧問就期待著盟國之間出現不團結的第一條裂縫。他們深信，這一定會發生，因為西方盟國絕對不容許蘇聯支配中歐。約德爾也有這種看法，他尤其寄望於英國。他覺得英國人不會容許這種狀況出現[3]。不過，那卻是在他看到「日蝕計畫」以前的事，「日蝕」顯示得很清楚，盟國的團結依然一致，而雅爾達已經確認了這一點。

除此以外，附函中的頭一段——整個檔案的說明序文——顯示出，盟國間的意見一致：「為了執行關於德國的投降條款，美國、蘇聯以及聯合王國（後者也是大英帝國的名稱）政府已同意，德國將由三強的武裝部隊佔領。[4]」對這份文件的權威性，並沒有什麼爭議。文件的簽字時間為一九四五年一月，發文為當時在比利時的英軍第二十一集團軍司令部，而簽發文件的是蒙哥馬利元帥（Sir Bernard Law Montgomery）的參謀長奎剛德爵士少將（Sir Francis de Guingand）。

對約德爾來說，其中最沉重的打擊，便是計畫一再強調無條件投降。起先，德國人篤定認為，無條件投降的宣告只是宣傳手法，旨在對各盟邦國內鼓舞民心士氣。現在他們更清楚明白了：顯然盟國對所說的話，字字認真。「對鼓吹全面戰爭的唯一可能的答案」，「日蝕計畫」中說道：「便是全面戰敗與全面佔領……這點必須很清楚，德國人將不能與我們進行任何意義上的談判。」

盟國的意圖，顯示了德國沒有希望、沒有未來。擺明白了，即使第三帝國有意屈服，也無法免於無條件投降。對約德爾來說，德國現在毫無選擇，只有痛苦地打到最後為止[5]。

三月最後的這一個星期——是哪一天則沒有人記得起來——古德林的情報署長蓋倫，開車到普倫茲勞與新任維斯杜拉集團軍司令會晤，他的公事包中就有一份「日蝕計畫」的副本。蓋倫先

向韓李奇大致說明奧得河的蘇軍最近的部署，然後拿出「日蝕計畫」，說明這是怎麼一回事。韓李奇慢慢翻閱整份文件，然後在地圖上細瞧，花了很長時間研究。最後，韓李奇看著蓋倫，只說了一句話，總結了統帥部所有人對這份文件都同樣有的理解。「這是一份死刑判決書。」

幾天以後——三月二十五日，復活節前的星期天——約德爾再度檢視「日蝕計畫」的地圖。他這麼做是有原因的，美軍巴頓將軍（George S. Patton）第三軍團已經於星期四晚上在美因茲附近的奧本海姆村（Oppenheim, Mainz）渡過了萊茵河。現在正向美茵河畔的法蘭克福（Frankfurt am Main）挺進。第二天，北邊的英軍蒙哥馬利元帥的大軍，在二十五英里寬的正面，展開了大規模的攻擊，渡過了萊茵河。盡管竭盡一切力量，萊茵河戰線已在瓦解之中——西線盟軍的推進極為快速。這時，約德爾焦急地再度檢視「日蝕計畫」的地圖，心中納悶不知道盟軍打算要推進到德

---

3 原註：一九四五年一月二十七日的會議，希特勒便問戈林與約德爾：「你們想想看，英國人在內心深處，對蘇聯所有的這些發展是熱衷的嗎？」約德爾毫不猶豫回答，「當然不會，他們的計畫截然不同……不久之後……就會充分地領悟。」戈林也同樣有信心。他說道：「盟軍當然不會計畫讓我們把他們抵擋住，而讓蘇聯人征服整個德國。」約德爾十分同意，指出英國「一向對蘇聯都充滿猜疑」。戈林十分篤定，英國會試圖對德國讓步，而不寧願見到歐洲的腹地陷入共產黨的勢力範圍，對這一點他說，「如果這種情況繼續下去，幾天之內我們就會接到一封（來自英國的）電報。」

4 原註：這裡的原文與譯文，也許有些差異，「日蝕計畫」遭取得後，被譯為德文並拍攝下來。上面這一段是把擄獲的文件再譯回為英文。

5 原註：一九四六年，在紐倫堡庭訊約德爾時，他被問到為什麼不向希特勒建議於一九四五年初投降。約德爾說：「反對投降的基本理由便是……無條件投降……即使我們對將來會面對的現實有所懷疑，但由於我們取得了『日蝕計畫』，而我們對未來不再存有幻想。」他的供詞說到這裡時，約德爾看著在場的英國軍官，半笑著說，「英國代表團諸君知道那是什麼意思。」事實上這句話令參與審判的英軍代表不知所措。「日蝕計畫」一直列為最高機密，連他們都一無所知。也由於上述這一句話的玄奧，再加上幾次對約德爾的訪問，作者才得知「日蝕計畫」及其他相關的內容，並且首次在本書中披露。

國境內多深、多遠。這是「日蝕計畫」原始備忘錄中所沒有回答的問題。約德爾只希望握有該計畫的其他部分——尤其是關於作戰的這一部分。

但地圖上依然有跡可尋，他甚至對太太提到了這件事。那只是他一時心血來潮，但約德爾認為事情就是這樣子沒錯。地圖上顯示英軍、美軍與蘇軍的分界線，大致上從呂貝克（Lübeck）到威登堡（Wittenberge），沿著易北河蜿蜒南下到艾森納赫（Eisenach），再轉向正東到捷克邊境。這條線除了是一條區域界線外，會不會也是英美軍前進的終點？約德爾幾乎可以確定這就是終點線。他告訴太太，她並不認為美軍和英軍，會長驅直取柏林。他認為他們已經決定把攻佔德國首都的責任交給了紅軍。約德爾看得出，除非「日蝕計畫」的地圖修訂過，否則艾森豪指揮的部隊，將會在「日蝕計畫」所劃的界線上止步不前。

第三部　誰先贏得柏林

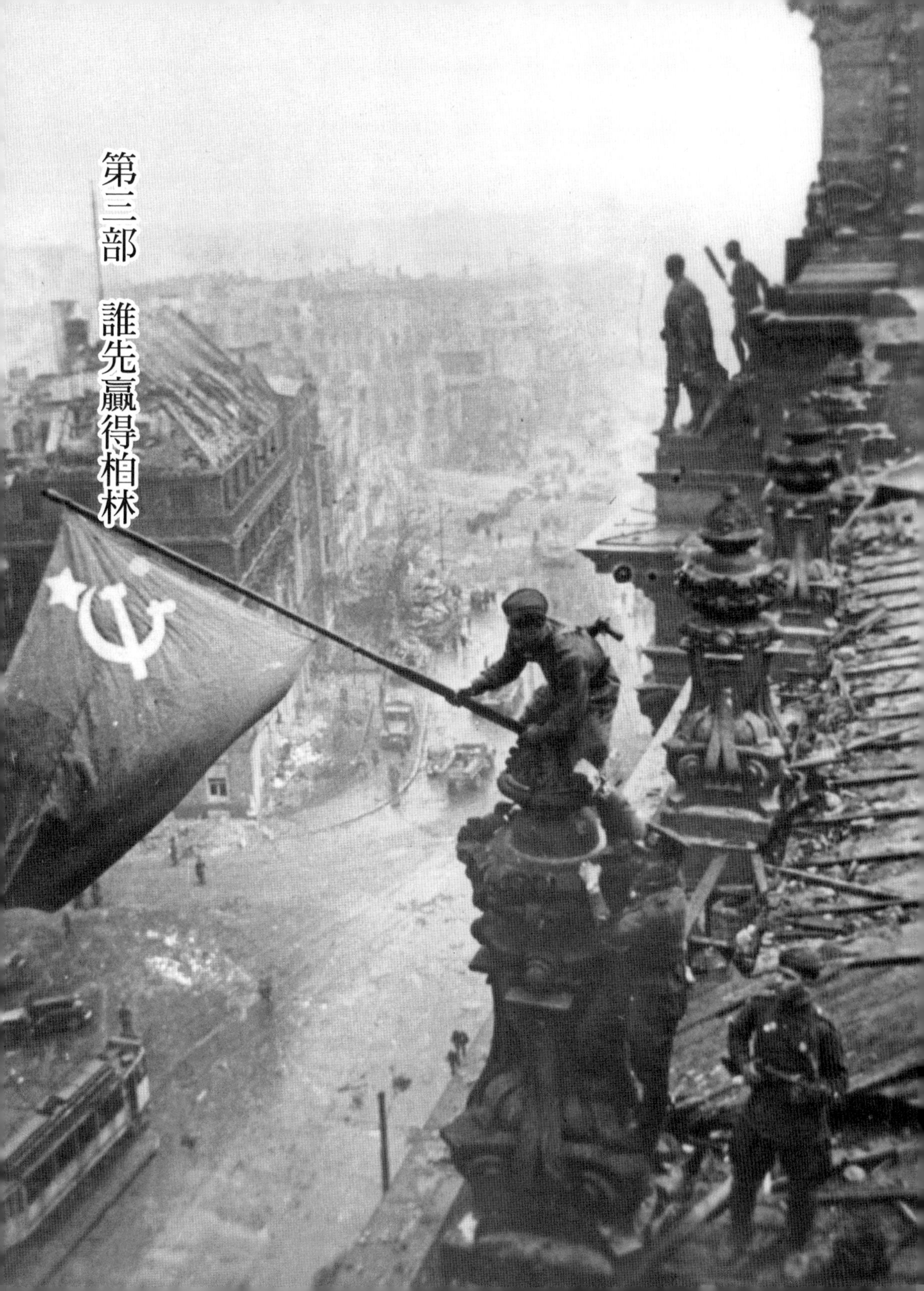

1

復活節前的星期天午夜前不久，位於法國北部的錫索訥（Sissonne），美軍第八十二空降師的灰石頭打造的師部外，駛來了一輛公務車，兩名軍官下車，一名穿了美軍制服，另一名穿的是英軍的作戰服，卻沒有什麼階級標章。後面這一位瘦瘦高高，頭戴一頂整潔的綠扁帽，與他的金髮成了鮮明的對比，蓄著看起來威風八面的紅鬍子。不管是英國人還是美國人，他的名字幾乎無法唸出來：艾瑞．貝斯特布洛杰（Arie D. Bestebreurtje）。認識他的人都他叫艾瑞，或者哈瑞上尉。他的名字也會基於任務每一次都不盡相同，因為他大部分時間，都花在德軍戰線後方。艾瑞是特種部隊情報員，也是荷蘭情報局的成員。

幾天以前，艾瑞奉召到布魯塞爾（Brussels）。上級把他派往八十二空降師擔任特別任務，並且向該師三十八歲的年輕師長蓋文少將（James M. Gavin）報到，聽取一次最高機密任務的簡報。這時，艾瑞和護送他的軍官進了師部，快步上了樓梯到了二樓，走過走廊，到了警衛森嚴的地圖室前。把門的憲兵檢查他們的身分證明，然後敬禮，把門打開。

進入室內，師長蓋文少將與參謀長溫內克上校（Robert Wienecke）熱烈歡迎艾瑞。艾瑞見到室內大多數人都是老友，八十二空降師在荷蘭奈美根（Nijmegen）作戰時，和他們一起跳傘、作戰。在布魯塞爾的上司，這次並沒有對艾瑞已經習以為常的保密安全措施有過多的安排。開會僅有十五名軍官出席——各團團長以及若干參謀，顯然全都是經過挑選的菁英。作戰室簡樸，只有幾張長板凳與長桌，牆上有些地圖，作戰室一頭，是一幅與牆面大小相若的巨型地圖，卻用布幔罩住了。

安全軍官依據名冊，一一點名，然後蓋文將軍便很快進行簡報。他站在垂幔的大幅地圖邊，做手勢要大家靠攏過來。「只有必須要了解詳情的各位，才會被要求出席這次的簡報，」他說道，「我必須鄭重提出，各位在今天晚上所聽到的，完全不能傳到室外。也可以說，各位要在保密狀況下訓練官兵，因為你們不能向他們透露目標。實際上，雖然大部分人都還不清楚，其實各位已對他們實施了部分的訓練。在過去幾個星期，各位和所屬官兵都已在特訓區進行飛行與跳傘訓練，那裡刻意標示、布置得與我們下次突襲的目標相似。」

「各位，我們正準備發動最後一擊，便是這星期天的猛攻。」他拉來地圖旁的幔索，圖幔向兩邊滑開，現出了目標：柏林。

軍官們都盯著地圖，艾瑞就近觀察著他們的表情。他認為自己見到了熱切與期待，這並不令人意外。這些指揮官已經挫折了好幾個月，他們大多數都和自己的部隊在西西里島、義大利、諾曼第與荷蘭跳過傘，可是最近卻遭貶為地面作戰部隊，主要是在突出部之役中的阿登地區作戰。艾瑞知道，以精銳的空降官兵來說，他們覺得失去了他們真正的角色：在前進的大軍之前突擊目標，加以據守並等候解圍。事實上由於盟軍的前進一直都太過於快速，策畫中的傘兵空降作戰，都一再地遭到取消。

蓋文解釋說，突擊柏林只是盟軍第一空降軍團作戰的一部分，這次作戰要動用三個空降師。八十二空降師指定為「A特遣部隊」，擔當主要攻擊任務。蓋文從地圖上方把一張透明板拉下來，那上面用黑臘筆畫出一連串的方塊與橢圓形，標示出各部隊的目標與空降區。「目前的計畫，」他說道：「一〇一空降師將攻佔柏林西面的加託機場（Gatow Airfield）。英軍第一空降軍的一個旅，攻佔西北的歐倫尼堡機場（Oranienburg Airfield）。」他停頓了一下然後繼續說道：

「我們的『房地產』就位在柏林市正中央——滕珀爾霍夫機場。」

八十二空降師的目標似乎小得難以置信，在柏林以及周圍各區寬達三百二十一平方英里的面積當中，這處機場看上去就像是一張郵票，還不到一點五平方英里的綠色草坪，置身在麻麻密密的建築區中。機場的北、東與南邊，令人感到不舒服的是，這一帶有不少於九座的墳園。「兩個團據守周邊，」蓋文說道：「第三個團則進入機場以北趨向柏林中心的建築區。本師要據守這處空頭堡，直到地面部隊到達。這段時間不會很久——充其量不會超過幾天。」

蓋文說了，對傘兵的「盲目」訓練要加強，滕珀爾霍夫機場以及周圍的地形模型，會設置在師部的保密室裡。空降區的空照圖、情報判斷以及其他資料，都可供各團團長及參謀作特別訓練用。「我們很幸運，」蓋文說道，「得到艾瑞上尉幫忙，他是柏林市的專家——尤其是對滕珀爾霍夫以及附近地區。他會和我們一起跳傘，從現在起，他將可以作任務提示，隨時答覆大家提出的問題。」

蓋文停頓了一下，望向與會軍官，「我保證大家都想知道這個主要問題的答案：還有多久？這就得看德軍了。自從去年十一月起，這個空降計畫便在草擬，過程中頻頻修改，我們做好心理準備，在空降日那天以前，還會作更頻繁的更動。而這一天，A日，全看盟軍向柏林前進的速度而定。當然，除非地面部隊已經在柏林的合理距離內，否則我們不會安排這次空降作戰。但是A日也許是兩三星期後的事情。因此我們的時間並不多，現在我能告訴大家的就僅此而已。」

蓋文退開一旁，把會議交給參謀。各參謀輪流報告作戰計畫中的每一個階段，蓋文則坐著一邊想一邊聽。他後來回想起來，由於保密的關係，他因此不能透露細節而覺得很難過。他所說的還不是全貌，他告訴與會者的，只是盟軍第一空降軍團作戰的其中一部分——配合盟軍推進攻佔柏林而進行的突擊作戰。他沒有提到的是，在完全不同的作戰情況下，也許會奉令作同樣的空降作戰，那就是德國以及三軍突然崩潰或者投降。但計畫的這一部分依然是最高機密，它是「大君主作戰」——登陸歐洲——必然的延伸。有一陣子，這個計畫稱為「藍欽計畫C案」（Operation Rankin, Case C），後來改稱「法寶計畫」（Operation Talisman）。為了保密緣故，到了一九四四年十一月，計畫又改了名稱。現在叫做「日蝕計畫」了。

日蝕計畫極為機密，除了盟總的高階將領以外，僅有少數將領得知內容，這些將領為軍團司令或者軍長，或者其他軍種中有相等職位的人。沒有幾個師長知道日蝕計畫的細節，蓋文也只知道計畫中的一些目標，而這些都是與八十二師相關的部分。

過去幾個月，蓋文的頂頭上司，盟軍第一空降軍團司令布里爾頓上將（Lewis H. Brereton），以及第十八空降軍軍長李奇威少將（Matthew B. Ridgway）參加過好幾次會議，提過「日蝕計畫」便是佔領德國的計畫，內容詳細規定了一旦德軍投降或崩潰，便應立即實施的每一項作戰行動。它的主目標是迫使德國無條件投降，以及把德軍部隊解除武裝及加以控制。

在日蝕計畫的狀況來臨之時，向柏林進行空降突擊的計畫，會要求傘兵迅速進兵，「對敵國首都、重要行政及運輸中心予以控制……同時展示我軍武力。」制壓任何殘餘而繼續抵抗的狂熱德軍口袋陣地，拯救及照料戰俘；奪取高度機密文件、檔案及影片，以免被敵人摧毀；控制郵局、電信局、廣播電台、報紙、印刷工廠等資訊中心，逮捕戰犯及敵國政府殘存的高階人員，維持社會秩序。空降部隊應該在地面部隊與軍政府小組抵達之前，主動採取所有的這些行動。

蓋文所知道的日蝕計畫僅止於此。至於計畫中關於德國戰敗後，德國或者柏林要以什麼形式佔領，用什麼方法分區，他並不知情。目前，蓋文唯一關心的就是準備好八十二空降師。不過，由於這些要求，也意味著要草擬兩份不同的計畫。第一個計畫，是空降突擊佔領柏林；第二個計畫，是在日蝕計畫的構想下，要求以空降部隊作前衛在柏林降落，但只負責警察行動。蓋文把自己所能說的都告訴了各團團長——雖然他知道，如果戰爭突然結束，整個空降任務就會有大幅度的調整。他所得到的命令，規定很清楚，要他遵從作戰計畫，使八十二空降師完成戰備，準備以空降突襲攻佔柏林。

蓋文突然意識到，來自荷蘭的情報官，正在結束他那一部分的簡報。「我一定要再說一遍，如果各位還在期待會有在地柏林人予以幫助的話，斷了這個念頭吧，」哈瑞上尉說，「各位會找到嚮導願意幫忙嗎？答案是：沒有。柏林會有我們在法國、在荷蘭的反抗軍嗎？答案是：沒有。即使有些柏林人私下同情，也害怕得不敢表露出來。對於所有這些事，我們以後還可以更仔細討論，但現在容我向各位保證這一點：各位千萬不要幻想，我們會像解放者般受到香檳與玫瑰的歡迎。德國的軍隊、黨衛軍和警察會打到最後一顆子彈，到那時他們才會高舉雙手走出來，告訴你們整件事是個悲慘的錯誤，全是希特勒的過錯所致，謝謝各位趕在蘇軍之前趕到了柏林。」

這個大塊頭荷蘭人摸摸他的鬍子。「但他們會勇猛作戰的，」他說道，「也許要吃一陣子苦頭，但卻值得，我以能和各位一起參戰為傲。各位朋友，一旦我們拿下柏林，戰爭就結束了。」

蓋文知道，拿下柏林並不容易，但他認為空降突擊的心理震撼，也許可以壓倒柏林的守軍。那會是大戰中最大的空降作戰之一。在初期的計畫過程，這次作戰會有三千架護航的戰鬥機，一千五百架運輸機，或許還有一千多架滑翔機，以及約兩萬名傘兵——比起D日在諾曼第跳傘的官兵多很多。「現在我們最需要的，」蓋文在散會時告訴自己的幹部，「就是下定決心，以及一聲令下，說：『上』！」

三十英里外的大穆爾默隆（Mourmelon-le-Grand），驍勇善戰的美軍一〇一空降師也在訓練，準備挺身應付任何行動。可是該師官兵，卻沒有人知道會下達執行何種任務。從高級司令部下達的傘兵突擊計畫太多了，多到連師長泰勒少將（Maxwell D. Taylor）、副師長希金斯准將（J. Higgins）以及師部參謀都摸不著方向，只得所有的計畫都準備，但又納悶，這些計畫中的空降作戰到底會不會實施。

除了「柏林案」以外，還有許多計畫，如對德國海軍基地基爾（Kiel）的空降攻擊（「突發計畫」，Operation Eruption）；對各戰俘營一系列的空降（「歡呼計畫」，Operation Jubilant）；美軍第七軍團直驅黑森林前的空降突擊（「精兵計畫」，Operation Effective）等。還有很多計畫都在研究中——有些近乎不可行。一〇一空降師師部還知道盟軍第一空降軍團的參謀甚至還有考慮在巴伐利亞省貝希特斯加登周圍山地實施跳傘攻擊，拿下在薩爾茲堡（Obersalzberg）的「鷹巢」，或許連帶拿下鷹巢的主人——希特勒。

顯然，不可能把這些空降作戰通通執行。希金斯將軍告訴參謀說：「如果所有這些計畫都要做，根本就沒有那麼多的運輸機來滿足空降的需求。再怎麼說，我們並不要求——我們要做的只是一次空降作戰而已！」不過，第一空降軍團要進行哪一項計畫——尤其，一〇一師會擔任什麼角色？空降柏林似乎最有可能——就連師部作戰科長金納德上校（Harry Kinnard）也認為這是「似乎有點難度的事。」每一個人心裡多少有點不是滋味。「柏林空降計畫」中的一〇一師負責攻佔加託機場，而他們的主要競爭對手八十二師，卻奉令攻佔主目標——滕珀爾霍夫機場。但是，柏林依然是大戰中的最大目標，每個人都可以分到一點肉。

對金納德上校來說，空降作戰似乎是結束歐洲戰爭完美的辦法。作戰室的地圖上，他畫了一條紅線，從法國的集結整備地區直達柏林的一〇一師空降區，兩處直線距離僅有四百七十五空哩。如果他們奉令進行，他認為第一批美軍能在五小時內抵達柏林。

一〇一空降師師長泰勒將軍與副師長希金斯將軍，都巴不得發動攻擊，心中納悶是不是有機會執行這項空降作戰。希金斯愁眉苦臉端詳著地圖。「照地面部隊進軍的情況來看，」他說，「他們是要把我們扔在一邊了。」

——

就在同一天，三月二十五日星期天，盟國軍方首長接到了盟總令人鼓舞的消息。華府的美國陸軍參謀長馬歇爾將軍（George C. Marshall），以及倫敦的帝國參謀總長布魯克爵士元帥（Sir Alan Brooke）都在細讀前一晚，盟軍統帥艾森豪將軍發來的一封電文：

> 最近在萊茵河以西一連串之勝利，依計畫已摧毀西線敵軍大部分的現存武力。職不欲表現過分樂觀，但深信當前狀況，已締造大好良機，吾人應大膽掌握……職深信，敵人力量……過度延伸，我軍僅須保持，即可以迅速限制其突破與前進……職刻正指揮各地戰線積極作戰……而以最大速度，追求每一次之勝利。

2

從八百英尺高度看下去，那一列列的兵員與車輛似乎永無止息。法蘭西斯中尉（Duane Francies）正從他的無武裝L－4草蜢式小型偵察機「密小姐號」（*Miss Me*）向外看。下方的場面極其壯觀，放眼望去擠滿了部隊、戰車和車輛。自從三月底最後一個軍團渡過了萊茵河後，法蘭西斯注視著突破的發展情形。目前，大河已經遠遠留在後面了，向右、向左、或是向前延伸，盡法蘭西斯眼光所及，都是一片廣大的卡其軍服的人海。

法蘭西斯把駕駛桿向前推，「密小姐號」向下掠過英軍第二軍團與美軍第九軍團的作戰分界線。他擺動機翼，看到部隊揮手回應，便向正東飛去，進行自己的任務——為第五裝甲師的前衛戰車縱隊擔任「耳目」。勝利已經迫在眉睫，這一點他有把握，沒有什麼東西能擋得住部隊前進。這位二十四歲的飛行員後來回憶說：「地球表層已經搖到鬆散了，正在向易北河傾洩而去。」

法蘭西斯所見到的，只是盟國攻擊大軍的一小部分。從這時起，在刺骨的嚴寒、勁急的大雨、在泥濘、冰雹和冰層上，整個西線起自荷蘭幾乎到瑞士邊境的三百五十英里正面，翻滾的人流、物資與機械，正湧進德國的平原，最後的一次大進攻開始了。為了摧毀德國的軍事力量，七個強大的軍團——共有八十五個兵力雄厚的師，其中五個空降師與二十三個裝甲師，盟軍龐大的兵力共有官兵四百六十萬人——正湧進第三帝國作最後的一擊。

臨時製作的投降旗幟——白床單、白毛巾、白布——掛得到處都是。城鎮、鄉村，害怕的德國人，依然為歷經過的激烈戰鬥而感到茫然。從門口與破落的窗戶，驚訝地凝視著從他們身邊經過的強大盟軍。作戰行動規模之巨大，速度之快，都讓人喘不過氣來。

在每一條道路上前進的是一隊隊的戰車、自走砲、火砲、裝甲車、布倫機槍車、彈藥車、救護車、油槽車，還有巨型的柴油拖車，拖曳著長達一條街區載了器材的尾車。尾車上有橋材、浮舟橋、裝甲推土機，甚至還有登陸艇。各師師部也在進軍，帶著本身的吉普車、公務車、指揮車，還有大量冒出一片搖搖擺擺如林天線的無線電車。一批緊跟著一批，把每一條道路都堵住了的是行軍的官兵。他們或者是坐在卡車，或者是坐在裝甲車的後座，有些是在摩托化部隊的縱隊旁邊行軍，有些是在毗鄰的田野裡跋涉。

他們形成強烈而華麗的閱兵行列，當中有戰旗、團旗，以及創造了第二次世界大戰史的徽章、標誌。在各師、各旅和各團當中，英國近衛軍團在敦克爾克撤退時，擔任了後衛作戰；滿面于腮的突擊隊員，戴著褪色的綠扁帽；洛瓦特爵士（Lord Lovat）所指揮的突擊旅老兵，曾經在二戰最暗淡的時候，突襲過德國佔領下的歐洲。加軍鼎鼎大名的第二步兵師，曾經在第厄普（Dieppe）為之後的諾曼第登陸上演一場血淋淋的預演。裝甲縱隊中，旗幟飄揚，其中有少數部隊，出自第七裝甲師的「沙漠之鼠」。他們協助追擊隆美爾元帥，在利比亞沙漠中擊潰他。在這一片人員與武器的噪音以外的，是第五十一高原「裙魔」師（Devils in Skirts）的風笛音樂聲。一如以往，風笛演奏出征前的前奏曲。

美軍的陣容裡，有許多師有著雄赳赳的名稱和炫目的傳奇故事——六十九步兵師外號「戰鬥的第六十九」；第五裝甲師外號「勝利師」；八十四步兵師是「拆軌師」；第四步兵師外號「長春藤師」[1]。第二裝甲師綽號為「風火輪」，這個師不按牌理出兵的戰車戰術，打得德軍叫苦連天，從北非的沙漠河床一直打到萊茵河西岸。還有第一步兵師的「大紅一」，該師的登陸作戰次數比美國任何一個師都要多。第一步兵師和美國陸軍歷史最悠久、強悍而講究傳統的「灰藍師」——第二十九步兵師，在諾曼第登陸上了狹長的奧瑪哈灘頭，在看似大勢已去時卻打死不退。

還有一個部隊大大有名。八十三步兵師進兵速度快得和裝甲特遣部隊一樣，最近被記者取了個外號「無賴馬戲團」（The Rag-Tag Circus）。他們那位足智多謀的師長馬康少將（Robert C. Macon）下達了命令，要以任何有動力的東西充當運輸工具前進，「一概不過問」如何取得。現在「無賴馬戲團」以最快的速度進軍，他們所乘坐的是五花八門的車輛——匆忙把擄獲的德軍車輛重新塗漆，有德軍的水桶車、公務車、彈藥車、四號戰車、虎式戰車、機車、巴士，還有兩輛人見人愛的消防車。其中一輛消防車開到前線，車身站滿了步兵，後保險桿上有一面隨風招展的旗幟，上面寫著，「下一站，柏林。」

盟軍有三個強大的集團軍，在荷蘭的奈美根到德國萊茵河邊的杜塞道夫（Düsseldorf）之間的，是蒙哥馬利元帥的二十一集團軍。它在三月二十三日已經突破、渡過萊茵河，這時正席捲大魯爾河谷（Ruhr Valley）以北的西發利亞平原，也就是德國工業的根據地。據守北翼的是加軍第一軍團，軍團司令為克雷勒中將（Henry D. Crerar）；中央為鄧普賽爵士中將（Sir Miles Dempsey）

---

1 譯註：羅馬數字的四為IV，加Y即為「長春藤」。

的英軍第二軍團（在盟國各軍團中，英軍第二軍團最為「盟國化」，所轄部隊除了英軍、蘇格蘭與愛爾蘭的部隊以外，還有波蘭、荷蘭、比利時和捷克的部隊——甚至還有一個美軍師，第十七空降師）。在集團軍南翼疾進的，是蒙哥馬利的第三支武力，美軍強大的第九軍團，司令為辛普森中將（William H. Simpson）。蒙哥馬利這支大軍，這時已經把萊茵河拋在後面差不多有五十英里遠了。

盟軍戰線上的第二個集團軍，據守著一百二十五英里正面，從萊茵河的杜塞道夫起到美因茲地區，這便是美軍的第十二集團軍，司令為謙恭沉靜的布萊德雷中將（Omar N. Bradley）。他下面有三個軍團，不過有一個軍團——傑羅中將（Leonard Gerow）的第十五軍團，是一個「幽靈」單位。他們正準備佔領工作，當時只擔任相對非作戰性的任務，據守在萊茵河的西岸，從杜塞道夫到波昂，正對著魯爾地區。布萊德雷的兵力，分別是美軍強大的第一軍團與第三軍團，兵力約為五十萬人。霍奇將軍（Courtney Hodges）的第一軍團，是歐洲戰區的「戰馬」，也是領先在諾曼第登陸的軍團。他們正向魯爾區南邊湧過去，以快得驚人的速度向東急衝。自從三月七日第一軍團攻佔雷瑪根橋以後，霍奇便穩定地擴大了在萊茵河東岸的橋頭堡，讓一個師又一個師在橋頭堡集結。然後到了三月二十五日，第一軍團以難以置信的力量，從立足點突破。三天以後，從攻勢發起點前進了四十英里。在第一軍團下方橫越德國中部的，便是大名鼎鼎的美軍第三軍團，司令是爭議最多、脾氣火爆的巴頓將軍。巴頓自誇，他的第三軍團行進得更遠更快，解放歐陸地區的平方英里數最多，殺死與俘獲的德軍也比任何軍團要多——又得了個第一。他已搶了蒙哥馬利的鏡頭，當二十一集團軍大肆宣揚已在三月二十三日展開攻擊時，他卻早在至少二十四小時以前，暗中渡過了萊茵河。目前，巴頓的戰車縱隊正以一天三十英里的速率向東前進。

在巴頓側翼，也是布萊德雷集團軍右翼的部隊，是盟軍的第三支軍力雄厚的地面武力，戴弗斯將軍（Jacob Devers）的第六集團軍，他下轄兩個軍團，帕奇中將（Alexander Patch）的美軍第七軍團，以及塔西尼將軍（Jean de Lattre de Tassigny）的法軍第一軍團，扼守南翼大約為一百五十英里寬度。帕奇與巴頓兩個軍團幾乎併肩向前疾進。塔西尼的軍團，則正在奮戰克服全西線最崎嶇的地形，穿過山嶺重疊的佛日山脈（Vosges）與黑森林。他的軍團六個月以前根本不存在，是法國解放後的第一個軍團，目前有官兵約十萬人。他們希望在戰爭結束以前，還有時間和德國佬算帳。

每一個人都有帳要算。但是在整個西線戰場，德國陸軍再也不是一支堅強有組織的武力了。阿登攻勢中，兵力已十去八九。第三帝國一度強大的軍隊，終於在介乎莫塞爾河（Moselle）到萊茵河之間約一個月時間的戰役中被打垮。希特勒作出決策，要在萊茵河西邊作戰。而他不肯把被打得七零八落的大軍撤退到東岸構築陣地，最後證實是一場慘難，會由後人記錄下來，成為二次大戰用兵上最大錯誤之一。那一次背水作戰，有三十萬人成為俘虜，官兵死傷達六萬人。總計德軍的損失等於整整二十多個師。

現在根據判斷，德軍雖然還有六十個師存在，但這些僅是紙上數字，每一個師的兵力只有官兵五千人，而不是員額十足的九千人到一萬二千人。事實上，據估計在西線殘餘的德軍，不到二十六個完整的師，而且這些師也都是裝備不足、彈藥缺乏、油料、車輛、大砲與戰車都奇缺。除此以外，還有一些師的殘餘兵力，四分五裂的黨衛軍殘部、防空部隊，數以千計的空軍官兵（德國空軍幾乎已經完全消失了）、民兵團體、由沒有訓練的老人與男生組成的各地國民突擊隊（Volkssturm），甚至還有青少年官校學生的幹部。德國陸軍組織瓦解，斷聯斷訊，經常缺乏有能力的幹部，無力阻擋、甚至遲緩艾森豪大軍有條不紊的屠戮行動。

從萊茵河發動的攻勢才不過一個星期，蒙哥馬利與布萊德雷競馳的兩個集團軍，已逼近了德國最後的據點：重兵把守的魯爾。隨著大軍東進的同時，美軍的三個軍團突然迅速包抄，從南面與北面包圍魯爾。北面的辛普森第九軍團，改變了向正東前進的方向，而開始向東南方進軍；南面霍奇的第一軍團與巴頓的第三軍團，平行並進，巴頓在外，也轉向直趨東北，要與辛普森合圍。這個陣勢迅速形成，使得德軍——主要是摩德爾元帥（Walter Model）的B集團軍——兵力不到二十一個師——幾近沒有察覺逼近他們的兩翼。這時他們遭受到包圍的威脅，陷入大約七十英里長、五十五英里寬的口袋陣地裡。盟軍情報部門估計，在這個口袋裡的德軍人員與武器，遠比蘇軍在史達林格勒所捕獲的還要多。

在擊敗德國的整體計畫中，渡過萊茵河與攻佔魯爾區，一向被認為是至關緊要——而且極其艱難——的目標。分布在魯爾盆地的工業區，加上它的煤礦、煉油廠、煉鋼廠與軍備工業，涵蓋的面積幾乎達到四千平方英里。一直認為要攻佔這裡，得花上好幾個月的時間——那是在德軍於萊茵河崩潰之前的事情。而今，這次鉗形夾擊的兵力運用——出自沉靜的密蘇里人布萊德雷——正以使人屏息的速度在實施。美軍進展之快，許多師長已經在討論在幾天之內合圍的事了。一旦魯爾受到封鎖，德國幾乎沒有什麼力量能阻止盟軍龐大攻勢的進展了。目前，敵軍已經瓦解，根本沒有什麼延續性的防線。

事實上，德軍已經毫無組織可言。美軍第二裝甲師師長懷特少將（Isaac D. White）下令，部隊若遇到任何大規模抵抗就繞過去，以保持前進的穩定。第二裝甲師是九軍團鉗形攻勢的先鋒兵力，正沿著魯爾區北緣前進，不到三天的時間，已經前進了五十英里。德軍在一些孤立的據點中頑固抵抗，但第二裝甲師所遭遇到的炸斷橋樑、急造路障、地雷區與惡劣地形的困擾，遠比敵軍的戰鬥為多。所有地方差不多都是如此。

擔任第二裝甲師前鋒的八十二偵搜營營長梅里亞姆中校（Wheeler G. Merriam），便遭遇了很多的混亂，但是幾乎沒有發生過任何戰鬥。三月二十八日，他命營裡的戰車，在一條東西向的鐵路兩面散開，接下來梅里亞姆下令停止，報告自己的新位置。正當他的無線電兵要與師部聯絡時，梅里亞姆覺得聽到了火車汽笛聲。突然間，一列裝滿了部隊，平板車皮上載著裝甲車和大砲的德軍火車，沿著鐵道駛過來，就在他的部隊之間穿過。車上的德軍和地面的美軍彼此愕然對望。梅里亞姆抬頭看著從車窗探頭往外看的德軍士兵靠得好近，近到可以發現到「那些士兵鬍子沒有刮乾淨。」他手下官兵大吃一驚，眼睜睜看著這一列車向西方駛去，雙方一槍都沒有開。

梅里亞姆終於採取行動。他立刻抓起無線電話，當在西邊幾英里外的第二裝甲師師長懷特少將，在吉普車無線電中聽到梅里亞姆興奮的預警時，他看到火車已進入視線。懷特見到一名憲兵，正在指揮第二裝甲師的車隊，突然正要越過軌道的車隊停了下來——這時，懷特也和梅里亞姆一樣，催了眠似的任由火車在旁邊隆隆駛過。幾秒鐘以後，懷特抓起野戰電話，呼叫砲兵射擊。不到幾分鐘，遠在西端的九十二野戰砲兵營一陣齊放，把這一列火車俐落地轟成兩段。後來發現，列車的平板車上載有大量的戰防砲、野戰砲、還有一門十六吋的鐵道砲。被俘獲的德軍說，他們完全不知道盟軍的到來。他們以為，英軍和美軍依然在萊茵河西岸。

混亂既是盟友也是敵人。第三十步兵師的威廉森中校（Ellis W. Williamson）行進得太快，甚至遭到盟軍另一個師的砲兵射擊，誤以為威廉森的部隊是向東撤退的德軍。第五裝甲師的納爾生中尉（Clarence Nelson），也有過雷同的罕見經驗。他的吉普車車底炸壞了，便跳進一輛半履帶車，卻遭到猛烈的砲火轟擊。於是他下令一輛戰車，把敵人據點掃蕩掉。戰車駛出去，到一處高地，發射了兩發砲彈——打的是一輛英軍裝甲車。對方車員大為光火，但人沒有受傷。他們一直埋伏在那裡等待，希望發現目標。第一一三機械化騎兵團的軍牧羅思（Ben L. Rose），還記得一名戰車車長慎重地向戰鬥群指揮官報告，「報告，我們前進了最後的幾百碼——在草叢之下。抵抗非常猛烈——分別來自敵人和友軍。」

盟軍進兵極為迅速，而德軍防線崩潰也快。很多指揮官擔心車禍更甚於敵人的砲火。英軍鼎鼎大名的第七裝甲師的金恩上尉（Charles King），便請求弟兄「在路上開車要小心，」他警告，「到現在竟死於車禍，那就太可憐了。」幾小時以後，原來是「沙漠之鼠」一員的他死了。他的吉普車碰上德軍的地雷。

大多數官兵對自己置身何方，兩側翼是誰都沒有概念。前鋒部隊，在很多例子中，都已衝出了他們地圖上的範圍。而八十二偵搜營的尖兵足智多謀，一點也不擔心，他們使用上了緊急地圖。那是二戰初期，發給所有戰鬥飛行員的絲緞製的手帕地圖。一旦被擊落，便可以用這種地圖幫助他們逃出敵人的領土。八十二偵搜營的尖兵，只要簡單核對一下德國的路牌，就可以確認自己的位置。至於八十四步兵師的責任區，卡恩斯中校（Norman Carnes）發現該營只剩下兩張地圖可以顯示他們前進的地點。但他不擔心——只要他的無線電還能夠和師部保持聯繫就行了。第二裝甲師的心戰專家哈德勒中尉（Arthur T. Hadley），他是在戰車上不用砲而是擴音器要求德國的城鎮投降。這時他用的地圖，是一份古早的貝德克出版社（Baedeker）的旅行地圖。八十三步兵師的朔默上尉（Francis Schommer），一向知道自己率領全營走在什麼地方，只要他看見一個德國人便一把揪住，一支槍抵住對方的肋骨，用流利的德語問現在是在什麼地方。到現在為止，還沒有弄錯過。

對各裝甲師的官兵來說，渡過萊茵河以後的推進，才是他們擅長的作戰方式。蜿蜒的裝甲縱隊，在德國的城鎮和部隊之中衝過、繞過、圍過和切過了他們，呈現出裝甲兵戰術的典型範例。有些官兵想在信中敘述裝甲兵這次向東進兵的迅速情形，第六十七裝甲團第一營營長巴齊德中校（Clifton Batchelder），認為這次進擊「重現了南北戰爭期間，騎兵部隊作戰的衝擊與驍勇。」第五裝甲師在敵軍中切過，留下了數以千計的德軍在後面的孤立口袋作戰。李伯曼中尉（Gerald P. Leibman）不屑地說，「我們突破了他們的前線陣地以後，在敵人的後方擴張戰果。」對李伯曼來說，這種攻擊使他想起自己參與巴頓將軍突破諾曼第樹籬後，裝甲部隊的進兵行動。「沒有一個人停下來吃東西或者睡覺，」他指出，「我們所做的就是攻擊、急速前進、攻擊，急速前進。這一回又重演在法國的情況了——只不過這一回家家戶戶飄揚的旗幟，不是法國的三色旗，而是投降的白旗。」

英軍第七裝甲師下轄的德文郡團（Devonshire Regiment）的進兵行動中，巴恩斯中尉（Frank Barnes）告訴朋友戴維中尉（Robert Davey）說，「一直都在前進，真是太棒了。」兩個人都興高采烈，因為在攻擊前的任務提示中被告知，這是最後一次的大舉進攻，而最後的目標便是柏林。

蒙哥馬利元帥一向都知道，柏林是最後的目標。他容易動怒，難以忍受耽擱。脾氣火爆，經常毫不圓融，但他卻也一向務實及有膽識。遠在北非的阿拉敏沙漠（El Alamein），當他獲得偉大的勝利時，他就把視線固定在柏林了。當惡劣天氣延誤了諾曼第登陸時，是他毫無保留地說：「上！」而現在他再度要求准他進兵。此時盟軍統帥還沒有明確的決心，蒙哥馬利便宣布了自己的決定。三月二十七日星期二的下午六點十分，他以密碼拍電報給盟軍總部，通知艾森豪將軍：

「今日職已下令各軍團司令，即將展開東進作戰……職擬使用第九及第二軍團，直趨易北河一線。右翼第九軍團指向馬德堡（Magdeburg），左翼第二軍團則攻向漢堡（Hamburg）……

「加軍軍團……肅清荷蘭東北部、西部、海岸區向北而至與第二軍團之戰線……

「職已下令第九及第二軍團，立即以裝甲暨機動部隊向前機動，以最大速度及衝力突破易北河。情況看來大好，幾天之內應火速開始行動。

「職作戰司令部於三月二十九日星期四，移往波寧哈特（Bönninghardt）西北。至此以後，職司令部將沿韋瑟爾（Wesel）、明斯特、維登布呂克（Wiedenbrück）、赫福特（Herford）、漢諾威一線前進——希望經由德國的高速公路抵達柏林。」

「奧圖叔叔」與「愛菲阿姨」這兩隻小狗，吊在繩子一頭，在半空中慢慢轉動，悽傷地俯瞰瓦礫滿地的柏林庭院。卡爾・威伯格在維爾默斯多夫區公寓二樓後面的陽台，對著這兩隻臘腸狗輕聲說話、一邊安撫，一邊拉牠們到安全的地方。他正在幫兩隻寵物練習他自己設計的空襲逃生實施，兩隻狗經過幾個星期的訓練，現在適應得很好了。威伯格的鄰居也都如此，雖然覺得這個瑞典佬對寵物的關懷有點過火，每個人都已經習慣看到這種情況。「奧圖叔叔」與「愛菲阿姨」一身毛刷得油光水滑，在窗戶邊上上下下。沒有人怎麼注意這幾根垂下來的繩索，那可是威伯格所要的情況。一旦蓋世太保迫近時，他不得不翻過後陽台，用這幾根繩子溜之大吉。

他對每件事情都想得非常周到，只要有那麼一點失誤，就可能暴露出他是盟國間諜的事實。

而現在，柏林人每一天都越來越疑神疑鬼、焦急萬分，威伯格可不願冒險。他依然沒有發現希特勒身在何處，他那種隨意說出、看上去毫不知情的傻問題，顯然沒有引起猜疑，但也沒有得到他要的消息。即使是他那些在德國陸軍與空軍的朋友，也完全不知道。威伯格開始認為，元首和他身邊的寵臣都不在柏林。

正當他把兩隻狗兒拉上陽台時，門鈴突然響起，威伯格緊張起來，並沒有訪客要來訪。他終日被恐懼感折磨著，生怕打開門後發現外面站著的是警察。他小心把狗兒放開，走到門前去應門。門外是個陌生人，個頭魁梧奇偉，穿著工人服裝，上身一件皮外套，右肩扛著大紙箱。

「卡爾．威伯格嗎？」他問道。

威伯格點了點頭。

陌生人把紙箱放進屋裡，「你在瑞典的朋友送來的一份小禮物，」他笑著說道。

「我在瑞典的朋友？」威伯格說得很小心。

「嗯，你很清楚這會是什麼。」陌生人說道，一轉身很快就下了樓梯。

威伯格輕輕把門關上，僵硬地站著，低頭看著紙箱。他唯一從瑞典收到的「禮物」，就是供情報作業用的配備。這是個陷阱嗎？他開箱時，會不會有警員衝進公寓？他快快走過起居室，小心翼翼監看樓下的街道，街上空空如也，也沒有剛剛那位訪客的蹤跡。威伯格回到門後，站著靜靜聽著一會兒，沒聽見什麼異於尋常的聲音，最後他把紙箱拖進客廳，放在沙發上打開。這個很隨性送來的紙箱，裡面竟是一具大型發報機，威伯格一下子全身冒出汗來。

幾個星期以前，有一位名叫傑森-施密特（Hennings Jessen-Schmidt）的瑞典人，是他的上級，通知威伯格要他擔任柏林間諜網的「司庫」。打那以後，他就一直收到專差送來的各種物品。在此之前，都會事先預告，實際交付也一向處理得極其謹慎，電話響兩聲就掛斷，那就是表示要送貨來的信號。那些物品只在天黑的時候送到，通常都在空襲期間。從來沒有在光天化日下送貨，他氣得要死。「有些人，」他後來說起這件事，「做事相當不成熟、極其外行，差點就把整個行動給搞砸了。」

威伯格的處境越來越危險，他受不起警方的一次查訪，因為他的公寓現在已成了如假包換的間諜器材庫房。藏在這裡包括有大量的現鈔，一些密碼表，種類繁多的藥物和毒藥——從可以使人在任何時候不省人事、效果快速的迷昏藥，到致命的氰化鉀，應有盡有。他的煤窖以及附近租來的車庫，便是儲放步槍、左輪手槍和子彈的小型軍火庫。威伯格甚至有一個公事包，裡面是高度揮發性的炸藥。由於空襲頻仍，這項工作令他極為擔心。不過施密特與他找到了一處完美的儲放地點，炸藥現放在德意志聯合銀行（Deutsche Union Bank）金庫的大型保險櫃了。

到現在為止，威伯格的公寓奇蹟似地躲過了各次空襲。不過一旦炸中了，他對後果是想都不敢想，自己的身分立刻就會暴露。施密特告訴他，不久就有不同小組的情報與間諜人員抵達柏林，這些供應品便會在適當時候分發給他們。這些精選的幹員，一旦聽到廣播信號，或者由倫敦的傳訊網傳到信號，便會開始行動。威伯格巴不得馬上就分發裝備，施密特的預告，是要在今後幾星期等候電文的指示，因為各組的工作要與攻佔柏林相配合。根據施密特與威伯格所接到的消息，英軍和美軍都會在四月中旬前後攻抵柏林。

3

倫敦唐寧街十號的書房，邱吉爾彎身坐在他喜歡的皮椅，電話罩在耳朵上。英國首相正在聽取軍事幕僚長伊斯麥爵士將軍（Sir Hastings Ismay）的報告，唸出蒙哥馬利致盟軍統帥的電文。蒙帥承諾了「最大的速度與衝力」，這的確是好消息，甚至比他宣稱直指向柏林更好。「蒙哥馬利，」首相告訴伊斯麥說：「正有驚人的進度。」

英美兩軍的將帥，經過好幾個月的激烈討論之後，盟軍的戰略已經底定了。艾森豪的計畫，是在一九四四年秋初訂草案，並於一九四五年一月，由在馬爾他（Malta）開會的英美聯合參謀首長會議（Combined Chiefs of Staff）批准[2]。該計畫要以蒙哥馬利的二十一集團軍擔任主攻，越過下萊茵與魯爾北部。這一條攻擊路線是邱吉爾寫給羅斯福的一封信中提到過，「到柏林的最短途徑」。

南邊的美軍部隊，則渡過萊茵河，向法蘭克福進兵，把敵軍從蒙哥馬利方面吸引開來。如果蒙哥馬利的攻勢頓挫，這支助攻進兵也可以成為主攻路線。不過就邱吉爾來說，這件事已經算是決定好了。這支「偉大的十字軍」正接近終點，這令他感到莫大的滿意。在盟軍所有將帥當中，阿拉敏之役的這位英雄，似乎命中注定要攻佔敵人的首都。為了這次攻勢，二十一集團軍一直在進行針對性的增援，部隊、空中支援、補給、裝備都是最高優先。蒙哥馬利麾下幾乎有官兵百萬人，共達三十五個師與配屬部隊，其中含有美軍的第九軍團。

2 編註：馬爾他會議（Malta Conference），於一九四五年一月三十日至二月二日舉行。

四天以前，邱吉爾和艾森豪到德國，目擊了渡河後的初期攻擊。他站在萊茵河兩岸，眼見這次龐大攻勢的展開，向艾森豪說道：「我敬愛的將軍，德國可夠慘了，我們擺平了他，一切都結束了。」

確實，在大多數地區，敵軍的抵抗出乎意料以外的輕微。在美軍第九軍團的作戰責任區中的兩個師——兵力約三萬四千人——與英軍並肩渡河，傷亡官兵卻僅有三十四人。目前，蒙哥馬利已經有二十多個師與一千五百輛戰車過了河，正向易北河推進，直指柏林——邱吉爾稱之為「英美大軍真正的主要目標」——的大道，似乎已豁然大開。

政治上的大道也已經敞開了。三強從來沒有討論過該由那一支大軍攻佔這個都市。柏林是一個開放的目標，等待著盟國最先到達的大軍拿下來。

不過，對於佔領敵國其餘的地區，卻一直在討論著，而且討論得很多——一如「日蝕計畫」地圖中所畫定顯示的各區。而佔領德國有關的諸多決定，對攻佔柏林以及它政治上的未來，具有決定性的影響。至少有一位盟國領袖，從一開始就意識到了，他說，「一定會出現奔向柏林的競賽。」這個人就是美國總統羅斯福。

——

早在十七個月以前的一九四三年十一月十九日，這件事已來到羅斯福面前。那一次是在金恩海軍上將（Ernest J. King）於愛阿華號主力艦（USS Iowa, BB-61）上的官艙，羅斯福坐在會議室長桌的一頭，兩邊是他的幕僚與顧問，其中還有美軍聯合參謀首長會議的成員。當時，他坐這艘巨艦到中東去參加開羅會議和德黑蘭會議——這也是盟國領袖在戰時的第五次和第六次會議。

當時全球都在與軸心國作殊死戰。在蘇聯戰場，德軍遭遇了他們最大、損失也最慘重的失敗——史達林格勒（Stalingrad）。德軍在遭受包圍，切斷了外援達二十三天之後落敗，死傷與俘虜多達三十萬人。在太平洋，作戰的美軍超過了一百萬人。各處戰線日軍都被迫後退。西線，隆美爾已經在北非遭到擊潰；義大利在英美大軍從非洲登陸西西里島後遭到入侵。德軍正頑強固守在義大利北部，而當時英美軍正草擬計畫作「最後一擊」——大君主作戰——在歐洲大舉登陸。

在愛阿華號上，羅斯福流露了他強烈的煩惱。他面前的文件和地圖，是一個稱為「藍欽計畫C案」的重要文件，是眾多與未來的登陸作戰相關而開展的其中一個研究方案。「藍欽C案」考慮到敵人突然崩潰，或者忽然投降所應採取的許多步驟。計畫中指出，一旦發生以上情況，德國和柏林就應該畫分數區，由「三強」各佔領一區。使羅斯福煩心的是由英軍計畫人員代為選定的美國佔領區。

「藍欽C案」是針對特定且令人沮喪的情況下發展出來的。這個計畫的內容，一直受到一個人的直接影響，便是歐洲盟軍最高統帥（Supreme Commander in Europe），但這個職務當時還有待指派。要在盟軍最高統帥到職以前就先一步草擬兩個計畫——一個是越過海峽攻擊的「大君主計畫」，以及一旦德國崩潰的「藍欽計畫」——都是困難的工作，這項工作交給了英軍的摩根中將（Frederick E. Morgan），他以代號COSSAC（盟總參謀長Chief of Staff to the Supreme Allied Commander的縮寫）而為人所名[3]。摩根處理的是一份吃力不討好、沒有人會感謝的工作。當他受

3 原註：實際上一九四三年最初的方案，「藍欽計畫」分成三個部分。A案是德軍也許實力疲弱，只需要實施「縮小版的大

命就職時，英軍帝國參謀總長布魯克爵士對他說道：「好吧，就這麼辦了。當然，它行不通，不過你可得一定要好好幹。」

在草擬「藍欽計畫C案」時，摩根得考慮各種無法預估的事項。如同一九一八年十一月，沒有料到德國會投降那樣，萬一德國這次又突然投降，盟軍會不會措手不及，會發生什麼情況？美軍、英軍及蘇軍，要佔領德國哪些地區？誰拿下柏林？這些都是基本問題。如果盟軍不會因為德軍突然崩潰而措手不及，那這些問題就得有清楚的辦法來解決。

直到那時，還沒有一個為結束戰爭而制定出來的計畫。雖然美國與英國的各個政府機構，討論過一旦敵對行動中止時可能會引起的諸多問題，在形成一個全面政策方面幾乎沒有什麼進展，只有一點獲得共識：要佔領敵國。

相形之下，蘇聯並沒有障礙就形成政策。史達林一向認為，佔領是理所當然，他也因如何進行佔領的看法而聞名。早在一九四一年十二月，史達林直接通知英國外相艾登（Anthony Eden），在他所擬的戰後要求中，包括有打算佔領與併吞的土地。那是一份使人印象深刻的清單。史達林的戰利品中，要求承認他對拉脫維亞、立陶宛與愛沙尼亞的主權；一九三九年他攻擊芬蘭所取得的部分土地，羅馬尼亞的比薩拉比亞省（Bessarabia），一九三九年與德國協議，蘇軍所蹂躪的波蘭東部，以及東普魯士的大部分。當他冷靜著地攤出這些條件時，莫斯科的郊區、離克里姆林宮僅僅只有十五英里的地方，大砲正在射擊，那裡的德軍還正奮力作戰。

雖然英國認為史達林在一九四一年提出的要求還言之過早[4]。到了一九四三年，英國人也草擬本身的計畫案。外相艾登建議，必須完全佔領德國，畫分為盟國三區，內閣中由工黨領袖副首相艾德禮（Clement Attlee），成立「停戰及戰後委員會」（Armistice and Post-war Committee）。

艾德禮的團隊，也發布了一個廣泛的建議，鼓吹三國畫分，而由英國佔領德國工商業富裕的西北區。建議柏林應由三強聯合佔領。盟國中真正沒有為戰敗的德國訂定計畫的只有美國。美國官方意見認為，戰後的處理方式，應該等到接近最後勝利的時候再說。他們覺得，佔領政策主要屬於軍事方面的事務。

可是到了目前，盟國的聯合力量，開始在每一處戰場取得進展。以他們每日增進的攻勢節奏，需要政治上的協調已很迫切。一九四三年十月，在莫斯科舉行的「外交部長會議」（Foreign Ministers Conference）採取實驗性的第一步，便是界定盟國戰後的共同政策。盟國接受了管制及佔領德國中具有聯合責任的構想，設立了一個三國組織「歐洲諮詢委員會」（European Advisory Commission, EAC），「以研究在敵對狀態終結後相關歐洲的問題，並向三國政府提出建議。」

但在同一時間，摩根已經擬出了他的計畫——佔領德國的簡略藍圖——他後來解釋，「只能在進行了大量的預測之後而準備出來的。」一開始，在沒有任何政治指導下，摩根擬妥的計畫，

君主作戰」即可。B案構想德軍自各佔領國作戰略性的部分撤退，但依然留下大批兵力在歐洲沿岸以擊退盟軍登陸；C案則為在登陸前、登陸間、或登陸後，德軍突然崩潰。據摩根回憶，A案與B案很早就被放棄了，它們只在短期內被考慮過。

4　原註：史達林的提議傳到達邱吉爾那裡時，邱吉爾正乘坐英國主力艦「約克公爵號」（HMS Duke of York）橫越大西洋去會晤羅斯福。美國當時剛剛參戰，邱吉爾對在這個時候，向他提及這件事有點顧慮（畢竟美國力量強大）。他以電報告訴艾登說：「當然你不會對史達林無禮，我們去美國並不是要訂立秘密與特殊的條約，向羅斯福總統提及這種建議，只會引起斷然拒絕，也許造成長期的麻煩……即使非正式提起……以我的意見來說也不洽當。」美國國務院收到了艾登與史達林談話的消息，但沒有跡象顯示，曾經有人有意在當時向總統報告這件事。但到了一九四三年三月，艾登和羅斯福討論這件事，並完整被告知詳情。據艾登說，羅斯福預料不會與蘇聯發生多大的摩擦。「羅斯福內心深處自然衍生的最大問題，」艾登說，「現在以及戰後，可不可能與蘇聯聯手合作」。

只要求作有限度的佔領。但是他最後的「藍欽C案」建議，則呼應了艾德禮委員會更為精細的方案。摩根坐在一幅地圖前，把德國以彷如經過計算般的準確度三分天下，「沿著現有各省的省界，用藍鉛筆大致描繪出來。」顯然，蘇軍自東方進擊，務必要佔領東邊的地區。修正後的「藍欽C案」，英、美、蘇之間劃分建議的界線，從波羅的海的呂貝克，到德國中部的艾森納赫，再從那裡到捷克邊境。至於蘇軍地區的範圍，摩根則不在意。他沒有被要求須考慮這些部分，因為「這想當然爾是蘇聯的事，他們並不包含在英美聯合參謀首長會議之內。」不過，柏林確實令他感到煩惱，因為它會落進蘇軍地區。「我們還會繼續把這個地方當成首都嗎？還是說到時候還有首都？」他不禁懷疑。「就作戰的國際性來說，要佔領柏林或任何首都——假如還有首都的話——三強的兵力應該相等，美國、英國及蘇聯，各派一個師的兵力。」

至於英、美佔領區，基於它們南北連接的關係，在摩根看來，已經被一個近乎可笑但相關的事實給事先決定了：那就是在英國本土英美軍基地與兵站的位置，打從第一支美軍部隊抵達英國起，他們便駐紮在北愛爾蘭，後來又駐在英國的南方與西南方，英軍兵力則配備在北方與東北方。因為雙方部隊的集中、補給、與通訊都分開來——面對歐洲大陸，美軍一向在右翼，而英軍總是在左翼。摩根預先在「大君主作戰」洞察這種關係，因此這層關係繼續越過海峽到諾曼第的各登陸灘頭——而且，可以假定，穿過歐洲而直達德國的心臟本身。英軍要進入德國北部，解放荷蘭、丹麥及挪威。在右翼的美軍，則遵從他們的前進路線，通過法國、比利時與盧森堡，並在德國南部各省終止。

「我並不相信，」摩根後來說道，「當時有任何人懂得這個安排的來龍去脈，及其最終的用意——這很可能只是源自戰爭部的一名小官所擬定的計畫，但是從這個決定，衍生了所有其餘的方案。」

在愛阿華號主力艦上，美國總統清楚理解這計畫的最終用意。這也是他不喜歡「藍欽計畫C案」的原因。在下午三點開始的會議，羅斯福立刻進入這個主題，明白表示他很惱火。在附上的備忘錄上，美國參謀首長聯席會議簽注了意見，請其對修改的摩根計畫下達指示。羅斯福斥責軍方首長「製造若干想像」——尤其關於美國接受英國的提議佔領德國南部這件事。羅斯福說，「本人不喜歡那種安排。」他要求的是進入不來梅（Bremen）與漢堡這兩座海港的路徑，也要到挪威與丹麥的海港通道。而且他對美軍佔領區的範圍非常堅定，「我們應該到達柏林，」他說，「美國應該佔領柏林。」然後他又補上一句，「蘇軍可以佔領東部的地域。」

羅斯福也對「藍欽C案」的另一部分很不高興。在南邊的美軍佔領區，責任區包括了法國、比利時與盧森堡。他很擔心法國，尤其擔心自由法國部隊的領袖戴高樂將軍，認為他是個「政治上的頭痛人物」。他告訴手下的顧問說，美軍進入法國，戴高樂就會「跟在部隊後面一英里」，然後準備接收。尤其，羅斯福害怕當戰爭結束時，法國會爆發內戰，他可不要牽扯進去，「在重建的過程，」羅斯福說道：「法國將會是英國的責任。」

而且不只法國而已，他覺得英國對盧森堡與比利時也有責任，還有德國的南部。至於美軍佔領區，以羅斯福的看法，應該橫越德國北部（包括柏林在內），一直到奧得河畔的斯德丁。然後他又再一次詞斟句酌地，強調他不高興目前提議的佔領區劃分。「英國人的計畫，要美國佔領南部地區，」羅斯福說，「本人不喜歡這項提議。」

總統的暗示使得軍事首長大為吃驚。三個月以前的魁北克會議，美國參謀首長聯席會議在原則上批准了這項計畫，連英美聯合參謀首長會議也批准了。在那時，羅斯福總統對劃分德國，表現了莫大的興趣，促進了為計畫制訂的緊迫性，他表達出了這樣的意願，部隊應該「準備與蘇聯人同時抵達柏林。」

美國參謀首長聯席會議原以為有關「藍欽C案」的事項都已定案，他們在愛阿華號提出這個計畫，完全基於政治與經濟相關，同時還有跟軍事有關的政策。而現在，總統不但質疑佔領計畫，而且還涉及「大君主計畫」本身的基礎。如果方案中的各佔領區要加以變更，以達成羅斯福的願望，那麼在登陸作戰以前，就要進行部隊調動。這一來就會延擱——甚至危害——了越過海峽的攻勢。而這項攻勢是任何戰爭中從沒有進行過最複雜的作戰。在軍事首長看來，事情很清楚，羅斯福總統不是不了解這涉及龐大的後勤運送，便是了解得很清楚而準備付出巨大的代價，以便使美國得到西北方的佔領區和柏林。以他們的看法來說，代價會高得令人望而卻步。

馬歇爾將軍以圓融的方式說明眼前的情況。他同意「這件事情應該深入研究」，但是，他說「藍欽C案」的建議主要是基於軍事方面的考量而產生的，其中是以後勤的觀點來看，「我們一定要使美軍在右翼……整個事情都得從英國各地海港問題說起。」美國海軍軍令部長金恩海軍上將支持馬歇爾。他說，到目前為止，登陸作戰計畫已經展開，要就部隊的部署進行任何改變，都不切實際。

這是一個巨大的問題，因而馬歇爾認為，在部隊調度之前，需要一個完全的新方案——一個靈活的方案，足以應用在「任一發展階段」，才能獲得總統想在德國得到的東西。

羅斯福並不這麼想，他覺得如果希特勒的帝國整個崩潰，美國就得要盡可能多派部隊進入德國。他建議，有些部隊可以「在蘇格蘭附近」——從北邊進入德國。同時，他確切表示盟軍要更快取得柏林。在這種情形下，美軍各師「應盡快」攻到那裡，羅斯福所信任的顧問霍普金斯

（Harry Hopkins）當時也在愛阿華號上，也有同樣的急迫感。他認為美國得「準備在德國崩潰後的兩小時內，派一個空降師進入柏林。」

總統手下的軍事首長，一再向他強調變更「藍欽C案」的嚴重性，但是羅斯福依然堅定不移，最後他把擺在桌上的一幅《國家地理雜誌》的德國地圖往自己前面拉，就在上面畫了起來。他最先畫一條線，在杜塞道夫的位置橫越西線，向南沿著萊茵河到美因茲。到了那裡，大筆一揮，他把德國沿著北緯五十度切成兩半，大致上介於西邊的美因茲與東邊捷克邊境阿希（Asch）的中間，然後他的鉛筆向東北移動，到奧得河上的斯德丁。線以上的地區為美軍，英軍則在線以下的地區。不過當羅斯福勾勒這條線時，在美軍與英軍地區的東方界線，便形成一個粗略的楔形，頂點在萊比錫（Leipzig），從那裡向東北方到斯德丁，東南則到阿希。羅斯福沒有說出來，但這一個粗略的三角形，顯然就是蘇軍佔領區。它所佔的面積，比起「藍欽計畫C案」中建議撥給蘇聯的地區一半還不到。他也沒有把柏林包括在這一帶地域，卻是在美英兩軍的界線內。就馬歇爾所了解，羅斯福打算由美、英、蘇三個國家的部隊共同聯合佔領柏林。

這幅圖形正確地顯示羅斯福心中的打算。他告訴各軍方首長，如果美軍遵照盟總參謀長所提議的「藍欽計畫」進駐南部地區，「英國人就會對我們所採取的每一項行動進行暗中破壞。」羅斯福說，這相當明顯，「在這項建議的背後，有英國的政治考量。」

討論結束時，並沒有什麼明確的決定。不過羅斯福覺得，他的軍事首長毫無疑義會照著他的期望去做安排。羅斯福所設想的佔領，也就是說要美軍駐紮一百萬人在歐洲，「至少一年，也許兩年」。他的戰後計畫與美國本身參戰相似——全力以赴，但以最少的時間，以及對歐洲事務的最低涉入程度。他預見了對敵人腹地一次迅速而成功的大舉進兵——「以鐵路運兵攻入德國，極少抵抗或者毫無抵抗」的情況——可以使美軍部隊進入德國西北地區，再從那裡進入柏林。最重要的是，美國總統決心要攻佔柏林[5]。

——

如此，有了美國對德國的第一個確切且具體的計畫。但只有一點問題，羅斯福經常受到批評，說他越俎代庖跳過自己的國務卿。但除了對軍事首長以外，他不曾對其他人透露過他對這件事情的觀點。他們花了差不多四個月的時間討論這個計畫。

在愛阿華號會議以後，馬歇爾將軍把羅斯福的那幅地圖——這是政府對佔領德國的想法唯一的有形證據——交給了戰爭部作戰署長韓迪少將（Thomas T. Handy）。韓迪回到華府，便把地圖放進作戰署最高機密的檔案。「就我所知道的來說，」他後來回憶，「我們根本沒接到任何要把地圖寄給國務院任何人的指示。」

羅斯福的計畫被手下將帥置之高閣。這是在愛阿華號會議以後，美國官員所發生的一連串奇怪、代價慘重的大錯，以及錯誤判斷之一。這對於德國與柏林的未來，都具有莫大的影響。

十一月二十九日，羅斯福、邱吉爾與史達林，頭一次在德黑蘭會議會晤。在這次會議，三強提名了代表，在倫敦召開極其重要的歐洲諮詢委員會——由這個委員會負責草擬德國投降的條件，確定各國佔領區，以及擬定計畫進行盟國在德國的行政事務。英國在歐洲諮詢委員會所提出的人選為外相艾登的至友，外交部次官史屈朗爵士（Sir William Strang）。蘇聯則派了一位強硬的談判人員，這一位已經因為他的頑固而夙負盛名，他便是駐英大使古塞夫（Fedor T. Gusev）。羅斯福則派了駐英國大使懷南特（John G. Winant）。懷南特負責盡職，只不過有些靦腆和口齒不清。

對於這項新工作，懷南特從來沒有收到過任何指示，也沒有人把羅斯福對德國的任何企圖告訴過他。

然而，大使很快就有機會可以知道他要在歐洲諮詢委員會所提出的政策的方向，不過他也失去了這個機會。十一月二十二日到二十六日，舉行開羅會議（羅斯福、邱吉爾與蔣介石）；十一月二十八日，一直到十二月一日，舉行德黑蘭會議（羅斯福、邱吉爾與史達林）；在德黑蘭以後，羅斯福與邱吉爾又於十二月四日在開羅會晤。當天晚上，在一次漫長的晚宴，與會的人有邱吉爾、艾登、羅斯福的參軍長李海海軍上將（William D. Leahy）。羅斯福又一次發言，反對「藍欽C案」的建議。他告訴英國人——顯然沒有透露他的地圖內容，或者他修改的範圍——他覺得美國應該佔領德國的西北部。邱吉爾與艾登強烈反對這項建議，但這件事交給了英美聯合參謀首長會議去研究。而英美聯合參謀首長又建議盟總參謀長摩根，應當考慮修改「藍欽計畫C案」的可行性。

懷南特盡管是赴開羅代表團的成員，卻沒有被邀請參加那次晚宴，顯然也沒有被告知當時所討論的問題。當羅斯福動身回國的時候，懷南特飛回倫敦參加第一次的歐洲諮詢委員會會議，他只是粗略地知道，美國總統和政府內心想要的是什麼。

---

5 原註：關於在愛阿華號主力艦上的這些事情，是出自馬歇爾將軍的筆記。官方的備忘錄並沒有直接引述，僅註記作為參考。作者所引述的羅斯福以及別人的談話，都清楚顯示該語句是出自當事人。

諷刺的是，離開美國駐倫敦大使館僅僅幾英里遠，聖詹姆士廣場的諾福克府（Norfolk House, St. James's Square）[6]，有一個人卻對羅斯福的企圖再清楚不過了。摩根爵士中將對所接獲的新命令大吃一驚，說要他重新檢討「藍欽計畫C案」，著眼把英軍與美軍佔領區對調。他便施壓給參謀立即工作。他很快就得出結論，要調區，不可能——至少要德國戰敗以後才可行。他便向上司報告——根據他之後的記載，就他而言，「事情到此結束了」。

——

就在這時，美國的高階將領，盡管他們表示抗議不願意涉及政治，然而事實上，卻負責戰後歐洲的美國政策。在他們來說，把德國分區加以佔領，完全是軍事事務，應該由戰爭部的民政署（Civil Affairs Division of the War Department）來處理。由於這種無可避免的結果，戰爭部發現本身在德國事務上與國務院發生爭執，結果便成了拉鋸戰。在這個過程當中，美國對德國事務不再有共識。

首先，大家都清楚，當務之急就是要有所行動，以指導在倫敦參與歐洲諮詢委員會談判的懷南特大使。為了協調美國各方面彼此衝突的看法，一九四三年十二月，在華府成立了一個安全常務委員會（Working Security Committee），由國務院、戰爭部與海軍部各派代表組成。戰爭部的代表，由民政署的軍官擔任，該署原先根本就不肯參加這個委員會——或者基於這個原因，壓根兒就不承認需要有歐洲諮詢委員會。陸軍軍官堅持，德國投降與佔領的整個問題，純粹是一件軍事事務，應該由英美聯合參謀首長「在軍事層次」，以恰當的時刻來決定。這種近乎鬧劇的情況持續拖了兩個星期。而在這段期間，懷南特在倫敦出席的會議，沒有收到任何上級的指示。

最後，軍方同意開會，安全常務委員會也就開始準備工作——但卻了無結果。各部派來開會的人，必須將建議請示上級許可後，才能以電報傳給倫敦的懷南特。更糟的是，各部首長都有否決建議權——戰爭部便反覆運用這項特權。委員會的署理主席、國務院的莫斯禮教授（Philip E. Mosely），即將擔任懷南特大使的政治顧問。他後來批評戰爭部民政署的軍官「收到嚴格的訓令，不得同意任何事項，可以說毫無同意權，僅僅只能把討論情形向上級報告。這個談判體系的疏離，有嚴格的規定和實施否決，很像蘇聯談判人員的辦法，而且程度上還要來得固執得多。」

一九四三年十二月整整一個月，討價還價繼續進行，以陸軍的意見來說，各佔領區的決定，還得取決於投降簽字時，部隊最後的位置。在這種情況下，軍方代表於是認為，有關佔領區的問題，如果放行讓懷南特在歐洲諮詢委員會通過談判達成的任何協議，也就沒有意義了。

軍方人員態度之強硬，甚至拒絕了國務院的一項建議。這個建議與英國的相似——也是將德國作三等份——卻有一項重要的附加條款：在西方兩國佔領區，有一條與柏林相連，深入蘇聯佔領區的走廊。這條走廊的構想人便是莫斯禮教授，他料到蘇聯會抗議，但他後來作出解釋為何執意要求把這一條納入，「本人深信，如果這個建議在最先提出來時立場甚為堅定，等到蘇聯開始草擬他們本身的建議時，也許會把這一款納入考慮。」他為自己的立場辯護，「這項條款一定要制定，好使從西方到柏林有直接而且不受掌控的通道。」

國務院的這個建議，轉致戰爭部的民政署研究，作為委員會大會召開前的研究內容。建議被

6 編註：艾森豪總部之所在，是火炬計畫與大君主計畫的策畫地點。

壓了一些時候，最後莫斯禮赴民政署去拜候，並尋找負責處理的上校署長。他問上校收到建議了沒有，署長把辦公桌最下面的一個抽屜拉開說：「就在這兒。」然後他在座椅中把身體往後靠，兩隻腳踏進抽屜，說：「它待在這裡還真他媽的好極了。」該建議根本沒轉給懷南特。

一九四三年十二月十五日，歐洲諮詢委員會舉行了第一次的非正式會議。對懷南特大使來說，這次會議即使僅處理一些程序問題，他依然還是沒有收到任何官方的訓令。他非正式地從英國的消息靈通人士那裡知道，該計畫使羅斯福很惱火，但他卻不知道那就是摩根的「藍欽C案」。懷南特被告知，這是「艾德禮計畫」。再一次，他從非正式管道得到消息。這一回告訴他的是戰爭部次長麥克洛伊（John J. McCloy），說羅斯福總統想要德國的西北部。懷南特並不認為英國人會改變想法[7]，他的判斷完全正確。

一九四四年一月十四日，甫奉命出任盟軍最高統帥的艾森豪將軍，抵達倫敦就職。而作戰行動策畫的機構，以前是摩根將軍，至此以後他正式轉撥到艾帥麾下。不過對於這一個計畫，到了這個時候，即使是他也已毫無影響力。艾森豪抵達後，隔天歐洲諮詢委員會便舉行了第一次的正式會議。史屈朗爵士把摩根的「藍欽C案」，提出給懷南特大使以及蘇聯特使古塞夫。美國方面由於華府的僵局還沒有打破，已經失去了先機，以後再也沒有翻轉的機會。史屈朗後來寫說，他比與會的其他人多佔了一項優勢，「他們必須用電報請示，政府很遙遠，有時十分冷漠，也不理解。而我卻在這一切的中心，通常只要簡單的說明，簡化了我方的決策過程。我還有一個優點，本國政府已經開展了戰後的規畫，時間恰到好處，而且井然有序。」

二月十八日，歐洲諮詢委員會舉行第二次的正式會議。這次會議的確是蘇聯外交決策的一項紀錄，不可測的古塞夫，沒有做出任何的爭辯，態度莊重地接受了英國的劃區佔領建議。

英國的建議案，予蘇聯以幾近百分之四十的德國佔領區，百分之三十三的德國人民，與百分之三十六的德國生產資源。柏林雖由各盟國分區佔領，卻深處在建議中的蘇聯佔領區內，離西方英美兩軍的分界線有一百一十英里遠。「分區建議看起來很公平，」史屈朗後來回憶說，「如果要說有什麼不足的話，那就是對蘇聯過於大度，但也合乎我國軍方當局的期望，軍方當局早已想到戰後的兵力短缺，並不想佔領一片較需要兵力更為廣大的地區。」也還有其他的原因在，其中之一便是英美雙方領袖，都怕蘇聯也許會個別與德國媾和。另外一個原因，尤其是美國軍方擔心蘇聯不參加對日作戰。最後一個原因，英國深信，如果不先發制人，蘇聯也許會因為它的戰時損失，要求實際佔領德國的一半。

美國憂慮的是，看來事情已經有了定案，三強都已批准了英國計畫。對美國來說，問題在於英國與蘇聯達成了協議[8]。在一方面來說，這是項「既成事實」，懷南特除了通知美國政府以外，實在無能為力。

7　原註：英國人與德國北部有長久的經濟關係。麥克洛伊在十二月十二日寫信給陸軍參謀長馬歇爾將軍說：「懷南特告訴我，這個計畫是經過與他們的政經人士商討過才提出來的。我不知道面對著英國人的強烈反對，總統想堅持對這些地區的佔領到什麼程度……總體上說，我傾向北部地區，但我並不認為它值得大事爭執。」國務院顯然並不在乎，麥克洛伊親筆補充，國務卿赫爾（Cordell Hull）來電表示，「他並不偏向於北部與南部地區。」

8　原註：自二戰結束以來所形成的許多迷思之一，便是說對於德國的分區佔領，羅斯福應該負上責任。事實上，這個計畫從頭到尾全都是英國在主導。基於外相艾登的構想，由艾德禮委員會建構（該委員會採用了摩根純軍事的構想作藍本），邱吉爾及他的內閣批准，由史屈朗在歐洲諮詢委員會提出。很多英美兩國的憶述，說分區是蘇聯的計畫，這項錯誤的結論是因為蘇聯代表古塞夫，在歐洲諮詢委員會的第二次會議中，接受了英國的提議，他也提出了包含德國投降條件的蘇聯草案，其中一款便是分區佔領，但那完全是英國計畫的雛型。

蘇聯很快就接受了英國計畫，使華府與羅斯福總統無法應對。羅斯福連忙發文給國務院，「英國與蘇聯分區計畫草案為何？我們提議的一區為何？」他問道：「本人必須知悉這點，是否與數月前本人所決定的相符。」國務院的官員答不出來，因為有個很好理由：他們根本不知道羅斯福總統在德黑蘭會議與開羅會議作出有關分區佔領的決定。

在羅斯福要得到這些資料以前，美國參謀首長聯席會議與國務院之間，就是一陣慌張的電話往返。然後，到了二月二十一日這天，羅斯福見到了英蘇兩國的計畫後，回應說，他在給國務院的一份正式書函中，明白宣稱「本人不同意英國提議的畫分區域。」他沒有提到蘇聯的區域，但對建議畫給美國的區域，一再提出強烈的異議，甚至再三強調重複他在愛阿華號主力艦上告訴軍方將帥的話。也因此國務院才得知羅斯福這封書函。

「我們的主要目標，」他寫道：「並不是插手南歐的內部問題，反而是要削減德國促成世界第三次大戰的可能以及可能的原由。對於調動我軍部隊從法國前線到北方的德軍戰線——稱為『蛙跳』——提出了許多困難之處。這些反對都像是真的一樣，因為德國一旦投降的那一天，不論英軍和美軍在什麼地方，要把他們調到任何地方去——向北調，向東或向南——實際上輕而易舉。……所有可能都經過了考慮，記住補給品由海上來自三千五百英里外，美國應當利用德國北部的海港——漢堡與不來梅——還有，荷蘭……因此，本人認為美國的政策應當包含佔領德國的西北部……

「如果需要針對英國提出的異議，再加上任何理由以示正當……我只能補充說，對於美國政治上的考量，使得**我的決定毋庸置疑**。」然後，羅斯福要絕對確定國務卿真正了解他所要的是什麼，他在字句上再三強調「**如果上面所說的，貴方並不完全清楚，可跟本人溝通**。」

他通過幽默的說法向邱吉爾解釋，「拜託可別要我把美軍任何部隊駐在法國，」他告訴英國首相，「我根本無法這麼做！一如我以前所提議過的，我反對像父親般照料比利時、法國與義大利。閣下確實應當撫育子女並施加教育，就事論事，它們在未來或許是貴國的干城呢，現在閣下至少該付教育費用吧。」

顯然，美國參聯會也聽到了總統的訓示。戰爭部民政署的軍官，幾乎立刻改變了他們在安全常務委員會中的立場，在倫敦舉行過歐洲諮詢委員會後沒幾天，一位上校大踏步走進國務院莫斯禮教授的辦公室，在他面前攤開一幅地圖，說道：「這就是總統真正想要的。」莫斯禮看著地圖，一點也不知道這圖是在什麼時候、或者什麼情況下繪製的，他以前從來沒看過——國務院任何人也不曾看過，這幅地圖正是羅斯福在愛阿華號主力艦上標注的那一幅。

神秘的是，羅斯福的地圖忽然冒了出來，卻又再度不知所終了。莫斯禮以為它會在華府舉行的下次委員會出現，但卻再也沒有看到了。「該地圖後續如何，本人可不清楚，」多年以後莫斯禮說道：「到下一次開會時，民政署的軍官製作了一幅全新的地圖，據他們說，是根據總統訓示而作了一些改變。至於是誰接到了這些指示，我始終無法得知。」

這項新構想多少與羅斯福的「愛阿華號地圖」相似，但並不完全相同。美國佔領區依然在西北，英國佔領區在南，兩者之間的分界線沿著北緯五十度，但這一回停在捷克邊界。尤其，美國區的東境界線，在萊比錫上面突然轉向正東，以包含更多的領域。只有一項改變，遠比其他的改變重要：美國佔領區不再把柏林包含在內了。羅斯福最早的版本中，美國佔領區的東境界線穿過德國首都。羅斯福曾向麾下將帥堅持，「我們應該盡量逼近到柏林」，以及「美國應該擁有柏林」以後，他在這時改變了主意嗎？民政署的軍官並沒有說明，但他們要求把這項新建議立即傳送到倫敦去，由懷南特提出，要求歐洲諮詢委員會接受！

反正這是一項前後顛倒的建議，國務院也知道。依據這項新計畫，英國和蘇聯的佔領區會小很多，而在它們都已批准了稍早而又有利的領域劃分案後，似乎很難接受這一案。戰爭部民政署擬訂了這項建議，卻又沒有附任何書函來協助懷南特在歐洲諮詢委員會上據理力爭。問民政署要求擬訂這些背景文件時，民政署拒絕提供，說這是國務院的事。這個建議案就在沒有任何文件輔助之下，最後送給了懷南特。大使急得拍電報回美國，要求更詳細的指示；指示沒有送到，他便將計畫歸檔，再也沒有提出了。

這是要求採用美國計畫所作的最後一次努力，羅斯福繼續堅持，反對接受英國的方案。一直到了一九四四年三月，那時擔任懷南特大使政治顧問的喬治．肯楠（George F. Kennan）飛回華府，向羅斯福總統報告在歐洲諮詢委員會由於形成僵局所引發的諸多問題。羅斯福把情況檢視了一番，再度把英國方案檢驗以後，便告訴肯楠，「考慮過所有方面之後，它或許是一個公平的決定。」然後他便批准了蘇聯佔領區以及整個計畫，但有一項但書。羅斯福堅持，美國務必要佔有西北區。根據後來肯楠向莫斯禮所說，會議結束時肯楠曾詢問羅斯福，他本人所提的計畫怎麼了。羅斯福哈哈一笑，說：「喔，那只是一種想法而已。」

——

雖然在一九四四年那至關重大的幾個月裡，英美大軍登陸歐洲，把德軍趕出法國，開始向第三帝國進軍，但幕後的政治戰卻仍然持續進行當中。羅斯福堅持他的要求，以佔領德國的西北部。邱吉爾也同樣的頑固，不肯從自己的立場退縮。

四月中旬，懷南特把美國政府的立場，以口頭通知歐洲諮詢委員會，卻沒有立刻在書面上把羅斯福總統的要求擺在各國代表的面前。在一個他認為關鍵的問題得到指示之前，他並不準備這麼做。英國的計畫，依然沒有列出讓西方各國可以通往柏林的內容。

英國人事先明白關於通路不會有問題。他們認為當敵對情勢一結束，德國當局就會有某種形式的簽約投降。而全德國的管理，就會落在盟軍統帥管制之下。照史屈朗看來，沒有哪一國的佔領軍會封鎖住不與他區往來，「德國人多少會自由從這一區到那一區，從西方各區到首都……在德國境內的盟國軍方與民事人員，也都可以為了正當理由而自由遷移。」尤其，每逢這個問題在歐洲諮詢委員會提到時，蘇聯的古塞夫都圓滑地要史屈朗和懷南特放心，他覺得不會有問題。古塞夫一再反復說，只要美軍與英軍駐守柏林，就自動具有通過的權利。這件事是理所當然的，是一種君子協定。

雖然如此，懷南特認為這項條款應該要確定下來。他深信莫斯禮最初建議的「走廊」，應該要包括在內，三強才能正式接受英國的方案。他打算把這項建議，與羅斯福對佔領區的觀點同時正式向歐洲諮詢委員會提出。他要求保證有經過蘇軍佔領區通達柏林的指定鐵路、公路和航線。

五月中旬，懷南特大使飛往華府面見羅斯福總統，然後又把自己的走廊條款，向戰爭部概略提出，民政署直接打了回票。[9] 民政署的軍官要他放心，這個柏林通道問題，再怎麼說「根本

9 原註：羅斯福與懷南特的會面進行了什麼討論，羅斯福對柏林走廊問題的立場是什麼，都不為人知。至於戰爭部是不是反對懷南特的「走廊」計畫，更是撲朔迷離。戰爭部民政署署長希爾德林少將（John H. Hilldring），據說他告訴懷南特，「應該提出往柏林的走廊」。本書提到美國三位著名史學家對這一個階段的觀點，分別是引述自莫斯禮教授 *The Kremlin*

就是軍方的事」，佔領德國時，會由當地的指揮官經由軍方管道處理。懷南特大敗虧輸回到了倫敦。六月一日，他正式同意英國計畫，以及建議的蘇聯佔領區，只有一點除外，美國應該佔有西北區。這份文件並沒有包括柏林通道的條款[10]。至少，盟國以實驗性的方式，對柏林的未來做了決定。一旦戰爭結束，柏林會變成蘇俄佔領區中央的一座孤島，由盟國聯合佔領。

這項權力鬥爭現在很迅速有了結論。一九四四年七月下旬，蘇聯代表古塞夫，急於要使蘇聯在歐洲諮詢委員會的利益正式化，於是有意把事情導向一個轉折點。他說得很爽快，除非英美間的爭執擺平，三強能簽署協議，否則蘇聯看不出有什麼理由繼續進行歐洲諮詢委員會的討論。言外之意便是威脅要退出委員會，這麼一來幾個月的努力就完全化為烏有，這一下還真達到了他所希望的效果。

大西洋兩岸的外交官與軍事顧問都大為緊張起來，敦促本國的領袖讓步。可是羅斯福與邱吉爾依然堅決不退讓，對於蘇聯的威脅，羅斯福似乎最不慌張。懷南特被告知，既然美國已經同意蘇聯對佔領區的劃分，總統不了解為什麼「到這了個時間點，還有什麼需要與蘇聯討論。」

不過，羅斯福這時承受來自四面八方的壓力。正當政治上的吵吵鬧鬧還在進行時，龐大的英美軍隊正蜂擁向德國前進。八月中，艾森豪以電報致參聯會預告說，他們可能「馬上就會面對德國佔領的問題，比預料的還要早。」立刻，摩根在他的「藍欽C案」最早所預見到的部隊部署問題，又使這些策畫人員忙碌了起來。英軍在左翼向德國北部進軍，美軍則在右翼向德南挺進。艾森豪這時要求就佔領區方面得到政治上的指示——這也是美國軍方這麼做的第一人，「我們所能做的，」他說，「便是在純軍事的基準上，對這個問題執行行動，」那也就意味著維持「我們大軍當前的部署……」艾森豪又補充說，「考慮到我們可能面臨的形勢，以及缺乏涉及佔領區問題的基本決策，除非我們接到相反的指示，否則我們就必須假定這個解決辦法是可以接受的……」

長期以來一直不可避免的決定性時刻現在來到了。美國國務院與戰爭部，這次意見完全一致，他們進退兩難。沒有誰準備要和羅斯福重談這個問題。再怎麼說，這件事也要安排在羅斯福-邱吉爾該年秋季開會時提出討論，任何最後的決定，不得不到那時才提出。而在這段時期，艾森豪的策畫卻不能耽擱，因為美軍參聯會有多項方案，美軍既可佔領德國西北部，也可佔領南部。八月十八日，他們告訴艾森豪「完全同意」他的解決方案。因此，雖然羅斯福還沒有宣布他的決策，認為美國將佔領德國南部地區的設想卻被允許繼續存在下去了。

一九四四年九月，羅斯福與邱吉爾再度在魁北克開會，看得出羅斯福變了很多。過去，他的個人魅力和不拘小節的詼諧能很好地掩蓋住身體上的小兒痲痺症狀況。現在他的每一個動作顯現痛楚。不過，還不只是病痛。自從一九三三年以來，他就入主白宮——比美國的任何總統更久——即使到了現在，他還尋求競選第四任。競選活動、國內外的外交，大戰這幾年沉重工作的

and World Politics，費斯（Herbert Feis）*Churchill Roosevelt Stalin*，以及國務院歷史辦公室主任威廉·富蘭克林（William M. Franklin）《世界政治》（World Politics），Zonal Boundaries and Access to Berlin，一九六三年十月號。根據富蘭克林，「懷南特顯然沒有將這些談話寫成備忘錄……然而，有件事卻十分清楚，他並沒有從華府的任何人獲得訓示或者鼓勵，向蘇聯代表談這件事。」

10 原註：基於許多都不甚清楚的原因，懷南特對柏林走廊的立場，自他從華府回來以後便有了改變。一九四四年，資深外交官墨菲（Robert Murphy）回憶道，他到盟軍總部工作後不久，便和懷南特吃中飯。討論到通過柏林的問題，墨菲要求懷南特重提此事。他在自己的回憶錄 *Diplomat Among Warriors* 寫道：「懷南特的論點則是，我們既有權利在德國，自由通往柏林的權利也就包含在內。蘇聯……反正傾向於猜疑我們的動機，如果我們在技術上堅持這一點，那就更會加強他們的不信任感。」據墨菲說，懷南特並不在意在歐洲諮詢委員會中，對這個問題施加壓力。

重壓，迅速消耗了他的體力，也難怪他的醫師、家人與朋友，都要求他不要再競選了。在出席魁北克會議的英國代表看來，羅斯福衰弱得很快。邱吉爾的軍事幕僚長伊斯麥爵士將軍，對羅斯福的樣子大為震驚。「兩年前，」他說，「羅斯福總統一直是健康與活力的形象，而現在他卻體重大減，甚至縮了水：外套鬆垮垮罩在他的寬肩上，衣領似乎太大了，大了好幾號。我們都知道，他的大限近了。」

羅斯福十分疲憊、挫折，加上受限於情勢，以及來自手下顧問和邱吉爾的壓力，他終於讓步了，接受了美軍佔領南區的方案。英國人只答應了一半的方案，在幾項讓步中，同意美軍控制不來梅、不來梅港（Bremerhaven）這幾個大海港與集結整備區[11]。

大戰時期三強的最後一次會議，於一九四五年二月在雅爾達舉行，那是一次攸關至要的會議。勝利在望，可是政治上的考量取代了軍事的現實。原本使三強團結在一起的力量正在軟化。蘇聯大軍進入中歐，每前進一英里，便變得胃口越大、態度蠻橫。長久以來便是共產黨仇敵的邱吉爾，尤其關切像波蘭等各國的未來，而這些地方此時已遭紅軍解放和控制。

羅斯福形容憔悴。遠比在魁北克時虛弱，但仍自認為擔任了「偉大調人」的角色。在他來看，唯有與史達林合作，才能達成戰後的世界和平。他曾以這些話表達過他對史達林的政策：「我認為如果我能以權貴風範行事，把能給的每一樣東西都給他，並且不要求任何回報，他就不會併吞任何人，會和我一起致力於一個民主與和平的世界。」羅斯福深信美國能與「蘇聯相處得很好」，還一度解釋說他能「用一種個人對個人的方式」來「駕馭史達林」「……史大叔……可以處得來的。」雖然他越來越關心蘇聯戰後的企圖，但看上去應該是純粹樂觀的態度。

雅爾達會議作了許多重大的決定，其中一項便是在佔領德國這件事上給予法國充分的資格。

法國所佔領的德國與柏林地區，都出自英美的佔領區。反對法國參與佔領的史達林，一口拒絕分出任何佔領區。一九四五年二月十一日，三強正式接受了他們的地區劃分。

歷經十六個月的騷動與爭論後，英美兩國終於方針一致。這份佔領計畫，基於最先提出的「藍欽C案」，也就是現在軍方稱為「日蝕計畫」的行動計畫。但這個殫精竭慮的計畫有一個令人難以置信的漏洞。文件裡根本沒有提及有關英美進入柏林的權利條款。

不到六週時間，史達林就違背了雅爾達協定。會議開完三個星期不到，蘇聯便把自己佔領的羅馬尼亞政府推翻，它向國王米哈伊一世（King Michael）下達了最後通牒，直接指派羅馬尼亞共產黨黨魁格羅查（Petru Groza）出任總理。波蘭也失去了，史達林承諾過的自由選舉並沒有舉行。史達林目中無人，幾乎拋棄了雅爾達協議的核心內容。協議宣稱盟國將協助「人民自納粹統治……以及前軸心附庸國下解放，由人民本身選擇，創立民主政權。」可是史達林只見到雅爾達條款中有利於他的文字——諸如分區佔領德國與柏林。

美國駐蘇聯大使哈里曼（W. Averell Harriman）經常警告羅斯福有關史達林堅決追求領土的野心。現在這位蘇聯領袖的惡行，打破了羅斯福對他的信任而大感震驚。三月二十四日星期六

---

11 原註：會議期間，與會者就另外一項爭議性高的方案發生了爭執。羅斯福與他的財政部長摩根索（Henry Morgenthau），提出一個十分嚴格而且範圍廣泛的經濟計畫，要把德國變成一個沒有工業的農業國家。邱吉爾起先同意這個方案，但在顧問的壓力下，後來徹回了原先的立場。幾個月以後，羅斯福放棄了這個引起爭議的摩根索計畫。

下午，羅斯福在白宮頂樓的一間小房間，與負責研究解甲士兵歸國問題的私人代表羅森堡夫人（Anna Rosenberg）用完午餐，哈里曼拍發的一份關於波蘭情況的電報送到。羅斯福看了電報，突然氣憤得大發雷霆，一再用手捶他所坐輪椅的把手。「他一面捶輪椅，」羅森堡夫人後來回憶說，「一面反覆地說：『哈里曼說得對！我們不能同史達林打交道！他違反了在雅爾達答應的每一件事！』」[12]

在倫敦的邱吉爾，由於史達林違背了雅爾達的精神而極為不安。他告訴秘書，他只怕全世界也許會認為「羅斯福先生和我為一份詐欺計畫背書了。」他從雅爾達回來曾告訴英國老百姓，「史達林與蘇聯各領導願意接受西方的民主，以平等、正直的友誼為基礎共存……他們說的話算數。」但就在三月二十四日星期六，這位憂心忡忡的首相向手下的幕僚說：「我十分不願意分割德國，除非我不再懷疑蘇聯的企圖。」

由於蘇聯的行動極為明顯，邱吉爾覺得西方盟國最有本錢討價還價的力量，便是深入德國，駐紮英美軍力，要部隊「盡可能往東推進，直到可以與蘇軍碰頭。」因此，蒙哥馬利的電文，展現了他的企圖，要長驅直往易北河與柏林，這的確是令人振奮的消息。對邱吉爾來說，迅速拿下柏林，目前似乎極為重要。不過，縱使有蒙哥馬利的電文，在西線的將領卻到現在為止都還沒有接到命令去攻佔柏林。

而這個命令只能由一個人下達：盟軍最高統帥艾森豪將軍。

4

這次空襲完全出於柏林守軍的意料以外。三月二十八日星期三上午十一點剛過，第一批飛機出現。立刻，全市各區的防空砲連開始射擊、砲彈飛向空中。防空砲的轟擊聲，再加上遲來的空襲警報，相加起來震耳欲聾。這些飛機不是美機，美機空襲幾乎可以預測得到，通常是在上午九點來襲，接著在中午又會來一次。這次攻擊卻不同，空襲來自東方，時間與戰術都是未曾見過的，一批批的蘇聯戰鬥機，以屋頂高度在柏林市區飛過，對著大街小巷打光他們的子彈。

波茨坦廣場，人人向四面八方奔逃。沿著選帝侯大街，店主都衝出大門，往地下鐵的入口跑，或者跑向威廉皇帝紀念教堂的廢墟，可是有些柏林人，排上長龍站了好幾個鐘頭來買自己一星期的配給，硬是不肯躲一下。在維爾默斯多夫區，三十六歲的護士夏洛特・溫克勒（Charlotte Winckler），決定要為兩個孩子——六歲的艾克哈特（Ekkehart）和九個月大的芭芭拉（Barbara）找食物。多年好友的吉翠德和盧玲在阿道夫希特勒廣場，她們和其他人靜靜地在雜貨店前等待。不久前，她們決定一旦俄國佬接近柏林便自殺，可是現在卻不這麼想了。她們打算烤一個復活節蛋糕。好幾天以來，她們都在採購，要把做蛋糕所需的材料都存起來。在克珀尼克（Köpenick），豐腴的四十歲漢娜・舒爾茲（Hanna Schultze），希望多弄到點麵粉，可以做節

---

12 原註：這說法出自於羅森堡夫人（現在是霍夫曼夫人了霍夫曼，Anna Rosenberg Hoffman），當時羅斯福夫人也在場。兩位女士後來比對筆記，同意羅斯福有說過這些話。

慶用的大理石蛋糕。這天採購時，漢娜也希望能找到別的東西，為先生羅柏（Robert）買一副吊帶，舊的差不多要報銷了。

每一次空襲，厄娜．森格爾（Erna Saenger）一向都擔心「老爹」，這是她對丈夫康拉德（Konrad）的稱呼。他很頑固，不肯進策倫多夫區內的防空洞。這天也像平常一樣，空襲時人在防空洞外面，步履艱難地往自己喜歡的餐廳——路易斯皇后路的「舊壺餐廳」（Alte Krug）走去。七十八歲高齡的老兵，每星期三要和第一次世界大戰時的袍澤會一次面，沒有哪一次空襲能阻止得了康拉德，今天的空襲也擋不住他。

有一個柏林人，實際上對空襲的每一分鐘都感到很快樂。年輕的雷施克（Rudolf Reschke）戴著一頂舊式鋼盔，在達勒姆區家門口與街道中間來回奔跑，故意對著那些低飛的飛機痛罵。每一回他都向飛行員揮舞拳頭，有一個飛行員見到了他搞怪的行為，便對著他俯衝下來，雷施克拔腿就跑，一排子槍彈就打在他身後的人行道上。這只是雷施克遊戲的一部分，以他十四年的人生來說，打仗可是所有發生過的事情當中最偉大的一件。

飛機一批又一批攻擊柏林，各中隊一打光了彈藥，便立刻向東飛離，由另一批蜂擁而來的飛機進攻。蘇聯飛機突如其來的空襲，使柏林的恐怖生活增添了新的面貌。死傷極為慘重，很多老百姓倒不是遭敵人子彈擊中，而是遭柏林守軍還擊的火力所傷。防空砲手為了要瞄準打中低飛的飛機，不得不把砲管調低到幾乎與樹梢水平。結果，熾熱的彈片在市區飛濺。砲彈的破片，主要來自六座龐大的防空砲塔，它們在市區中矗立在杭波德海恩（Humboldthain）、腓特烈斯海因（Friedrichshain）兩區，以及柏林動物園範圍。在一九四一年到四二年間，也就是自從盟軍頭一次對柏林市轟炸以後，構築了這幾座龐大的抗彈堡壘。每一座砲塔都很雄偉。最大的一座，便是在動物園鳥類保護區中，與周遭環境不協調的那座防空砲據點，有兩座砲塔，小的是L塔（Leiturm），那是通信管制中心，雷達天線林立。旁邊的G塔（Gefechtsturm）[13]，各砲這時正噴射出砲口火焰。

G塔很大，涵蓋的面積差不多有一個街區那麼寬廣，矗立高達一三二英尺——相當於十三層樓高，混凝土的四面牆厚達八英尺，牆上有深藏的砲眼，遮住砲眼的鋼板，厚達三到四吋。塔頂上一個防空砲連的八門五吋防空砲，正不斷地射擊，塔頂四座角樓，便是四管的防空機關砲，正發出蓬蓬聲對著空中把砲彈連發出去。

在砲塔裡面，那種噪音真令人受不了。除了各防空砲連的射擊以外，便是自動送彈升降機不斷卡啦啦的聲音，把底層彈藥庫裡的砲彈，不斷地運到各砲。G塔的設計，並不只是一處防空砲平台，而是一座五層樓的倉庫、醫院與防空避難所。在防空砲的下一個樓層，是兵力達一百人的警衛部隊，再下一層則是德國空軍有九十五張病床的軍醫院，有X光室和兩間裝備齊全的手術室，有醫官六人，護士二十人和醫護兵三十人。再往下一層——第三層，則是個寶庫。儲藏室中存放了柏林市各大博物館的珍貴典藏品。在這裡藏放的，有大名鼎鼎的帕加馬雕像（Pergamon），為希臘國王歐邁尼斯二世（King Eumenes II）在大約公元前一百八十年所建的一座巨大祭壇的一部分。還有許多埃及、希臘的古物，包括了雕像、浮雕、容器、花瓶。「普里阿摩斯的黃金寶藏」，更收集了大量的金銀手鐲、項圈、耳環、護符、首飾與珠寶，都是德國考古

---

13 編註：德文 Leiturm，意指指揮塔，L塔是取自這個字首。G塔是 Gefechtsturm，意謂作戰塔。

學家施里曼（Heinrich Schliemann），一八七二年在古城特洛伊原址發掘得來的。還有法國無價之寶，戈布蘭掛毯，大量的油畫——其中有十九世紀德國畫家萊布爾（Wilhelm Leibl）的精緻畫像，還有威廉皇帝收集的大量錢幣。砲塔的底下兩層是大型的防空洞，裡面有大型廚房、糧倉以及德國廣播公司「德意志電台」的緊急住舍。

G塔完全自給自足，有本身的電力與飲水。空襲期間，輕易可以容納一萬五千人。整個砲塔地帶的物資與彈藥儲備充足，衛戍部隊認為，不論柏林全市其他地區發生了什麼情況，必要的話，動物園的砲塔可以據守一年。

跟空襲是突然的開始那樣，也結束得突然。G砲塔的防空砲斷斷續續的停止發射。柏林到處黑煙滾滾，都是燃燒彈引起的火頭。這次空襲持續了二十分鐘多一點，柏林的街道從之前的空無一人，馬上又都擠滿人潮。在市場與商店外面，那些脫隊的人氣憤地想重佔先前的位置，可是其他排好隊的人，卻死也不肯讓。

動物園的G砲塔一停止射擊，有個人急忙從防空洞出來。跟平時每一次空襲過後一樣，六十三歲的施瓦茲（Heinrich Schwarz），提著一桶馬肉往鳥類區走去，他叫道：「阿布！阿布！」在池潭邊上，發出奇怪的拍翅聲，接著一隻尼羅河品種、樣子古怪的鳥兒，兩隻高蹺似的瘦瘦細腳，秀氣走出水面向他走來。它一身的藍灰色羽毛，一張大嘴，像極了後跟向上的荷蘭木鞋。施瓦茲放下心了，這頭稀有的鯨頭鸛還活得好好的。

即使沒有空襲，每天和這隻鯨頭鸛見面，越來越煎熬著施瓦茲。他把馬肉拿出來，「我得給你這個了，」他說，「我能怎麼辦？沒有魚啊，你要還是不要？」鯨頭鸛閉上了眼睛，施瓦茲悽然搖搖頭。牠每天都是拒吃馬肉，如果牠還這麼冥頑不靈堅持下去，那就準死無疑了。然而，施瓦茲卻無法可施，最後一罐的鮪魚肉已沒有了，柏林任何地方也找不到新鮮魚——至少在柏林動物園裡沒有。

在禽鳥園主任施瓦茲心中，還殘存的鳥禽中，「阿布」是他真正的心肝寶貝。多年以來，他最喜歡的另一隻鳥「阿拉」已經走了，那是一隻高齡七十五歲的鸚鵡。兩年前為了安全起見，把它送到薩爾（Saar）去了。在每一次的空襲，德國鴞鳥，都由於震撼和爆震死亡，僅有「阿布」還活著，而牠也會慢慢餓死了，施瓦茲急得要命，告訴太太安娜說：「牠越來越瘦，關節都開始浮腫，可是每一回我想去餵食，牠看著我，就像是說：『你根本搞錯了嘛，這不是我要吃的。』」

柏林動物園在一九三九年時，園內畜養的獸類、禽鳥、爬蟲和魚類有一萬四千隻，而到現在，各類獸禽只剩下一千六百隻。打了六年的仗，範圍廣大的動物園——裡面有水族館、昆蟲館、象園、爬蟲園、餐廳、電影院、舞廳和行政管理大樓——已經被一百多枚高爆炸彈所命中。最慘的一次在一九四三年十一月，那一回，炸死了好幾十隻動物。不久以前，園方把殘餘的禽獸，疏散到德國其他各地的動物園去。可是在糧食配給的柏林，要為剩下來的一千六百隻禽鳥野獸找食物，卻一天比一天困難。即使動物減少，動物園的需求卻依然驚人！除了大量的馬肉和魚肉以外，還要三十六種其他不同的飼料，從麵條、米飯、碎麥到罐頭水果、橘子醬和蟻卵。麥稭、稻葉、苜蓿與生菜倒是很多，可是其餘的幾乎缺貨。雖然使用代用食物，每一隻鳥或野獸的配給量，一半需求量都不到——就是這種情況。

園中的九隻大象，只剩下了一隻。這隻名叫「暹羅」（Siam），一身灰色的皮垮垮地垂下來，脾氣變得很壞。管理員都害怕進入象檻。大河馬「洛莎」（Rosa）也很慘，皮膚乾乾的結了一層殼，可是牠生的那隻才兩歲、人見人愛的小河馬「肯納切」（Knautschke），還保持著牠年幼的活潑。體重五百三十磅，平常脾氣很好的大猩猩「胖哥」（Pongo），已經瘦了五十磅，坐在檻欄裡，有時一坐就幾個鐘頭動也不動，愁眉苦臉地瞪著每一個人。五隻獅子（兩隻幼獅）、大熊、斑馬、羚羊、猴子以及少有的野馬，全都顯現食物不足的影響。

對動物園生物的生存，還有第三種威脅。管理員溫德特報告說，一些稀有的牛隻不見了，那只有一項可能的結論：柏林人偷了牛來宰殺，以補充他們配給的不足。

動物園園長赫克（Lutz Heck）面臨兩難的困境。這種情況甚至連他的獵友戈林元帥或任何人，都束手無策。柏林遭受長期圍攻下，園內鳥獸一定都會餓死。更糟的是，那些危險的動物，像獅子、熊、狐狸、鬣狗、西藏貓以及動物園的寶貝狒狒——稀有的品種，是赫克親自到喀麥隆帶回來的——也許會在戰火中逃逸出去。赫克心中自問，何時他必須要殺死自己極為心愛的這隻狒狒與五隻獅子。

飼獅員瑞德爾（Gustav Riedel）在用奶瓶餵食兩隻九個月大的小獅子——蘇丹（Sultan）和布歇（Bussy）時決定好了：管你什麼命令，他都要救這兩隻小獅子的命。有這種想法的，不只瑞德爾一人，幾乎所有管理員都有救自己的動物的計畫。水族館——已炸掉了——七十四歲的館長太太亨蘿絲博士（Dr. Katherina Heinroth），已在自己的公寓照料一隻小猴子「皮亞」（Pia）；管理員艾布哈德（Robert Eberhard），一心想著如何保護指派給他看管的野馬與斑馬。溫特（Walter Wendt）最關心的，還是十頭歐洲野牛——那是美洲野牛的近親，牠們是他的驕傲與樂趣。他把一生中的三十年黃金歲月，都耗在用科學方法繁殖牠們。牠們舉世獨有，價值超過一百萬馬克——相當於二十五萬美元。

禽鳥管理員施瓦茲，再也受不了「阿布」的受苦。他站在池塘邊，再一次呼叫這隻大鳥。牠走過來，施瓦茲彎身下去，雙手輕輕柔柔把它舉起，從現在開始，牠要嘛活，即使死，也要在施瓦茲家的浴室裡。

——

在金、紅兩色的巴洛克式貝多芬音樂廳（Beethoven Hall）裡，指揮棒尖銳敲擊聲後，頓時全場悄然無聲。樂團指揮黑格（Robert Heger）舉起右手，站著不動。外面，在這個備受摧殘都市的某個地方，消防車的警笛哀嚎聲漸漸遠去。黑格再維持多一下同樣的姿勢，然後指揮棒往下一揮，引出四聲低沉的鼓聲，貝多芬的「小提琴協奏曲」輕柔地從柏林愛樂交響樂團（Berlin Philharmonic Orchestra）中悠然響起。

木管樂器開始與鼓聲悄悄對話，小提琴手塔斯欽納（Gerhard Taschner）等待著、眼看著指揮。克滕大街（Köthenerstrasse）這處還沒有受到損害的音樂廳裡，擁擠的聽眾大多數都是為了聆聽這位二十三歲的優秀小提琴家而來的。小提琴的銀鈴音符驀地裡一飛沖天，漸漸消散，又再度躍起，他們聽得如醉如痴。在場的人都記得在三月份最後這一個星期的午後演奏會，有些柏林人都為塔斯欽納的演奏而感動得悄悄淚下。

戰爭期間，一百零五人的柏林愛樂交響樂團，為柏林人提供了少有的，也極受歡迎的輕快心情，減緩了恐懼與絕望。樂團隸屬戈培爾的宣傳部，團員都免服兵役。納粹認為交響樂有利士氣，這一點柏林人完全同意。對愛好音樂的人來說，交響樂團就像是鎮定劑，把他們從戰爭與恐懼中暫時帶離片刻。

有一位經常被交響樂深深打動的人，那就是希特勒的裝備與戰爭生產部長史佩爾（Albert Speer）。這時他正坐在他經常坐的位子，作為希特勒的官員當中，最有文化素養的一位，他很少錯過任何一次演出。音樂遠比任何事情都更能幫助他減少焦慮——目前他更需要音樂。

史佩爾部長正面對生涯當中最大的困境。戰爭期間，盡管有任何可以想像得到的挫折，他還是使德國的工業持續生產。可是很久以前，他的統計數字與生產方案已經正式顯示出了一個不可避免的情況，第三帝國的日子所剩不多了。正當盟國大軍突破深入德國時，內閣閣員當中，唯有史佩爾敢對希特勒道出現實的真相。一九四五年三月十五日，他寫信給元首說「戰爭失敗了」。「如果戰爭失敗，」希特勒立刻回覆，「那麼國家也會毀滅」。三月十九日，希特勒下了一道惡毒的指令：德國要完全毀滅。每一項設施都要炸掉或燒毀——發電廠、自來水廠、煤氣公司、水壩、水閘、海港、水道、工業區與電網，所有的船舶與橋樑、所有的車輛以及任何種類的商店，甚至連鄉道公路都在內。

史佩爾帶著疑惑向希特勒懇求，他要求改變這項政策。這有他個人特殊的原因。如果希特勒把德國的工業、商業與農業消滅殆盡，那就會毀掉史佩爾的許多個人作品——他造的橋樑、修的廣闊道路，美麗的建築。他遠比任何人的責任都要大，製造恐怖工具協助希特勒發動全面戰爭，但卻無力面對它們遭到完全毀滅。他告訴希特勒說：「不論政權發生了什麼情形，我們務必竭盡一切努力，即使是以簡單的方式，也要保存一個國家生存的基礎……我們沒有權利爆破，那會影響老百姓的生活……」

希特勒不為所動，「就算是最簡單的生存基礎，都已經不再需要了，」他回答道：「剛好相反，毀滅它們。由我們自己來毀滅要好得多。這個國家已經證明了本身的衰弱……」希特勒向史佩爾解釋，幾句話就把德國老百姓給拋棄了，「戰爭以後還留下來的人沒有什麼價值可言，因為優秀的國民都已經倒下去了。」

史佩爾悚然大驚，這些為了元首而苦苦奮鬥的老百姓，在他的眼中，目前顯然已經毫無價值了。多年以來，史佩爾對納粹黨運作的殘酷面視而不見，深信自己的智力要高於一切。而現在，為時已晚，他遇到了幾個月以來都不願面對的現實。他向約德爾將軍說：「希特勒完全瘋了……一定要阻止他。」

三月十九日到二十三日之間，希特勒統帥部即向全國各地的黨部首長和軍方指揮官，緊急發出一連串的「焦土」命令。誰要是延遲遵行，就予以處決。史佩爾立即展開行動。明知道這是冒著自己的生命危險，在一小批志同道合的高階軍官朋友協助之下，著手阻止希特勒的計畫。他打電話給工業家，飛往各地駐軍，拜訪各省官員，哪怕是最死硬的納粹黨人，在每個地方他都堅持這麼說，希特勒的計畫會毀了德國，永遠不能翻身。

想到這位部長全力奔走，以及他對交響樂的喜愛，似乎有點矛盾——事實上卻不是如此，交響樂高高列在德國的資源冊上，史佩爾正在奮鬥，想要予以保存。幾個星期以前，樂團團長韋斯特曼博士（Dr. Gerhart von Westermann），要史佩爾所賞識的小提琴手塔斯欽納，請部長鼎力協助保持交響樂團的完整。技術上來說，樂團團員都免服兵役，可是柏林之戰越來越迫近。韋斯特曼心中害怕，團員任何時候都可能接到命令編入國民突擊隊。雖然樂團的事務應歸戈培爾的宣傳部負責，但韋斯特曼知道，不可能從那裡得到任何幫助。他告訴這位小提琴手：「你一定得救我們，戈培爾已經把我們都忘掉了……去見史佩爾，請他幫幫忙……我們跪下來求你。」

塔斯欽納非常不情願，因為任何逃避兵役或者逃走的談話，都會被認為是叛國的行為，進而導致名譽掃地或者坐牢。不過最後他還是同意了。

他與史佩爾會面時，塔斯欽納說得吞吞吐吐，「部長先生，」他說道：「我想和您談一件相當難以啟齒的事，希望您不要誤會……不過在這年頭，有些事很難談……」史佩爾一眼就看穿了他，很快就使他自在了起來。塔斯欽納受到鼓舞，就把樂團的困境如實告知。史佩爾仔細傾聽，他告訴塔斯欽納，要韋斯特曼不要擔心，他已想到計畫，不只是讓樂團成員不用加入國民突擊隊。他打算到最後那一刻，要暗中把這一百零五人所組成的交響樂團給撤離。

史佩爾已經執行了計畫的第一部分，坐在貝多芬音樂廳中的這一百零五位團員，都穿著深色的日常西裝，而不是演奏時常穿的燕尾服。不過在所有觀眾當中，只有史佩爾知道個中究竟，他們穿的燕尾服——連同樂團中的精緻鋼琴、豎琴、有名的華格納低音號以及樂譜——都已經在三個星期以前，由卡車車隊悄悄運出柏林。這一批珍貴的物品在庫姆巴赫的普拉森堡（Plassenburg, Kulmbach），那是在柏林東南方二百四十英里遠的地方——正好在美軍前進的路上。

史佩爾計畫的第二部分——救人——就要複雜得多了，盡管空襲頻仍，入侵的敵國大軍逼近，宣傳部卻從來沒有人提議減少交響樂團的演出。音樂會以每星期三、四次演出的節目排定，節目表一直排到四月底，也就是音樂季正式結束的時候。要在那之前撤走團員絕不可能。毫無疑問，戈培爾會控訴樂團團員敵前逃亡。史佩爾決心把樂團往西方撤走，絕對不讓這些人落入蘇聯軍隊手裡。可是他的方案卻完全要靠西線盟軍前進的速度而定。他只能指望英美大軍能超過蘇軍先攻抵柏林。

史佩爾並不打算等到西方盟軍進入柏林，只要他們逼近到一夜巴士路程能到的距離，他就會下令撤退。這個計畫的難點就在離開的信號上，要全體樂團團員能在天黑以後立刻離開，也就是說，逃亡一定要在音樂會後立刻執行。為了避免洩密，動身離開的話一定要盡可能地保密。史佩爾有一個絕妙的方法來預先告知團員。就在最後時刻，樂團指揮宣布節目表中會有一項變更，樂團就會演奏史佩爾選定的特定曲目。那就是向團員們暗示，演奏完了以後，就要立刻坐上巴士車隊。這些車輛都在貝多芬音樂廳外的黑夜中等待。

韋斯特曼手中就有史佩爾要求作為離開信號的那首曲目。當史佩爾的文化專員送達時，韋斯特曼藏不住他的驚訝，問對方：「當然你熟悉最後一幕的音樂，」他說，「你知道樂曲顯示諸神的死亡，神殿的毀滅以及世界的末日。你確定真是部長下的命令嗎？」沒錯，史佩爾要求柏林愛樂交響樂團的最後演奏會，演奏華格納的《諸神的黃昏》（*Die Götterdämmerung*）[14]。

這項選擇，如果韋斯特曼得悉，其實隱含著史佩爾最後、也是最有企圖心的一個方案的線索。部長下定決心，盡可能地挽救德國。同時認為，只有一個方法做得到，從現在起的幾星期內，這位力求盡善盡美的史佩爾，就一直在努力找到方法刺殺希特勒。

——

沿著整個東線，蘇聯大軍正在集結。但距展開柏林攻勢卻依然很早。蘇軍的指揮官對這種遲遲不發十分焦躁，只是奧得河天塹難渡，而春冰融解又很晚，這條河的一部分依然還滿是冰塊。在河對岸便是德軍的防線——坑道、雷區、戰防砲據點以及深入掩體的砲陣地。現在每一天德軍

14 編註：「諸神的黃昏」在英語的情境中，也有用來指稱災難性事件結束的含意。

都在加強，這個事實使紅軍將領十分擔心。

沒有人比蘇軍第八近衛軍團司令崔可夫上將（Vasili Ivanovich Chuikov），更急於要發動攻勢的了。崔可夫今年四十五歲，以防禦史達林格勒而在蘇聯大名鼎鼎。崔可夫譴責西線盟軍的阻滯不前。自從十二月德軍在阿登發動奇襲攻勢後，英美兩國便要求史達林加速紅軍在東線的推進以減輕壓力。史達林同意了，甚至比計畫時間更早在波蘭發動攻勢。崔可夫認為，一如他後來所說，「如果我們在後方的交通線沒有延伸過遠與緊繃，我們可能在二月就攻向柏林了。」但是蘇軍在波蘭的推進極快，等到各軍團抵達奧得河時，發現本身的補給與運輸都繃到極限了。崔可夫說，攻勢停了下來，因為「我們需要彈藥、油料以及便橋，以便能在敵前渡過柏林前方的奧得河、水道與運河。」由於需要整補及準備，德軍也就有了將近兩個月的時間加強防務。崔可夫十分痛苦，每多待一天，就意謂一旦攻擊開始，他的近衛軍團就會有更多的傷亡。

蘇軍第一近衛戰車軍團司令卡圖科夫上將（Mikhail Yefimovich Katukov），也同樣急於展開攻勢。不過他也感謝這一下的耽擱。他的官兵需要休息，擔任保養工作的官兵也要有機會修理裝甲車輛。「以直線來計，所有的戰車行駛了搞不好有五百七十公里。」他們殺到了奧得河時，他告訴軍長格特曼將軍（Andreya Levrentevich Getman）說，「不過，安德烈，」他繼續說道：「他們的里程表上卻顯示超過了兩千公里，一個人沒有里程表，就不知道車輛磨損到什麼程度了。」

格特曼同意，他對德軍會遭到摧毀以及拿下柏林毫無疑問，但他也高興有這個機會重新整補。「司令同志，」他告訴卡圖科夫：「兵法上說，達成勝利不在於攻城略地，而在殲滅敵人。一八一二年時，拿破崙忘了這一條，他丟了莫斯科——而拿破崙並不是個庸碌的將領。」

整個前線的其他軍團司令部中，想法大多都一樣。雖然人人都對這種耽擱感到不耐煩，卻充分利用空檔，因為他們對當前這一場殊死決戰，並不存有什麼幻想。朱可夫元帥、羅科索夫斯基元帥與柯涅夫元帥都接到了使人膽寒的報告，對他們會遭遇怎樣的對抗，心底有數。情報顯示，約一百多萬德軍據守防線，有將近三百多萬老百姓也許會為柏林作戰、效力。如果報告屬實，紅軍遭遇的兵力對比劣勢，也許超過了三比一。

攻勢什麼時候開始？元帥們到這個時候都還不知道。預計由朱可夫兵力雄厚的集團軍把柏林拿下來，不過這也可能會變更。一如英美大軍在西線等待艾森豪的一聲令下，紅軍將帥也在等候他們的最高統帥下令。最教這些元帥擔心的事，便是英美大軍直趨萊茵河的速度。現在，他們一天天逼近了易北河——以及柏林。如果莫斯科不立刻下令進攻，英美聯軍也許就會在紅軍之前攻下柏林。到現在為止，史達林還沒有下達「前進」的命令。似乎他也在等待。

第四部　決意戰到底

1

連綿不斷的軍隊補給卡車，在這座法國城市狹窄而塵灰飛揚的大街上行駛，長程運輸車隊無窮無盡的行列怒吼著駛過，駛向西北方的萊茵河與西線。沒有一輛車准許停下來，到處都站有憲兵，維持交通順暢。對駕駛兵來說，反正也沒有任何理由要停下來。這只不過又是一座冷清的法國城市，法國城市總歸是有大教堂的，這座城市也只是高速「紅球公路」（Red Ball Highway）上的另一處檢查點罷了。他們並不知道，二戰的這一時候，漢斯（Reims）或許是全歐洲最重要的城市。

法國東北部這處戰略要衝，多少個世紀以來發生了很多次激戰。市中心雄矗的哥德式大教堂，承受過數不盡的砲轟，可是它的外表一次又一次地修復。大教堂的所在位置以及教堂內殿，法國的每一位君主，從四九六年的克洛維一世（Clovis I），到一七七四年的路易十六世（Louis XVI），都在這裡加冕登基。這次大戰，該城和它的大教堂都倖免於難。而今，在這座雙塔矗立的大教堂陰影下，卻有了另一位偉大將領的司令部，他的大名便是艾森豪。

盟國遠征軍統帥總部（Supreme Headquarters of the Allied Expeditionary Forces）深藏在接近火車站的一條大街，在一棟毫不起眼的現代化三層樓房內。這房子原本是一所男生技術學校，「現代技術學院」（Collège Moderne et Technique）。學校像個四方盒子，四周都是校舍，當中是操場。這座紅磚學校原先設計容納學生一千五百多人，參謀人員稱它「小紅校舍」。或許是盟軍總部需求的關係，挑選沒有看起來很大的校舍。盟總自從一九四四年以來，員額增多了差不多一倍，現在幾近有軍官一千二百人，士兵四千人。結果，這座校舍僅能容納艾森豪和他最貼近的參謀以及他們的單位，其餘部門則遍布漢斯其他的建築物。

艾森豪以二樓一間教室作辦公室，在裡面工作幾乎整天都不休息。教室既小又沒有設備，俯瞰大街的兩扇窗戶，掛上了燈火管制的窗簾。光滑的橡木地板上，擺著幾把便椅，僅此而已。艾森豪的辦公桌，擺在房間一角凹室微微高起的講台上——以前是老師講桌的位置。辦公桌上有一套藍皮辦公用具，一具內部通話機，太太和兒子的皮框照片，還有兩具黑色電話——一部一般用途，一部則是有「加密」特別裝置的電話，通往華府和倫敦。也有幾個菸灰缸，盟軍統帥是一位菸不離手的老菸槍，一天要抽上六十多根菸[1]。辦公桌後頭，豎立著他的將旗，另一邊的角落則是美國國旗。

前一天下午，艾森豪飛到巴黎舉行記者招待會，頭條消息便是萊茵河的勝利。盟軍統帥宣布敵人在西線的主防線已經被打得支離破碎。雖然艾森豪告訴記者，他並不想說「戰爭就此結束，因為德軍只要能在任何地方挺得住，就會打下去。」就他的看法，德軍已是「殘兵敗將」。他在記者會中提到了柏林，有人問誰會先把首都拿下來，「蘇軍還是我們？」艾森豪回答說，他認為「僅就距離來說，這該由他們來進行。」不過他又馬上補充，說自己「並不想作任何預測。」雖然蘇軍的距離短，他們卻面對「兵力雄厚的德軍」。

當夜，艾森豪住在拉斐爾酒店（Hotel Raphael），天剛亮便離開了巴黎，飛回漢斯。上午七點四十五分，他已在辦公室和參謀長史密斯中將（Walter Bedell Smith）開會。在參謀長藍皮面的

---

1 原註：一九四八年，艾森豪的心率突然升高，醫師要他禁菸，他以後就再也沒有抽過。

卷宗裡，有夜間傳來的十幾封電報唯有盟軍統帥能回答，這些電文貼上極高機密的標籤「僅供統帥過目」。其中一封電文來自蒙哥馬利，請求批准他長驅直入易北河及柏林。但最重要的電報，則是來自艾森豪的上司——美國陸軍參謀長馬歇爾將軍。巧合的是，馬歇爾與蒙哥馬利的電報，在前一晚的兩個小時內前後到達盟軍總部——而這兩封電報對艾森豪有很大的影響。三月二十八日星期三的這一天，它們將起到催化劑的作用，使最高統帥的戰略最終具體明朗起來，他將遵照這個戰略一直到戰爭結束為止。

幾個月以前，艾森豪作為盟軍統帥，他的任務由英美聯合參謀首長會議一句話規定得很清楚：「貴官與聯合國其他國家，進入歐洲大陸作戰，目標為德國本土及摧毀其武裝部隊。」他把這項指令執行得非常出色。憑著他的品格、長才及圓融，他把十幾個國家的官兵凝聚成歷史上最龐大的一支兵力，沒有幾個人能辦得到這一點。同時使彼此的成見減少到最小程度。然而，五十五歲的艾森豪，跟傳統上歐洲將帥大不相同。他不像英國的將領，沒學過把政治目標也視為軍事戰略的一部分。艾森豪盡管在妥協和安撫的策略上是一位高明的外交家，但從國際政治上來說是政治意識不足的——而他還以此為榮。在美國軍事傳統中，他所受到的教育，便是絕對不能侵犯文官的統治。簡單說，作戰與打勝仗就夠了，政治則交給政治家去辦。

即使戰爭到了現在的這個關鍵轉捩點，艾森豪的行事方針依然如故，純以軍事著眼。對於戰後的德國，他從來沒下過政治性的指示，他也不認為這是他的責任。「我的工作，」他後來說道，「就是迅速結束戰爭……盡我們能力所及，趕快消滅德國陸軍。」

對於本身工作進行的方向，艾森豪有一切的理由可以感到意得志滿。在二十一天之內，他麾下大軍已經蜂擁渡過萊茵河，突入德國心臟地帶，遠較排定的時間表早得多。然而，對這種製造頭條新聞的挺進，固然吸引了整個自由世界的關注，卻使盟軍統帥必須處理一連串的複雜決定。英美大軍的攻勢出乎意料的順暢，使得幾個月以前所策畫的一些戰略作業成了過時的玩意。他必須修改計畫來適應新的態勢。那也就是說，要變更各部隊以及指揮官所擔任的角色——尤其是英軍蒙哥馬利元帥，以及他強大的第二十一集團軍。

蒙哥馬利最近的這封電文，號召要採取行動。五十八歲的元帥並不是在請示這一仗該怎麼打，他所要求的是一馬當先衝鋒的權利。蒙哥馬利遠比大多數將帥更快體悟到軍事狀況下的政治含義。他覺得由盟軍攻下柏林至關重要——而且他也深信這個任務該由英軍第二十一集團軍來達成。蒙哥馬利的電文顯示出他桀傲不馴，明白透露出他與盟軍統帥之間依然有重大歧見。據參謀長史密斯將軍以及其他盟總參謀的回憶，艾森豪對元帥電報的反應，就像「一匹馬在馬鞍下黏著的芒刺。」

蒙哥馬利與艾森豪在軍事上的主張最大的歧異，在於單鋒進擊與廣正面推進的戰略。幾個月以來，蒙哥馬利與他的頂頭上司，帝國參謀總長布魯克爵士元帥，都一直倡議閃電戰式的單鋒進擊，深入德國本土。巴黎光復後，法國境內的德軍仍然在潰逃中，蒙哥馬利便先把自己的計畫呈給艾森豪。「我軍已經抵達這樣一個階段，」他寫道，「對準柏林發動一次全力以赴的推進，即有可能就此結束戰爭。」

蒙哥馬利用簡潔的九段話，陳述了他的方案。他判斷英美兩軍並肩前進直入德境，缺乏補給與物資。以他的觀點，只可以有一支大軍——也就是他那支兵力——而且這部隊會需要「所有的後勤資源……無限制。」其他作戰行動，必須用剩餘的後勤支援來進行，「假如，」蒙哥馬利警告道：「我們想找一個皆大歡喜的解決辦法，卻反而把後勤資源分攤，那麼一來，既不能全力推進，我們也會把戰爭時間拖長。」「極端重要……必須立即下定決心。」

這個計畫大膽且具有創意，以蒙哥馬利的觀點來說，時機洽當。這個計畫也顯示了元帥不同於以往的作戰方式。在那時擔任艾森豪副參謀長的英軍摩根爵士中將，後來敘述當時的情況。「簡單來說，蒙哥馬利夙以用兵謹慎而得名，現在卻有了一項新的構想，要是他取得一切優先，犧牲美方各集團軍，他就可以在最短的時間內壓倒敵軍，長驅直入柏林，使戰爭迅速結束。」

顯然這個計畫涉及一項莫大的賭注，把四十多個師的兩個兵力龐大的集團軍，以單鋒進擊西北投向德國腹地。這項挺進也許會造成迅速而有決定性的勝利——但也可能會造成徹底的、甚至是無可挽回的慘敗。對盟軍統帥來說，這項冒險遠比任何成功的機會更不可忽視。他發出一份圓融的電文給蒙哥馬利。「雖然本人同意以雄兵進攻柏林的構想，」艾森豪說道：「我不同意在此時此刻發動。」他覺得當務之急，是打開哈佛（Le Havre）與安特衛普（Antwerp）兩個海港，「以支持向德國深入進兵。」此外，艾森豪說道：「以我們當前的資源重新分配，以維持向柏林進兵並不恰當。」最高統帥的戰略，是以廣正面向德國挺進，越過萊茵河，在長驅直入柏林以前，先把魯爾大工業區河谷拿下來。

這項函電往返，發生在一九四四年九月的第一個星期。一星期後，在艾森豪一封致麾下三個集團軍司令——蒙哥馬利、布萊德雷與戴弗斯——的電文中，他再更進一步闡釋他的計畫：「顯而易見，柏林是我方的第一目標，也是敵人防線的重點，他們可能會集中主力防衛。在本人內心毫無疑義，我軍應集中所有兵力及資源，迅速進兵柏林，然而，我軍的戰略，不得不與蘇軍協調，因此必須考慮其他的各個目標。」

以艾森豪看來，其他的可能目標的差異很大：德國北部的各海港（「也許須作佔領，以保衛我軍直趨柏林的側翼」）；漢諾威、布藍茲維（Brunswick）、萊比錫與德勒斯登這幾處工業與交通的重要中心（「德軍或許會據守，以掩護柏林」）；最後，則是德國南部紐倫堡-慕尼黑（Nuremberg-Munich）地區，一定得拿下來（「以切斷敵軍自義大利及巴爾幹半島撤退的兵力」）因此，盟軍統帥警告說：

我們必須為以下的一項或多項行動做好準備：

一、指揮北集團軍及中集團軍，沿魯爾-漢諾威-柏林這條軸線；或法蘭克福-萊比錫-柏林這一線，或兩線並用以直趨柏林。

二、如蘇軍較我軍為先攻佔柏林，則北集團軍即進佔漢諾威及漢堡各海港。中集團軍……則攻佔萊比錫-德勒斯登地區之部分或全部，這要視蘇軍的進展而定。

三、南集團軍在任何情形下，均應攻佔奧格斯堡（Augsburg）-慕尼黑地區。紐倫堡-雷根斯堡（Regensburg）地區……則視當時戰況，由中集團軍或南集團軍佔領。

艾森豪總結了他的戰略：「簡言之，本人企圖用最直接與最迅速的路線向柏林進兵。美英兩軍聯合一致，並由其他現有兵力支援下攻經各要地，佔領側翼地區，完成協調一致的作戰。」但是，他又補充說，所有這些都還得等待，因為「在目前階段，還無法確知進兵的時機，對兵力也沒有足夠掌握。」

不論廣正面進攻的戰略對還是錯，艾森豪是盟軍統帥，蒙哥馬利只有接受他的命令。他既失望又痛苦。對英國人來說，自從威靈頓（Wellington）以後，他是最受人愛戴的軍人；對麾下的部隊，蒙哥馬利更是他這個時代的傳奇英雄。大多數英國人都認為他是歐洲戰區中身經百戰的指揮官（他自己也這麼認定），把他的計畫打了回票——他深信這項計畫能在三個月內結束戰爭——使蒙哥馬利大為沮喪[2]。一九四四年秋天的這次戰略方向爭執，造成了兩位將官之間的裂痕，且再也無法修補[3]。

打從那以後的七個月時間，艾森豪始終維持著自己廣正面協調進攻的構想，蒙哥馬利也不停地表達自己的意見：要如何打贏這一仗，在什麼地方打，由誰來打。他的參謀長奎剛德爵士少將後來寫道：「蒙哥馬利……覺得動用一切影響力，來為自己的觀點奮鬥是天經地義；事實上，只要目的正確，任何的手段也就正確。」他所找的人士之一，的確具有影響力：帝國參謀總長布魯克元帥。他認為艾森豪含糊不清、沒有決斷力。有一回他對盟軍統帥打評價，認為艾森豪「具有最吸引人的個性，但自戰略觀點上來看，他的腦筋也非常有限。」

艾森豪對英國參謀本部以及蒙帥總部所發出的劇烈批評非常清楚。如果說這些有關戰略決策的耳語有讓他受了傷害，他卻沒有顯露出來，他也從不反駁，甚至布魯克與蒙哥馬利極力鼓吹，設立「地面部隊總司令」——有幾分像是夾在盟軍統帥與他麾下三個集團軍之間——艾森豪也沒有生氣的表現。終於，依布萊德雷將軍的話來說，「咬緊牙關坐了幾個月」以後，他發了脾氣，就在德軍發動攻勢攻過阿登之後，這件事便爆炸開來。

由於敵軍的推進分散英美軍的戰線，艾森豪被迫把袋形陣地以北的所有部隊都撥給蒙哥馬利指揮。這些部隊包括了布萊德雷將軍第十二集團軍的三分之二——美軍的第一軍團與第九軍團。

德軍被擊退以後，蒙哥馬利舉行了一次很特別的記者會。期間他暗示，是他獨手擎天，拯救了美軍免於慘劫，是他，這位元帥聲稱，乾淨俐落收拾了戰場，而且「切斷敵軍……驅走敵軍……而……把敵軍給擊潰」，「這次戰役非常有意思，本人認為可能是我所指揮處理過的戰役當中，最棘手的一戰。」蒙哥馬利說道，他「運用了英國集團軍所有的兵力……各位可以想像得到，英軍在慘遭重擊的美軍兩側奮戰。」

蒙哥馬利的確在北方與東方發動了主要的逆襲行動，而且領導有方。但是在這次記者會上，以艾森豪的話來說，蒙哥馬利「很不幸地造成了一種印象，他是美軍的救世主。」蒙哥馬利沒有提到布萊德雷還有巴頓（第三軍團），以及其他美軍將領所扮演的角色。也沒提到在這場血戰中，美軍的人數是英軍的三、四十倍。最重要的是，他沒有指出[4]，英軍每死傷一個人，美軍便有四十到六十名的官兵倒下去[5]。

德國的宣傳機器連忙把這件事小題大做，所有電台都把記者會加以誇張、扭曲，直接對準美軍戰線播出。很多美軍頭一次知道了這件事，就是因為收聽了這個消息。

緊跟著記者會及其所引起的騷動以後，爭執已久的地面部隊總司令的問題也再度浮現。這一回英國媒體大力支持。布萊德雷可發火了。他宣稱，如果蒙帥出任地面部隊總司令，他就辭

---

2 原註：在這件事後不久，蒙哥馬利多少恢復了他的自信與自尊。英國人展現出他們對蒙哥馬利以及對他的戰略的信心，晉升他為陸軍元師。對這位曾在沙漠中轉敗為勝，把隆美爾趕出北非的將官來說，這是一項遲來的榮譽。

3 編註：詳情請參閱考李留斯雷恩著，燎原出版的《奪橋遺恨：市場花園作戰的雄心與悲劇》。

4 原註：「本人根本不應該舉行那次記者會，」蒙哥馬利在一九六三年告訴作者，「當時，美國人似乎過分敏感，他們的將領中有很多人不喜歡本人，不管我說些什麼，都是錯的。」

5 原註：這些數字由邱吉爾在一九四五年一月十八日提出。當時他對英國下議院報告。他對英美軍的失和感到吃驚，宣稱在突出部戰役，「美軍部隊幾乎參加了所有的戰鬥」，所受的損失，「相當於蓋茲堡（Gettysburg）一役南北兩軍傷亡的總和。」然後，他說的話只能解釋成是對蒙哥馬利以及他的支持者一記耳光。他警告英國人「不要為那些製造紛亂的人喝采。」

去十二集團軍司令。「經過所發生的這些事情以後」，他告訴艾森豪，「如果要蒙哥馬利來當家……請您務必派我回國去，這件事我不能接受。」巴頓也告訴布萊德雷，「我會和你一起辭職。」

在英美軍的聯合陣營中，從來沒有發生過這麼大的分裂。隨著「擁護蒙帥」運動的加強——在有些美國人看來，這根本是直接從蒙哥馬利的集團軍司令部裡發動的——盟軍統帥終於發覺這種情況無法忍受，他決定要把這種口舌之爭做個了結。他要把整件事向英美聯合參謀首長會議提出，撤蒙哥馬利的職。

就在這個節骨眼，蒙哥馬利的參謀長奎剛德，得知危機迫在眉睫，急忙動手挽救英美軍的團結。他飛到盟軍總部與盟軍統帥會面，「他把一封要發往華府的電報給我看，」奎剛德後來說道：「我一看可嚇壞了。」在盟總參謀長史密斯將軍協助下，他說服了艾森豪，把這封電報壓住二十四小時，艾森豪心不甘情不願地同意了。

奎剛德回到蒙哥馬利的集團軍司令部之後，直言不諱地把事實擺在蒙哥馬利面前，「我告訴蒙蒂，我見到了艾帥那份電報。」奎剛德說道：「那封電報大體上是這麼說，『不是他去職，就是我離開』。」蒙哥馬利大吃一驚，奎剛德從來沒見過他有「那麼孤單又洩氣。」他看著自己的參謀長，輕輕說，「老奎，你認為我該怎麼辦？」奎剛德早已擬好了一份電報，蒙哥馬利以這份文稿作基礎，向艾森豪提出一份完全軍人風格的報告。其中他清楚說明，「職無意不服從。不論鈞座之決心若何，」他說，「可對職百分之百信任。」報告後面簽字「職蒙蒂謹呈」[6]。

這件事就此告一段落——至少暫時如此。可是現在，一九四五年三月二十八日，盟軍總部進駐漢斯，就在這個下決心的一天，艾森豪又聽到了來自過去呼聲的遠遠回音：倒不是又再度鼓吹設立地面部隊總司令一職，而是更為久遠、也更為基本的一案——單鋒進擊對上廣正面前進。蒙哥馬利不和艾森豪商量，以他自己的話說，「下達命令給各野戰指揮官進行東進作戰」，目前希望以一次猛進，攻向易北河與柏林，顯然打算光榮進入帝都柏林。

事實上，對著魯爾區北面大舉進攻，蒙哥馬利並未違反艾森豪的計畫——六月份在馬爾他召開英美聯合參謀首長會議中已經批准這麼做。現在蒙哥馬利所建議的，根本只是這種攻擊的合理延伸——這可以使他攻到柏林。如果他操之過急，他的焦急也是可以理解的。就像邱吉爾首相與布魯克參謀總長，蒙哥馬利認為時間已經不多了，除非英美大軍在蘇軍以前攻抵柏林，否則這次戰爭在政治上就打輸了。

不像英國方面的這種迫切感，盟軍統帥並沒有接到華府上司來的政治指示。雖然他是盟國大軍的統帥，艾森豪依然必須接受美國戰爭部下給他的命令。由於華府沒有重訂政策，他的目標依然相同：擊敗德國，摧毀它的武裝部隊。而這時就他來看，自從他一月份把計畫呈送英美聯合參謀首長會議以後，迅速達成軍事目標的方法，已經有了大幅度的改變。

艾森豪原先的計畫，在中央的布萊德雷將軍的十二集團軍，擔任的是較為有限的角色，要為北面擔任主攻的蒙哥馬利助攻。但誰也事先料不到，打從三月初起，布萊德雷麾下幾個軍團，達成了輝煌的戰績。好運氣與優秀的領導締造了耀眼的戰果，甚至在蒙哥馬利大舉進擊萊茵河以

---

6 原註：艾森豪後來說，「蒙哥馬利認為指派一位戰場指揮官是原則的問題。他甚至自願，如果我批准的話，他願在布萊德雷麾下聽命。」

前，美軍的第一軍團就已經奪得了雷瑪根大橋，迅速渡過了萊茵河。在更南面，巴頓的第三軍團幾乎在毫無阻礙之下溜過了萊茵河。打從那時起，布萊德雷的大軍便橫衝直撞，戰無不勝。他們的成就引起美國社會的轟動。而布萊德雷這時也尋求在最後的戰役中，擔任更重大的角色。在這一方面，布萊德雷和麾下將領與蒙哥馬利並沒有什麼不同。他們也想要得到終結戰爭的名聲與光榮——因此，只要他們有機會，就會把柏林拿下來。

艾森豪曾經承諾，只要時機到來，他會大舉向東進攻，但他沒有特別指明是哪一個集團軍——或者哪幾個集團軍——擔任最後的推進。這時，在艾森豪下達決心以前，他得考慮各種變數，所有這些變數都影響他就最後一次戰役所做的計畫。

變數中的第一項，便是蘇軍以料想不到的速度攻向奧得河。在盟軍統帥規劃萊茵河渡河計畫，以及蒙哥馬利在北面向魯爾區發動攻勢時，看起來等蘇軍抵達可以攻擊柏林的位置，還要好幾個月。可是現在紅軍距離柏林不到三十八英里了——而英軍與美軍卻依然在二百英里外。要多久蘇軍就會發動攻勢？他們打算在什麼地方發動攻擊，如何發動？是以正對柏林中央的朱可夫方面軍還是用三個方面軍同時發動攻擊？他們對抵抗的德軍兵力有什麼看法，紅軍要多久才能突破德軍的防務？而且，在他們渡過奧得河以後，蘇軍要攻抵柏林，把全市拿下來要多久時間？盟軍統帥無法解答這些問題。而這些問題對他的計畫極為重要。

事實很簡單，艾森豪對紅軍的企圖幾乎一無所知。戰場上，英美軍與蘇軍的指揮官，並沒有每天進行作戰協調；甚至在盟軍總部與英美駐莫斯科的軍事聯絡代表團之間，都沒有直通的無線電聯繫。兩處戰場間的所有電文，都必須經過正常的外交管道流通——這種方式由於現在情勢轉變過快，變得完全不合時宜了。雖然艾森豪知道蘇軍的大致兵力，但戰鬥序列如何，他卻是一點也不知情。除了從各種不同的情報來源——大多數的準確性都很可疑——偶爾蒐集點資料以外[7]，盟總的情報署長對蘇軍進兵的資料，竟是來自英國廣播公司每天晚上播報的蘇聯公報。

不過，有一件事卻很明顯：紅軍差不多要進抵柏林了。蘇軍既然已經這麼迫近，盟軍統帥還想要拿下這座城市嗎？

這個問題有許多面向。蘇軍兵臨奧得河已經有兩個多月了，除了局部的挺進以及斥堠活動以外，他們似乎已經完全停止前進。他們的補給線與交通線一定已經延伸到了極限，看上去不到春季冰融，他們不大可能發動攻擊。而在這段時期，西方盟軍正以驚人的速度進兵，越來越深入德國境內。有幾處地方，他們進兵的速度平均一天為三十五英里。不管蘇聯的計畫是什麼，盟軍統帥都無意停止，但他不想和蘇軍爭奪柏林，那不但使輸家面子難看，而且在幾支大軍追奔逐北，不期而遇時，雙方大軍有可能造成一些災難性結果。

以前就曾發生過與蘇軍的對頭相撞，那時蘇聯還與德國簽約結盟。一九三九年，希特勒不宣而戰，以閃電戰進攻波蘭，之後和蘇聯瓜分波蘭。德軍向東前進，竟與向西馳而來的紅軍衝了個對面。由於事先沒有畫定分界線，結果發生了一場小戰鬥，雙方死傷慘重。現在類似的衝撞也有可能發生，但卻會發生在英美軍與蘇軍之間，規模也會大得多。顯然進軍必須先與蘇聯協調，而且要快。

---

7 原註：舉例來說，三月十一日盟總情報報告說，朱可夫的前鋒已攻抵塞洛（Seelow），那是在奧得河西岸，距柏林僅有二十八英里。一九六三年，本人在莫斯科訪問蘇聯國防官員，就他所知，朱可夫一直到四月十七日，才真正進抵塞洛的德軍奧得河防線。

此外，一個戰術問題像雷雨般困擾著艾森豪。在他辦公室旁邊的大地圖室，有一面細心繪製的情報表，標題為「已知的國家堡壘」，圖上繪出慕尼黑以南一帶山區，延綿跨越巴伐利亞的高山地帶、奧地利西部以及義大利北部。整個面積，幾乎涵蓋兩萬平方英里，中心便是貝希特斯加登。在附近的薩爾茲堡——四周都是七千到九千英尺的高峰，每處峰頂都部署著隱藏的防空砲——那就是希特勒的山居宅邸「鷹巢」。

整個地圖圖面都是粗大的紅色標誌，每一個軍事符號指示出某種防衛設施。有糧食庫、彈藥庫、汽油庫與化學戰劑庫；無線電台、電力站，部隊集中點、兵營及指揮部、曲折的築城陣地，從小型碉堡到巨大的鋼筋混凝土坑道一應俱全，甚至還有抗彈的地下工廠。而今，每過一天就有更多的軍事符號加在圖上。雖然所有這些設施都寫著「未證實」，但對盟軍總部來說，這片可怖的龐大山地防務體系，是歐洲戰爭中現存的最大威脅。有時會把這些地區稱為「阿爾卑斯山堡壘」（Alpine Fortress）或者「國家堡壘」（National Redoubt）。根據情報，這些崎嶇的城堡中的「華格納據點」，納粹黨徒以希特勒為首，要作背城借一的殊死戰。這種險要的據點，被認為是難以攻破的金城湯池，狂熱的守軍也許會挺上兩年。還有一個使人發毛的部分，有一支經過特別訓練，突擊隊式的兵力——戈培爾稱他們為「狼人」，預料會從山區基地出擊，在各佔領軍之間造成大混亂。

阿爾卑斯山堡壘真的存在嗎？在華府，軍方似乎認為是如此。自從一九四四年九月起累積的情報資料，戰略情報局對德國南部作一般研究，預測戰爭接近結束時，納粹或許會把若干部會疏散到巴伐利亞省去。自此以後，情報報告與研判便從戰地、中立國、甚至從德國內部湧到，大多數這種判定都很謹慎，可是有些則近似想像。

一九四五年二月十二日，美國戰爭部頒佈了一份煞有其事的反情報文件，上面寫說，「對於納粹在巴伐利亞省阿爾卑斯山區或許存在的最後據點，報告很多，沒有受到足夠的重視……當你處理像希特勒般的人物，納粹神話變得重要，這神話需要一個「諸神的黃昏」，一種災難式的結束。貝希特斯加登本身可能非常重要，它會是司令部所在，地點正在巴巴羅薩（Barbarossa）的墳墓上，在德國神話中，巴巴羅薩會起死回生。[8]」這份戰爭部的書函敦促「下至軍級」的戰地指揮官對這種危險要有所警覺。

二月十六日，盟國在瑞士的特工向華府送了一份怪異的報告。報告的資料得自一個駐柏林的中立國武官：「毫無疑義，納粹正準備在山區據點作殊死戰，……各據點之間，都有地下鐵道貫通……花好幾個月生產的最佳的軍火，都儲藏在那裡，此外還有德國所有庫存的毒氣，凡參與構築這些秘密設施的人，一旦真正戰鬥開始，都會被殺掉——包括湊巧還留在後方的平民。」

雖然英國情報部門與美國戰略情報局雙方都發出措詞謹慎的聲明，刻意淡化這些駭人聽聞的報告，但在之後的二十七天，關於國家堡壘的傳聞不斷膨脹。三月二十一日，這項威脅竟開始影響到作戰的構想。布萊德雷將軍的十二集團軍司令部發出備忘錄，標題即為「戰略的重新調整」，文內說盟軍的目標已經改變，「使得我軍在登上灘頭以後帶著來的計畫過時了。」其中的

8 原註：不論是哪一個擬訂這份反情報文件，對巴巴羅薩最後的安息地都搞錯了。巴巴羅薩意謂「紅鬍子」，是腓特烈大帝一世（一一二一年至一一九〇年）的名字——他並沒有葬在貝希特斯加登。據神話說，「他根本不會死，只是睡著而已。」而他睡在圖林根（Thüringen）的山上，「駕前的六名騎士，和他端坐在一張石桌上，等待預定的時間到來，拯救德意志免於束縛，而成為世界上頂天立地的國家……他的鬍鬚已穿過石板，但還要繞桌三圈，才能再度重生。」

一項改變為：柏林的重要性已大幅降低，「這處大都會地區已不再佔有重要地位，」報告中說道：「……所有跡象都指向，敵人的政治與軍事部門正在遷移到『下巴伐利亞的各據點』。」

為了因應這項威脅，布萊德雷不進兵德國北部，提議以他的集團軍向中部突進，將德國切成兩部分，「防止德軍撤向」南方，以及「進入堡壘」。除此以外，也可以把敵軍往北方驅趕，「使他們困在波羅的海及北海海岸」。備忘錄說明，十二集團軍將轉而向南迴旋，以減少在「阿爾卑斯山堡壘」尚有的任何抵抗。

最令人驚恐的分析，出現在三月二十五日，由帕奇中將第七軍團情報處長發出。第七軍團沿著西線的南翼作戰。這份文件預測，這帶據點中很可能已建立「一支精銳部隊，大部分由黨衛軍及山地部隊組成，人數介於二十萬和三十萬人。」報告還說，物資已運抵堡壘地區，頻率為從一九四五年二月一日起，每週有三列到五列的長長列車駛到……據報告一種新型大砲曾在很多這種列車上被發現……」甚至提到一處地下飛機工廠，「足以生產出……Me109戰鬥機。」

日復一日，這些報告湧向盟軍總部。盡管這些證據經過分析、再分析，其結果依然相同。雖然「阿爾卑斯山堡壘」也許是煙霧彈，但它存在的可能性不容忽視。盟軍總部本身對這件事的關注，清楚在三月十一日針對堡壘的情報判斷中顯示出來：「這個要塞既被自然環境保護，又有至今最佳的秘密武器的加入，從理論上講……在這個要塞之內……那些到目前為止領導著德國的力量將倖存下來，並在這裡重建它的復興……德軍防禦政策的趨勢，似乎主要指向確保阿爾卑斯山地區的安全……證據顯示，兵力相當可觀的黨衛軍以及特別甄選的部隊，正有系統地撤向奧地利……似乎可以有理由確定，納粹政權中最重要的部會與人士，已在堡壘地區就位……戈林、希姆萊、希特勒……據說都正撤退到他們各人的山區堡壘……」

盟總的情報署長英軍史壯少將（Kenneth W. D. Strong）便向參謀長這麼說：「堡壘也許不在那裡，但我們得採取步驟，防止它在那裡。」參謀長史密斯將軍同意，就他來看，「有各種理由讓我們相信，納粹有意在那些山嶺中建立他們的最後根據地。」

盟總參謀以及美軍作戰指揮官深思熟慮後的見解，都堆在艾森豪的辦公室。然後來了一封最重要的電文，是來自艾森豪的頂頭上司——陸軍參謀長馬歇爾將軍，艾森豪對他的尊敬遠超過其他人。[9]

「根據當前的作戰報告，」馬歇爾的電報指出：「看上去德軍在西線的防線可能已經瓦解了。如此你可以派出大量的師，以廣正面迅速向東進兵。你認為……催動美軍兵力迅急前進，沿紐倫堡–林茲（Linz）或卡爾斯魯爾（Karlsruhe）–慕尼黑軸線前進如何？這一構想的基礎是……迅速進兵也許可以防止德軍建立任何有組織的抵抗地帶。德國南部的山地地區，便被認為有可能成為這種地帶。

「瓦解德軍抵抗所引起的問題之一，便是與蘇軍遭遇，要防止這種不幸的事發生。你對管制與協調的想法為何？有一項可能，就是雙方同意一條分界線……目前我們所做的安排……顯然還不夠……應採取步驟，毫不耽誤，以提供溝通與聯絡……。」

馬歇爾這份詞斟句酌的電文，終於使盟軍統帥的計畫成形。艾森豪和老友，也是西點陸軍官

9 原註：馬歇爾的其中一位高級幕僚，當時在一九四五年處理美國陸軍作戰業務的助理參謀長赫爾將軍（John Hull），說過：「艾克是馬歇爾的門下士，雖然艾克討厭我這麼講，他們兩人之間，有點像是父子關係。」

校同班同學布萊德雷將軍，對這個情況討論過幾個星期。他也衡量過所有的問題，與所屬參謀商討過，最重要的，是知道了頂頭上司的看法，艾森豪現在訂下戰略，下定了決心。

在這個寒風不止的三月天下午，他擬了三封電報。第一封具有歷史意義，也是前所未有的，拍發給莫斯科的盟國軍事代表團。艾森豪在電文中說，盟總的作戰，目前已到達了一個階段，「為了要盡快獲得勝利，本人應該知道蘇軍的計畫，這很重要。」因此，他要代表團「將本人私函轉呈史達林元帥」，並竭盡一切可能「協助取得完整的答覆」。

之前，盟軍統帥從沒有與蘇聯領導直接通信過。不過現在情勢緊迫，他已經獲得授權，在有關需要協調的軍事事項上，可以與蘇聯直接打交道。所以，艾森豪看不出有什麼特別的理由要事先與英美聯合參謀首長會議，或者英美政府事先磋商。這件事甚至連盟軍副帥泰德爵士元帥（Sir Arthur Tedder）也不知情，不過艾森豪為他們都準備了副本。

下午三點過後不久，盟軍統帥批准這份致史達林的電文。到了下午四點，電文譯為密碼，艾森豪這封「致史達林元帥私函」就此發出。電文中，艾森豪要求史達林元帥告知其計畫，同時也把自己的計畫向史達林說明。「本人即將實施作戰，」他說道：「旨在包圍殲滅防守魯爾區的敵軍……本人判斷此一階段……將在四月底甚至更早以前結束；本人的下一任務，即為與貴國大軍攜手，分割敵軍殘餘兵力……促成此一會師之最佳前進軸線，為艾爾福特（Erfurt）－萊比錫－德勒斯登這條線。本人深信……此一地區即德國政府各主要部會將遷往的地點。本人建議沿此軸線，由我軍展開主攻。除此以外，將盡快分兵進攻，以促成在雷根斯堡－林茲地區與貴國大軍會師，阻止德軍在德國南部據點鞏固其抵抗。

「在確定本人的這些計畫以前，先與您的計畫進行協調至為重要……以配合貴國大軍之攻擊方向與時間……元帥能否告知閣下意圖以及……本人的建議是否……能配合貴方之可能行動。如要盡快殲滅德軍，本人認為有必要協調我們的行動……改善雙方前進部隊間的聯絡……。」

接下來，他草擬了致馬歇爾及蒙哥馬利的電報，並在下午七點發出。兩份電報的發出時間，相隔不過五分鐘。艾森豪報告陸軍參謀長，說他已經與史達林通信，談到「關於我們應擇定什麼地方會師的問題……」接著，他又指出「職觀點與鈞座看法極為接近，雖然職認為萊比錫－德勒斯登地區最為重要……」因為這一地區是「到達蘇軍陣地的最短路線」，同時也會「摧毀德境內殘存的最後一個工業區……據說，德軍統帥部及各部會均向該區遷移。」

至於馬歇爾所害怕的「國家堡壘」，艾森豪報告說，他也察覺到「有必要阻止敵人形成有組織的抵抗區」，並且他會「就情況許可，立即派軍長驅直入林茲－慕尼黑地區。」至於與蘇軍協調一事，艾森豪補充說，他並不認為「能把自己困在一條分界線上」。但會對蘇方提出建議，「當兩軍會師時，任何一方經對方要求，即撤退到本身佔領區內。」

當天發給蒙哥馬利的電報為第三封，裡頭有讓蒙蒂失望的消息。「一但你在……魯爾河以東……與布萊德雷會師……美軍第九軍團即轉由布萊德雷指揮，」艾森豪說道，「布萊德雷將盡快負責掃蕩……魯爾地區，沿艾爾福特－萊比錫－德勒斯登軸線發動主攻，並與蘇軍會師……」蒙哥馬利須向易北河前進。到了那時，也許「再度將美軍第九軍團撥交給你管制會比較好，以方便渡過該障礙。」艾森豪在看完電文草稿以後，用鉛筆加了最後一行，「如你所言，情況大好。」

盟軍統帥已經把自己的計畫大幅修改；不同於一開始考慮以主力橫掃德國北部。他決心直接攻進德國中部，第九軍團已回歸布萊德雷控管，就由他來擔綱演出了。由他發動最後一次攻勢，以主力殺進德勒斯登這片在柏林以南一百英里的地區。

雖然艾森豪接受了馬歇爾的部分建議，他的行動與布萊德雷德十二集團軍「戰略的重新調整」備忘錄中所進言的相似。不過，艾森豪把自己的作戰計畫發出去的三封電報中，有一件意味深長的事項沒有提及：盟軍統帥一度稱之為「明顯的大獎」的目標。電文中沒有提到柏林。

——

備受創傷的布蘭登堡門，在薄暮中巍然矗立。戈培爾博士在附近自己的別墅書房裡，透過一扇部分釘有板子的窗戶，眺望著這座紀念性建築。希特勒手下這位侏儒般矮小的宣傳部長，背對著訪客，似乎是瞧不起他——至少在訪客——柏林衛戍司令黑爾姆．雷曼少將看起來是如此。將軍前來是要對一件他認為極其緊急的事情作成決定：血戰在即，柏林老百姓的命運。

這是一個月內第四次雷曼和他的參謀長里福歐爾上校前來和戈培爾會面。四十七歲的戈培爾如今在柏林，是希特勒一人之下最重要的人物。他不但是社會教化與宣傳部部長，而且也是柏林市的大區長官（Gauleiter）[10]、德國國防委員，負責全市平民有關措施，國民突擊隊的編組與訓練，以及全市工事的構築。這一陣子，軍方與平民機構的指揮體系沒有明確的畫分，造成了軍民兩方首長的困擾，戈培爾只是更增添了混亂。雖然他對軍事與都市的事務一竅不通，他卻明白表示，只有他有保衛柏林的責任。這麼一來，雷曼發現自己處於窘境，究竟他要接受誰的命令——是希特勒的統帥部，還是聽戈培爾的，他可說不準，似乎也沒有人要澄清指揮體系，雷曼急得要死。

在之前每一次會面時，雷曼都提到平民疏散的問題。頭一次會面時，戈培爾便說「不可能」。後來他通知衛戍司令，的確有一個疏散計畫，由「最高層級的黨衛軍及警察擬訂」。雷曼的參謀長立刻去調查，里福歐爾還真的發現了這個計畫，然後告訴雷曼說，「計畫中有一幅比例尺三十萬分之一的地圖，負責的官員——警察局長，用紅墨水清楚標示出了逃出柏林通往西方和南方的疏散路線。」他報告說，「地圖上沒有衛生站，食物站，更沒有交通工具運送病患老弱。」他還補充說：「就我所看到的來說，這個計畫要求疏散民眾，只能攜帶一件行李沿著這幾條路出發，走上二十到三十公里到達車站，從那裡被運往圖林根（Thüringen），薩克森-安哈特（Sachsen-Anhalt），以及梅克倫堡（Mecklenburg）。所有這些行動都要在戈培爾一聲令下後進行。不過，疏散的火車要從哪裡開來卻沒有說明白。」

雷曼將軍想跟希特勒討論這件事，卻只見過他兩次。一次是雷曼就職之前，以及在那之後的幾天，元首邀他去參加了一次夜間會議。那次會議討論得最多的是奧得河前線，雷曼並沒有機會說明柏林的情勢。不過在會議一度暫停時，他向希特勒說，要求元首立刻下令所有十歲以下的兒童疏散離開柏林。雷曼這麼一提，全場突然沉寂了下來，希特勒轉身對著雷曼冷冰冰說，「你是什麼意思？你究竟是什麼意思？」然後他加強語氣，一個字、一個字慢慢地說，「留在柏林的，沒有那個年齡層的小孩！」沒有一個人膽敢跟他頂嘴，希特勒很快就轉到其他話題。

這次挫折並沒有把柏林衛戍司令嚇倒。雷曼現在正向戈培爾提到同一個話題。「部長先生，一旦發生圍城，我們要如何維持老百姓的生存？用什麼供應他們糧食？糧食從哪裡來？根據市

---

10 編註：納粹德國設立的地方官職，僅次於元首（Führer）和全國領袖（Reichsleiter）的第二高階職位，屬於黨職，但權限超過民政長官。

長統計，目前市內十歲以下兒童有十一萬人，和他們的母親住在市內，我們如何提供牛奶給孩童？」

雷曼停下來等候他答話。戈培爾繼續瞪著窗外，然後，頭也不轉生氣地說：「我們怎麼供應他們糧食？從市郊鄉下把牲口帶進城來——那就是我們供他們吃的辦法！至於小孩，我們有罐裝牛奶，可以供應三個月。」對雷曼和里福歐爾來說，罐頭牛奶可是頭一次聽說，說把牲口牽進市區來，似乎是瘋言瘋語。打仗時，牲口比人更容易遭受損失，人至少還能掩蔽起來，戈培爾打算在什麼地方養牲口？又用什麼東西來餵牛？雷曼說得很急促：「我們一定要考慮一個立即疏散的計畫，不能再等下去了，一天一天過去，困難會成倍數增加，現在至少要把婦女和小孩遷走——不要等到為時已晚。」

戈培爾不回答、沉寂了久久一陣，室外天色漸漸暗了。他突然伸起手，抓住窗戶邊的窗帘拉索使勁一拉，燈火管制窗帘卡啦啦一聲關上。戈培爾轉過身來，他天生就是畸足，一瘸一瘸走到辦公桌前，把檯燈打開，看了看放在吸墨台上的手錶，再看著雷曼，「我尊敬的將軍，」他說得很溫和，「當疏散的時機到來，在下便是做決定的那個人。」接著他咆哮道，「但我不打算現在下命令，把柏林搞成一片恐慌，多的是時間！多的是時間！」他請他們離去，「再見，兩位。」

雷曼和里福歐爾離開房子時，在門前的階梯上站了一會兒。雷曼將軍凝望著外面的柏林市，雖然沒有發放警報，遠方一處處的探照燈卻已經在夜空中搜索了。雷曼緩緩帶上手套，向里福歐爾說：「我們面對著一個無法達成的任務，沒有成功的機會。我只能希望出現一些奇蹟來改變我們的命運，或者柏林還沒有遭到圍攻，戰爭就結束了。」他看著自己的參謀長，「否則，」他補充一句，「只有請上帝來救柏林人吧。」

一會兒後，位於霍亨索倫登大街的指揮所裡，雷曼接到了陸軍總部的電話。現在雷曼才知道除了最高統帥希特勒，柏林市大區長官戈培爾，自己同時還是另一個權力中心的部屬。電話中告訴他，上面正安排好，柏林衛戍地區將由維斯杜拉集團軍及其司令韓李奇上將指揮。雷曼聽到韓李奇的名字，頭一次覺得有了希望，便指示里福歐爾盡快找機會向維斯杜拉集團軍參謀作簡報。只有一件事令他感到憂慮。他很好奇，韓李奇既要保護柏林，同時又要準備在奧得河擋住蘇軍，他會有什麼感想？雷曼跟韓李奇認識很久，他可以想像老將軍聽到消息會有怎樣的反應。

——

「荒唐透頂！」韓李奇氣呼呼說道：「荒唐透頂！」

維斯杜拉集團軍新到任的參謀長金澤爾中將，以及作戰處長艾斯曼恩上校，彼此相望默然無語。還有什麼可說的，「荒唐透頂」似乎都可以說是輕描淡寫了。在生死關頭的節骨眼，把柏林衛戍區提議納入備受壓力的韓李奇集團軍的責任區，兩位幕僚都認為是不可能的事，不明白韓李奇如何能指揮，甚至監督雷曼的衛戍作戰。光以距離來說就不切實際，維斯杜拉集團軍司令部離柏林超過五十英里。顯然出主意的人，壓根不知道韓李奇面對的諸多問題有多嚇人。

夕陽西沉不久，陸軍總部作戰署的軍官，向金澤爾仔細地說明衛戍柏林的提案，這項構想只是暫時性的——差不多近乎是建議了。這時，韓李奇在辦公室中走來走去，他那老式的綁腿依然附著前線的泥土，他向部下說得很明白，就他而論，這個計畫只是個無形——的建議。維斯杜拉集團軍只有一個任務：在奧得河阻止蘇軍。「除非迫不得已，」韓李奇說，「我並不打算接受保衛柏林的責任。」

這並不意謂他對柏林人民的慘相一無所知。事實上，他常掛念柏林近三百萬人口的命運。他心中想到柏林成為戰場會有多可怖。他對老百姓置身在砲兵轟擊與巷戰的猛烈戰火下會發生什麼結果，比任何人都知道得更清楚。他認為蘇軍殘忍、毫不留情，在熾烈的戰鬥中，並不能指望他們分得清楚軍人和平民。在蘇軍與柏林之間，維斯杜拉集團軍是唯一的障礙，而韓李奇一向最關切的還是自己的官兵。這位脾氣暴躁、好鬥的「惡矮子」，對希特勒、對陸軍總部、對參謀總長古德林十分火大。在他看來，這是故意犧牲他麾下官兵的生命。

他轉身對著金澤爾說：「替我接通古德林。」

自從一星期前他接掌指揮權以來，韓李奇就經常在前線跑，毫不疲倦地從一個師部到另一個師部，和各師長看著地圖商討戰略，又到前線的塹壕與坑道去看第一線的官兵。很快他就發現自己的猜測十分有根據，他的集團軍有名無實。他驚訝於大多數部隊都虛有其表，只是雜七雜八的單位，都是一些曾經負有盛名，但在很早以前就遭到殲滅的師級部隊所僅存的一些官兵。在他麾下，甚至還有不是德國人組成的部隊。有挪威師與荷蘭師，都由擁護納粹的挪威、荷蘭志願兵組成。此外，有前蘇軍戰俘所組成的部隊，他們原屬保衛基輔（Kiev）的名將弗拉索夫中將（Andrei A. Vlasov）。他在一九四三年向德軍投降，經過說服，便組成了一支擁德反史達林的俄羅斯部隊。弗拉索夫的部隊令韓李奇擔心，他認為只要有一丁點機會，他們就會開小差——逃走。韓李奇所屬的部分裝甲兵部隊，倒是還很精良，而他大部分要靠他們了。整個情勢很黯淡，情報指出，蘇軍可能多達三百萬人。從北翼曼陶菲爾的第三裝甲軍團，到南翼布瑟的第九軍團之間，韓李奇的總兵力為四十八萬二千人，幾乎沒有預備隊。

韓李奇除了極端缺乏有經驗的部隊，還極為缺乏裝備與物資。他需要戰車、自走砲、通信器材、大砲、汽油、彈藥甚至步槍。裝備補給缺乏到了這種程度，作戰處長艾斯曼恩上校發現，有些補充兵抵達前線沒有步槍，只有一具鐵拳反裝甲榴彈發射器——而且它僅有一發榴彈。

「瘋了！」艾斯曼恩向韓李奇報告說道：「這些人打掉這一發榴彈以後，拿什麼來打仗？陸軍總部要他們怎麼辦——用剩下的擊發桿當警棍用嗎？那是集體謀殺。」韓李奇同意：「陸軍總部要這些人聽天由命，我卻不。」韓李奇盡自己權力所能，改進部隊的裝備與補給情況。不過有些裝備是都沒有了。

他最缺乏的是火砲。蘇軍已開始在奧得河以及河岸一帶的沼澤各處建橋。有些河水氾濫的位置，河面竟有兩英里寬。配屬在韓李奇之下的海軍特種部隊，曾經以漂浮的水雷順流而下炸垮了浮舟橋，但是蘇軍立刻反制，豎立了防雷網。要自空中轟炸這些橋樑根本不可能，空軍官員通知韓李奇，他們既無飛機也無汽油。他們充其量能做到的，便是派飛機偵察。現在要阻擋住蘇軍積極的架橋行動，只有唯一的辦法——使用砲兵，而韓李奇能有的火砲屈指可數。

為了補救不足，韓李奇下令把防空砲當作野戰砲使用。雖然這麼一來，也就會對蘇聯的空中攻擊掩護少了，但他卻認為，防空砲作為野戰砲使用優點頗多。確實，這多少改善了局勢。光是在斯德丁，曼陶菲爾的第三裝甲軍團取得了六百門防空砲，每一門砲都得放列在混凝土掩體裡，因為它們太大了，不便於裝在車輛上機動，但卻有助於填補空隙。然而，它們威風凜凜地放列在陣地裡，卻只能在絕對需要時才射擊，彈藥缺乏得異常嚴重。韓李奇決定保留手頭上的少量彈藥，等紅軍展開攻擊時使用。他告訴參謀們：「我們沒有充足的大砲與彈藥阻止蘇軍架橋，但至少我們可以遲滯他們完成。」艾斯曼恩上校對情況的看法則悲觀得多。「我們這個集團軍可以比喻成是一隻兔子，」他後來回憶說道，「出神地註視著一條想把它吞掉的蛇。兔子連一根肌肉都不能移動，而是等待著蛇閃電般地迅速發動攻擊的時刻……韓李奇將軍並不想承認這項事實，光靠我們這個集團軍本身的兵力，是不可能採取更有意義的措施。」

然而，韓李奇接手才一個星期，便已在幾十項看似無法克服的困難中劇出了一條大路。就像他在莫斯科作戰時，他對官兵時而美言勸勉，時而厲言刺激，時而咆哮斥責，時而大加鼓舞，提升他們作戰的士氣，這會讓他有時間來挽救他們的生命。不論他個人的感覺如何，對他部下的官兵來說，他是大公無私、百折不回的傳奇人物韓李奇。他不改英雄本色，依然在與上級司令部的「瘋狂與糟糕的判斷」奮戰。

目前，他那霹靂火般的脾氣，正指向希特勒和陸軍參謀總長古德林。三月二十三日，布瑟將軍的第九軍團發動了兩次攻擊，拼命想突破蘇軍與科斯琴的守軍會合。科斯琴是韓李奇自接替希姆萊的那天起被蘇軍包圍的。韓李奇同意布瑟的戰術，他覺得這是在蘇軍鞏固陣地以前使城市解圍的唯一機會。不過蘇軍確實太強了，兩次攻擊都死傷慘重。

韓李奇把作戰結果向古德林報告，只得到冷漠的指示：「務必再發動攻擊。」希特勒要發動攻擊，古德林也是。「這是瘋了，」韓李奇強硬地回答，「我建議要科斯琴的裝甲部隊突圍，那才是唯一合理的做法。」古德林對這項建議突然大動肝火，大叫道「必須攻擊」。三月二十七日，布瑟再度向科斯琴進攻，這次攻擊極為猛烈。他的裝甲部隊有一部分成功突破重圍進入了市區，可是蘇軍的猛烈砲火打垮了他們。韓李奇在指揮所一句話也沒有吭，「這次攻擊，」他說道：「是一次大屠殺，第九軍團犧牲與損失慘重之後，卻一無所得。」

即使到了現在，也就是攻擊後隔天，他的憤怒依然沒有消退。他在辦公室邊等著古德林的電話，邊走來走去踱步，反覆唸著兩個字：「失敗！」他也不顧會對自己造成什麼影響，等古德林來電，韓李奇打算指責頂頭上司。八千名官兵血淋淋的遭到屠殺——在科斯琴攻擊中——幾近損失了一個師。

電話響了，金澤爾接了電話，告訴韓李奇：「佐森來電。」

是陸軍總部作戰處長克雷布斯中將輕柔的聲音，並不是韓李奇所期待的人來電。韓李奇說道，「我要找古德林說話」。克雷布斯又開始說話了，韓李奇聽著電話，臉色僵硬起來，參謀們看著他，心中好奇不知道發生了什麼事。韓李奇問道：「什麼時候？」他再度細聽，接著突然說聲「謝謝你！」便把電話掛了。他轉身對著金澤爾和艾斯曼恩平靜地說：「古德林已經不是參謀總長了。今天下午，希特勒把他撤換掉了。」參謀們大為震驚，韓李奇說，「克雷布斯說古德林病了，但他並不真正知道出了什麼事。」韓李奇一肚子的火已經完全煙消雲散，只作了更進一步的結論。「那不像是古德林，」他若有所思地說著，「他甚至沒有說再見。」

——

直到那天夜深，韓李奇的參謀才把事情拼湊出來。在總理府發生了最為激烈的一次爭論之後，古德林遭到撤換。希特勒的中午會議開始時，還十分的安靜，但卻有一種勉強壓制著的不友善氣氛。古德林已經給元首寫了份備忘錄，解釋為什麼攻擊科斯琴會失敗。希特勒厭惡古德林所用的口氣，也討厭古德林替第九軍團辯護，尤其怪他袒護軍團司令布瑟。元首已經決定以布瑟作代罪羔羊，下令要他來參加這次會議，前來進行完整的報告。

一如往常，希特勒的高級將帥都出席了會議。除了古德林和布瑟以外，還有希特勒的參謀總長凱特爾、作戰廳長約德爾，元首的侍衛長布格杜夫，還有幾名將領與各廳次長。起先，由古德林對目前的戰況作簡報，希特勒靜心聽了幾分鐘，然後命令布瑟報告。他開始概略說明攻擊如何發動，兵力如何運用。希特勒開始不耐煩起來，突然打岔邊吼邊說：「你的攻擊為什麼會失敗？」不等對方回答，希特勒自己回答，「因為無能！因為疏忽！」他大罵布瑟、古德林和陸軍總部，全都「無能」。這次的攻擊科斯琴，他怒吼道，「事先竟然沒有充分的砲兵準備射擊！」這時他轉對著古德林，「如果照你所說的，布瑟沒有充足的彈藥——為什麼你不多撥給他一點？」

一陣子沉寂之後，古德林才輕聲說，「我已經向您解釋過了……」希特勒一揮手，打斷了他的話：「解釋！藉口！你給我的全是這些！」他尖叫道，「好吧！那麼你們告訴我，誰讓我們在科斯琴吃敗仗的——是官兵，還是布瑟？」古德林一下子也火了。「胡說八道！」他咕噥地說出，「這是胡說八道！」幾乎把這兩句話砰了出來，他氣得火焰騰騰，滿面通紅，滔滔不絕地展開反擊。「不應該怪布瑟！」他咆哮道：「我早就告訴過你了！他遵照了命令！布瑟用盡他所有的彈藥！他所有的全部彈藥！」古德林氣憤極了，掙扎著要把話說出來：「至於說要怪部隊——看看官兵的傷亡吧！」他氣得冒煙：「看看官兵的損失！官兵盡了他們的職責！他們的犧牲便可以證明這一點！」

希特勒也吼回去，「他們打敗了！」他怒叫道：「他們打敗了。」

古德林氣得一臉發紫，使盡力氣大吼：「我一定要請你……一定要請你，不要再指責布瑟或他的部隊！」

兩個人的討論都超出了理性，但卻停不下來。古德林和希特勒面對面槓上了。雙方說的都是氣憤得可怕的話，使得將領和次長們都驚呆得僵硬地站著。希特勒對參謀本部破口大罵，罵他們全都「無膽」、「笨蛋」、「豬頭」；臭罵他們經常「誤導」他，「矇蔽」他，「耍騙」他。古德林質問元首為什麼說「誤導」和「矇蔽」。他總部的情報署長蓋倫將軍「『矇蔽』過蘇軍的兵力嗎？沒有！」古德林怒吼。希特勒立刻頂回去！「蓋倫是個蠢貨！」現在有十八個師依然在波羅的海各國，在拉脫維亞的庫爾蘭被圍，「是誰？」古德林吼道：「誤導了你使他們受困？又在什麼時候，」他緊緊逼問元首：「你可曾打算把庫爾蘭的部隊撤出來過？」

這次當面吵得聲音好大、好猛烈，以致事後沒有人對爭吵的情況說得清楚。[11]甚至是布瑟——這次爭吵中無辜的受害人——到後來也沒辦法告訴韓李奇任何細節，「我們差不多全都癱瘓了，」他說，「無法相信眼前發生的事。」

頭一個插手的人是約德爾。他抓住大呼小叫的古德林的手臂，「拜託！拜託！」他懇求道，「鎮定點！」把古德林拉到一邊去。凱特爾和布格杜夫則去照料希特勒，元首筋疲力竭、癱坐椅子上。古德林的侍從官洛林荷芬少校可嚇慘了。他認為如果參謀總長不立刻離開房間就會遭到逮捕。他跑到外面，打電話給還在佐森的作戰處長克雷布斯，告訴他發生了什麼事。洛林荷芬請求克雷布斯和古德林通電話，藉口說前線有緊急軍情，並且和他維持通話，直到他氣消下來。古德

---

11 原註：關於這次爭吵，有很多種說法。索瓦德（JürgenThorwald）的 *Flight in the Winter* 有詳細說明。古德林的侍從官之一，博爾特在 *Die Leitzen Tage der Reichskanzlei* 只有兩行的敘述。博爾特對這件事輕描淡寫，只寫著希特勒告訴參謀總長「到溫泉地去療養。」古德林「領會其意」。他提到這次會議日期是三月二十日，也就是對科斯琴進行致命攻擊的前七天。本書中的大部分內容，摘自古德林在他的回憶錄《閃擊英雄》（*Panzer Leader*）中，則準確指出這一天為三月二十八日下午二時。而古德林的回憶錄，再以訪問韓李奇、布瑟以及有關參謀的資料予以補充。

林經過勸說，非常勉強離開了房間。克雷布斯是一個擅長看場合說話的人，他輕易就抓住古德林的注意力，談了十五分鐘——在那之後，參謀總長已經能再度控制住自己的情緒了。

這段期間，元首也鎮定了下來。等到古德林回來，希特勒在主持會議，像什麼事都沒有發生過。一看見他進來，希特勒便下令所有人離開房間，只留下凱特爾和古德林。這時他說得冷冰冰，「古德林上將，為了你身體的健康，你需要馬上請六個星期的休養假。」他的聲音中並沒有透露出什麼情緒。古德林說道，「我會去。」不過希特勒還沒有結束，命令他「請你等到把會開完」。等到把會開完，已是好幾個小時以後了。那時，希特勒差不多以關心的口氣說話，「請你務必竭盡全力恢復健康，」他說，「六個星期後，情況會很緊要，到那時我會非常需要你，你想要到什麼地方去？」凱特爾也想要知道。古德林對他突如其來的關懷很懷疑，基於謹慎，斷然決定不把自己的計畫告訴他們。他告辭以後，便離開了總理府。古德林走了，這位裝甲戰術的先驅，希特勒麾下最後一員名將走了，隨著他失去的是德國統帥部中合理判斷的能力。

第二天，三月二十九日星期四早上，韓李奇有很好的理由相信，古德林的去職是一種損失。呈上來的一份打字電報，通知他希特勒已派克雷布斯擔任參謀總長。克雷布斯說話圓滑，是希特勒的狂熱擁護者，很多人都討厭他。維斯杜拉集團軍司令部的參謀之中，有關克雷布斯出任參謀總長的新聞，以及緊跟著的古德林離職的事都形成一股陰鬱的氣氛。作戰處長艾斯曼恩上校，總結描述了當時普遍的心態。他後來記載道：「此人經常面帶友好的笑容，使我想起阿諛逢迎之徒……接下來的事我們可以預料得到了。克雷布斯只會滔滔不絕說點使人安心的話……情況又變樂觀了，希特勒從克雷布斯那裡，遠比從古德林口中聽到更多支持他的話。」

韓李奇對新任參謀總長並沒有說什麼，古德林極力為布瑟辯護，救了這位軍團司令，此後再也沒有對科斯琴作自殺式的攻擊了。由於這一點，韓李奇感激這位時常跟他合不來的人。他很懷念古德林。韓李奇早就認識克雷布斯，不會指望能得到他多少支持。當他晉見希特勒，討論奧得河前線的諸多問題時，不會有一個直言無諱的古德林來支持他了。而他就要在四月六日星期五的這一天，參加正式會議、晉見希特勒。

——

三月二十九日上午九點過後不久，車停在維斯杜拉集團軍總部建築的外面，高大精壯、身高六英尺的柏林衛戍司令部參謀長跳出車外，精力充沛的里福歐爾上校，正熱烈期待與韓李奇的參謀長金澤爾將軍會面。他很期待會議能順利進行，柏林衛戍區能劃歸韓李奇集團軍指揮，這可是件最好的事情。拖著要在會議提出來的地圖與圖表，身材結實、三十九歲的里福歐爾進入了司令部。里福歐爾相信，柏林衛戍部隊雖然兵力很小，一如他後來在日記中所說，韓李奇「會因手下兵力增多而感到高興。」

在見到集團軍參謀長的頭一刻，里福歐爾就開始懷疑。金澤爾的歡迎雖然友好，卻不熱烈。里福歐爾原來希望老同學艾斯曼恩上校會在場——幾個星期以前，他們一起仔細研究過柏林的情況——可是接待他的，只有金澤爾一人。這位維斯杜拉集團軍參謀長似乎受到了打擾，表情近乎不耐煩。里福歐爾接受了金澤爾的指示，把地圖與圖表攤開，很快開始作簡報。他說明，由於缺乏上級單位指揮雷曼，柏林衛戍司令部發生了幾乎不可能出現的情況。「我們去問陸總，是不是屬他們指揮，」他解釋，「得到指示卻是『陸總僅負責東線，你們屬於統帥部管轄』。所以我們便去統帥部，他們又說：『為什麼你們到這裡來？柏林戰場面向東方——你們是陸總的責任。』」里福歐爾在說時，金澤爾卻在檢視地圖與柏林衛戍兵力的部署。忽然，金澤爾抬起頭來看著里福歐爾輕聲告訴他，前一天晚上韓李奇已下定決心，不接受柏林的防衛責任。然後，一如里福歐爾後來的記載，金澤爾和希特勒、戈培爾和其他官員作了短暫的通話。「就我個人來看，」他說道：「柏林的那些瘋子在自取滅亡。」

駛回柏林途中，里福歐爾高漲的熱情整個粉碎掉了。頭一次意識到「一個遭遺棄的孤兒」是什麼感覺。他熱愛柏林，進過德國陸軍參謀大學，在首都結婚，育有一兒一女。而現在的他看來，自己是越來越孤單地做著保衛柏林的工作。他在這裡渡過了一生中最快樂的時光。在指揮體系中，竟然沒有人有意承擔下達里福歐爾認為最重大的任務：防守及保衛柏林的責任。

——

古德林上將現在所要做的事，就是把自己辦公桌上那僅有幾件屬於自己的東西放進一個小箱子裡。他已經向參謀道別過了，向繼任的克雷布斯作了簡報，這時準備離開佐森的總部了。他的最終目的地還是保密得很好。不過，他和太太到慕尼黑附近的療養院，在那裡治療他的心臟。自那以後，他計畫到德國唯一還平靜的所在：南巴伐利亞。在那一帶地區唯一的活動，都集中在軍醫院與療養院的周圍，都是退役或者解職的將領，以及疏散到那裡的政府各部會官員。他小心做出了抉擇。古德林會在巴伐利亞的阿爾卑斯山區，在非戰爭的環境中渡過戰爭。作為前陸軍總部的參謀總長，古德林知道那裡什麼事也不會發生。

2

三月三十日，這天正是耶穌受難日，復活節假期的開始。羅斯福總統已經抵達喬治亞州溫泉市（Warm Springs, Georgia），住進小白宮裡稍作停留。和以往一樣，火車站附近，群眾在熾熱的陽光下站著，等待歡迎他。總統甫一露面，旁觀的人群中掀起一陣擔心的輕聲細語。他正由一名秘勤局人員用兩手抱下火車，他的身體幾乎是了無生氣的下垂。他沒有意氣風發的揮手，沒有和群眾談笑風生。對很多人來說，羅斯福差不多是昏沉沉，僅隱約知道發生了什麼事。百姓默默地注視著，既震驚又擔心，眼看著總統的轎車緩緩駛離。

這一天的莫斯科，天氣十分溫和，與時節完全不同。在莫克豪發亞大街（Mokhavaya Street）美國大使館的二樓公寓裡，約翰．迪恩少將遠望廣場那面綠色的拜占庭式圓頂和克里姆林宮的尖塔。迪恩是美國軍事代表團團長，他和英國軍事代表團團長阿契爾海軍少將（Ernest R. Archer），正在等待各自的大使——美國大使哈里曼，以及英國大使克拉克-卡爾爵士（Sir Archibald Clark-Kerr）——確定已安排好與史達林會晤。會議上，他們要把艾森豪前一天發來的電報編號SCAF 252的文件，呈交給史達林（羅斯福因為有病在身，並未過目內容）。

在倫敦，嘴裡含著雪茄的邱吉爾，正向唐寧街十號外面圍觀的人們揮手。他正準備坐車離開，到契克斯別墅（Chequers）去。那是在白金漢夏郡、面積達七百英畝，屬於英國首相的別墅。儘管他表面上很愉快，心中卻又煩又氣。在他的一疊文件當中，就有一封盟軍統帥致史達林的電報。在將近三年的密切合作關係，邱吉爾頭一回對艾森豪感到憤怒。

英國人對艾森豪電報的反應，在過去二十四小時裡變得越來越強烈。英國人起先對這封電報不知所措，然後大為震驚，終於十分憤怒。跟華府的參聯會一樣，倫敦收到的也是轉傳的二手資訊——從傳遞「敬供卓參」的副本中才知道。連盟軍總部的副帥——英國皇家空軍泰德爵士元帥事先也不知道這封電報。倫敦方面沒有從他那裡知道任何消息。邱吉爾這一下完全陷入狼狽不安當中。記得三月二十七日，蒙哥馬利的通信電文中，宣布他要長驅直入易北河，「然後，職希望經由高速公路抵達柏林」。邱吉爾便連忙手寫了緊急的便條給他的參謀長伊斯麥爵士將軍。他寫道，艾森豪致史達林電文，「似與蒙帥所述進兵易北河有異，請即說明」。可是在當時，伊斯麥也沒辦法。

就在這時，蒙哥馬利又使他的上司出於意料之外。他向布魯克元帥報告，強大的美軍第九軍團，正由他指揮下歸還建制，撥歸布萊德雷的十二集團軍，由該集團軍進行中央進擊，攻向萊比錫與德勒斯登。蒙哥馬利文中說道：「我認為此舉將釀成大錯。」

英國人又再度激憤。第一，這消息應該是由艾森豪傳來，而不是蒙哥馬利。更糟的是，就倫敦方面看來，艾森豪似乎要掌控太多的東西。從英國人的觀點來說，他不但越權和史達林直接打交道，而且也未事先告知，違背了長久以來的計畫——集中兵力的英軍二十一集團軍，從德國北部平原做主攻——艾森豪卻突然指定布萊德雷，進行二戰最後的攻勢，攻入第三帝國的腹地。布魯克語氣憤怒地總結了英國人的態度：「首先，艾森豪無權直接行文史達林，他的通信應該經由英美聯合參謀首長會議。其次，他的電報內容莫名其妙。最後，電文中所含的意思，似乎偏離與改變過去所有同意的事項。」三月二十九日下午，火上心頭的布魯克，也不和邱吉爾打商量，向華府火速提出措詞尖銳的抗議。激烈又尖酸刻薄的爭辯，正圍繞著SCAF 252號電報而越演越烈。

大約在同一時刻，人在莫斯科的迪恩將軍，在採取最初的步驟安排了與史達林會晤以後，又給艾森豪發了一封急電。「因為（史達林）有可能願意更為詳細討論鈞座的計畫，請給予更多的背景所需資料。」迪恩和蘇聯人打交道好幾個月，備受挫折，深深知道史達林會要求一些什麼，他在致艾森豪電文中羅列出來。一、目前盟國所屬各軍團之部署；二、略為詳盡之兵力運用計畫；三、各軍團中鈞座擬使用何一軍團擔任主攻及助攻……四、目前對敵軍企圖及部署之判斷。」盟總很快就照辦了。當天晚上八點十五分，這些情報就已拍發給莫斯科，迪恩得到了英美大軍從北到南的部署與戰鬥序列。資料十分詳盡，甚至連美軍第九軍團從蒙哥馬利撥歸布萊德雷的說明都包括在內。

五十一分鐘以後，盟軍總部就得悉蒙哥馬利的反應。他的沮喪可以理解，少了辛普森的第九軍團，他進兵的衝力縮小，而他勝利攻佔柏林的機會，看來也沒了。但蒙哥馬利依然希望說服艾森豪把這次調動延後。他這次發出的電報，出乎尋常地委婉。他說：「職注意鈞座擬改變指揮架構。如鈞座認為必須如此，職謹請求暫不實施，直至我軍攻抵易北河為止。此一舉措對目前正在進展的行動毫無助益。」

華府官員不久就發覺，蒙哥馬利的英國頂頭上司，並沒有心情好委婉的。在五角大廈，布魯克的抗議由英美聯合參謀首長會議中的英方代表，威爾森爵士元帥（Sir Henry Maitland Wilson）正式呈給陸軍參謀長馬歇爾將軍。英方來文中，譴責艾森豪與史達林通訊的程序，指責盟軍統帥變更了計畫。馬歇爾既吃驚又在意，立刻以無線電報告知艾森豪。他的電文大部分都是直接引用自英國人的抗議。他說，英國人認為，要遵從現存的戰略——蒙哥馬利的北攻，以及攻佔德國各海港，如此可「大舉消滅德軍的潛艦作戰」，也可使荷蘭、丹麥獲得自由，再度打開與瑞典的交通，可以使「瑞典各港口目前無用、幾近兩百萬噸的瑞典、挪威船隻，變得可以利用。」馬歐爾引述說，英軍首長「強烈認為，務應遵守主攻……越過德國北部平原，而目標則為攻佔柏林……」

馬歇爾為了擋掉英國人對艾森豪的批評，以及盡可能迅速重建英美間的團結，對雙方表示充分的諒解。然而電文中的最後一段，顯示出他本人對盟軍統帥的決定感到迷惑與懊惱。「在你發出SCAF 252號電報以前，可曾考慮英國海軍方面的事？」末了他寫著：「請即告知你的高見。」

有一位人士比任何其他人更覺得事態嚴重，而且會是迫在眉睫的紛亂。邱吉爾幾乎每過一小時就變得更加焦慮。艾森豪事件正好在三個盟國間的關係並不很好時發生，這是至關緊要的時刻，邱吉爾覺得孤立無援，他不知道羅斯福病得如何。但前些時候他與羅斯福通信時，就一直感到很困惑不安了。一如他後來所說：「我在長長的電報中，自以為在和這位信得過的朋友及同事長談……，（可是）我卻再也沒有完整收到他的回音……很多人共同擬稿，以他的名義發出……羅斯福僅僅提供大致的指示與批可……那幾個星期真是代價高昂啊。」

更使人煩惱的，是西方各國與蘇聯間的政治關係迅速惡化。邱吉爾懷疑，自從雅爾達會議以後，史達林的戰後目標已經不斷擴展，他對在會議所作的承諾已不屑一顧。目前幾乎每一天，都有不祥的新兆頭出現。東歐已經漸漸被蘇聯所吞沒。由於燃油以及機械問題而落在紅軍戰線後方的英美轟炸機，連同機員都遭到扣押，史達林原先答應要提供美軍轟炸機使用的空軍基地與設施，突然又拒絕了。蘇軍原先給予了自由進入在德國西部被解放了的戰俘營的權利，以便把戰俘遣返回國，卻又拒不給予西方的代表類似的權利疏散、或用任何方式協助位於東歐的各戰俘營內的英美軍戰俘。尤其更糟的，史達林指責「在美國戰俘營中曾被德軍所俘的前蘇聯戰俘……遭受不公平的待遇、非法迫害，包括毒打在內。」當義大利境內的德軍暗中談判要讓他們的部隊投降時，蘇聯的反應則是火急發佈侮辱性的文字，指責盟軍背叛，「在大戰中首當其衝的蘇聯背後與敵人打交道[12]。

而現在卻出現了艾森豪致史達林的電報。邱吉爾認為，在軍事目標的選擇大有可能決定戰後歐洲未來的時刻，艾森豪與蘇聯大獨裁者的通信，對全球以及政治策略——嚴格說來這是他和羅斯福所關切的範疇——構成了危險的干預。對邱吉爾來說，柏林在政治上具有高度的重要性。而現在看來，艾森豪並不打算作一次大舉進攻去把這座城市拿下來。

三月二十九日午夜前，邱吉爾曾打保密電話給艾森豪，要求盟軍統帥說清楚他的想法。邱吉爾小心翼翼，避免提到史達林的電報，反而強調柏林的政治重要性，爭取要讓蒙哥馬利繼續北邊的攻勢。邱吉爾覺得，盟軍在蘇軍面前把柏林攻下來，具有莫大的重要性。現在，三月三十日了，就在他開始坐車到六十多英里外的契克斯去時，他極度憂慮地思考著艾森豪的回答。「柏林，」盟軍統帥說道：「不再具有軍事上的重要性」

———

在漢斯，艾森豪的火氣隨著英國人的抗議而步步升高。倫敦方面對他減弱蒙哥馬利的北方攻勢，反應上的凶狠，出乎他意料之外。更令艾森豪驚訝的，是他致給史達林電報所掀起的狂風暴

———

12 原註：三月二十四日，邱吉爾曾把蘇聯發出的相關文件給艾森豪看，他後來寫道：盟軍統帥「似乎非常生氣與激動，因為他認為這是把我們之間良好的互信做了最不公正，且沒有根據的指控。」

雨。他無法理解這種反對有什麼理由。他認為自己的行動正確，在軍事上也屬必要，自己的決定竟受到質疑令他很生氣。他是個急性子，但目前他卻是盟國領袖人物中最憤怒的一人。

三月三十日，他開始回覆華府與倫敦的電文。先是對馬歇爾前一晚發來的電報，簡短回覆來文收悉，並允諾幾小時內作較為詳盡的答覆。但這時，他率直表示不會改變計畫，而英國人的指責「缺乏事實根據……職計畫攻取北部海岸之各海港以及其他部分，這個計畫的成效遠比威爾森致鈞座電文中，要求分散兵力之方式，更為快速且徹底。」

其次，便是答覆邱吉爾晚間電話中的要求。他發給邱吉爾一封格外詳細的電文，澄清他下給蒙哥馬利的命令，「基於蘇軍企圖，」似乎必需以布萊德雷集團軍自中央進攻萊比錫與德勒斯登。因為這「大體上可以把德軍一分為二……而將西線剩餘敵軍之大部兵力予以殲滅。」一旦作戰成功，艾森豪即打算「採取行動肅清北部各海港。」艾克說，蒙哥馬利「將負責這項任務。如必需，本人建議增加其兵力。」一旦「上述要求都已達成，」艾森豪計畫派東南邊的戴弗斯將軍的第六集團軍，向國家堡壘區進兵，「以防止德軍在南部有任何集結之可能，並且與蘇軍在多瑙河河谷會師。」艾森豪在電文結尾表示他目前的計畫「具有彈性，而且能對未能料及的諸多狀況進行修改以茲因應」。他沒有提到柏林。

艾森豪致邱吉爾的電報用字收斂而且精確，並沒有反映出他在冒火。但他在原先答應要向馬歇爾呈上更為詳盡的報告中，卻顯然火氣十足。艾森豪在向陸軍參謀長報告時，說道：「對關於涉及『程序』之抗議，職完全不能理解。職是獲訓示，有關作戰協調事宜可直接與蘇軍交往。」論及他的戰略，艾森豪則再度堅持他並沒有做變更。「英軍各參謀首長在去年夏天，」他說道，「一向抗議反對職打開中央……路線之決定，彼等均認為徒勞無功……且將分散北翼攻擊兵力。

職一向力主北翼攻擊，主要之作戰努力……為孤立魯爾區。但自從開始，乃至諾曼第D日前，職的計畫……即為整合……主攻與助攻，然後東向大舉進兵。只要略加檢視……即可顯示主攻應為……指向萊比錫地區……在此一區域，為德國碩果尚存工業之集中地帶，一般相信，德國各部會刻正向該地區移動。」

回到蒙哥馬利與布魯克所鼓吹的單鋒進擊戰略，艾森豪說道：「只不過是遵循布魯克元帥一向對職的原則。職決定集中兵力作一次大舉進擊。為達成此計畫，職將第九軍團調回布萊德雷集團軍，以供該階段之中央進兵作戰……此一計畫清楚顯示，第九軍團亦可再度北調，以協助英加兩軍肅清向西直達呂貝克的整個海岸」。然後，「我軍即能向西南進兵，以防納粹佔領山區據點。」

對於國家堡壘——艾森豪稱之為「山堡」——現在明顯成為一處重要軍事目標。事實上，比柏林更受到重視。「容職指出，」艾克說道，「柏林本身已不再是一處特別重要的目標。該市對德人之利用價值，大部分已遭摧毀，甚至德國政府亦準備遷往另一地區。目前重要之舉，為集中我軍兵力一舉進兵，此舉可導致柏林失守，解圍挪威，獲得該國船運及瑞典各港口，優於分散我方的軍力。」

到電文最後一段，艾森豪對英國人的憤怒近乎難以遏抑，「首相及其參謀首長，」他說道，「均反對『鐵砧作戰』（Operation Anvil，在法國南部登陸）；他們反對職的看法，也就是在大舉渡過萊茵河以前，應將德軍殲滅於萊茵河西岸。彼等堅持自法蘭克福向東北進兵之路線，將使我軍陷入在崎嶇地形中作戰導致進兵緩慢。而目前彼等顯然要求職在德軍完全戰敗以前，調動百萬大軍偏向一側作戰。職呈述此項報告，係經職及幕僚日夜殫精竭慮所得，職等一心一意，即早日獲得勝利。」[13]

那天稍晚時候，在華府的馬歇爾與參聯會，收到了英國參謀首長會議對前一天抗議的進一步闡述。第二封電報的大部分，只是第一封電報的冗長覆誦，但加上了兩點重要事項。在第一封電報與第二封電報之間，英國已得到駐莫斯科阿契爾將軍的消息，盟總已經把補充的情報資料發給迪恩了。英方強烈要求，不要把這些資料轉給蘇聯。倫敦也要求，如果磋商已經開始，必須暫停，以待英美聯合參謀首長會議先行研討戰況。

不過到了目前，英國人本身的意見也變得不一致。不但是討論艾森豪的電報適宜與否，也論及電報的某些部分該加以抨擊。英國參謀首長會議向華府發出抗議以前，卻忽略了先給邱吉爾過目，而邱吉爾的反對與這些將帥的有所不同。對他來說，「對艾森豪新計畫的主要批評，在於改變了主攻的軸線，經由萊比錫與德勒斯登攻向柏林。」首相看來，在這個新計畫下，英軍「可能不得不在北方扮演幾乎是靜態的角色。」更糟糕的是，「英軍和美軍一起進入柏林的所有希望都破滅了。」

柏林如同過往，依然是邱吉爾心中最重要的目標。在他看來，「艾森豪認為柏林已基本上失去了其在軍事上與政治上的重要性，他可能錯了。雖然德國政府部會大部分已搬到南部，但柏林陷落會影響全國民心的事實，不應予以忽視。」他為「忽略柏林，讓它落進蘇軍手中」的危險而煩惱。他說，「只要柏林挺得住，在廢墟中抵制圍攻——這一點並不難做到——德國的抵抗便會受到鼓舞。但柏林陷落，卻可能會使幾乎所有的德國人感到絕望。」

邱吉爾對手下參謀首長們提出的論點在原則上是同意的，但他覺得他們的抗議都在很多「雞毛蒜皮、無關宏旨的事情上」。他指出，「艾森豪在美國參聯會中很受信任……美國人也會覺得，身為打勝仗的盟軍統帥，他有權利而且的確很有必要獲得蘇聯的回應……使得東西方的軍隊取得進行接觸的最佳時刻。」英方的抗議，邱吉爾深恐只不過提供「與美國參聯會……爭執的可能。」他預料美方會「大加反駁」，也的確是如此。

三月三十一日，星期六。美國參謀長聯席會議授予艾森豪以無條件的支持。他們對英方抗議只同意兩點：艾森豪應向英美聯合參謀首長會議詳細說明他的計畫，以及發給迪恩的細節應予保留。美方參聯會的觀點認為，「德國之戰目前已經到了這種程度，唯有戰地指揮官才能對各項措施作最恰當的判斷，盡早摧毀德國軍隊或他們的抵抗力……艾森豪將軍應當繼續與蘇軍總司令自由通信。」在美國軍方將領心中，只有一個目標，這個目標並不包括政治考量。「唯一的目標，」他們說道：「便是迅速、完全的勝利。」

但爭執的結束還必須再等好一段時間。在漢斯的艾森豪備受困擾，但依然把自己的主張解釋再解釋。白天，他遵循馬歇爾的訓令，向英美聯合參謀首長會議呈上有關他的計畫的詳細說明。其次，拍電報到莫斯科，命令迪恩不要轉發盟總致史達林的補充資料。然後再以一封電文要馬歇爾放心，「鈞座可以安心，今後職及駐莫斯科軍事代表團間來往之政策電文，副本分致英美聯合參謀首長會議及英方。」最後，他才回覆給一直未回覆的蒙哥馬利的要求，該電報已近四十八小

13 原註：艾森豪這份長達一千字的電報，並沒有在官方歷史上出現，而他自己所著的《歐洲十字軍》（*Crusade in Europe*），也刪減改寫。例如「一向對職叫囂」改為「一向強調」，而本書所引述氣憤的最後一段則已經整段刪除。諷刺的是，這份電報最先撰稿的卻是個英國人——盟總主管作戰的助理參謀長懷特利少將（John Whiteley）。但電報發出盟總時，是清楚有艾森豪的簽名。

時未回了。

之所以最後才回蒙哥馬利的電報，是因為兩個人之間的關係已經變得很緊張，以致於雖然他的內容緊急，但艾森豪最後才作答覆。多年以後，艾克作了說明[14]，「蒙哥馬利變得極為自我，企圖使人確信，美軍——尤其是本人——並沒有什麼功勞。事實上就是說，我們在二戰根本沒有做過什麼事，最後我就不跟他說話了。」艾克及其幕僚——有意思的是，也包括了盟總中的英軍高階將領——認為蒙哥馬利是一個自我中心的麻煩製造者，在戰場上卻過分謹慎，行動遲緩。「蒙蒂要的是頭戴兩頂帽子騎在一匹白色戰馬上進入柏林，」盟總作戰署副署長懷特利少將（John Whiteley）說道，「不過一般的感覺卻是，如果有任何事要快快做到，可別交給蒙蒂。」盟總副參謀長摩根爵士中將說道，「在當時，如果艾克要選將進攻柏林，蒙蒂會排最後一位——蒙蒂至少需要六個月的準備時間。」布萊德雷則截然不同。艾森豪告訴他的侍從官說：「布萊德雷從不按兵不動，絕不停下來重新集結，抓到機會就前進。」

這時，艾森豪既氣英方批評他致電史達林，再加上長期以來對蒙哥馬利的積怨不相容，這很明顯地反映在他給這位英軍元帥的回電上。電文透露出他的火氣，「本人必須堅持，」電報中說，「關於第九軍團撥交布萊德雷之決定……一如本人已告知過你，渡過易北河後作戰階段之後，美軍之一部將再度調撥給你指揮。請你注意，調撥部隊並非因為柏林，本人認為，該地僅為一地理位置，對你所提的本人從無興趣，本人只求殲滅敵方武力……」

即使艾森豪已對蒙哥馬利明顯表達了立場，在契克斯的邱吉爾，還是寫信給艾克作一次歷史性的請求。它在每一方面，都與艾森豪致蒙哥馬利的電報正好相反。在晚上七點前，邱吉爾已經發電報給艾森豪：「要是明顯如你所料，敵軍防線虛弱……為什麼我們不渡過易北河，盡可能向東挺進？這具有重要的政治意義，由於蘇聯大軍……似乎確定會進入維也納，拿下奧地利。如果我們故意拱手把柏林留給他們，即便柏林該由我們來掌握，那麼這個雙重的事件就可能增強他們已經明顯的信心，認為戰爭的勝利都是他們打出來的。

「除此以外，我並不認為柏林失去了軍事上的重要性，當然更沒有失去政治的重要性。柏林的陷落，會對在第三帝國各地抵抗的德軍有重大的心理影響。只要柏林守得住，大部分的德軍便覺得繼續奮戰是他們的責任。至於說攻佔德勒斯登及與蘇軍會師會是無上的成就，本人並不以為然……只要柏林還在德國掌握之下，拙見以為，它就是德國境內最具決定性的要點。

「因此，本人堅持原計畫，渡過萊茵河，也就是說，美軍第九軍團應與二十一集團軍長驅直抵易北河，然後再渡河進兵柏林……」

———

莫斯科，夜色已臨。英美兩國大使與迪恩將軍及阿契爾將軍一起與蘇聯總理會晤，遞交艾森豪的電文。這次會議為時短暫，一如迪恩後來向艾克報告，「史達林對在德國中部的攻擊印象深刻」，他認為「艾森豪的主攻很好。可以達成將德國一分為二的最重要目標」。他也覺得德軍的「國家堡壘或許會在捷克西邊及巴伐利亞。」史達林除了同意英美軍的戰略之外，卻沒有提及他本身的戰略。他說，與蘇軍計畫的配合還須等他找機會與參謀商討。會晤結束時，他答應在

———

14 原註：作者對艾森豪進行過詳細、長時間的錄音訪問。

二十四小時內，答覆艾森豪的電文。

客人一離開，史達林立刻拿起電話，接通朱可夫及柯涅夫兩位元帥。他話很簡短，但是命令卻很清楚：命令兩位將官立刻飛來莫斯科，在明天——也就是復活節星期天的隔天舉行緊急會議。雖然他沒有解釋命令的理由，但史達林已經斷定，西方盟國在鬼扯。他十分肯定，艾森豪計畫好要趕在蘇軍以前進攻柏林。

3

從東線戰場飛行一千英里到莫斯科，這一趟旅行既長且累。朱可夫元帥困倦地坐在野戰灰色的公務車後座，車在圓石鋪成的小山顛簸前行，然後進入了廣闊的紅場，駛過像糖果般由多種色彩形成的圓頂聖瓦西里主教座堂，向左轉進入克里姆林宮西門進入城牆。緊跟在朱可夫後面的，是另外一輛軍用轎車，裡面坐著柯涅夫元帥。在宮門上面的救世主塔，鏡面上鍍金的指針，顯示時間快到下午五點了。

兩輛公務車橫越迎風的內院，向前進入有如壁畫般的宮殿建築群，金色圓頂的大教堂以及黃色門面、雄偉的政府大樓，這裡曾經是俄國諸皇與王子的專區。車開向克里姆林宮的中心，在靠近紀念十七世紀伊凡大帝的白色磚造鐘塔附近，車速慢了下來，駛過一排古代的巨砲，到了一棟土砂色三層樓的長長建築物外停下來。沒多久，兩位將帥進了電梯，到二樓的史達林辦公室去。他們身穿剪裁合身茶褐色的軍服，厚實的金色肩章，上面是蘇聯元帥的一顆直徑達一吋的金星星章。在這短短的距離，兩將四周都有侍從官與護送的軍官簇擁著，一起慇懃閒聊，不經意的旁人，也許以為他們是至友。其實，他們是死對頭。

朱可夫與柯涅夫兩人，都已達到他們事業的頂峰。兩人都頑強、獨斷、力求盡善盡美，而在整個軍官團中，都認為在他們麾下服務既是榮譽，也是莫大的責任。身材矮小、身體結實、樣貌溫和的朱可夫比較出名，被社會大眾及蘇軍士兵視為偶像，認為他是蘇聯最偉大的軍人。然而軍官之中，卻有人把他看成是怪物。

朱可夫是專業軍人，在俄皇龍騎禁衛軍中以行伍出身。一九一七年俄國大革命開始，他便加入了革命黨，身為蘇維埃騎兵，在反布爾什維克戰爭中十分勇敢與凶猛，在後內戰時期的紅軍中，得以晉升軍官。雖然他饒有天賦，有卓越的創意與天生的指揮才能，但若不是史達林在一九三〇年代殘酷地整肅紅軍將領，他可能還是一個不大為人所知的軍官。那些整肅掉的大多數人，都是大革命時期的宿將，但朱可夫卻因為他「軍」多於「黨」的成分而躲掉了浩劫。殘忍無情地除掉了老一代的將領，更加速了他的晉升。到一九四一年，他已高升到蘇聯最高的軍職，蘇維埃參謀本部參謀總長。

朱可夫以「軍人中的軍人」而夙負威名。或許因為他曾經是一名列兵，更以與士兵親切而著稱。只要部隊仗打得好，他認為戰爭中搶劫只不過是他們應分的報酬。可是他對麾下軍官，可就是嚴厲執行紀律的指揮官了。各級將領沒有達到他的要求，往往是遭當場撤換，然後加以懲處。懲罰通常是兩種方式任擇一種：受處分的軍官不是送往懲罰營，便是降為士兵，到前線戰鬥最激烈處去作戰，有時讓對方自己二選一。

一九四四年波蘭戰役，有一次朱可夫和羅科索夫斯基元帥，以及六十五軍團司令巴托夫將軍（Pavel Batov）一起觀察部隊的前進。朱可夫以望遠鏡觀測，對著巴托夫吼道：「軍長和第四十四步兵師師長，送懲罰營！」羅科索夫斯基和巴托夫雙雙為兩位將領求情，羅科索夫斯基救了軍長，可是對師長，朱可夫還是很堅持，立刻降為士兵、派往前線。命令他身先士卒，作一次自殺性的攻擊，他幾乎馬上陣亡。對這死去的軍官，朱可夫報請頒給蘇聯軍方最高勳章——蘇聯英雄勳章。

朱可夫本身就得過三次蘇聯英雄勳章，和他的老對頭柯涅夫一樣，各種榮譽紛紛堆在兩位元帥身上。不過正當朱可夫的名聲在蘇聯如日中天時，柯涅夫實際上還沒沒無聞——而不為人知卻會使人耿耿於懷。

柯涅夫個子高大，脾氣暴躁而精力充沛，藍眼睛中閃爍著精明的光芒。他四十八歲，比朱可夫小一年。某些方面，他的職業生涯與朱可夫是相仿的。他也曾為俄皇作戰，投效革命黨後繼續在蘇軍服役。不過有一點不同，而對像朱可夫這些人來說，可就是大大的不同。柯涅夫進入紅軍擔任的是政委。雖然在一九二六年轉調指揮職，成為一位正規軍官，但對其他軍人來說，他這種經歷卻是一個永遠的污點。正規軍中，政委一向不受人喜愛，他們的權力太大，指揮官如果沒有部隊政委的副署，連一個命令都不能發出。朱可夫雖然是忠貞黨員，卻從來不把以前做過政委的人，當成是真正的陸軍專才。有一件事情，一直使他深感困擾。二戰之前，他和柯涅夫在同一個戰區擔任指揮官，以同樣的速度晉升上去。史達林在一九三〇年代親自甄選年輕將領作幹部，他十分狡猾，知道這兩個人之間緊張的敵對，他便堅持要他們彼此鬥爭。

柯涅夫雖然態度獷悍、坦率，軍方一般認為他們兩個人之中，柯涅夫比較有頭腦，所受的教育也好一些。他讀起書來狼吞虎嚥，在司令部裡有一個小型圖書室，偶爾引用屠格涅夫（Turgenev）和普希金（Pushkin）的金句，使麾下參謀大為驚奇。他所屬的部隊都知道他紀律嚴格。不像朱可夫，他對軍官很體恤，保留怒氣對付敵人，在戰場上他就能十分野蠻。聶伯河（Dnieper）戰役時，他的部隊已經把德軍幾個師團團包圍住了，柯涅夫要求德軍立刻投降。當德軍拒絕時，他就下令揮舞馬刀的哥薩克騎兵攻擊，「我們讓哥薩克人想要砍多久便砍多久」。一九四四年，他告訴南斯拉夫駐莫斯科軍事代表團團長吉拉斯（Milovan Djilas）說：「他們甚至把高舉雙手投降的德軍的手都砍掉了。」在這一方面，至少朱可夫和柯涅夫可對了眼，他們不能饒恕納粹的暴行。對德軍，他們既不慈悲也不後悔。

這時，兩位元帥走過二樓的走廊，向史達林辦公室走去。他們心中都很篤定，要討論的事情會是柏林。暫定計畫是要朱可夫的中央部隊，白俄羅斯第一方面軍進攻柏林。北翼的羅科索夫斯基元帥的白俄羅斯第二方面軍，南翼的柯涅夫元帥所屬的烏克蘭第一方面軍都奉命支援。不過朱可夫下定了決心由自己獨力攻下柏林，並不打算請求協助——尤其不要柯涅夫幫忙。不過，柯涅夫也把柏林的問題想過了很多，朱可夫的部隊進攻時可能為地形所阻——特別是在奧得河西岸、德軍有重兵把守的塞洛高地（Seelow）地帶。如果發生了那種情況，柯涅夫便有機會搶朱可夫的戰功了，他心中甚至有概略的作戰計畫。當然，一切都要由史達林決定。不過這一回，柯涅夫滿懷期盼，希望搶在朱可夫之前，一躍而獲得久久等待的光榮。如果大好良機出現，柯涅夫想到也許可以搶在對手之前先把柏林拿下來。

在鋪了紅地毯的走廊中途，引領的軍官請朱可夫與柯涅夫進了一間會議室。會議室的天花板很高，房間很狹窄，差不多整間房都被一張厚實、光可鑑人的桃花心木長桌與桌邊的椅子塞滿。兩盞巨型吊燈，支架上都是透明不磨沙的電燈泡，照耀在會議桌上。房間的角落，有一張小書桌和皮椅，附近牆上掛著列寧的大幅照片。室內各個窗戶都有窗幔，卻沒有旗幟或者標誌。但有兩幅裝在暗色框內的銘版畫，畫的是俄國兩位最有名的軍事專家：凱撒琳二世女皇駕前的名將蘇沃洛夫元帥（Aleksandr Suvorov），以及一八一二年殲滅拿破崙大軍的庫圖佐夫將軍（Mikhail Kutuzov）。房間一頭，有兩扇門通到史達林的私人辦公室。

兩位元帥對這裡的布置並非陌生。一九四一年，朱可夫擔任參謀總長時，便在這棟大樓工作。他們兩個人以前都有好多次在這裡和史達林會晤的經驗，不過這一次並不是一次小型的私人會議。兩位元帥進入後，幾分鐘內就有一批在戰時僅次於史達林的重要人士出席，他們是國防委員會的委員。國防委員會是蘇聯戰時作戰體系中擁有全部權力的決策機構。

這些蘇聯領導人既沒有什麼形式，也不拘階級的禮數進入會議室。外交部長莫洛托夫（Vyacheslav M. Molotov）；國防委員會副主席貝利亞（Lavrenti P. Beria），這個矮矮胖胖的近視眼，是秘密警察頭子，全蘇聯最令人害怕的人物之一。胖得圓鼓鼓的馬林科夫（Georgi M. Malenkov）是共產黨中央委員會書記及軍備行政官；臉孔瘦削，鷹勾鼻的米高揚（Anastas I. Mikoyan），負責生產協調；儀表堂堂，蓄著山羊鬍子的布加寧元帥（Nikolai A. Bulganin），是駐蘇軍前線的最高統帥部代表；木訥、留著一撇小鬍子的卡岡諾維奇（Lazar M. Kaganovich）是交通運輸專家，也是委員會中唯一的猶太人；經濟計畫和管理專家，沃茲涅先斯基（Nikolai A. Voznesenskii）。代表軍方作戰部門的是參謀總長安托夫將軍（A. A. Antonov），作戰部部長什捷緬科將軍（S. M. Shtemenko）。當這批高級領導就座後，通往總理室的門開了，個子不高、身體結實的史達林走了出來。

他穿著很簡單，一身深黃色軍服，沒有肩章，也沒有佩戴階級。細紅條的軍褲，紮進黑色軟皮的齊膝馬靴，軍服上身的左胸，佩著一枚勳章——紅帶金星的蘇聯英雄勳章。嘴裡咬著他所喜歡的英國登喜路牌菸斗。他不浪費時間客套，一如柯涅夫後來回憶：「我們彼此間還沒有來得及打招呼，史達林就開始說話了。[15]」

史達林就前線戰況，問了朱可夫與柯涅夫幾個問題，一下子他就直指重點所在，以喬治亞人那種特有的唱歌般的腔調低聲說話，說得靜悄悄，卻有很大的效應：「幾個小盟國打算在紅軍以前攻下柏林。」

他停頓了一會兒才繼續說下去。史達林說，他已經收到英美軍計畫的情報資料，顯然「他們的打算並不怎麼『聯盟』。」他不提前一晚艾森豪拍來的電報，也不提及情報資料的來源，轉身對什捷緬科將軍說：「朗讀這份報告。」

什捷緬科站了起來朗讀說，艾森豪的軍隊計畫包圍及殲滅在魯爾區敵人集中的兵力，然後向萊比錫及德勒斯登進兵，但是剛好「在進兵途中」，他們打算拿下柏林。所有這一切，什捷緬科說，「看上去就像是在協助紅軍，」但是現在已經清楚了，「艾森豪的主要目的」，便是在紅軍到達以前把柏林拿下來。而且，他說道，紅軍統帥部已經知道，「盟軍兩個空降師正在加速準備空投柏林。[16]」

---

15 原註：除另有註明外，本書所引用蘇聯人士的話，也一如本書所引用蘇聯的資料，都得自作者一九六三年四月赴莫斯科作研究時所得。蘇聯政府准許作者在曼徹斯特大學（University of Manchester）艾瑞克森教授（John Erickson）協助下，詢問參加過柏林戰役上至將帥，下至士兵的人。唯一禁止作者訪問的元師便是朱可夫。其他各個元帥，柯涅夫、蘇可洛夫斯基（Sokolovskii）、羅科索夫斯基與崔可夫，都進行了平均三小時的談話。此外，還准許作者閱覽軍方檔案，可將大量文件，包括作戰地圖、作戰報告、專著、照片及戰史等複印及帶出蘇聯。當時，這些文件還只准許在蘇聯政府內部傳閱。

16 原註：當然，他們確實是有在做準備。

柯涅夫後來回憶，他記得什捷緬科所宣讀的盟軍計畫，還包括了蒙哥馬利的進兵，要在魯爾區的北邊，「沿著在柏林和所集結的英軍之間最短的路線」前進。柯涅夫記得，什捷緬科結束報告時說：「根據所有的資料與訊息，這個計畫——要在蘇軍之前攻下柏林——在英美軍統帥部看來是十分可行的，而正全力準備以求達成。」[17]

什捷緬科結束了狀況判斷，史達林轉向兩位元帥輕聲說：「所以，誰去打柏林？我們還是盟軍？」

柯涅夫得意地回想，他頭一個作答。「由我們去，」他說：「而且在英美軍之前。」

史達林看著他，臉上掠過一抹微笑。「所以，」他又輕輕說了，帶著並不生動的幽默加了一句：「你們有那種能耐嗎？」柯涅夫記得，瞬息之間，史達林又再次冷酷而且務實、尖銳地提出了問題。柯涅夫在南翼，「你到底要如何準備及時把柏林拿下來？」他問道：「你不需要把手下兵力重新集結嗎？」柯涅夫察覺到陷阱時已太遲了，史達林又重施故伎，讓部下一個鬥一個，柯涅夫意識到這一點時，其實已經開始作答了。「史達林同志，」他說：「所有必需的措施都會執行，我們會及時重新集結、攻下柏林。」

這可是朱可夫等待的時刻。「我可以發言嗎？」他問得很平靜，幾乎低聲下氣，並不等待回答，「經過應有的考量，」他說道，同時向柯涅夫點頭：「白俄羅斯第一方面軍並不需要重新集結。他們現在已準備妥當，我們的目標直接指向柏林，本方面軍到柏林的距離最短，我們要把柏林拿下來。」

史達林默默看著這兩個人，又是淺淺一笑。「很好，」他說得溫柔，「你們兩個人都留在莫斯科，和參謀本部擬訂計畫，我預料他們可以在四十八小時內完成，然後你們便可以返回前線，一切都這麼說了。」

他們兩個人都大為震驚，指定他們準備計畫的時間竟這麼短促。到現在為止，他們知道進攻柏林的攻擊日是五月初。而這時的史達林顯然要他們早幾個星期攻擊。尤其對柯涅夫來說，這是發人深省的想法。雖然他有一個暫定計畫，認為自己可以在朱可夫之前拿下柏林，卻沒有什麼確切成形的書面資料。這次會議，使他對龐大的後勤問題氣急敗壞，一定要迅速解決。所有的武器裝備與物資軍品，現在就得趕緊送到前線去。最糟的是，他缺乏兵力。自從在上西利西亞作戰後，他有相當可觀的兵力依然散布在南部，有一些則距離柏林不遠。這些都得馬上調動，構成了很大的運輸問題。

朱可夫靜聽史達林說的話，也是同樣在擔心。雖然他的參謀一直在準備這次攻擊，但距準備完成還遠得很。幾個軍團已經進入陣地，但他也還在把補給品運到，把補充兵急急運給兵力枯竭的部隊。他有幾個師，通常兵力為官兵九千到一萬二千人強，現在少到了只有三千五百人。朱可夫深信柏林戰役會極為艱困，但他要作萬全的準備。據他的情報，「柏林本身及附近地區，都已

17 原註：史達林與高級將領舉行的這次重大會議，在蘇聯高階軍方是周所皆知的，卻從來沒有在西方披露過。在蘇聯戰史與期刊上，就有好多種說法出現。其中一種便是朱可夫對其參謀描述的會議狀況，由蘇聯史學家波皮爾中將（N. N. Popiel）所記錄。柯涅夫元帥向作者說明會議的背景，補充一些至今才知道的細節。他也在回憶錄的第一篇追記部分詳細情形，並在一九六五年在莫斯科出版。他所說的，與朱可夫的說法略有不同。例如，朱可夫並沒有提到蒙哥馬利將向柏林大舉猛攻，柯涅夫也沒有提到英美聯軍空降師準備在柏林空投。

什捷緬科所宣讀的報告來源從未披露。根據作者的判斷，它是對艾森豪前一晚電報內容的明顯誇大的軍事性評估——評估的基礎，一方面是對艾森豪動機的懷疑，一方面是編造故事，其意圖是為史達林本人的目的提供依據。

作了萬全的準備，防務堅強。每一條巷弄、廣場、十字路口、家屋、水圳及橋樑，都是整體防務的一部分……」而現在，如果他要趕在西方盟軍以前抵達柏林，每一項都得加快進行不可，他最快可以在什麼時候攻擊？這就是史達林要知道的答案——而且要快。

會議結束時，史達林再度發言，聲音聽起來冷冰冰。他對兩位元帥以加重的語氣說：「我一定要告訴你們，從你們開始作戰的那一天起，我們會特別留意你們所有的一切。」

兩位將帥之間的對立，從來都不是發生在檯面下的，這時又再度被利用。史達林向四周的人略略點頭，便轉身離開了房間。

史達林現在啟動了他的計畫，卻依然得面對一項重要的工作：小心仔細擬訂覆電給艾森豪。到晚上八點，他的電文完成、發出。「本人已收悉貴統帥三月二十八日電報，」史達林在給艾森豪的電文中說：「貴方計畫……與蘇軍會師，切斷德軍，完全與敝國統帥部計畫吻合。」史達林完全同意兩軍在萊比錫與德勒斯登地區內會師，因為「在那個方向」，蘇軍「將作為主要攻擊方向」，紅軍攻擊的日期在哪一天？史達林特別就此發出通知，「大概在五月的下半月」。

電文中最重要的部分是第三節。他刻意讓人覺得，他對德國的首都沒有興趣。「柏林，」他在電文中說，「已經失去了在此之前的戰略重要性。」事實上，史達林說，它已變得不重要了，所以「敝國統帥部計畫派遣二支二線兵力，指向柏林方向。」

——

邱吉爾和英軍參謀首長會議幾乎開了一整個下午的會議，他覺得困擾、煩躁。困擾是來自艾森豪的電報，在發來時解碼、解讀錯誤，他接到的電報中有一句是「蒙哥馬利將負責巡邏任務……」。邱吉爾立刻措詞銳利地覆電說，他認為英皇陛下的大軍正被「貶黜……到一項始料所不及的有限領域。」艾森豪十分驚訝，便回電說：「本人如未受責，也深為不安……本人從未言不由衷，自認一生記錄……應可消除這種想法。」到頭來才知道，艾森豪根本沒有用「巡邏任務」（on patrol tasks），他所說的是「在這些任務」（on these tasks），也不知道怎麼回事，電報發出時傳遞錯誤。邱吉爾為這件事很懊惱，雖只是雞皮蒜皮的小事一樁，卻使他日益增多的困惑更加複雜。

在首相眼中，這絕不是小事一樁，這只是美國人對柏林持續的漠不關心。帶著那種成為他一生特色的韌性，他開始同時處理兩個問題——聯軍各國的關係，以及柏林。他在致病塌中的羅斯福總統一封長長的電報中——自從SCAF 252號電報爭執以來，他首次給羅斯福的電報——首相最先長文寫下他對艾森豪完全的信任，然後「在最忠實而一直並肩作戰的朋友與盟邦中，處理掉這些誤解以後，」邱吉爾強力指出攻佔德國首都的緊要性，「沒有一件事比得上柏林的淪陷……更能對德軍心理上造成絕望的感受。」他認為，「那會是戰敗的終極信號……如果（俄國人）攻佔柏林，他們難道不會有一種誤會深植他們內心，認為在締造這共同的勝利時，他們是壓倒性的貢獻國，難道不會使得他們有不當的情緒，在將來造成嚴重、可怖的難題嗎？……柏林應該在我們掌握之中，我們當然應該拿下它來……」

第二天，邱吉爾收到史達林致艾森豪電文的副本，他的擔憂更加深了。他認為，這份電報的內容更是讓人存疑。那天晚上十點四十五分，他發電報給艾森豪。「本人更相信進軍柏林的重要性。莫斯科答覆你的第三段中說『柏林已失去此前的戰略重要性』，更是門戶大開容我們進入了。這一點應該照本人所提的政治層面去看。」邱吉爾急忙又補充說，目前他認為「極為重要的，便是我們和他們會師，應該盡可能越在東邊越好……」

盡管有種種狀況，邱吉爾把柏林拿到手的決心並沒有放棄。他依然很樂觀，在致艾森豪電報的結尾他寫說，「在史達林大舉進攻以前，在西方也許會有很多變動。」他現在最大的希望，便是盟軍的動力與渴望會使部隊早在史達林所訂的目標日期以前進入柏林。

——

在史達林的統帥部，朱可夫與柯涅夫晝夜不停工作。到四月三日星期二這天，也就是四十八小時期限內，他們的計畫完成了，便再度晉見史達林。

先呈出作戰計畫的是朱可夫。他幾個月以來一直都在思量著這次的攻擊，並且想出他手頭上兵力雄厚的白俄羅斯第一方面軍該如何行動。他說，他的主攻會在拂曉以前，從直接面對柏林的科斯琴西邊、奧得河長達四十四公里的橋頭堡發動，再由南及北兩翼支援攻擊。

朱可夫的計畫對後勤需求是巨大的。他的主攻兵力要投入不少於四個野戰軍團與兩個戰車軍團，而且各自要有一個軍團負責支援攻擊，包括在後面向前的預備隊兵力，共有官兵七十六萬八千一百人。為求穩當，他希望在科斯琴橋頭堡的**每一公里**要有二百五十門大砲——大約每十三英尺便有一門砲！他計畫以一萬一千門大砲發射的制壓射擊彈幕展開攻擊，這還不包含小口徑的迫擊砲。

現在朱可夫要提到計畫中他最為得意的部分。朱可夫設計了一種非正規而怪誕的策略以擾亂敵人。他在晚上發起攻勢，就在攻擊發起的前一刻，他打算運用一百四十盞強光的防空砲兵探照燈，以強烈的光柱直接照射德軍陣地，讓強光使得敵軍張不開雙眼。他充分認為這份計畫結果能造成敵人重大傷亡。

柯涅夫的計畫也同樣的壯觀。由於他的野心勃勃，計畫更為複雜、困難。如他後來所言，「對我們來說，柏林是上至將帥、下至士兵每一個人都熱切期望要親眼一睹的目標，並以武力把它奪得。這也是我本人的熱切期盼……我內心充斥著這樣的念頭。」

不過事實上，柯涅夫的部隊距離柏林市最近的距離也在七十五英里以上。他期待以攻擊速度幫自己達成目標。他用兵靈活，在右翼集中了戰車軍團，所以一旦完成突破，便可以向西北來一個大包抄向柏林進兵，或許在朱可夫以前就打進了柏林。這是他沉思策畫了好幾個星期的主意。現在，看到了朱可夫提出的計畫後，倒是猶豫不知道要不要表明他的意圖了。作為替代，他這時把重點集中在作戰細節上。他的作戰計畫，訂在拂曉發動攻擊，由幾個中隊戰鬥機所施放的濃密煙幕掩護下，部隊渡過尼斯河。至於攻擊的部隊，他計畫使用五個野戰軍團與兩個戰車軍團——兵力為五十一萬一千七百人。值得注意的是，他和朱可夫相似，請求要有同樣幾乎難以置信的火砲密度——每一公里正面兩百五十門大砲——而他打算要把它們作更大規模的運用。「不像我們的鄰軍，」柯涅夫回憶說道：「我計畫以兩小時又三十五分鐘的砲兵射擊制壓敵軍陣地。」

可是柯涅夫也迫切需要增援兵力。朱可夫沿著奧得河共有八個軍團，而柯涅夫在尼斯河岸，一共才五個軍團。要使他的計畫有效，還需要多兩個軍團。經過一陣討論後，史達林同意把二十八軍團與三十一軍團撥給他，因為「波羅的海與東普魯士的戰線已經縮短了。」但要把這兩個軍團調到烏克蘭第一方面軍這邊來，需要很長時間。史達林指出，運輸工具極其缺乏。柯涅夫還是決心一搏。他向史達林報告，增援兵力還在路上時，他就可以開始攻擊，他們一到便投入戰場。

史達林聽過兩位元帥的建議計畫後，他都予以批准，但把佔領柏林的責任交給朱可夫。拿下柏林以後，再向易北河一線挺進。柯涅夫與朱可夫也在同一天發動攻擊，消滅柏林南邊一帶的敵軍，然後他麾下各軍團便向前湧進，與美軍會師。蘇軍的第三個方面軍，羅科索夫斯基將軍的白俄羅斯第二方面軍，則沿著奧得河下游，一直到朱可夫以北的海岸線，並不參與柏林的攻擊。羅科索夫斯基所屬官兵三十一萬四千人將在稍晚發動攻勢，長驅直入越過德國北部與英軍會師。蘇軍這三個方面軍的兵力，一共達二百五十九萬三千八百人。

看上去，柯涅夫已經被貶為柏林攻勢中的支援角色。不過這時，史達林俯身在地圖上，把朱可夫與柯涅夫兩個方面軍畫了一條作戰分界線。這條線很微妙，始於蘇軍戰線的東面，過河直到德國施普雷河（Spree）上的十六世紀古城呂本（Lübben），位置在柏林東南方六十五英里左右的位置，線畫到那裡，史達林便突然停住了。如果他繼續把這條線畫下去，標出柯涅夫不能越過的戰鬥界線的話，那麼烏克蘭第一方面軍的各軍團顯然不得參與任何對柏林的攻擊。這一下柯涅夫大喜過望，他後來回憶說，「雖然史達林什麼話也沒說，但前線指揮部保持主動的可能性卻心照不宣地呈現了出來」。一句話也沒說，已經為柯涅夫的部隊進兵柏林亮了綠燈——如果他辦得到的話。對柯涅夫來說，就像史達林看穿了他的心事一般，他認為「史達林這方面……暗中要他參與較勁」。會議就此結束了。

兩位元帥的計畫馬上成為正式訓令。第二天早上，兩位死對頭，手握命令，在朦朧大霧中驅車前往莫斯科機場，都急於要回到自己的司令部去。命令要他們發動攻勢的日期，比史達林給艾森豪的回電足足早了一個月。為了保密，書面訓令上沒有列出日期。史達林親自告訴了朱可夫與柯涅夫。對柏林的攻勢，於四月十六日星期一開始。

正當朱可夫與柯涅夫如火如荼地準備，要以十三個軍團一百多萬人的兵力猛攻柏林時，希特勒腦中又閃過他那頗負盛名的第六感。他認為，在柏林正對面的科斯琴集結的蘇聯大軍，只不過是聲東擊西之計。蘇軍攻勢的主攻會指向南邊的布拉格（Prague）——不是柏林。希特勒的將帥中，只有一名天才將領具有同樣的洞察力。這時在韓李奇南翼中央集團軍司令舍爾納上將，也看穿了蘇軍的欺敵之計。「報告元首，」舍爾納警示的口吻說道，「歷史上就這樣寫著。要記得俾斯麥的話，『誰掌握了布拉格便掌握了歐洲』。」希特勒很同意。冷酷的舍爾納是元首的紅人，也是德軍將領中最沒有才能的一位，卻立即擢升為元帥。同時，希特勒還下達了一項決定命運的訓令。四月五日晚，他下令把韓李奇的四支作戰經驗豐富的裝甲部隊往南調——這是韓李奇一直倚賴作為阻擋蘇軍大舉進攻的部隊。

4

韓李奇上將的座車緩緩駛過柏林的廢墟，他要去總理府參加全體參謀首長軍事會議，這是希特勒九天以前便傳達的命令。跟他坐在後座的是作戰處長艾斯曼恩上校。韓李奇默然凝視車外遭火燻黑的街道。過去兩年，他只來過柏林一次。而今，親眼所見的跡象使他難以忍受。這已經不是他以前所認識的柏林了。

通常，從他的司令部到總理府的路程大約要九十分鐘。可是這一回他們花在路上的時間差不多要兩倍這麼久。堵塞的街道一再使他們繞來繞去改道，甚至連主要幹道也時常無法通行。有的地方，傾斜得搖搖欲墜的高樓大廈，任何時候都會倒塌下來造成威脅，使得大街小巷都成了危險地帶。巨大的炸彈坑湧出水來，折斷的煤氣管線溢出煤氣火光。全市區都有封鎖的地區、立了警告牌，上面會寫著：「注意！未爆彈！」指出這些地方還有飛機投下來沒有爆炸的炸彈。韓李奇用悲痛的聲音向艾斯曼恩說道，「所以這是我們終點要到的地方——一片殘垣斷壁！」

雖然威廉大道兩邊的建築都成了廢墟，但總理府除了一些零星的損傷之外，看上去並沒有什麼變化。就連大門外軍服整潔的黨衛軍衛兵，似乎也還是一樣，他們俐落地立正敬禮，韓李奇和跟在後頭的艾斯曼恩一起進入總理府。雖然路上經過耽擱，韓李奇還是準時到達。希特勒的會議是在下午三點召開。韓李奇過去這幾天想了很多，他打算盡可能說得直白、精準，把維斯杜拉集團軍面對的狀況告訴希特勒以及他身邊的人。他十分清楚說出來的危險，但是可能會有的後果並不令他操心。相反的，艾斯曼恩卻大為不安，「在我看來，」他後來說道，「就像韓李奇正在策畫對希特勒與他身邊的顧問作一次全面性攻擊似的，沒有幾個人這麼做了以後還能存活。」

來到大廳，一名軍服筆挺的黨衛軍軍官，白上裝、黑馬褲、馬靴擦得雪亮的他，出來迎接韓李奇，並向他報告說，會議在元首地堡舉行。韓李奇以前就知道，在總理府、附近的建築，以及封閉的後花園有龐大複雜的地下設施，不過自己卻從來沒有去過任何一處。雖然總理府正面還算完整，建築後面卻看得出有嚴重的損害。過去一度是壯觀的花園，有許多的噴泉，現在都沒有了，原來在一邊的希特勒茶閣，以及花園的溫室也都完了。

韓李奇看來，這處地方很像是一處戰場，到處有「很大的炸彈坑，一堆堆一塊塊的鋼筋混凝土，炸得粉碎的雕像，和連根拔起的樹木」。總理府被煙燻黑的牆上，「以前的窗戶位置，現在成了巨大的黑窟窿」。艾斯曼恩看著這一片荒涼，想起德國十九世紀詩人烏蘭德（Ludwig Uhland）《歌手的咒詛》（*The Singer's Curse*）中的一句，「僅有一根高矗的華柱表訴說已逝的光榮；這一根也能一夜之中倒塌。」韓李奇的想法卻比較實在，「想想看，」他悄悄對艾斯曼恩說道：「三年以前，從伏爾加河（Volga）到大西洋，歐洲都在希特勒的統治之下。而今，他卻坐在地下的一個坑洞裡。」

他們越過花園，走到一處有兩名衛兵看守的長方形碉堡。檢查過他們的身分證件，衛兵才把一扇厚實的鋼門打開，讓兩位軍官通過。韓李奇記得，鋼門在他身後轟然一聲關上後，「我們走進了令人震驚的地下世界」。在盤旋向下的混凝土樓梯底端，明亮燈光的休息室裡，兩名年輕的黨衛軍軍官迎接他們。很有禮貌地把他們的大衣脫下來，也以同樣的禮貌，把韓李奇和艾斯曼恩搜查一遍。尤其特別注意到艾斯曼恩的公事包。一九四四年七月，一個裝了炸藥的公事包，幾乎要了希特勒的命。自那以後，元首的精銳警衛，除非事先檢查過，否則不准任何人靠近他。盡管黨衛軍軍官道歉，艾斯曼恩對這種有失尊嚴的動作還是感到十分激動，覺得「德國的將軍竟受到這種對待，十分可恥。」

搜身完了，便指引他們進入一條狹長的走廊。走廊分成兩段，前一段改裝成舒適的起居室，天花板垂下圓頂的照明燈，使淡褐色的四牆有一種黃色的光暈，地板鋪著來自東方的地毯，看得出是從總理府某間大房間搬過來的，它的邊緣依然摺在地毯下面，雖然這間房很舒服，但家具——就跟地毯一樣——似乎沒有人維護。屋內有好幾種椅子，有些普通，有些則罩了富麗的椅罩。一張窄長的棕木桌子靠著一面牆，房間四周掛著好幾幅大型油畫，是德國建築師及畫家申克爾（Schinkel）的風景畫。進門的右邊有一扇敞開的門，通往一間準備妥當的小型會議室。韓李

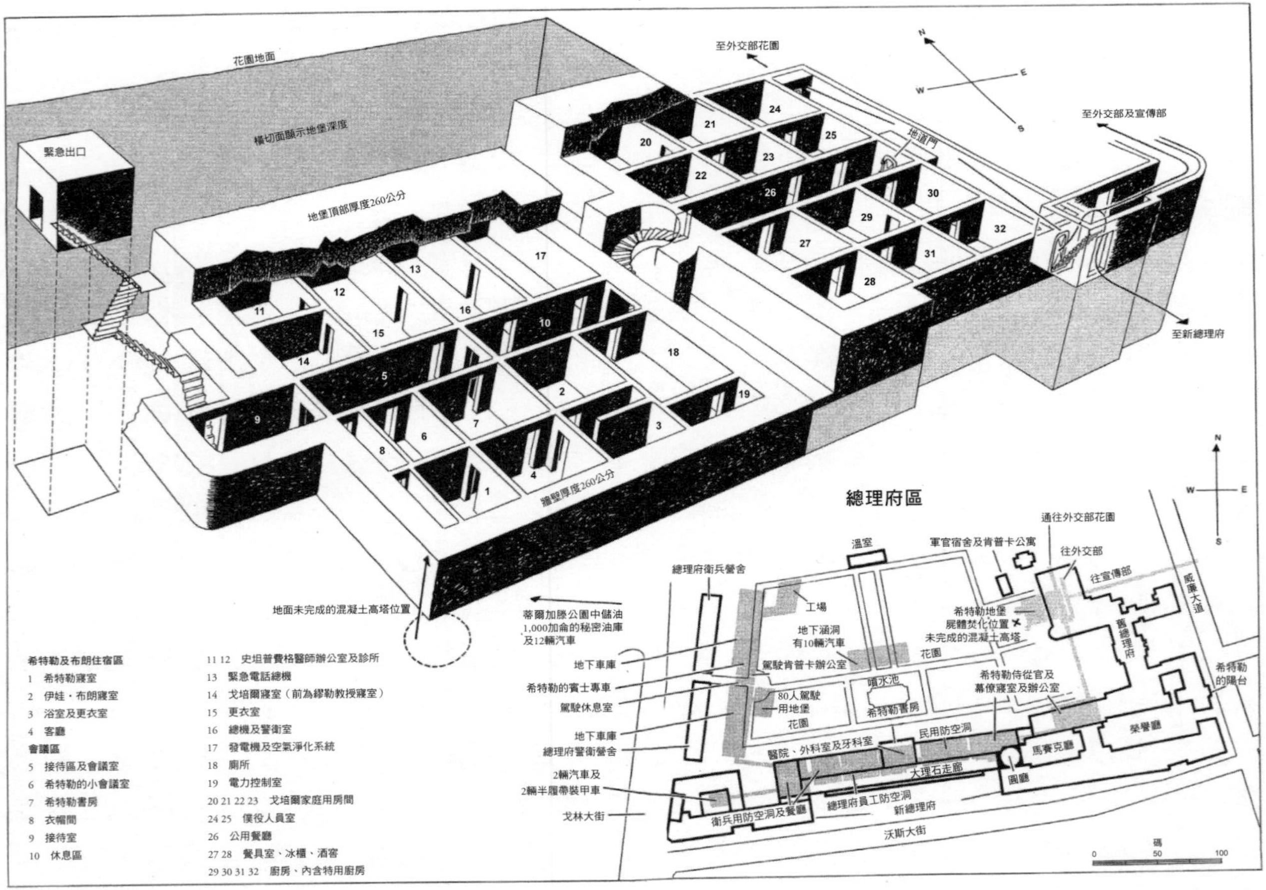
花園地面
橫切面顯示地堡深度
緊急出口
地堡頂部厚度260公分
牆壁厚度260公分
地道門
至外交部花園
至外交部及宣傳部
至新總理府
地面未完成的混凝土高塔位置
蒂爾加滕公園中儲油1,000加侖的秘密油庫及12輛汽車
總理府區
溫室
軍官宿舍及肯普卡公寓
通往外交部花園
往外交部
往宣傳部
威廉大道
總理府衛兵營舍
工場
地下涵洞有10輛汽車
希特勒地堡
屍體焚化位置
未完成的混凝土高塔
花園
舊總理府
希特勒的陽台
駕駛肯普卡辦公室
噴水池
80人駕駛用地堡
花園
希特勒書房
希特勒侍從官及幕僚寢室及辦公室
榮譽廳
地下車庫
希特勒的賓士專車
駕駛休息室
地下車庫
總理府警衛營舍
醫院、外科室及牙科室
民用防空洞
馬賽克廳
大理石走廊
圓廳
2輛汽車及2輛半履帶裝甲車
衛兵用防空洞及餐廳
總理府員工防空洞
新總理府
戈林大街
沃斯大街
碼
0 50 100
希特勒及布朗住宿區
1 希特勒寢室
2 伊娃・布朗寢室
3 浴室及更衣室
4 客廳
會議區
5 接待區及會議室
6 希特勒的小會議室
7 希特勒書房
8 衣帽間
9 接待室
10 休息區
11 12 史坦普費格醫師辦公室及診所
13 緊急電話總機
14 戈培爾寢室（前為繆勒教授寢室）
15 更衣室
16 總機及警衛室
17 發電機及空氣淨化系統
18 廁所
19 電力控制室
20 21 22 23 戈培爾家庭用房間
24 25 僕役人員室
26 公用餐廳
27 28 餐具室、冰櫃、酒窖
29 30 31 32 廚房、內含特用廚房

希特勒地堡

奇只能猜測總理府地堡的大小與深度。就他所見到的來說，看起來相當寬敞，從走廊起居室以及遠端兩側，都有門通往各處房間。因為天花板低，鐵門很窄，加之沒有窗戶，很像小型郵輪的走道。除此之外，韓李奇判斷，他們至少人在地下四十英尺的地方。

幾乎立刻就有一名身材高大、儀容整潔的黨衛軍軍官出現，他是希特勒的侍從官及隨身護衛京舍上校（Otto Günsche）。他和藹地詢問他們這一趟路程，又奉上飲料。韓李奇點了一杯咖啡。不久，其他與會者也開始陸續到達，第二個來到的，是希特勒的副官布格杜夫將軍，並向他們打招呼。據艾斯曼恩記得，他說了什麼「關於成功的垃圾話」。然後統帥部的參謀總長凱特爾元帥到了，隨後還有希姆萊、鄧尼茲海軍元帥（Karl Dönitz），以及與希特勒交情最好深得信任而出名的鮑曼（Martin Bormann）。據艾斯曼恩說，「人人都大聲和我們打招呼，看到了他們，我真以司令為榮。他在這班宮廷蠢貨中間，從頭到腳都是軍人，熟悉的筆挺姿勢、態度嚴肅，中規中矩。」

艾斯曼恩看見希姆萊穿越房間走過來時，韓李奇緊張了起來。集團軍司令壓低了嗓門咕嚕說道：「那傢伙一腳也不要踏進我的司令部。如果他說要來看看，你要快告訴我，我好離開司令部。見了他我就想吐。」確實，當艾斯曼恩看到希姆萊把韓李奇拉過去談話時候，韓李奇的臉色都白了。

就在這時，接任古德林的克雷布斯走進來。一見到韓李奇，便立刻走了過來。在這天早先的時候，韓李奇便知道克雷布斯讓他手下重要的幾支裝甲兵力，調到舍爾納那個集團軍。雖然他責怪克雷布斯沒有大力抗議這項決定，但這時他似乎對陸總的新參謀總長表達出熱誠，至少他用不著和希姆萊繼續交談了。

跟過去一樣，克雷布斯很擅長於交際與獻殷勤。他對在這次會議裡討論的所有事情都認為可以辦得成，他要韓李奇放心。鮑曼、凱特爾與鄧尼茲前來聽聽韓李奇提出的問題，三個人都滿口支持，說當韓李奇向希特勒提出問題時，他們都會出手幫忙。鮑曼轉身對著艾斯曼恩問道：「你對集團軍的狀況有何高見——畢竟所有這些情況，都直接衝著柏林而來，整體來說也可以算是對著德國而來。」艾斯曼恩人都呆了，蘇軍距離首都只有三十八英里。西線盟軍正橫掃德境，這個問題真令人要瘋狂了。他便直白地答道：「情況很嚴重，這也是我們為什麼到這裡來的原因。」鮑曼安慰地拍拍他的肩膀，告訴艾斯曼恩說：「你不必太擔憂，元首一定會答應給你們援助的，你們所要的所有兵力都會到手。」艾斯曼恩瞪著他，鮑曼所說的這些兵力打從什麼地方來？突然間，他有點想吐。這間房內，彷彿只有他和韓李奇是精神健全的人。

越來越多的將領與參謀塞滿了已經很擁擠的會議室。希特勒統帥部的作戰廳長約德爾將軍，高高在上，鎮靜自若。他的副廳長，空軍參謀長科勒將軍（Karl Koller），以及統帥部主管補給與兵力的參謀次長布勒少將（Walter Buhle）都一起來了。差不多每一個人都帶著一個侍從官、一個傳令，或者一位副首長，結果形成的噪音與騷動，使艾斯曼恩想起了一窩蜜蜂。

韓李奇默默佇立在擁擠的走廊，淡淡地聆聽鬧哄哄的談話。這些談話，大部分都是隨便聊聊、雞毛蒜皮、無關宏旨的事。地堡的氣氛，既令人感到窒息也真實。韓李奇有種不安的感覺，這些在艾斯曼恩周圍的人，都已退縮到一個夢幻世界。在那裡，他們深信奇蹟可以扭轉乾坤，使他們脫離浩劫。這時，他們都在等一個人。他們相信，這個人能創造奇蹟。這時，走廊上突然有了走動聲。布格杜夫將軍兩手高舉在頭上，向所有人揮手要求安靜。「各位、各位，」他說道：「元首來了。」

轟炸機飛到滕珀爾霍夫區上空時，廣播電台播出了緊急警報的代號：「古斯塔夫！古斯塔夫！」在地下鐵各站站長辦公室，擴音器播報：「第十五號威脅！」又一次遍及全市的大規模空襲開始了。

地面向上砰爆，破碎的玻璃片在空中飛舞，大塊的混凝土塊掉落街道，砸得四分五裂。上百處地方的塵灰旋風飛上天空，把全市籠罩在一層暗灰色、令人窒息的雲層下。人們爭先奔跑，連走帶爬地找路去防空洞。露絲·迪克曼（Ruth Diekermann）就在進入防空洞以前抬頭一看，只見轟炸機一批批飛到，「就像是工廠的裝配線」。克虜伯工廠（Krupp und Druckenmüller）裡，一名法國的強徵勞工德勞內（Jacques Delaunay）剛剛發現他正在翻修的一輛彈痕斑斑的戰車裡，有一條嚇人的殘肢，他丟下之後，趕緊往安全的地方避難去。位於勝利大道（Sieges Allee）的布蘭登堡與普魯士帝王大理石像，都在基座上搖動呻吟。十二世紀的藩侯「大熊」阿爾布雷希特一世（Margrave Albert the Bear）高高舉起的十字架，倒塌在同時代名人班拜格主教（Otho of Bamberg）的胸像上。附近的斯卡格拉克廣場（Skagerrak Square），警員奔走尋找掩蔽，也不管那個在樹上自殺上吊的屍體還在搖擺晃動了。

燃燒彈如雨水般下，落在萊特街監獄B翼的屋頂，並在二樓引發十來處大火。狂亂的囚犯們，脫身來救火，拎著一桶桶的消防沙在刺鼻的煙霧中踉蹌奔跑。有兩個犯人突然停下手，二四四號房的人看著二四七號房的人，擁抱在一起，科思尼兩兄弟這才發現好多日子以來，都一直關在同一層囚室。

潘科區的默林家一樓兩房公寓裡藏匿的韋特林格夫婦，他們站在廚房，先生摟住嗚咽的太太，「再這樣下去，」他在防空砲射擊的震耳噪音中叫道：「即使猶太人也能公開到防空洞。現在他們都被炸彈嚇得要死，那還敢對付我們。」

十四歲的雷施克，只看到天空中的機群閃著銀光，飛得太高了，不能玩他喜歡的遊戲——和掃射的戰鬥機玩危險的捉迷藏。這時，他媽媽歇斯底里地高聲呼喊，拖著他往地下室跑，他九歲的妹妹克莉絲塔（Christa），正全身發抖坐在那哭。整個地下室似乎都在震搖，天花板和四牆的泥灰都在往下掉，這時燈光閃爍著、然後熄了。母女兩開始大聲禱告，一分鐘以後，雷施克也跟著唸「我們的天主」。轟炸的噪音越來越厲害，這時地下室看上去，一直在抖動。雷施克的家人歷經了很多次空襲，卻沒有一次是這麼的要命。媽媽手摟著兩個孩子嗚咽起來，雷施克以前很少聽見媽媽哭，哪怕他知道媽媽時常擔心，尤其擔心在前線的爸爸。突然，他氣起這些飛機來了，是它們令媽媽害怕的——這也是他頭一次感到驚恐。他內心慚愧，因為他發現自己也在哭了。

媽媽還來不及攔住，雷施克已衝出地下室，沿著樓梯跑到公寓的一樓，直接到房間找自己蒐集的玩具兵。他把玩具兵中最威風的一個挑出來，它的瓷造臉孔上畫著獨特的特徵。雷施克再到廚房，把媽媽那把沉重的砍肉刀抽走。雖然現在還在空襲當中，他卻走到公寓院子，把玩娃放在地上，菜刀一落就把它的頭剁下來。「好了！」他叫了一聲，人往後站，臉上依然淌著淚水。他毫無悔意看著這個被砍掉了腦袋的希特勒。

——

他慢吞吞走進地堡走廊——身體一半彎著，拖著左腳，左手不聽使喚地在顫抖。雖然他身高一七四公分，但現在他的腦袋和身軀都向左扭，看上去個頭就小得多了。崇拜他的人稱他的眼睛「富有磁性」，現在卻發熱得通紅，就像好多天沒睡過覺似的。他一臉腫脹，斑斑污點且死灰色，一副淡綠眼鏡在他右手上搖晃，眼前的亮光讓他很不耐煩。他的將領舉起手來，齊聲高呼「希特勒萬歲」，他目無表情地看著他們良久[18]。

走廊太擁擠了，希特勒要走進小會議室得經過每一個人，還真有點困難。艾斯曼恩留意到，元首剛一通過，有些人立刻又交談起來，並沒有他以為會有的那種代表尊敬的靜肅。對韓李奇來說，元首出現的方式使他深感震驚。他覺得，「看上去希特勒活不過二十四小時，只是一副行屍走肉。」

彷彿很痛苦似的，希特勒慢慢一瘸一瘸地走到桌子盡頭自己的位置。艾斯曼恩吃驚看到，似乎他就像「一個袋子倒進扶手椅，一言不發，保持著倒下去的姿勢，雙手撐在座椅兩側。」克雷布斯和鮑曼走過去，坐在元首後面靠牆的長板凳。克雷布斯就在那裡，非正式地向希特勒介紹韓李奇與艾斯曼恩，希特勒軟綿綿地和他們兩個人握了握手。韓李奇注意到，自己「無法感覺到元首的手，因為並沒有回應的握力。」

---

18 原註：與一般人普遍想法相反，希特勒的健康江河日下，並不是因為一九四四年那次意圖炸死他的陰謀令其受傷。雖然那次事件似乎標示了他體力迅速弱化的開始。二戰以後，美軍反情報單位對每一個曾診治過希特勒的醫師一一審訊。作者讀過他們所有的報告，沒有一份針對希特勒的癱瘓症狀指出明確的原因。一般認為，病因一部分起於精神狀態，一部分由於他的生活方式而引起。希特勒很難睡上一覺，白天和黑夜對他並沒有什麼區別。除此以外，還有充足的證據顯示，他由於不分青紅皂白大量服用開給他的藥，以及由他寵信的莫雷爾教授醫師（Theodor Morell）頻頻注射而造成慢性中毒。處方中含有嗎啡、砷、番木鱉鹼、各種人造興奮劑，以及這位醫師自行調配的神秘「奇藥」。

因為會議室小，並不是每一個人都能坐下來，韓李奇便站在元首左側，艾斯曼恩則站在右面，凱特爾、希姆萊與鄧尼茲則坐在長桌的對面，其餘人待在外面的走廊。韓李奇驚訝的是，雖然大家說話的聲音都壓低了，可還是繼續在聊天。克雷布斯宣布會議開始，他說道：「為了要讓司令」——他看了看韓李奇——「能盡快回到他的集團軍去，謹提議由他立刻報告。」希特勒點點頭，戴上綠框眼鏡，做手勢要韓李奇開始。

韓李奇以他中規中矩的態度，立即開門見山，眼光直望著桌子周圍的每一個人，最後落到希特勒，說：「報告元首，我一定要告訴您，敵人正在準備一次實力與兵力都非同小可的攻擊。目前，他們正在這些地區準備——從施韋特（Schwedt）南邊到法蘭克福以南，」他就在攤開在桌上的那份地圖，用手指頭沿著奧得河前線受威脅的一帶移動，這一線大約有七十五英里長，約略接近他預料會遭受最猛然攻擊的幾個城市——施韋特，弗里岑地區（Wriezen），繞過科斯琴橋頭堡以及法蘭克福南面。他說，毫無疑義「主攻會指向據守中央地區布瑟的第九軍團」，而且「也會攻擊在施韋特一帶的曼陶菲爾第三裝甲軍團」。

韓李奇仔細敘述，自己如何盡力同時多方著手，用自己的兵力加強布瑟的第九軍團，以對抗蘇軍預期的強大攻勢。但因為需要加強布瑟，曼陶菲爾就會被犧牲。第三裝甲軍團的戰線，目前有一部分由素質較差的部隊在把守，他們分別是上了年紀的國民突擊隊，少數的匈牙利部隊，以及蘇軍投誠的弗拉索夫將軍的幾個俄國師——可不可靠很成問題。然後，韓李奇說得很坦白，「第九軍團的狀況比以前好了些，而第三裝甲軍團則根本不堪一擊，曼陶菲爾部隊的戰力，至少在他戰線的中央與北翼的戰力很低。他們什麼砲兵部隊都沒有，防空砲兵並不能代替野戰砲兵，而且這些防空砲兵的彈藥也不夠。」

克雷布斯連忙打岔，「第三裝甲軍團，」他加重語氣，「馬上就會有砲兵了。」

韓李奇頭低了一下，並沒有多說話——他要實實在在見到了大砲以後才信克雷布斯的話。他就像沒有經過打岔似的繼續說下去。他向希特勒解釋，第三裝甲軍團目前的狀況沒有問題，靠的是一件事——奧得河正在漲水氾濫，「我必須警告各位，」他說，「我們只能在奧得河氾濫時，才能讓第三裝甲軍團的狀況維持這麼虛弱。」只要河水一退，韓李奇補充了一句，「蘇軍會在那裡發起攻擊。」

會議室裡的人都聚精會神在聽，不過對韓李奇所說的話，可能有一點點不安。在希特勒開會時這麼直接了當的場面很不尋常，大多數將領都報喜不報憂。自從古德林去職以後，沒有任何人說得這麼坦白——而很顯然，韓李奇還只是開始而已。這時他話鋒再轉到據守奧得河的法蘭克福的問題，希特勒已經宣布這處城市為堡壘，就像那倒楣的科斯琴。韓李奇要求放棄法蘭克福，他覺得把部隊部署在那裡，是為希特勒的「堡壘」聖壇作犧牲。應該可以挽救這些部隊，把他們使用在有利的地方。對於科斯琴，古德林就有同樣的意見，由於他已經因為對那座城市的看法而下台，韓李奇也許會因為提出類似的反對，現在會有同樣的下場。可是維斯杜拉集團軍司令認為，法蘭克福守軍是自己的責任，不管後果如何，他不會畏縮，所以就把這個問題提了出來。

「在第九軍團地區，」他說道，「整個前線最虛最弱的地點之一，就在法蘭克福附近。駐守的兵力很少，他們的彈藥也是如此。我認為我們應該放棄法蘭克福的防衛，把部隊抽調出來。」

希特勒忽然頭向上望，說了開會到現在的第一句話。他嚴厲地說，「這一點我不接受。」

到現在為止，希特勒坐在那裡不僅一語不發，而且一動也不動，就像完全不感興趣似的。艾斯曼恩覺得，他根本連聽都沒有聽。而這一下子，元首突然「醒了過來，開始顯現強烈的興趣」。他開始問及守軍的兵力、補給以及彈藥。甚至，出於一些不可解的原因，還問到法蘭克福砲兵的部署。韓李奇備有答案，他按部就班把自己的這一案解釋清楚。他從艾斯曼恩那裡，取出各項報告與統計數字，把這些放在元首面前的桌上。每遞一份文件，希特勒便看一看，似乎印象深刻。韓李奇見機會來了，便輕聲但語帶強調地說道：「報告元首，我實在覺得放棄法蘭克福的防禦是明智之舉。」

令會議室中大多數將領極為驚訝的是，這時希特勒轉身對著參謀總長說：「克雷布斯，我認為韓李奇將軍提到法蘭克福的意見很正確，擬訂給這個集團軍的命令，今天呈到我這兒來。」話一說完便是驚人的安靜，使得走廊外的喋喋人聲更顯得囂雜。艾斯曼恩覺得對韓李奇突然有了新的敬意。「韓李奇本人卻完全無動於衷，」他回憶道，「不過他看了我一眼，我知道那就是說，『唔，我們贏了。』」不過這項勝利卻非常短暫。

就在這時，走廊裡一陣亂哄哄，戈林空軍元帥魁梧奇偉的身軀，塞滿了小會議室。他擠進來，與在場的人熱情打招呼，熱烈有力地握了希特勒的手，道歉說自己來遲了。他擠進來坐在鄧尼茲身邊。克雷布斯很快就向他把韓李奇的簡報說了一下，之後是一陣不舒服的耽擱。克雷布斯一說完，戈林便站起身來，雙手按在地圖桌上，俯身對著希特勒，就像要對這次會議說幾句話似的，他沒有批評，倒是滿面笑容，顯然興致很好，說道：「我一定要向您報告一件事，有一次我去看第九傘兵師……」

他還沒有說下去，希特勒忽地裡身軀挺直坐好，又一縱身站了起來，像洪流一般說話滔滔不絕。在場的人聽不太懂他講些什麼。「在我們眼前，」艾斯曼恩回憶，「他像火山爆發般，發了大脾氣。」

他大發雷霆與戈林一點都不相干，而是臭罵手下的幕僚與將領，並未努力去了解他對堡壘的戰術作用，「一而再，再而三，」他吼叫道：「在整個戰爭期間，堡壘已經達成了它們的目的，在波森（Posen）、在布雷斯勞（Breslau）、在什奈德米爾（Schneidemühl），都已經得到證明。多少蘇軍都被它們牽制住了，要把它們攻佔下來是多麼困難！每一處堡壘都打到最後一人！歷史證明我對，我下令要守住堡壘打到最後一個人是正確的！」然後正對著韓李奇，厲聲尖叫道：「那就是為什麼要保住法蘭克福，它是一座堡壘！」

就像脾氣發作時那麼突如其來，這篇激烈的言語一下就結束了。希特勒雖然筋疲力竭洩了氣，卻不能再安分坐著了。艾斯曼恩認為，他已經失去了自我控制。「他全身都在發抖，」他回憶道，「兩隻手都抓著鉛筆，猛烈地上下飛舞，鉛筆就敲著椅子邊緣。他給人的印象是心理上發狂了。這太不真實了——尤其一想到，整個民族的命運都在這個人渣的手裡。」

盡管希特勒性急脾氣發作，盡管他三心兩意對法蘭克福改變了主意，韓李奇還是頑強地不肯鬆手。他平靜、克制——就像希特勒沒發過脾氣似的——繼續再度提出他的論點，強調基於每一種可以理解的原因，必須放棄法蘭克福。鄧尼茲、希姆萊與戈林都支持他。不過這種支持充其量只是一種象徵。會議室中三個最有權力的將領都保持緘默，凱特爾與約德爾一句話都不說——這都是韓李奇所料到的，克雷布斯對於要不要堅守法蘭克福，並沒有提出意見。希特勒顯然筋疲力盡，對每一項爭議，只疲倦地做做手勢予以駁回。這時，他的精神又來了，他要知道法蘭克福衛戍司令比勒上校（Ernst Biehler）的學經歷。韓李奇回答，「他是一位極其可靠而且歷練豐富的軍官，在多次作戰中證明了這點。」

「他是格奈森瑙嗎？」希特勒立刻竄出一句，指的是一八〇六年防守科爾堡要塞（Kolberg）

抵抗拿破崙獲得勝利的格奈森瑙將軍。

韓李奇泰然自若，以同樣的方式回答道：「法蘭克福這一戰，便可以證明他是不是格奈森瑙了。」

希特勒立刻說道：「好吧，明天派比勒來見我，我就可以評斷，到那時我再決定法蘭克福該怎麼辦。」韓李奇為了法蘭克福，頭一仗就敗了，他認為，第二仗八九不離十也會輸。比勒戴一副厚重的近視眼鏡，不是個討人喜歡的人。希特勒對他也不可能會有多好的印象。

這時，來到韓李奇所定義的所謂會議危機。他再度發言，先為自己不擅外交辭令道歉，他只知道用一種方式來表達。一如以往，他這次說的都是毫不掩飾的事實。「報告元首，」他說道：「我並不認為駐守奧得河前線的兵力，足以抵抗蘇軍即將要發動的極猛烈攻擊。」

希特勒人還在顫抖，卻沒有開口。韓李奇說自己的這批雜牌軍——德國殘餘的人力——缺乏戰鬥素質。在前線的大多數部隊，都沒有經過訓練，沒有作戰經驗，補充的新兵濫竽充數，都不可靠，連許多指揮官都是如此。「舉例來說，」韓李奇說明：「第九傘兵師就令我擔心，它的各級指揮官與士官，幾近全部都是以前的行政軍官，既沒受過訓，也不習慣於帶領作戰部隊。」

戈林突然發作了。他大聲說道：「傘兵師！你說的是我的傘兵師！他們是現存的精銳部隊！我可不要聽這種損人的話！本人親自擔保他們的作戰能力！」

「元帥，您的意見，」韓李奇冷冰冰說道，「多少有些偏見，我並沒有說什麼話詆毀您的部隊。不過我從經驗中得知，沒有受過訓練的部隊——尤其是連軍官都沒有經驗——往往頭一次挨到砲轟就會嚇得要死，以後就沒有多大用處了。」

希特勒又說話了，這一回他很鎮靜，也很理性，「對這些部隊，要盡一切可能訓練，」他說道，「在作戰以前確實還有時間訓練。」

韓李奇要他放心，在還剩下的時間，他會竭盡一切的努力去做，不過他又補充說：「訓練並不能帶給他們作戰經驗，缺點就在這裡。」希特勒駁斥這種論調，「恰當的指揮官就能提供這種經驗，不管怎麼說，蘇聯也在用第三流的部隊打仗」。希特勒說道，「史達林的兵力接近到盡頭，尤其他剩下來的都是奴兵，這種部隊的能力極其有限。」韓李奇這時才發現希特勒的消息有多不靈通。他強調自己不同意這種看法，「報告元首，」他說道，「蘇聯的軍隊人數既多，也是能打仗的。」

韓李奇心想，是該單刀直入痛陳狀況危急的時候了，「我一定要向元首報告，」他說得很直白，「自從把裝甲部隊調給舍爾納以後，本集團軍所有的部隊——好與不好的——都要用作第一線部隊，沒有預備隊，完全沒有，他們擋得住攻擊前的猛烈砲轟嗎？他們承受得了初期的衝擊嗎？或許，擋一陣子可以，但是，對抗我們所預料的這種攻擊，本集團軍的每一個師每一天要損失一個營。也就是說，在整個戰線上，我們會有一個星期一個師的損失率。我們無法承受這種損失，因為沒有兵員去補充他們。」他停了一下，發現所有的目光都看著他，這時韓李奇再說下去：「報告元首，事實就是這樣，我們充其量能挺住幾天。」他環顧四周，「到那時，」他說，「一切都完了。」

全室一片死寂，韓李奇知道他所舉的數字沒有爭論的餘地，來開會的官員，都和他一樣熟悉傷亡的統計數字，所不同的只是他們不說出來而已。

戈林頭一個打破沉默。「報告元首，」他宣稱，「我馬上調動空軍官兵十萬人供您調配，幾天以內他們就可以到奧得河前線報到。」

希姆萊毫不客氣地盯著戈林這個死對頭，然後轉向希特勒，就像試探元首的反應。「報告元首，」他尖聲說道：「黨衛軍以能提供兩萬五千名戰士到奧得河前線為榮。」

鄧尼茲也不能被比下去，他早已撥了海軍步兵一個師給韓李奇，這時他宣布，也要加派兵力。「報告元首，」他表示，「水兵一萬二千人會立刻從各艦調出趕赴奧得河。」

韓李奇看著三人，他們自告奮勇，從各自的私人王國裡，派出沒受過訓練、沒有武器裝備、不夠資格作戰的部隊，在一場惡鬼拍賣中，把人的生命當賭注押下去。他們喊出高價，不是為了拯救德國，而是要搏取希特勒的歡心。一下子，拍賣熱度傳染開來，許多聲音齊聲應和，每一個人都爭相提出建議，也許還找得到別的兵力。有人問起後備軍人的數字，希特勒叫道：「布勒！布勒！」

走廊外面，擠在一起等待的將領和傳令，已經由喝咖啡到改喝白蘭地了，也一起在喊：「布勒！布勒！布勒在哪裡？」又是一陣騷動，主管補給與兵源補充的參謀次長布勒少將，擠過人群進了會議室。韓李奇看了他一眼，便厭惡地把頭轉開。布勒一定在喝酒，聞得到他一身酒氣[19]。可是卻沒有人——連希特勒在內——注意到這一點，也不在意這一點。希特勒問了他幾個問題，有關後備軍人、步槍、輕武器及彈藥的補給。布勒都含混作答，韓李奇認為這是蠢答。不過希特勒似乎滿意這些答覆，他根據布勒的回答，又可以從後備陸軍中拼湊出一萬三千人來。

希特勒要布勒退下去，轉向韓李奇說道：「這一下，你有了十五萬人——大約十二個師了，你可有預備隊了。」拍賣完畢，希特勒顯然以為維斯杜拉集團軍的問題都已擺平。然而，他所有這些作為，充其量也只替第三帝國多買了十二天時間，但卻支出了龐大的生命代價。

韓李奇極力克制住自己，「這些人，」他說得很坦白，「沒受過戰鬥訓練，他們一直待在後方，坐辦公室、在船上、在空軍基地幹修護工作……從來沒在前方打過仗，從沒見過一個俄國兵。」戈林插嘴道：「我所提供的部隊，大部分都是作戰的空勤人員，他們是萬中選一的，還有在義大利的卡西諾山（Monte Cassino）打過仗的官兵——他們的威名勝過其他部隊。」他激烈地告訴韓李奇：「這些官兵有決心、有勇氣、尤其有經驗。」

鄧尼茲也火大了，「我告訴你吧，」他衝著韓李奇說道，「戰艦上的官兵一分一毫都不比你的戰鬥部隊差。」這一下子韓李奇也火上心來，「你有沒有想過，在海上打仗與在陸地上打仗大不相同？」他痛斥鄧尼茲，「我告訴你，所有這些人只會在前方待宰！待宰啊！」

如果說韓李奇的突然發作有驚嚇到希特勒的話，那他倒是沒有表現出來。別人都在火冒三丈時，倒是他越來越冷靜，「好吧，」他說道，「我們會把這些預備隊擺在第二線，大約在第一線後方八公里的地方，第一線承受蘇軍攻擊準備前射擊火力的震撼。這時，預備隊也會漸漸習慣了作戰，如果蘇軍突破陣地，就由他們打了。假如要擊退突破的蘇軍，那你就得動用裝甲師了。」他看向韓李奇，對這一個真正非常簡單的事實，他彷彿在等韓李奇同意。

韓李奇並不認為如此。「元首已經把我這個集團軍最有作戰經驗與準備的裝甲部隊調走，」他說道，「我們要求調回來。」韓李奇把每一個字說得清清楚楚，「我一定要調它們回來」。

在他身後一陣騷動。希特勒的副官布格杜夫氣憤地在韓李奇耳邊悄悄說：「夠了！」他命令韓李奇：「不要再講了！」韓李奇不為所動，「報告元首，」他重新請求，根本不甩布格杜夫，

19 原註：韓李奇在訪問中告訴作者，「布勒喝了白蘭地在大放厥詞。」

「我一定要那些裝甲部隊開回來」。

希特勒幾乎是道歉地搖搖手，「我很抱歉，」他答道，「我不得不從你那裡調走這幾個裝甲師，南集團軍比你更迫切需要他們，顯然蘇軍的主攻並不指向柏林，在你陣線南面的薩克森，敵軍部隊正大規模集結，」希特勒一隻手在奧得河蘇軍陣地上揮過，「所有這一切，」他用筋疲力竭、極其厭煩的聲音說：「只不過是為了混淆我們而進行的佯攻。敵人的主力不會指向柏林——而是這裡。」他充滿戲劇性地以一根手指頭指著布拉格，「因此，」元首繼續說道：「維斯杜拉集團軍應該很能夠抗拒這次的攻擊。」

韓李奇瞪住希特勒表達他的難以置信[20]，然後再看了看克雷布斯。當然，這一切行為在參謀總長眼中也是同樣的不合理，他說話了。「根據我們掌握的情報」，他解釋道，「沒有半點跡象顯示元首的判斷是錯誤的。」

韓李奇已經盡了力。「報告元首」，他作結，「我已完成了每一件可能做到的事情來準備這次的攻擊，我不能把這十五萬人作為預備隊，我也一定會蒙受可怕的損失，再也不能做什麼了，我的職責要我把這些說個明白，職責所在我也必須向您報告，我不保證能擊退這次攻擊。」

希特勒一下子又生龍活虎起來，掙扎著站起身，拍著桌子，「信心！」他叫道：「信心以及必勝意志就會彌補所有的這些缺失！每一個指揮官都應該充滿自信！你！」他一隻手指頭指著韓李奇：「你一定要發揮這種信心！你一定要把這種信念灌輸到手下官兵的心裡。」

韓李奇毫不退縮，盯著希特勒，「報告元首，」他說道，「我一定要再說一句——職責所在，我一定要再說一句——光靠希望和信心打不了勝仗的」。

他後面有人輕聲說，「別講了，別再講了。」

但是希特勒沒有聽到韓李奇的話，「我告訴你，將軍，」他叫，「如果你了解事實，那這一次就會得勝，一定會勝！假如你的部隊都有了同樣的信心，那麼你們就會獲得勝利，這次戰爭中最大的一次勝利！」

接著便是一陣充滿緊張感的靜默，一臉泛白的韓李奇，收拾文件交給艾斯曼恩，他們兩人離開了依然死寂的會議室。到了外面的走廊，有人告訴他們正在空襲，兩人呆呆地站著等、陷入了恍惚狀態，幾乎對四周的交談聲毫不在意。

幾分鐘以後，他們獲准離開地堡。他們走上樓梯，進入花園。到了那裡，韓李奇離開會議室後頭一次說話，「全都沒有用，」他消沉地說，「就像是要把月亮摘下來，」他看著柏林濃密的煙柱四起，又輕聲自言自語：「一切都沒了，一切都沒意義了。」[21]

基姆湖（Chiem See）的碧藍湖水，就像連綿不斷的活動鏡面，照映出一大片覆蓋了山丘的松林，一直到高舉的雪線。溫克（Walther Wenck）沉重地靠在手杖上，凝望著湖水對面幾英里外貝

---

20 原註：韓李奇後來說，「希特勒這一番說法，把我完全給堵死了。我無法反對，因為我不知道舍爾納集團軍面對的狀況。我只知道希特勒完完全全錯了。我能想的便是：一個人怎麼能自己騙自己到這個程度？我想說他們全都住在『杜鵑窩』裡。」

21 原註：對希特勒這次會議的研究，主要是根據韓李奇的日記，再用艾斯曼恩上校一段不算短的回憶（一八六頁）予以補充。韓李奇對發生的每一件事都有仔細記載，希特勒說話的每一個字都記錄在案。雖然韓李奇與艾斯曼恩的敘述略有差異，但在一九六三年我用了三個月時間訪問，與韓李奇釐清了這些問題。

希特斯加登附近那一片廣大散錯的山峰。那一帶的景色分外美麗與寧靜。

各地初春的花兒盛綻，高舉峻嶺上的雪冠開始消失。雖然才四月六日，就連空氣中也有了春日的芬芳。四周寧靜的環境，使德國陸軍最年輕的四十五歲將領，古德林的前副參謀長康復得更快。

這裡是巴伐利亞省阿爾卑斯山山區的深處，戰爭在一千英里之外。除了像溫克這樣因為作戰受傷在這裡療養復健的人之外，整個地區根本見不到一個軍人。

雖然還很虛弱，但溫克的傷勢已在好轉。想到那次嚴重的車禍，他能活著真是走運。二月十三日，車禍造成他的頭部受傷，全身多處骨折，在醫院住了六個星期。折斷的肋骨太多，他從胸部到臀部，依然還套著手術用背架。對他來說，戰爭已經結束了。無論如何，其結果是令人遺憾的。他不認為第三帝國還可以再多撐幾個星期。

雖然德國的前景很黯淡，溫克所要感恩的還很多。太太伊珈德（Irmgard），十五歲的雙胞胎兒女，兒子赫默茲（Helmuth）與女兒席格琳（Sigried）都安然無恙，和他一起待在巴伐利亞。溫克忍受痛楚慢慢走回他入住、風景如畫的小旅館。才走進旅館休息室，伊珈德就迎著他，告訴他一件事，他便立刻打電話到柏林。

接電話的是希特勒的副官布格杜夫，告訴他明天到柏林向希特勒報到。「元首，」布格杜夫說，「已任命你為十二軍團司令。」溫克既驚訝也搞不懂，「十二軍團？」他問道：「哪一個十二軍團？」

「你來就知道了。」布格杜夫回答。

溫克依然不滿意，逼著問道：「我從來沒聽說過有十二軍團呀！」

「就是十二軍團啊，」布格杜夫說得很急躁，好像要解釋所有事情一樣，「現在正在編成。」說完就把電話掛斷了。

幾小時後，溫克又穿上軍服，向發愁的太太道別。「不論妳做什麼，」他警示她，「都要留在巴伐利亞，這裡是最安全的地方。」然後，對新職一無所知的情況下前往柏林。在之後的二十一天，他由一名沒沒無聞的將領，成為每一個柏林人的希望象徵。

——

參謀們都習慣了韓李奇會偶爾大發雷霆的情況，卻沒有人曾見過他發這麼大的脾氣。維斯杜拉集團軍司令正怒氣沖天，他剛剛接到法蘭克福衛戍司令比勒上校的報告，內容是有關他晉見希特勒的經過。果然不出韓李奇所料，這位面容瘦削，戴了眼鏡的軍官，不符希特勒心目中對北歐英雄的想像，只說了幾句前言不對後語的話，甚至連法蘭克福都沒有提到，希特勒便和他握手，要這位年輕軍官退出。比勒剛剛離開地堡，希特勒便下令法蘭克福衛戍司令換人，「另外找一個，」元首告訴克雷布斯，「比勒果然不是當格奈森瑙的料。」

法蘭克福衛戍部隊歸第九軍團司令布瑟節制，當聽到克雷布斯這種急於星火的調動，便立刻向韓李奇報告。這時，比勒站在韓李奇辦公桌旁，火氣爆發的司令官，正打電話給克雷布斯，參謀們安靜地注視著。他們都知道，衡量韓李奇手指頭捶在桌面上的方式，便可以知道他脾氣發作到了什麼程度。這時，他右手正捶得桌面砰砰作響，克雷布斯在那頭接了電話。「克雷布斯，」韓李奇吼道：「比勒上校現在我辦公室，我要你仔細聽著，你要把比勒重新調回法蘭克福衛戍司令。我把這話向布格杜夫說過了，現在我也告訴你，我不接受任何別的軍官，你懂了嗎？」他並不等回答。「還有件事，比勒的鐵十字勳章在什麼地方：他等這勳章已經等了好幾個月了，現在就要頒給他，你聽懂了嗎？」韓李奇還是不停頓，「現在你要聽我說，克雷布斯。」他說道，「如果比勒沒有獲頒鐵十字勳章，如果比勒不復職，擔任法蘭克福衛戍司令，我就要辭去集團軍司令！你明白了嗎？」韓李奇依然猛拍桌子，再咄咄進逼，「這件事我要你今天就確定！明白嗎？」他砰然摔下話筒，克雷布斯一個字也沒吭。

艾斯曼恩上校日後回想起來，就在四月七日下午，集團軍司令部接到希特勒統帥部兩通電報，第一封電報確認比勒為法蘭克福衛戍司令；第二封電報則頒發他鐵十字勳章。

——

希特勒統帥部作戰廳長約德爾將軍，坐在達勒姆的辦公室，等候溫克將軍到來。新任的十二軍團司令，剛剛離開希特勒那裡。現在是約德爾的職責，向他就西線戰況作簡報。約德爾辦公桌上有一堆報告，都是西線總司令凱賽林元帥（Albert Kesselring）發來的。這些電報所傳達的情況，幾乎每過一個小時就越不樂觀，英美大軍在各地都在突破。

理論上，十二軍團是要作為防衛柏林的西線盾牌，據守從易北河下游到摩爾德河（Mulde）之間大約一百二十五英里的戰線，阻止英美軍攻向柏林。希特勒決定由溫克指揮這個軍團，下轄十個師，由裝甲教導團的軍官、國民突擊隊員、官校學生、零散的部隊以及在哈茨山區被打垮的十一軍團殘餘兵力編組而成。即使這些部隊能及時編組成軍，他們還能有多大作用，連約德爾都很懷疑。而且它恐怕永遠也不會投入易北河的戰鬥，不過他卻無意把這種想法告訴溫克。在約德爾辦公室的保險箱裡，依然藏著擄獲到的日蝕計畫。這份文件仔細列出，一旦德國投降或者崩潰時，英美軍隊所要採取的行動。附件地圖上，更顯示出戰爭結束，盟軍每一個國家所屬的佔領區。約德爾始終相信，美軍和英軍會屯兵易北河——大致上易北河是大戰結束後，蘇軍與英美軍佔領區的分界線。在他看來十分清楚，艾森豪正把柏林讓給蘇軍。

——

「當然，」艾森豪將軍在致邱吉爾首相的電報中最後一段說道：「在任何時候，如果在前方任何地點發生了『日蝕』狀況（德軍崩潰或投降），我軍必將火速推進……柏林也將納入我軍的重要目標之內，」這是盟軍統帥所作的承諾，可是這都不能使邱吉爾滿意。他和手下的參謀首長們繼續施壓，要求得到清晰明確的決定。他們拍電報到華府，要求開會討論艾森豪的戰略。史達林的電報引起了他們的疑慮。英國參謀首長會議指出，史達林電文中說他將在五月中旬開始攻勢，但卻沒有指出，他朝柏林方向發動「佯攻」是在什麼時候。對他們來說，依然要盡快把柏林攻下來。他們尤其認為「由英美聯合參謀首長會議在這件事上給予艾森豪指導」是恰當的。

馬歇爾將軍的答覆，堅定決斷地結束了這場討論。「如果能在蘇軍以前拿下柏林，結果將具有莫大的心理與政治優點，」他說道，「但不應凌駕軍事上的考量。以我方意見來說，即為殲滅及瓦解德軍武裝部隊。」

馬歇爾倒是沒有完全關閉拿下柏林可能性的大門，因為「事實上，它就處在我軍主攻方向的中心。」但英美聯合參謀首長會議卻沒有時間對這個問題作冗長的考慮。馬歇爾說，盟軍進兵入德，目前速度很快，已不適合「以委員會的形式來檢討作戰事宜」。馬歇爾在電報的結尾，對盟軍統帥給予明顯的支持。「唯有艾森豪——因為他所處的地位——才知道如何作戰，對變化的戰況進行充分的利用。」

至於備受困擾的艾森豪，他說過願意修改計畫，但只有奉到命令才能這麼辦。四月七日，他致電馬歇爾說：「當然，如果我們只須付出少許代價就攻佔柏林，那我們就該去做。」但因為蘇軍正極為接近那裡，「在這一個進兵階段，把柏林當成是一個主要目標，用兵上考慮不夠周全。」艾森豪說，他頭一個承認「從事戰爭旨在追求政治上的目的，如果英美聯合參謀首長會議認為，以盟軍兵力攻取柏林，其重要性超過在本戰區的純軍事考量，本人將欣然重新調整計畫及觀念，以執行這項任務。」然而，他強調本身的信念，「如果我軍就全面計畫，A、切斷德軍武力……B、在左翼呂貝克地區穩固據守，以及C、力圖驅散德軍任何在南部山區建立據點的努力……如能順利執行，則應佔領柏林。」

第二天，他向蒙哥馬利也作了幾乎相同的回答，蒙蒂竭力維護邱吉爾以及英國參謀首長會議的要求。他要求艾森豪增撥十個師，向呂貝克及柏林進攻。艾森豪打了他回票。「至於柏林，」盟軍統帥說道，「本人承認具有政治上以及心理上的重大意義，但遠比這更為重要的，便是與柏林有關的殘餘德軍的位置。本人更關注他們。當然，如果本人能有機會輕易拿下柏林，也就會這麼做。」

這時，邱吉爾為了不使盟軍關係更形惡化，決定中止這項爭執。他通知羅斯福總統，認為這件事結束了。「為了證明本人的誠摯，」他在電報中告訴羅斯福說，「本人極少數會引用的幾句拉丁文之一：『情人吵架，愛情更新』（*Amantium irae amoris integratio est.*）結尾」。

不過，在SCAF 252號電報以及英美軍的目標發生檯面下的爭執時，英美軍官兵一直都在向德軍內陸推進。沒有人告訴過他們，柏林已經不再是重要的軍事目標了。

5

進軍的競賽正在進行。戰爭史上，從來沒有這麼多的人推進的速度是如此之快。英美軍的攻勢速度具有感染力，整個前線的推進速度是一次巨大的競賽。各軍團都集中兵力，以佔領易北河的西岸、鞏固橋頭堡。作為結束戰爭最後一次的勝利推進，西線的北翼與中央的每一個師，都決心要先攻到易北河。在過去，柏林——向來就是如此——是最終的目標。

英軍責任區內，第七裝甲師——有名的「沙漠之鼠」——自從離開萊茵河以後，就不曾停下來過。渡過河後，師長林恩因少將（Louis Lyne）便強調：「所有官兵從現在起，你們的眼睛要固定在易北河上。一旦本師啟動，不論日夜，本人都不主張停下來，一直到我們抵達那裡為止……接下來這一回，各位要好好打一仗。」目前盡管有猛烈的抵抗，「沙漠之鼠」平均一天要向北前進二十英里。

連士官長亨內爾（Charles Hennell）認為，「由第七裝甲師把柏林打下來是天經地義，這是獎賞我們自西部沙漠以來打得又最久又凶狠的作戰回報。」自從在北非阿拉敏戰役以來，亨內爾就一直待在「沙漠之鼠」。柯爾士官長（Eric Cole）想打到柏林有更為迫切的理由。他是在敦克爾克撤退出來的老兵，一九四〇年遭德軍趕下了海，而這一回柯爾在認真準備，要一報還一報。他經常整頓手下的裝甲兵弟兄，要使他們的機械化裝備保持在巔峰狀況；他計畫要行駛在第七裝甲師的戰車最前頭，把德軍一直趕回柏林。

英軍第六空降師的官兵，D日那天他們在諾曼第引領英軍，這一回也決心要率領他們結束戰爭。麥克溫尼上士（Hugh McWhinnie）聽德國戰俘說過，在英軍渡過易北河的時刻，敵人便會

「敞開大門，讓他們一路到柏林」。對這種話他很懷疑。第六空降師一向都是一英里、一英里打過來的。第十三傘兵營的戴衛森上尉（Wilfred Davison）很確定，這會是一次攻向柏林的競賽。不過，就像第六空降師的大部分官兵，他對「本師一路跑在最前面」不曾有什麼懷疑。不過師部的希爾上尉（John L. Shearer）卻有點著急，他聽到謠言說，「柏林正讓給了老美。」

美軍各空降師也都聽到了這個謠言。麻煩在於沒有提到傘兵。蓋文將軍的八十二空降師集結整備區中，傘兵一直訓練了許多天，而這時卻一切明朗了，到柏林的戰鬥跳傘取消了。顯然，只有敵軍突然崩潰，或者實施「日蝕計畫」才會實施空降作戰，那時才需要傘兵跳進柏林遂行治安任務。不過這一點看起來遙遙無期，盟總已訓令布里爾頓將軍的第一空降軍團，很快就會進行救援空投，空降到各地的盟軍戰俘營，行動代號為「歡呼計畫」。官兵也同樣想要讓戰俘被釋放，但是進行救援行動，而不是作戰任務，在空降部隊官兵心中就沒有什麼好歡呼不歡呼的了。

其他空降部隊也有類似的挫折感。泰勒將軍的一〇一「嘯鷹」空降師，再度被當作步兵來投入作戰。這一回是在魯爾區，蓋文的八十二空降師一個團，也奉令派到那裡去。八十二空降師接到命令，要在蒙哥馬利二十一集團軍將來渡過易北河的作戰中予以協助。該師空降五〇五傘兵團一等兵「荷蘭佬」舒茲（Arthur "Dutch" Schultz），為空降師官兵的感受下了一個最好的註解。他爬上卡車要駛往魯爾區時，諷刺地告訴好友塔拉特一等兵（Joe Tallett）說：「所以，我領著他們上了諾曼第，對吧？也進了荷蘭，是吧？看著我，兄弟，我可是美國貴族，全美國就只有我一個。他們花的錢要值回票價，不會把我浪費在柏林。他媽的，不，他們會留著我！他們要把我空降到東京去！」

如果說各空降師洩了氣，地面的各個軍團可就充滿了期待。

在中央的美軍正全面出動，他們的兵力非常雄厚。辛普森將軍兵力龐大的美軍第九軍團，從蒙哥馬利的二十一集團軍調回來了。布萊德雷成了美國歷史上，頭一個指揮四個野戰軍團的集團軍司令。除了第九軍團以外，他還有一、三及十五軍團——兵力將近一百萬人。

四月二日，正是渡過萊茵河後的第九天。布萊德雷的部隊已經完成了包圍魯爾區的天羅地網，困在這四千平方英里口袋裡面的，是德軍摩德爾元帥的B集團軍，兵力不少於三十二萬五千人。摩德爾身陷重圍，西線已全線大開，布萊德雷大膽橫掃前進，只留下第九軍團與第一軍團部分兵力來肅清這個口袋。而今，他的部隊正拚命追擊，北翼有英軍，南翼有戴弗斯將軍的美軍第六集團軍。布萊德雷正狂熱地長驅直入，穿過德國中部，奔向萊比錫與德勒斯登。在美軍各軍團從南到北的陣容中，以第九軍團距離易北河最近。各軍團司令看來，布萊德雷好像向辛普森下達了奔襲的命令。以該軍團本身的衝力表現，他們應該會引領美軍攻到柏林。

到包圍魯爾區的這一天時，艾森豪向部隊下達了命令。布萊德雷集團軍「肅清……魯爾區……發動攻勢，主攻軸線為卡塞爾－萊比錫（Kassel-Leipzig）……把握任何機會，以攻佔易北河德軍的橋頭堡，並準備越過易北河的作戰。」

四月四日，也就是第九軍團撥還給他的這一天，布萊德雷本人也對自己幾個軍團下達了新的命令。在十二集團軍「第二十號訓令」（Letter of Instructions, No. 20）中，九軍團收到指示：一，以在漢諾威略南路線向前推進，軍團的中央在希爾德斯海姆鎮（Hildesheim）一帶——距離易北河大約七十英里。然後「候令」進行第二階段作戰。而第二階段這重要的一節，則道出九軍團所扮演的角色。對軍團司令來說，他們的目的地已毫無疑問了。這一段的文字如下：「第二階段：候令向東前進……有任何機會即擴張戰果以佔領易北河上的橋頭堡，準備使這項前進指向**柏林**或者西北方。」第一階段——朝希爾德斯海姆前進——根本就是同一個指示方向的命令，沒有人認為會停留在那裡。可是第二階段卻是九軍團的每一個師一直都在等待的起跑鳴笛，而沒有人比軍團司令「大辛」辛普森中將感到更為熱切的了[22]。

辛普森將軍後來追憶道：「當時我那個軍團中的官兵都躍躍欲試，我們是攻抵萊茵河的頭一個軍團，而現在我們又會是第一個攻抵柏林。一路打來，我們只想到一件事——攻佔柏林，打過去在柏林的另一邊與蘇軍會師。」自從集團軍訓令下達時起，辛普森一刻也不浪費，他預料幾天內就可以到達希爾德斯海姆的階段線。他告訴參謀，打那以後，他計畫「派出一個裝甲師與一個步兵師，經由高速公路，在易北河的馬德堡北面穿過去到波茨坦（Potsdam），到了那裡我們就準備逼向柏林了。」然後，辛普森打算投入軍團的其餘兵力，「盡可能快地……如果能得到一處橋頭堡，而他們困不住我們，」他高高興興對參謀們說道：「他媽的，我就要進攻柏林，我想，連你們當中的二等兵，都會想要這麼幹的。」

有「地獄之輪」稱號的第二裝甲師，師長懷特少將是一位決心堅定、體格強健的指揮官，他可比辛普森早作好了準備，甚至在他的師還沒有渡過萊茵河以前，他就有了攻下柏林的計畫。該師作戰處長伯瑞·強森上校（Briard P. Johnson）好幾個星期以前，就擬訂了這次的進攻。他的計畫極為完整，連詳盡的命令與地圖套疊，都在三月二十五日擬訂好了。

第二裝甲師的進攻計畫，多少與辛普森的構想相似，也是從易北河的馬德堡沿著高速公路進兵。地圖套疊上標示出每一天的推進預定進度，每一個階段都給予一個代號。從馬德堡攻擊前進的最後一段大約有六十英里，都有階段線，分別稱為「銀」、「絲」、「緞」、「雛菊」、「紫羅蘭」與「水罐」。最後，在柏林畫上一個很大的藍色納粹黨黨徽，代號為「龍門」。以裝二師進兵的速率，僅僅只有遇到零星抵抗，經常一天可以前進三十五英里，懷特很有信心能攻佔柏林。現在離馬德堡僅八十英里，如果本師官兵能佔得橋頭堡，懷特預料四十八小時內就可以進入柏林。

這時，沿著九軍團五十多英里寬的正面，裝二師正擔任這次攻擊的先鋒。該師是西線戰場規模最大的部隊之一，該師的戰車、自走砲、裝甲車、推土機、卡車、吉普車以及火砲構成的車流超過七十二英里長。為了發揮最大的作戰威力，裝二師分為三個單位——A戰鬥群（Combat Commands A）、B戰鬥群（Combat Commands B）及R戰鬥群（Combat Commands R），後面這個戰鬥群擔任預備隊。即使如此，全師成縱隊前進，平均每小時只能走上兩英里，要花費近乎十二個小時才通過一個定點。這支笨重的裝甲部隊，跑在九軍團所有其他部隊的前面——只有一支著名的部隊除外。

在裝二師的右翼，這一路來頑強地一英里又一英里，一邊前進一邊攻擊的，正是一支裝滿了士兵的各種各樣的車輛。從空中俯看，它既不像是裝甲師，也不像是步兵師。事實上，要不是在行列中點綴著一些美軍卡車的話，它們很容易被誤認成是德軍的車隊。馬康少將的八十三步兵師，具有高度的團隊風格，這個「無賴馬戲團」（Rag-Tag Circus），正拚命前進攻向易北河，乘坐的都是擄獲的戰利品。向這個師投降的每一處城鎮，遭俘獲的敵人部隊，都要把能動的車輛交

---

22 原註：辛普森有一切理由認定自己已奉令前進。就在十二集團軍的這項命令，一軍團與三軍團都接到指示，在第二階段佔領易北河橋頭堡，準備向東前進——以巴頓將軍的三軍團來說，表達的字眼為「向東或東南」。但唯有在九軍團的命令中，才有「向著柏林」的字眼。

出來——通常都是用槍逼著。每一輛新到手的車輛，立刻噴上一層橄欖綠，再加上一個美國的白星，然後就加入八十三師了。「無賴馬戲團」師甚至解放了一架德機，而且費了很大的力氣找到了能開飛機的人，結果這架飛機在前線造成驚恐。三十步兵師的普瑞斯納爾一等士官長（William G. Presnell），從奧瑪哈灘頭一路打到德國，熟悉德國空軍每一種飛機的外型。所以，他見到一架德機對著他這個方向飛來時，大叫一聲：「Me109！」便撲地尋找掩蔽，奇怪的是這架飛機並沒有用機槍掃射，他抬起頭來盯著戰鬥機刷地飛過，飛機全身都漆成橄欖綠，機翼下面有幾個大字：「八十三步兵師」。

如果連他們的袍澤都搞不清八十三步兵師的車輛，德軍可是更迷糊了。正當它們不顧前後向易北河衝去時，海利柯勒少校（Haley Kohler）聽見一輛車子不停按喇叭，「那輛賓士車從我們後面開上來，」他回想道：「然後開始在路上超車，每一輛都超。」德文尼上尉（John J. Devenney）也見到這輛賓士。「那部車在我們的車隊裡進進出出，走的是跟我們同方向，」他回憶說，當這輛車經過時，德文尼大吃一驚，那是一輛由德軍駕駛兵開的公務車，裡面坐滿了德軍軍官。幾發機槍射擊擋住了它，車上德軍軍官大為驚訝，就在行進路程中途成了俘虜，他們還以為這是自己的車隊。這輛賓士公務車，車況好得很，也照例被匆匆塗上油漆，立即派上了用場。

馬康將軍決定，八十三師會是第一個渡過易北河向柏林推進的步兵師。八十三師與裝二師彼此之間的競爭關係非常緊繃。四月五日，兩個師的先頭部隊同時抵達威悉河。「起了很大的爭執，」馬康說道：「為的是哪一個師先渡河。」最後達成了協議：兩個師一起渡河，彼此的部隊交錯。八十三師師部有謠言傳出，說裝二師師長懷特少將對「無賴馬戲團」很惱火，傳言他這麼說：「殺到易北河前，不准他媽的那個步兵師趕在我部隊的前面。」

裝二師還有另外一場競爭。第五裝甲師「勝利師」進兵的速度跟裝二師一樣快，他們正打算奪下柏林的計畫，「當時唯一的主要問題便是由誰先拿下柏林，」裝五師參謀長法蘭德上校（Gilbert Farrand）回憶說：「我們計畫在唐格明德、桑道（Sandau）、阿內堡（Arneburg）與韋爾本（Werben）等地渡過易北河。我們聽說蘇軍也準備進兵，所以我們作了所有可能的準備工作。」就法蘭德記憶，他們這個師持續不停地前進，沒有人一個晚上能睡上四五個小時的——而經常卻根本是連瞇一下都沒有。因為不斷地前進，法蘭德自己那輛半履帶車，這時就成了師部。裝五師的進展快，得力於敵人只有零星的抵抗。「實際上我們的前進，」法蘭德回想說，「只不過是打垮敵人後衛的交戰而已。」不過這種作戰也很危險，法蘭德的半履帶車就被一發砲彈給貫穿了。

在各步兵師中，八十四、三十師及一〇二師，他們的目光也都落在柏林身上。九軍團所及的範圍，疲倦又骯髒的官兵，邊趕路邊吃口糧，都希望自己能夠參與到攻擊柏林的這一役。這種挺進的動能令人振奮。盡管沒有遭遇德軍的全面性防禦，卻還是有戰鬥——有時還打得很激烈。

在有些地方，德軍官兵頑抗。在投降以前，他們會進行猛烈的戰鬥。八十四步兵「拆軌」師的羅蘭柯布中校（Roland Kolb）就注意到，最凶狠的交戰對象，是那些四散的黨衛軍部隊。他們藏身在森林，騷擾前進的美軍。通常，裝甲兵對付這些狂熱殘軍的方法是繞過去，把他們交由後面的步兵肅清。然而在小城鎮，經常發生殊死的遭遇戰。在某地，柯布發現有十二歲以下的孩子操作火砲，不禁大為吃驚，「這些孩子寧可打死，」他回憶道，「也不肯投降。」

其他人也經歷過毛骨悚然的時刻。在條頓堡森林（Teutoburger Wald）的山嶺，第二裝甲師擔任前衛的霍林斯沃斯少校（James F. Hollingsworth），突然發現自己周圍都是德軍戰車，他的縱隊

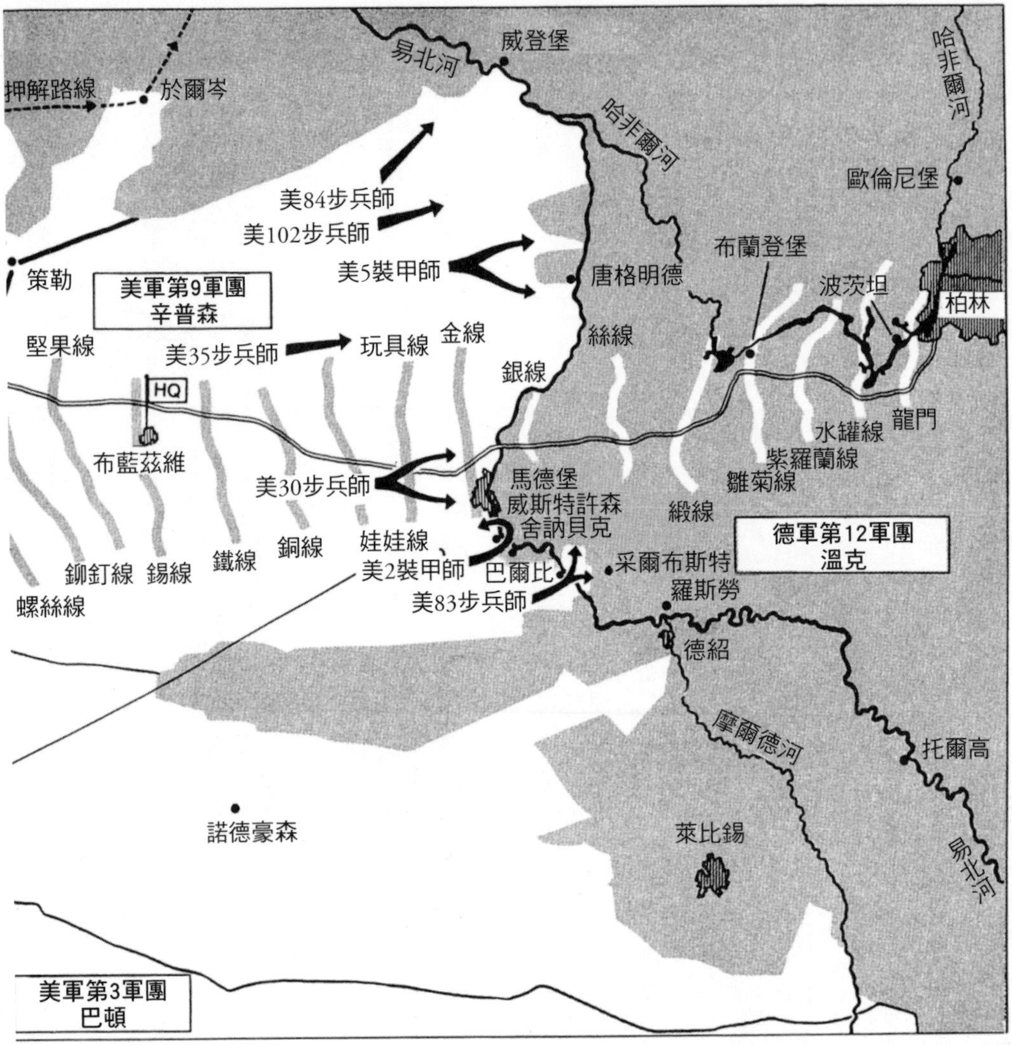

威登堡
易北河
哈非爾河
押解路線
於爾岑
美84步兵師
美102步兵師
美5裝甲師
歐倫尼堡
布蘭登堡
波茨坦
柏林
策勒
美軍第9軍團
辛普森
唐格明德
堅果線
美35步兵師
玩具線
金線
絲線
銀線
HQ
水罐線
龍門
紫羅蘭線
布藍茲維
馬德堡
雛菊線
美30步兵師
威斯特許森
緞線
舍訥貝克
德軍第12軍團
溫克
娃娃線
銅線
鐵線
美2裝甲師
采爾布斯特
鉚釘線
錫線
巴爾比
羅斯勞
螺絲線
美83步兵師
德紹
摩爾德河
托爾高
諾德豪森
萊比錫
易北河
美軍第3軍團
巴頓

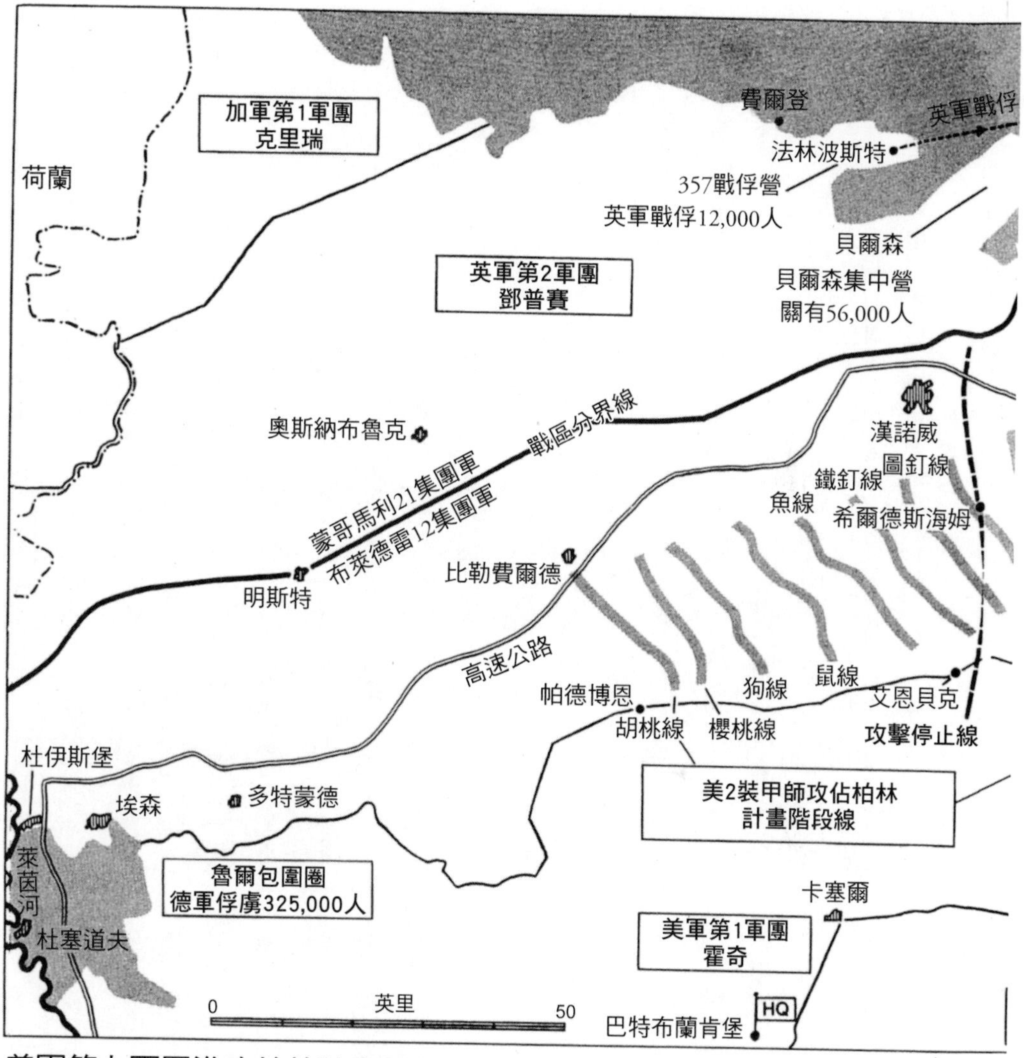

加軍第1軍團
克里瑞
荷蘭
費爾登
英軍戰俘
法林波斯特
357戰俘營
英軍戰俘12,000人
貝爾森
英軍第2軍團
鄧普賽
貝爾森集中營
關有56,000人
奧斯納布魯克
戰區分界線
蒙哥馬利21集團軍
布萊德雷12集團軍
漢諾威
圖釘線
鐵釘線
魚線
希爾德斯海姆
比勒費爾德
明斯特
高速公路
狗線
鼠線
帕德博恩
艾恩貝克
胡桃線
櫻桃線
攻擊停止線
杜伊斯堡
埃森
多特蒙德
美2裝甲師攻佔柏林
計畫階段線
萊茵河
魯爾包圍圈
德軍俘虜325,000人
卡塞爾
杜塞道夫
美軍第1軍團
霍奇
0
英里
50
HQ
巴特布蘭肯堡

美軍第九軍團進攻柏林計畫圖

竟直接衝進德軍裝甲師的訓練場。霍林斯沃斯算走運，因為這些戰車只是些空架子，發動機早就已經拆掉了，但是戰車上用來訓練新兵的砲還在，德軍很快就開火。霍林斯沃斯的砲手庫利上士（Clyde W. Cooley）是北非戰役的老兵，也轉動戰車砲開始作戰。砲塔一轉，他在一千五百碼外打垮德軍一輛戰車，再把砲塔一轉，轟垮了七十五碼外的另一輛。霍林斯沃斯回憶說：「一下子天翻地覆，每個人都開始射擊。」正當這一仗要結束時，德軍一輛裝滿了敵軍的卡車，在路上對正裝二師的縱隊飛馳而來。霍林斯沃斯連忙向營上官兵下命令，要卡車進入射程距離才打。到了七十五碼時，他下令開火，德軍卡車被五〇機槍子彈打得坑坑疤疤，熊熊火起，一個翻身，把車上穿軍服的乘客都抛在路上。這些人摔在地面，大多數當場死了，但依然有幾個還活著，嚇得厲聲尖叫。一直到霍林斯沃斯走過去，檢查這些打得四分五裂，被子彈貫穿的屍體時，這才發現都是穿制服的德國女性，類似美軍的「婦女輔助隊」。

德軍的抵抗行為完全無法預料。很多時候，一槍不發便投降，有些城鎮的首長雖然表示投降，但撤退的部隊依然還在當地人口稠密的地區通過，時常距美軍的戰車與步兵還不到一個街口遠。德國最大兵工廠之一所在地的多特蒙德（Detmold），一個老百姓迎接裝二師擔任尖兵的第八十二偵搜營營長梅里亞姆中校（Wheeler G. Merriam）的領頭戰車。眼前的這個德國代表說，兵工廠廠長願意投降。「我們前進中，砲彈落在我們的四周，」梅里亞姆回憶道，「兵工廠外面排隊的有廠長、經理和廠工。廠長作了簡短投降的宣告，向我奉上一把電鍍得好漂亮的毛瑟手槍。」再往前進幾個街區，梅里亞姆接受德軍整整一個財務連的投降，並且繳獲連上大量的鈔票。可是幾小時以後，跟在梅里亞姆後面來的步兵，卻在同一個鎮上苦戰了很久才把敵軍肅清。到後來美軍才發現，多特蒙德是黨衛軍訓練區中的其中一個。

到處都發生許多類似的故事。在一些小城鎮，一邊在默默地投降，忽然在幾個街區外，卻響起了猛烈戰鬥的轟隆聲。就在這麼一個城市的大街上，八十三師師長馬康將軍還記得，「我在師部的大門前走進來相當安全，可是我想從後門離開時，卻得打出一條血路來。」某處鄉鎮的郊外，三十步兵師遇到在步槍上綁著白手帕的德軍士兵，正當他們要向美軍投降時，卻被依然還在頑強抵抗的幾個離散的黨衛軍從後面用機槍把他們打翻。

有些人想出招降的新招。八十三師的朔默上尉能說一口流利的德語，好幾回他都用電話招降——再加一把四五手槍幫忙。他用手槍對著剛剛抓到的鎮長，要他通知其他地方首長，「你最好識相一點，打電話給下一個鎮的鎮長。告訴他，如果他要保持地方太平無事，最好馬上就投降。告訴他，要老百姓把白床單掛在窗戶外——或者別的東西也可以。」鎮長嚇壞了，「通常會照說不誤，告訴鄰鎮鎮長，自己鎮上的美軍，有好幾百輛戰車和砲車、成千上萬的部隊，這一招每一次都管用。」

這次大舉進兵速度越來越快時，各處道路都擠滿了摩托化步兵和裝甲兵縱隊向東推進，成千上萬的德軍俘虜卻是向西走去。他們根本沒有時間監控俘虜，德軍官兵筋疲力竭，滿面鬍子，在沒有人押解下長途跋涉往萊茵河走過去，有些俘虜甚至依然還帶著武器。第一一三裝甲騎兵團軍牧羅思上尉，還記得有兩名德軍軍官，一臉絕望的表情，軍服穿得整整齊齊，走在他那個縱隊旁邊「想要引起注意，他們想繳出隨身武器已經好久了。」可是這些官兵只想著趕路，擺擺大拇指，要他們往西去。

一處又一處的鄉鎮與城市向洶湧而來的大軍投降，幾乎沒有人聽說過這些地名，而且反正也沒有人會待得久、記得住。像明登（Minden）、比克堡（Bückeburg）、屯丹（Tündern）、施塔特哈根（Stadthagen）這些地方，只不過是殺向易北河途中的幾處檢查點而已。不過三十師卻遇到一個熟悉的名字——熟悉到大多數官兵都記得，他們沒想到竟然真有這個地方。那裡是《花衣魔笛手》（*Pied Piper*）故事中鼎鼎大名的漢姆林鎮（Hamelin）[23]。在這裡，有少數幾個黨衛軍的據點要作自殺性的抵抗。起先裝二師繞道通過，但到了四月五日，三十師猛烈的報復砲轟，把這個故事書上有薑餅屋與鵝卵石街道的城鎮，燒、炸成了廢墟。「這一回，」一一七步兵團團長詹森上校（Walter M. Johnson）說道：「我們用的是稍微不同的笛子把老鼠給弄出來了。」

四月八日，八十四步兵師兵臨十五世紀城市——漢諾威市郊。自萊茵河發兵長驅直入以來，四十萬人口的漢諾威是落入九軍團手中的最大一座城市。八十四師師長亞歷山大．波林少將（Alexander R. Bolling）原本是要繞過它，可是接到訓令是要攻佔，心中很不痛快。如果與其他步兵師奔向易北河的競賽中，把他的部隊耗在漢諾威，那他就會損失寶貴的時間了。這一仗打得很猛，然而在四十八小時內，德軍的抵抗已經減弱到只剩孤立的小規模行動。波林對八十四師的勇敢善戰頗為得意，卻也急於要趕上大軍的腳步。但是盟軍統帥、參謀長史密斯將軍、以及九軍團司令辛普森連袂來訪，使他既驚且喜。波林還記得，正式會議開完了以後，「艾克向我說道：『波林，你下一步要去什麼地方？』我答道：『長官，我們會繼續向前，目標就是柏林，怎麼也擋不住我們了。』」

據波林說，艾森豪「一隻手放在我手臂上說道：『繼續前進吧，我祝福你們全體官兵有全世界最好的運氣，可別讓任何人擋住你們。』」艾森豪離開漢諾威以後，波林認為「已得到盟軍統帥清楚的口頭承諾，由八十四師進兵柏林。」

也就在四月八日星期日這同一天，在這時候，美軍裝二師稍微領先了八十三步兵師，而在第一條階段線——希爾德斯海姆停了下來。這時，裝二師得等候命令，展開第二階段的攻勢。師長懷特將軍很樂於這一下暫停，以這種速度前進，部隊維補已經成了問題，懷特需要至少四十八小時來進行修理整補。他曉得暫時停頓，也會讓其他友軍跟著趕到。不過該師大多數官兵經過過去這幾天發了瘋似的進兵速度以後，卻奇怪為什麼把他們停下來。官兵對這種耽擱很惱火。過去，像這種按兵不動，就是給敵人有了重新集結與鞏固的機會。距離盡頭這麼近了，沒有人願意把運氣往外推。諾曼第老兵培德科夫一等士官長（George Petcoff），很擔心「攻打柏林這一仗，讓我開始想到自己在世的日子屈指可數了。」羅思軍牧還記得，一名戰車兵對自己的未來迷信得不得了。他爬出戰車，看著戰車前面所漆的字：「小喬無畏無懼」（Fearless Joe）。費了好大勁把「無畏無懼」幾個字給刮掉。「從現在起，」他宣布說：「我只是個普通的小喬！」

如果官兵對這種耽擱著急、害怕，他們的指揮官——包括懷特師長在十九軍司令部的頂頭上司——更為著急、害怕。十九軍軍長麥克連少將（Raymond S. McLain），希望沒有任何事情會阻撓他的計畫。盡管進兵速度很快，他倒是不擔心補給。他的兵力總計官兵十二多萬人，比起南北戰爭北軍在蓋茲堡的兵力還要多，而且他還有一千輛裝甲車輛。以他手上所有的這些力量，一如麥克連在後來所表示的，「絕對不用懷疑，在渡過易北河後六天以內」，第十九軍會全軍攻入柏林。

23 譯註：德國傳說一二八四年時，漢姆林鼠患成災，一個花衣魔笛手以奏笛驅走鼠群。由於鎮民拒不付費，他便吹笛誘走全鎮的小孩作報復。

麥克連從辛普森的集團軍司令部中聽到，這次臨停只是暫時性的——而停止前進的理由，既有戰術上的，也有政治上的。到後來他才知道，他得到的消息兩方面都對。當前便是蘇軍未來佔領區的邊境，大軍停頓下來，可以使盟總有時間考慮眼前的狀況。到現在為止，英美大軍或者蘇軍，都還沒有決定一條地理上的「停止線」。這麼一來，發生對頭撞車的危險就依然存在。在沒有任何德軍集中抵抗的情形下，高階司令部並不打算停止進攻，但卻有一件事要考慮清楚，那就是一旦越過了蘇軍佔領區界線，所奪得的每一英里土地，遲早得交還給蘇軍。

目前，推進至今最靠近的位置，距離柏林才一百二十五英里。沿著美軍九軍團的整個正面，官兵都等待著一聲令下，卻忘記了統帥部所面臨的這個傷腦筋的問題。他們有各種的理由可以這麼的迫不及待。史都華一等兵（Carroll Stewart）等不及想要一瞥德國首都的面貌。他聽說，在歐洲所有的都市之中，柏林風景之美，無可匹敵。

——

英國皇家空軍德恩斯准尉（James "Dixie" Deans）在辦公桌前立正站好，向德軍三五七戰俘營（Stalag 357）司令奧斯曼上校（Hermann Ostmann）俐落地舉手敬禮。這座關押盟軍的戰俘營位在漢諾威北邊的法林波斯特（Fallingbostel）附近。奧斯曼也同樣輕快地回禮，這只是戰俘營司令奧斯曼與戰俘代表德恩斯見面時，一連串的軍事形式之一。跟以往一樣，兩個人的敬禮答禮都端端正正的。

這兩個人之間，夾雜著羨慕與謹慎的尊敬。德恩斯認為戰俘營司令——一位曾經參加過一次大戰的中年軍官，有一隻手臂癱瘓，使他體格不足以擔任現役——是一位內心公正的管理者，但做的是一份他並不喜歡的工作。至於奧斯曼，他知道眼前二十九歲的德恩斯，是戰俘推選出來的發言人，是個頑強、堅定的談判好手，時常使得奧斯曼的日子不好過。戰俘營司令也一向知道，真正控制三五七戰俘營的是這個瘦瘦高高的德恩斯，戰俘對他的忠誠堅定不移。

德恩斯是個傳奇人物。他擔任領航員，一九四〇年在柏林上空遭到擊落，自那以後就待過許多座戰俘營。在每一座戰俘營，他都多學到了一些東西，如何為自己、為同為戰俘的袍澤得到更多的權益，也學到了應付戰俘營司令的很多招數。據德恩斯說，基本的辦法就是「要一直使這些笨蛋受不了。」

這時，德恩斯眼光俯看著上了年紀的司令，等著要知道把他找到辦公室來的原因。

「這裡我有幾份命令，」奧斯曼說道，舉起一些表格：「恐怕我一定得把你們給送去別的地方。」

德恩斯立刻有了警覺，「司令，要送去哪裡？」他問道。

「這裡的西北邊，」奧斯曼說道：「確切在什麼地方，我並不清楚，但我沿途會收到指示。」然後再補一句，「當然，你是了解的，我們這麼做為的是保護你們，」他停了一下，心虛地笑了笑，「你們的大軍又更接近了。」

德恩斯已經知道這個消息好幾天了。戰俘營中的「休閒」社團，造出了兩具高功能的秘密收音機。一具藏在一部古早而經常使用的留聲機；另外一具用電池操作，尺寸很小，從某個人的餐具袋裡，可以向三五七戰俘營成員環循播放最近的消息。德恩斯從這些寶貴的來源，知道艾森豪的大軍已經渡過萊茵河，正攻向魯爾區。英美大軍的前鋒到了什麼地方，戰俘還不知道——但是如果德軍要遷營，那英美大軍一定很近了。

「司令，那這次遷營要用什麼方式辦理？」德恩斯問道。他十分了解，德軍搬動戰俘營，可以說一向只有一個方式——走路。

「他們要按各隊行進，」奧斯曼說道。這時，他客氣地表示，要給德恩斯禮遇，「如果你樂意，可以坐我們的車走。」德恩斯也同樣客氣地婉拒了。

「生病的人怎麼辦？」他問道：「這裡有很多人根本無法走動。」

「他們留在後頭，盡我們所能提供協助，而你們也可以留一些人跟他們待在一起。」

這時，德恩斯所要知道的，便是戰俘最快要什麼時候動身。有很多次，身為戰俘營司令的奧斯曼懷疑自己所知道的戰況和德恩斯是差不多的，但他篤定有一件事情德恩斯無法了解到。根據上級司令部的消息，英軍正沿法林波斯特的大致方向進兵，目前距離只有五十到六十英里左右；而美軍所在位置，據報告說，已經到了南方五十英里外的漢諾威。

「你們立刻就走，」他通知德恩斯，「這是我接到的命令。」

德恩斯出了司令辦公室，知道要讓整個營的戰俘準備好出發，自己能做的有限。食物短缺，幾乎所有戰俘都因為營養不良而身體虛弱、憔悴。一次費勁的漫長路途，一定會使很多人喪命。不過當他回到營房，把行軍的消息傳遍全營的同時，他在內心做了決定，誓要利用自己所能想得到的各種手段，從慢慢走、靜坐到小型的騷亂，要使三五七戰俘營的一萬兩千名戰俘到達盟軍戰線。

——

新成立的第十二軍團的軍團司令部在什麼地方，到現在為止，新任的軍團司令溫克將軍還搞不清楚。司令部應該在哈茨山區北邊一帶，離柏林大約七十到八十英里。可是溫克坐在車上都好幾個小時了，馬路上黑壓壓一片都是奔向反方向的難民和車輛。一些難民成群結隊往東走，以躲開前進的美軍，而害怕蘇軍的難民，則急急忙忙往西趕，載了部隊的軍車車隊，似乎同樣的漫無目標。溫克的駕駛杜恩（Dorn）一路開車，不停地把喇叭按了又按。他們越開越遠，往南偏西走，情況差不多到了混亂的程度。溫克越來越不安，心中想說，等他終於到達司令部時會碰到什麼狀況？

溫克選擇走遠路到自己的軍團司令部。他決定作一個大拐彎，先到萊比錫西南方的威瑪（Weimar），然後再到巴特布蘭肯堡（Bad Blankenburg）附近的軍團司令部。雖然繞遠路要增加將近一百英里的路程，溫克會這麼做是有他的原因。威瑪市一家銀行裡存他畢生的儲蓄，大約有一萬元馬克左右，他打算全數領出來。可是他的座車快到威瑪市時，馬路卻變得出奇地空蕩，遠處有砲火射擊聲。再向前走幾公里，德軍憲兵把車攔住，告訴這位軍團司令，美軍巴頓將軍第三軍團的戰車已經到了郊區。溫克既震驚，也覺得受到欺騙，戰況遠比他在希特勒統帥部所聽到的更糟。他簡直不敢相信，盟國的大軍來得好快——也不相信德國竟有這麼多土地已經被奪去。他也很難接受，幾乎可以斷定，自己的一萬元馬克也付諸東流了[24]。

24 原註：戰後，堅持不懈的溫克，還要求歸還他的這筆存款。不過那時威瑪市已在蘇軍佔領區，在東德烏布利希政府（Ulbricht）治下。奇怪的是，銀行還持續每個月向溫克寄送月結單，一直到一九四七年七月四日。他不斷收到單子，他因此要求把這一筆錢轉存到在西德的銀行帳戶，卻沒有下文。一直到了一九五四年十月二十三日，威瑪銀行通知溫克，他必須向威瑪地區的內政部門交涉，「貴戶存款過久，」銀行信中寫道，「本行已將帳戶連同歷年利息一併廢除……」

當地陸軍司令部的軍官告訴溫克，整個哈茨地區情況危急，部隊正向後撤退，好些地區正遭受側翼包圍。顯然，他的軍團司令部已經撤出這一帶了。溫克折返德紹（Dessau），那裡該是他的軍團部分部隊集結的地區。到了德紹北邊大約八英里的羅斯勞（Rosslau），這才發現他的司令部進駐了以前的陸軍工兵學校。到了這裡，溫克也才了解有關十二軍團的真實情況。

沿著易北河以及支流摩爾德河，軍團的正面大約有一百二十五英里長——大致上，北面起自易北河邊的威登堡，然後南下到摩爾德河沿岸的萊比錫東邊附近。面對英軍的北翼部隊，是西北線總司令布西元帥（Ernst Busch）的部隊，南翼則是西線總司令凱賽林元帥傷痕纍纍的部隊。溫克對這兩支部隊的兵力所知有限。他的責任區夾在兩者的中間，十二軍團充其量只是存在於帳面上而已。除了沿著易北河陣地據守的零星部隊以外，他所有的兵力不過是幾個虛有其表的師，都是一些為數不多的殘餘兵力。他發現，還有未完成備戰的單位，甚至還有些有名無實、等待編成的單位。他的砲兵最大罩門是大部分都無法機動，都固定部署在馬德堡、威登堡周圍，以及易北河一帶各處橋樑與渡口附近。他還有一些自走砲，一個裝甲車團，還有四十輛小型吉普車型的福斯運兵車。溫克的十二軍團，眼前了不起，頂多大概只有十二輛戰車而已。

雖然經過推斷，零散的部隊拼湊起來，他的軍團大約可以有十萬人左右。可是眼前答應給他的十個師還不知道人在何方。在這些散兵游勇都有許多響噹噹的部隊名稱——克勞塞維茨（Clausewitz）、波茨坦、沙恩霍斯特（Scharnhorst）、胡滕（Ulrich von Hutten）、雅恩（Friedrich Ludwig Jahn）、科赫爾（Theodor Körner）——最多相當於五個半師，也就是大約五萬五千人左右的兵力。

除了已經據守陣地或者正在作戰的部隊之外，新成立的十二軍團，多半是躍躍欲試的官校學生與訓練軍官。溫克也好，他的參謀長萊克穆上校（Günther Reichhelm）也好，對當前這一場血戰的最終結果都不感到懷疑，但是溫克卻不因此屈服。他本人年輕、熱心，知道許多老將也許不會注意到的事。第十二軍團兵力上的缺陷，也許可以由年輕軍官與官校學生的凶猛與忠誠來補足。

溫克想到，自己有一個辦法把毫無作戰經驗但又熱心的部隊，運用作為一支機動的打擊部隊，應戰況的需要從一區緊急馳往另一區——至少在其他部隊重新編組、進入陣地以前可以這麼運用。他深信以這種方式，這些熱血充沛的青年，也許能為德國爭取到寶貴的時間。他就任軍團司令第一件事，便是下令給軍團中實力最強、裝備最好的部隊，進入中央陣地，以便應用於易北河或者摩爾德河。他檢視地圖，圈定了可能作戰的地區——比特費爾德（Bitterfeld）、德紹、貝爾齊希（Belzig）與威登堡。他想到還有一個地方，美軍一定會企圖在那裡過河，這地方在易北河三條支流當中，經過「三十年戰爭[25]」的蹂躪，它差不多已經整個摧毀，不過馬德堡又再度恢復了生機。現在，這座城鎮的龐大要塞以及它的島堡與十一世紀的大教堂巍巍矗立，成為美國大軍進軍方向的指標。在這附近周圍——尤其在馬德堡以南——溫克部署了裝備精良的沙恩霍斯特、波茨坦以及胡滕部隊，要他們盡其可能阻擋住美軍的攻勢。

25 譯註：指一六一八年至一六四八年，歐洲以神聖羅馬帝國為主戰場的戰爭。

他的防務計畫非常詳盡，他的戰術要被所屬軍官給深深記住。這時，在溫克十二軍團東北方一百二十英里左右，韓李奇在他的維斯杜拉集團軍司令部，已準備好打這一場血戰了。

在他的第一條「主抵抗線」後面，他又開發了第二條「主抵抗線」。正像以往所預料的那樣，在蘇軍實施彈幕射擊前，韓李奇告訴麾下各級指揮官，他就會下令從第一線後退，所有部隊立刻撤退到第二「主抵抗線」。這是韓李奇在莫斯科戰役就有的戰法，讓蘇軍「打一個空袋子」。只要蘇軍的砲轟一停，部隊立刻前進，再度佔領第一線的陣地。這一計在過去很管用，韓李奇期待能再度成功。這一招往往可以確定敵人的攻擊時間。

蘇軍已實施過幾次佯攻。在曼陶菲爾第三裝甲軍團位於柏林北邊的位置，指揮兵力不足的四十八裝甲軍軍長格瑞斯將軍（Martin Gareis），深信蘇軍的攻擊會在四月八日發動。他的守備區前面，軍車頻頻往前線駛來，集結的砲兵越來越多，顯現出攻擊迫在眉睫——俘獲的蘇軍士兵，還誇耀自爆攻擊發起的日期。韓李奇不相信這個報告。他自己的情報，再加上他相信自己直覺的老習慣，覺得這個日期太早了些。結果，他是對的。四月八日這一天，整個奧得河前線平平靜靜，一點動靜也沒有。

然而，韓李奇的警覺卻沒有鬆懈。每一天他都坐小型偵察機飛越蘇軍陣線，觀察蘇軍部隊與砲兵的部署。每天晚上，他用功研究情報與俘虜審訊報告到深夜。總是搜尋線索，以求能精確斷定何時是攻擊發起日。

就在這緊張重要的階段，戈林元帥請他到戈林的城堡吃中飯。雖然他極為困倦，要韓李奇離開自己的司令部，哪怕是幾個小時他也不願意，但是他卻沒法拒絕。戈林元帥的城堡卡琳宮（Karinhall），是一座很大的建築物，距維斯杜拉集團軍司令部所在地的比肯赫恩不過幾英里。

城堡面積很大，大到甚至連戈林都可以有自己的私人動物園。韓李奇和侍從官畢拉上尉抵達時，都為戈林這座公園似的園林竟然如此壯觀而大為吃驚。園區有湖泊和花園景緻，景色如畫的房子、行樹夾道的車道。從正門進入到城堡之間，沿途都是穿著漂亮制服的空軍傘兵——戈林的私人衛兵。

城堡像戈林本人一樣，既雄壯又華麗。進門的接待大廳，使韓李奇聯想到是「一座教堂，好大好寬，讓人的眼睛不由自主地隨著仰望到頂樑」。戈林穿著一件白得耀眼的獵裝，冷淡地迎接韓李奇，他的態度顯示著有事要發生了。這是一場鴻門宴。

帝國元帥與將軍彼此都非常不喜歡對方。韓李奇一直指責戈林要為史達林格勒的失守負責。儘管他信誓旦旦，但德國空軍一直無法為陷入重圍的包拉斯（Von Paulus）六軍團空運補給。再怎麼說，韓李奇也不喜歡元帥的傲慢與臭架子。而對戈林來說，韓李奇不太服從上級，帶有危險性。戈林也不原諒他沒有把斯摩稜斯克一把火燒光這件事。過去這幾天，他對韓李奇的反感更是大大增加。在元首召開的會議中，韓李奇提到第九傘兵師的一些話，使他深感不滿。

會議後隔天，戈林打電話到維斯杜拉集團軍，和作戰處長艾斯曼恩說話。「本人真想不到，」元帥說得很生氣，「韓李奇竟然以那種方式說我的傘兵，那是對本人的侮辱，我依然握有第二傘兵師，你可以報告你的集團軍司令，他休想得到他們。休想，我要把他們撥給舍爾納。他才是真正的軍人！道地的軍人！」

現在來到這場中午會餐，戈林把矛頭直接指向韓李奇。他以尖銳的抨擊開場，批評他最近經過維斯杜拉防區時看到的部隊。他坐在一把御椅似的大椅子，搖晃著盛滿啤酒的大銀杯，指責韓李奇的整個集團軍軍紀差勁。「我開車通過你的各個軍團，」他說道，「一區又一區，我發現沒有半個官兵在幹活。我看見一些人在散兵坑裡打牌，我發現有些人來自勞工隊，他們要幹活，連圓鍬都沒有。有些地方，連野戰炊事房都沒有。其他地區，幾乎什麼防禦工事都沒有做。所有地方我都發現你的集團軍官兵都吊兒郎當，什麼事也不做。」戈林喝下一大口啤酒，語帶威脅地說：「我打算請元首關注這一切。」

韓李奇認為沒有爭執的必要，他只想要離開。他按捺住脾氣，勉強把這頓飯吃完。不過，戈林送這兩位客人出門時，韓李奇停下腳步，對著這片富麗豪華的園林，以及使人印象深刻、有砲樓與走廊的城堡緩緩四處張望，「我只能這麼希望，」他說道，「等到大戰來臨時，我那些吊兒郎當的官兵，能挽救閣下這座漂亮的地方。」戈林冷冰冰地瞪了一眼，後跟一轉，回身走了進去。

韓李奇坐車離去時，心中想到戈林沒多久也要失去他的卡琳宮了。韓李奇根據情報，從空中觀測，奧得河的洪水漸漸下降，加上從來沒有辜負過他的直覺，韓李奇對蘇軍的攻擊時間，開始有了個結論。韓李奇相信，攻擊將在本星期展開——日期大約落在四月十五日或十六日之間。

——

朱可夫元帥把桌上的遮布向後拉開，露出了一幅柏林龐大的立體地圖，它像是模型而不是地圖，圖上布滿了具體的政府大樓、橋樑與火車站的模型，還有主要的街道、運河與機場，完整被精確地複製出來。推估的防禦陣地、防空砲塔以及碉堡全都註記得清清楚楚。小張的綠色標籤上寫著號碼，插在重要的目標上。德國國會標示一〇五號、總理府一〇六號、內政部與外交部，分別是一〇七與一〇八號。

元帥轉身面對著他的將領，「一〇五號目標，」他說道，「誰會先攻到德國國會大廈？崔可夫的第八近衛師嗎？卡圖科夫的戰車嗎？貝札林（Nikolai Berzarin）的第五突擊軍團嗎？還是波格丹諾夫（Semyon Bogdanov）的第二近衛裝甲軍團？會是誰？」

朱可夫故意用誘將之計，他的每一名將領都躍躍欲試，想要第一個攻進柏林，尤其是攻佔德國國會大廈。據波皮爾將軍（Nikolai Popiel）回憶當時的情景，卡圖科夫或許在內心冥想之中已攻到柏林。他突如其來說道：「想想看，如果我攻下一〇七和一〇八，也許就連同希姆萊和李賓特洛甫（Joachim von Ribbentrop）一起給抓了！」

一整天都在進行作戰匯報，同時前線的攻擊準備接近完成，大砲與彈藥都已進入森林中的陣地。戰車向前移動，要讓它們的戰車砲可以在砲轟開始時支援砲兵。在各攻擊發起地點，儲集了大量的補給品、橋材、橡皮舟和橡皮筏，車隊相連著在馬路上絡繹於途，把一個個師運到集結區。對部隊兵力的需要極為急迫，蘇軍頭一次把部隊從後方空運到前線去。對各地的蘇軍官兵來說，攻擊很快就要展開了，但在總部以下的階層，卻還沒有人知道攻擊的發起日期。

紅軍記者格爾波夫上尉，開車沿著朱可夫的前線，目擊了龐大的攻擊前準備。他向所有消息來源打聽，想要確定攻擊日期，都不成功。他以前從來沒見過攻擊前會有這樣的動態，他深信德軍一定也在監視所有行動。不過，在很久以後他評論說：「似乎沒有人在乎德軍會看到些什麼。」

有一項準備工作，令格爾波夫大惑不解。所有種類與大小的防空用探照燈都運到了前線，操作人員都是女兵。此外，這些部隊都駐在離前方有好一段距離的地方，小心隱藏在偽裝網下。他以前從沒見過有這麼多的探照燈，心中奇怪在攻擊時，它們能有什麼功用。

位於滕珀爾霍夫區的郵政總局大廈，德國郵政部長奧尼佐格（Wilhelm Ohnesorge）俯身在辦公桌上一大張色彩光鮮的郵票，它們都是頭一批印刷出來的，奧尼佐格極其高興，畫家設計得很好，這項成果元首一定會很開心。他愉快地靠近檢視其中的兩枚郵票。一張圖案是一名黨衛軍士兵，肩上背著一把施邁瑟衝鋒槍。另外一張，則是一名穿制服的納粹黨領袖，右手高舉火炬。奧尼佐格認為，發行這一套特別紀念郵票適逢其時，要在希特勒的生日——四月二十日發行。

這是一個特殊的日子，在拜爾（Erich Bayer）的心目中佔據著最重要的位置。這位在維爾默斯多夫區工作的會計師，幾個星期以來一直擔心，四月十日星期二——也就是明天，他該怎麼辦。這筆錢他到時候一定要付，否則各種的麻煩和警告就會來了。拜爾手頭上是有這筆錢的，這倒不是什麼問題。但現在重要嗎？佔領了柏林的軍隊——美軍或者蘇軍——會不會堅持要他繳納？如果他們都沒有佔領首都又該怎麼辦？拜爾把有關這件事的每一方面都考慮了一番。然後他到銀行提出了一千四百元馬克，走進附近的辦公室，他繳了一九四五年自己所得稅所要付的頭期款。

納粹德國發行的最後一款郵票。（里福歐爾上校

事情發生得太快，每一個人都大為驚訝。西線美軍九軍團司令辛普森將軍，在司令部裡立刻

傳話給手下的兩位軍長：十九軍軍長麥克連少將與十三軍軍長吉倫少將（Alvan Gillem）。辛普森說，官方的命令就是「前進」。第二階段開始了，這是正式命令，書面命令後補。各師要一路渡過易北河——更往前挺進。第二裝甲師師長懷特將軍收到消息，立刻把裝二師的先鋒部隊——第六十七裝甲團團長狄斯耐上校（Paul A. Disney）找來。狄斯耐還記得，人剛到「還來不及問『好』，懷特就說了：『向東出發。』」這一下子狄斯耐嚇了一跳，停下來還不到二十四小時。他仍然搞不清楚，問道：「目標是什麼？」懷特只答覆了兩個字：「柏林！」

6

美軍第二裝甲師的官兵，分成五路縱隊向著易北河和柏林疾進。他們經過多處還燈火通明的德軍司令部也不減緩前進的速度。他們橫掃各城鎮，當中上了年紀的國民突擊隊員，手裡拿著步槍，無助地站在街上，嚇得都不敢採取行動。他們急馳追趕過向同一方向前進的德軍車隊，雖然槍砲開火射擊，可雙方誰都沒有停下來。戰車上的美國大兵，對著近距離騎機車的德軍射擊。敵人想利用工事作據點，有些美軍指揮官就把自己的裝甲兵當騎兵來使用。霍林斯沃斯少校就遇到這種情況，他把三十四輛戰車一字排開，下達了現代戰爭中很少聽到的一個口令：「衝鋒！」戰車砲雷鳴轟擊，霍林斯沃斯的戰車向這一鎮的敵人陣地衝去，德軍就四散潰逃、溜之大吉了。戰車在各地殺過敵人陣地，越過崎嶇地形。到四月十一日星期三晚上，薛曼戰車以裝甲兵前所未見的衝刺方式，在二十四小時裡進軍了五十七英里——按照公路里程為七十三英里。晚上過了八點不久，狄斯耐上校向師部發出了一則簡潔的電文：「兵抵易北河。」

有一批裝甲車部隊甚至在更早之前，就已經到達了馬德堡市郊。那天下午，梅里亞姆中校偵搜連的偵察車，以每小時高達五十五英里的速度行進，這時已衝到了易北河西岸一處城鎮的郊區。他們在這裡停下來了，不是因為德國的守軍，而是攘來熙往的平民百姓以及忙著採買的人們。領頭的偵搜排，便用機槍一連串的射擊清出道路，結果反而造成混亂，女人暈倒在地，買東西的人嚇得蹲成一堆，或者臥倒，德軍士兵慌張亂開槍。梅里亞姆的部隊，缺乏佔據這個地區的兵力，而偵察車卻沒法甩開亂成一團的市郊到達他們的目標——機場。他們沿著機場邊緣行進時，飛機正在繁忙起降。美軍的槍砲便對著視線內的目標射擊，其中包括了一中隊正要起飛的戰鬥機。這時，敵人的防線動了起來，這一個排的偵察車在猛烈砲火之下動彈不得。當中只損失了一輛裝甲車，但它們的出現，讓馬德堡的防軍有了警覺。這時，美軍一個部隊接續又一個部隊，從馬德堡兩面抵達易北河後，便開始遭遇越來越頑強的抵抗。

梅里亞姆的偵搜連撤退回來，報告了一個重大的消息，市區北邊的高速公路大橋依然屹立。立刻這裡就成了全師的主要目標，因為它可以使裝二師渡河進入柏林。但從美軍遭遇到的砲火來說，顯然不可能在一次奔襲就把大橋拿下來。馬德堡的守軍決心奮戰。同時，在市區北邊與南邊也有其他橋樑，如果能在敵軍炸橋以前奪得其中一座，裝二師就可以上路了。

在南邊七英里的舍訥貝克（Schönebeck），還有另一座橋橫跨易北河。那是霍林斯沃斯少校六十七裝甲團的目標。在星期三那整整一個下午，霍林斯沃斯的戰車，沒有阻礙地衝過一鎮又一鎮，一直衝到稱為奧斯特維克（Osterwieck）的地方。在那裡，一團的國民突擊隊阻止了他們的前進。霍林斯沃斯十分困惑，很多上了年紀的老兵似乎準備投降——有些甚至把手帕綁在步槍上，在散兵坑中高高舉起——然而戰鬥卻沒有停止。在作戰開始幾分鐘後就被俘的一名俘虜解釋說：

鎮上有十一名黨衛軍，他們強迫國民突擊隊員作戰。霍林斯沃斯聽了非常生氣，立刻採取行動。

他把吉普車叫來，除了駕駛兵之外，又多帶了一名上士和一名無線電通信兵。少校迂迴繞過眼前的位置，沿著一條羊腸小徑進入城鎮。他的裝扮獨特，腰部兩邊掛著兩把四五手槍，像個西部牛仔。為了增加火力，他還帶了一把衝鋒槍。霍林斯沃斯本人是個神槍手，打死超過一百五十名德軍。他一把抓住一個路過的老百姓，打聽那些黨衛軍住在什麼地方，那老百姓可嚇壞了，連忙指著附近一棟四周有高高圍籬的大房子與穀倉。霍林斯沃斯見到圍籬有門，便和手下三名士兵跳下車跑過去，用肩膀把門撞脫了鉸鏈，衝進院子。一名黨衛軍朝他們衝來，舉起了衝鋒槍，霍林斯沃斯的衝鋒槍早把他打得一身是洞了。三名美軍各把手榴彈往窗裡扔進去。少校迅速一瞥四周，瞄到一名黨衛軍在穀倉敞開的大門，便抽出四五手槍一槍把他打翻。他們在屋子裡，發現遭手榴彈炸死的六具屍體，其他三人投降。霍林斯沃斯急忙趕回部隊，他已經被延誤了寶貴的四十五分鐘。

三小時後，霍林斯沃斯的戰車，駛到了一處俯瞰舍訥貝克與拜德薩爾澤門（Bad Salzelmen）的高地。遠處，薄暮下閃閃發光的便是易北河了，這裡河寬約五百英尺。霍林斯沃斯以望遠鏡掃視附近，見到公路大橋依然高矗——這是有原因的。德軍的裝甲車輛正利用這條橋渡河向東逃。霍林斯沃斯想知道，附近都是敵人裝甲兵，他要如何在炸橋之前，把這座橋給奪下來？

他邊觀察，心裡頭邊開始擬定計畫。於是他把兩名連長——史塔爾上尉（James W. Starr）和奈特上尉（Jack A. Knight）——叫來，他大致說出自己的構想。「他們正沿著北向南的道路機動，進到拜德薩爾澤門，」他說道：「然後，向東，在交叉路進入舍訥貝克過橋。我們唯一的希望，便是衝進拜德薩爾澤門，佔領交叉路口。一旦我們進抵交叉路，史塔爾，你的連便轉彎衝出去把道路封鎖，把從南面來的德軍堵住。我會在德軍縱隊後方攻擊，這個縱隊已轉向東走進入舍訥貝克，我會跟著它過橋。奈特，你的連跟在我後面，我們一定要奪下那條橋，老天在上，我們就這麼幹。」

霍林斯沃斯知道，唯有行動夠快這個計畫才行得通。天色已經昏暗，運氣好的話，德軍戰車絕對不會知道他們在過橋時後面竟有敵人尾隨跟著走。

不一會，霍林斯沃斯的戰車上路了，他們關上艙蓋、衝進拜德薩爾澤門。在德軍還沒有發現這是怎麼一回事前，史塔爾的車輛已經從南面封鎖了公路，並與一列的德軍戰車接戰了。跑在前頭的德軍戰車轉彎回頭、向大橋駛來。它們顯然聽到了後面的射擊聲，開始加快腳步。就在這時，霍林斯沃斯的戰車，填補了他們縱隊中的空隙，以同樣的速度前進。

就在這時，他們卻遭德軍發現了。附近鐵路調度場、裝在平板車上的大砲，對著美軍縱隊後方射擊。正當霍林斯沃斯的薛曼戰車轉彎進入舍訥貝克，德軍一輛豹式戰車轉動砲塔，瞄準了領頭的美軍戰車。霍林斯沃斯戰車上的砲手庫利上士便開砲，把豹式戰車給打爆。它向旁邊衝進一處圍牆，頓時焚燒起來，根本沒有空隙能讓霍林斯沃斯的戰車通過，但是在拚命左旋右轉下，才算擠了過去，縱隊後面的車輛也就跟著過去了。邊對著敵軍後面的車輛射擊，還要擠過燃燒的德軍戰車，美軍戰車這時潮著鎮上衝鋒過去了。霍林斯沃斯還記得，他們抵達鎮上時，「每個人都在射擊，各打各的，那真是他媽的一團糟，德軍身體伸出窗外，不是用鐵拳在對我們射擊，就是打死了的屍體掛在那裡。」

霍林斯沃斯的戰車還沒有被擊中過。這時，大橋只有三四個街區距離了，但是最後這一段也最糟，當其餘的戰車向前迫近時，似乎四面八方都有敵人的火力。房屋都在起火，這時雖是半夜十一點，現場照得通明透亮，就像是白天一樣。

前方便是上橋的引道，各戰車急急向前衝。霍林斯沃斯稍早時在高地沒有看到，引道竟有迷宮似的石牆阻擋，這些石牆從路的兩側延伸出來，彼此距離並不規則。任何車輛走到這裡都要減速慢行，要走到橋中央，還得作左右來回轉動的急轉彎動作。霍林斯沃斯跳下戰車徒步探路，看看能不能既可領路，又能用掛在戰車後面的電話，指揮砲手射擊。就在這一剎那，一枚戰防砲彈就在霍林斯沃斯前面十五英尺外炸開，鵝卵石碎片在空中橫飛。瞬間，少校發覺自己滿臉是血。

他一手握著四五手槍，一手抓住戰車電話，堅定地向大橋前進。他的戰車撞到了一輛吉普車，霍林斯沃斯便呼叫步兵上來，他引領他們上了引道，開始在路障中奮戰前進，對猛烈射擊的護橋德軍不斷地持續還擊。一發子彈打中了他左膝，但他還是在前面帶隊，催促步兵往前推進。最後，霍林斯沃斯一瘸一瘸地，再加上臉上的血，已經成了半瞎的人。他被擋住了，德軍陣地彈如雨下，他只得下令後退，他已經離橋不到四十英尺了。等到團長狄斯耐上校到了現場，才發現營長「已經不能走路，血流得滿地都是，我下令把他後送」。只差幾分鐘，霍林斯沃斯就能攻下這座大橋，他認為如果他成功了，就能在十一小時內攻抵柏林。

四月十二日凌晨，美軍步兵和工兵，力圖再度攻佔舍訥貝克大橋時，德軍就當著他們面把橋給炸斷了。

——

九軍團前線的高空，法蘭西斯中尉駕駛他的無武裝彈著觀測機「密小姐號」正在作一個大轉彎。坐在他後面的是砲兵觀測員馬丁中尉（William S. Martin）。他們兩人自橫過萊茵河以來，就一直在替第五裝甲師擔任空中偵察，確定敵人的據點以及陣地後，以無線電通知逼近的戰車。這並非都是日常例行的狀況。不只一次，法蘭西斯和馬丁轟然在敵軍部隊上飛過，用他們的四五手槍對著敵軍車隊亂打一通。

向東飛去，雲層開了，兩名空勤人員可以見到遠處隱約的煙囪，「柏林！」法蘭西斯叫道，手指著前面施潘道區的工廠。這段時間，裝五師每一天都在不斷地向前挺進，法蘭西斯以他高高在上的視角，搜索各個不同城市的地標。「密小姐號」領著戰車進入柏林時，這位年輕的飛行員要自己可以立刻認出主要的道路與建築物，以便通知戰車。他決心要在他們抵達柏林時全程款待這些「哥兒們」。

法蘭西斯差不多要飛回到先鋒縱隊附近的一處草地時，猛然把駕駛桿向前推，他瞥見一輛有邊車的機車在裝五師一批戰車附近的一條公路上疾馳，他便俯衝下去查看一下這輛機車。他向右邊一瞄，意外見到一架德軍Fi 156鸛式機（Fieseler Storch）的砲兵彈著觀測機，低飛在離樹梢幾百英尺高的位置，幾乎無法看出來，「密小姐號」飛近一點，便看出鸛式機的灰黑色機身，襯出機身與機翼上有白色十字架國徽。它跟L－4草蜢式很像，都是布製蒙皮、高單翼、單發動機的觀測機，但卻比「密小姐」還要大。法蘭西斯知道，對方至少也比自己的飛機，要快上時速三十英里以上。不過，美機卻在高度上佔了優勢，當法蘭西斯大叫：「幹掉它！」時，聽到馬丁也在督促他這麼做。

馬丁以無線電報告他發現了一架德機，氣定神閒地宣布「我們即將接戰。」地面上，裝五師的戰車兵聽到馬丁的呼叫都愣住了，伸長脖子往天上看，搜尋這一場就要發生的空中纏鬥。

法蘭西斯把座機向下俯衝時，馬丁把機艙側門打開，他們的草蜢式在德機上兜了一個小圈圈，兩個人都用四五手槍轟過去。法蘭西斯希望射擊會迫使德仔飛過等待著的友軍戰車上空，各戰車的機槍手就可以輕而易舉把它打下去。可是敵機飛行員，雖然明顯沒料到這次的攻擊而昏頭轉向，但也不是那麼好搞。鸛式機猛然來了個側滑，像發了瘋似的兜圈子。法蘭西斯和馬丁高飛在上面，就像西部驛車的警衛，從座機出來探身，盡可能快地扣下扳機，把手槍的子彈都打光。法蘭西斯吃驚的是，德機竟沒有回擊，即使這兩個老美在裝填子彈，鸛式機的飛行員，不但沒有拉開彼此間的距離，反而在兜圈飛。法蘭西斯只能這麼推測，那名飛行員還在努力想知道他究竟遭遇了什麼狀況。

兩個老美這時把飛機低到離敵機只有二十英尺遠，一發接一發的手槍槍彈朝飛機的擋風玻璃轟過去。兩架飛機靠得好近，法蘭西斯看見德機飛行員「瞪著我們，眼珠就像雞蛋那麼大。」這時，德仔突然發了野似的進入螺旋。空戰中一直用無線電作現場實況廣播的馬丁叫了起來，「我們打中他了！我們打中他了！」由於很興奮，他的聲音變得模糊不清，坐在半履帶車上的瓦希本中校（Israel Washburn），還以為馬丁在說：「我們被打中了！」

鸛式機打螺旋落下去，右翼觸地、機身斷裂，飛機一個大翻身，在草地中央停了下來。法蘭西斯把「密小姐號」落在旁邊的田野，朝著擊落的飛機跑去。德軍飛行員和觀測員早已出了飛機，不過觀測員腳上中了一槍，人倒在地上，飛行員則撲身在一大堆甜菜後面，直到馬丁開了一槍警告，才高舉雙手走了出來。馬丁用槍指著飛行員，而由法蘭西斯檢視受了傷的觀測員，他把這個老德的軍靴脫下來時，一發四五手槍的彈頭掉了出來。他在替這個皮外傷紮上繃帶時，德國佬不停用德語說：「謝謝！謝謝！謝謝！」

這天稍晚，法蘭西斯和馬丁快樂地在他們的戰利品旁照相。他們所打的這一仗，或許是第二次世界大戰歐洲戰區最後一次的空戰纏鬥。毫無疑問，他們也是這次大戰中，唯一用手槍打下一架德機的空勤人員。對法蘭西斯來說，「這是真正歡欣鼓舞的一天。」唯一能比這一次經驗更令人歡喜的事，就是他可以引導裝五師進入柏林。他深深認為只要再等上一兩天，命令就會傳到[26]。

——

中午時分，尼克迪穆中尉（Robert E. Nicodemus）率領的戰車排抵達了唐格明德，但周遭卻是一片不祥的靜寂。隸屬第五裝甲師的他們，目標是這座風景如畫的小城中的一座橋樑，位置在馬德堡東北方大約四十英里。到目前，舍訥貝克的大橋已經被炸斷了，只有唐格明德的，成了這次大戰中最重要的一座橋樑了——至少對美軍九軍團是如此。

尼克迪穆的戰車行駛在唐格明德的大街上，進入了廣場。這裡的街道，也和市區中的其他地方一樣，都空無一人。就在這時，當戰車停在廣場上時，響起了空襲警報，尼克迪穆後來說道：「一下子天翻地覆，災禍就要降臨了。」

在此之前，看上去都空空如也的窗戶、大門和屋頂上，現在這些地方都有德軍使用類似火箭筒的武器開火，美軍也馬上還擊。有一陣子，豪斯荷德中士（Charles Householder）人站在戰車砲塔裡，用衝鋒槍掃射出去，直到他的戰車遭擊中，不得不跳出車外為止。就在豪斯荷德後面，海梅克中士（Leonard Haymaker）的戰車也被擊中，爆炸成一團火球。海梅克跳到了安全的地方，可是其他乘員卻被敵軍火力封在車內。他蜷曲著身體，慢慢地轉了一圈，然後用衝鋒槍發射短促的連放，掩護組員逃出來。

當激戰難解時，一名美國兵跳到尼克迪穆戰車的後面，在嘈雜的聲音中放聲大叫，說自己是一名逃出來的戰俘。他說，鎮上有兩座戰俘營，拘禁了大約五百多名戰俘。尼克迪穆這一下可進退兩難，他原本要呼叫砲兵支援，但卻不能對全是美軍戰俘的城鎮砲轟。他決定攻破最近的營區，把戰俘送出火線以外。

在戰俘帶路下，尼克迪穆穿過房子和後園，越過許多圍籬，到了河邊一處圍牆。戰俘營區中的美國戰俘，一眼看見前來的是美國軍官，便撲向營中的警衛，這場小小衝突過程非常短暫。警衛的武裝一解除，尼克迪穆便領著戰俘出來。這一批人走到敵人據守的最後一條街時，看見遠處有美軍戰車，一個阿兵哥轉身面對著尼克迪穆非常高興的說道：「現在我自由了，他們殺不了我了。」他走近街道中間，一名德軍狙擊手一槍打穿了他腦袋。

正當尼克迪穆在釋放戰俘時，全鎮都一直在進行逐門逐屋的巷戰。到了最後，大橋幾乎在望時，德軍衛戍部隊的代表面見美軍的前衛尖兵，說他們願意投降。當談判正在進行時，發生了驚天動地的爆炸，一團巨大的塵雲湧起，碎石像暴雨般落在鎮上，德軍工兵把橋炸掉了。美軍「勝利師」，距柏林最近的美軍部隊，離那裡只有三十五英里卻到不了，給擋了下來。

---

26 原註：法蘭西斯的優異功績，在第二次世界大戰中獨一無二，卻從未得到美國國防部的承認。他曾接受推薦領取「優異飛行十字勳章」（Distinguished Flying Cross），但沒有得到。奇怪的是，馬丁不是飛行人員，卻因為參與這次作戰而獲頒「航空勳章」（Air Medal）。

整個九軍團開始瀰漫著焦躁不安。直到四月十二日中午以前，是有一切理由可以樂觀的，裝五師在僅僅十三天當中，驚人地前進了二百英里。裝二師也前進了同樣多的距離，只多花了一天時間。辛普森軍團的整體，自渡過萊茵河以後，已追奔逐北幾達二百二十六英里。軍團所屬各師沿著整個前線向易北河衝刺。

可是到現在為止，還沒有奪得任何橋樑，也沒有在河東岸建立任何橋頭堡。很多人希望重演那次有名的奪橋行動，攻佔雷瑪根在萊茵河上的大橋。那件事發生在三月初，一夜之間便改變了英美大軍的戰略，可是好運不再了。而今，裝二師師部下達了決心：必須強渡此河。各部隊要向易北河東岸進行兩棲攻擊，以建立一處橋頭堡，然後架設浮舟橋渡河。

裝二師B戰鬥群的漢德准將（Sidney R. Hinds），在指揮部擬訂了他的計畫，這次作戰要在馬德堡以南一處名叫威斯特許森（Westerhüsen）的小鎮進行。充其量，這個計畫也只是次賭博，可能橋還沒有建成，就被敵人的砲火給轟了。或者更糟，可能架橋行動都施展不開。不過，漢德等得越久，敵人的防守兵力也許就會再增加，每耽擱一小時，趕在蘇軍前攻到柏林的機會就更為渺茫。

四月十二日上午八點，兩個營的裝甲步兵，搭乘兩棲登陸車「水鴨子」（DUKW）悄悄向東岸渡河，登陸並沒有遇到抵抗。到中午，兩個營的兵力完成渡河。天剛亮時，第三個營也過去了。到了東岸，部隊迅速部署，在選定的浮舟橋位置，作一個緊密的半圓形開始構築防禦工事。懷特將軍高興地打了通電話給九軍團司令辛普森將軍：「我們過河了！」

德軍跟辛普森同時知道美軍渡過了易北河。駐守馬德堡的指揮官，是諾曼第戰役的老手，立刻報告了十二軍團司令部的溫克將軍。

馬德堡駐軍司令是個砲兵專家，很久以前就學到了可別低估敵人。一九四四年六月六日凌晨，他在砲兵前進指揮所裡觀測，目睹了盟軍的登陸艦隊。當時，他也跟現在一樣，立刻把情況向上級報告，「登陸了，」他當時說道：「海上一定有一萬艘船艦。」對他這個驚人的消息，聽的人不相信，問說：「這些船是要開往哪裡？」他回答得既直白又簡單：「正衝著我來了！」

曾在奧瑪哈灘頭中央指揮德軍砲兵的普拉斯凱特少校（Werner Pluskat），眼前準備在易北河邊據守。他手下的砲手沿著河岸，從馬德堡南邊一直到北，會盡他們能力盡量擊退美軍。普拉斯凱特少校作戰經驗豐富，對於結果會如何並不感到懷疑。

然而，在溫克將軍所倚仗的年輕官校學生當中，卻沒有悲觀的想法。他們是一支生力軍，十分熱血，正高興著等待這當前的一戰。波茨坦師、沙恩霍斯特師與胡滕師的機動打擊部隊，正急急進入陣地，準備一舉消滅易北河東岸的美軍橋頭堡。

——

易北河西岸，工兵正拼命地工作，匆匆部署在各處的探照燈，直接向上照射再由雲層折射下來。就在這種人工月光下，第一段浮舟架定起來推進河裡，一節跟著一節，各節浮舟固定在一起。

六十七裝甲團團長狄斯耐上校站在附近監督造橋作業，心中越來越急。頓時，砲彈群呼嘯飛來，它們在頭一批的幾節浮舟附近爆炸，激起了湧向天空的水柱。砲擊的方式並不尋常，砲彈並不是一批批齊放落地，而是單發過來，顯然來自陣地分散得很遠的好幾門砲。狄斯耐斷定，這些射擊是由一名藏身在附近的砲兵觀測員在指揮，便下令立刻對俯瞰河岸一座破爛的四樓公寓進行搜索，結果什麼也沒搜到，砲轟還在繼續，既準確又致命。

彈孔纍纍的浮舟沉了下去，破片不斷濺起的水花，迫使築橋工兵尋求掩蔽。受傷的人拖到河岸安全的地方，由別人來接替他們。整整一晚，射擊不曾停過。美軍工兵的艱辛成了白廢，漢德最怕的這件事發生了。他冷酷地下令，派一支步兵部隊向南威力搜索，到河岸下游去找合適架橋的位置。

四月十三日星期三下午，水鴨子拖著一條厚實的鋼纜越過易北河，到達最新的橋頭堡。打算用這根鋼纜作為替代方案。一旦定位，便可以拖一連串載了車輛、戰車與大砲浮舟往返渡河。雖然這種方式慢得要命，但在橋材運到以前，不得不這麼做。

目前，漢德將軍心中最關切的事，莫過於河東岸三個營的兵力的命運，他們背水作戰，把守住艾品瑙（Elbenau）與格律瓦德（Grünewalde）兩座相連的村落一處約略半圓形的陣地。一處小小的橋頭堡，既無裝甲兵，也沒有砲兵的支援，只有在西岸的幾個砲兵連。如果這三個營遭受強大逆襲，情況就岌岌可危了。漢德這時命令狄斯耐上校，坐水鴨子過河去，擔任這支步兵的指揮。

狄斯耐在樹林裡找到了三個營指揮所中的第一個，營長方奈爾上尉（John Finnell）正在發愁。德軍施加的壓力越來越大，「如果我們不趕快弄些戰車過來，」他說道：「那就會很麻煩。」

狄斯耐以無線電向漢德匯報後，便出發去前方視察。正當他沿河行進時，砲彈落在他四周，狄斯耐撲倒在溝裡，可是砲彈越來越近，所以他爬了出來，再去找另一條溝。這一回可不妙，他覺得破片如雨而下，又再來了一陣，第三發砲彈爆炸把他打翻了，狄斯耐躺在地上，身負重傷，幾乎失去了意識。他的左臂被打穿，挖去一塊肉，另一片砲彈，又切掉了右大腿上面的部分。

三十六小時內，霍林斯沃斯與狄斯耐這兩位堅決要領導美軍進入柏林的人，都退出了戰場。

——

四月十二日，下午一點十五分，大約在第五裝甲師領先的戰車駛入唐格明德時，美國羅斯福總統同時在溫泉市的辦公桌前與世長辭。

當時一位畫家正在替他畫像，突然總統一隻手放在頭上，抱怨說頭很痛，沒多久便逝世了。他辦公桌上還放著一份亞特蘭大市的《憲法報》（*Constitution*），頭版標題為，「第九軍團——距柏林五十七英里。」

將近二十四小時以後，總統逝世的消息才漸漸傳到前線部隊。八十四步兵師的皮特思少校（Alcee Peters），從一名德國人那裡聽到這個消息。在瓦倫霍爾茨（Wahrenholz）附近的一處鐵路平交道，一個上了年紀的鐵路平交道管理員到他面前表達慰問，因為「這消息太糟糕了」。皮特思大為震驚又不敢置信，但後來還是接受了這個消息。他的縱隊再度出發，目標易北河，只是心中還有別的事要懊惱。步兵三三三團的一位營長卡恩斯中校，他行經布藍茲維北邊一處炸毀的煉油廠時，聽到了羅斯福的死訊。他覺得難過，但他的心思還是集中在自己工作上。「那只是另一次的危機而已，」他後來說道：「我的下一個目標是維廷根（Wittingen），我的心思都在這件事情上面。現在，羅斯福死也好，活也好，都幫不了我的忙。」軍牧羅思寫信給太太安妮說道：

「我們全都很難過……但我們已經見過那麼多死亡了，我們大多數人都知道，即使是羅斯福也免不了……我們聽到這個消息，談到這件事時的鎮靜，令我大感意外。」

戈培爾卻無法壓抑自己。他一聽到消息，便立刻打電話給元首地堡中的希特勒。他喜不勝收地說道：「報告元首，恭喜！羅斯福死了！這件事星象早就指示了，四月的下半月會是我們的轉運點，今天星期五，四月十三日，正是轉運點！」

早些時候，戈培爾就把兩項星象預測的資料，告訴過財政部長科洛希克伯爵（Schwerin von Krosigk）。上一次在一九三三年六月三十日，希特勒奪得政權的那一天，另外一次則在一九一八年十一月九日，預測威瑪共和國的未來。科洛希克在日記中寫著，「驚人的事實已經很明白了。兩次星相都預測到一九三九年爆發戰爭，一直到一九四一年都是勝利，緊接著是一連串的逆轉。一九四五年初的幾個月，更遭受最嚴酷的打擊，尤其是四月份的前半個月。然後，在四月下半月有一次壓倒性的勝利，戰爭膠著直到八月份，在那一個月有了和平。在以後三年，德國會有段困難時期。但到了一九四八年開始，她又會再度復興。」

戈培爾也看過卡萊爾（Thomas Carlyle）所寫的：《普魯士腓特烈二世史》，（*History of Friedrich II of Prussia*）使他有更進一步的理由高興。書中有一章提到一七五六年至一七六三年間的「七年戰爭」，普魯士當時以孤軍迎戰法、奧、俄三國聯軍。戰爭的第六年，腓特烈二世告訴手下大臣，如果二月十五日以前他還沒有改運就要自殺了。然後在一七六二年六月五日，俄國女皇伊麗莎白（Czarina Elizabeth）駕崩，俄軍退出戰爭。「布蘭登堡宮中的奇蹟，」卡萊爾寫，「已經發生了。」戰爭的風向整個變得有利了。而現在，第二次世界大戰的第六年，羅斯福逝世了，很可能會有同樣的發展也說不定。

宣傳部長狂喜之至，他在宣傳部請所有人喝香檳酒。

「過河！過河！一直前進下去！」美軍第八十三步兵師的克瑞比上校（Edwin "Buckshot" Crabill）在河岸邊大踏步走來走去，哪裡遇到行動遲緩的官兵，就用靴頭幫他一下。「可別錯過大好機會！」他對著另一船官兵叫道：「你們上路到柏林去！」別人坐水鴨子渡河時，矮個子、脾氣火爆的克瑞比訓示他們：「別等著編好隊伍！別等人來叫你做什麼！不論用什麼方式，盡自己本事過河去！如果你們現在動，就可以一槍不發過河了！」

克瑞比說得對，位於馬德堡東南邊十五英里外的巴爾比鎮，正在他們的死對頭裝二師拚命纜渡的下游，八十三師正一批批渡河，而且沒有遇到抵抗。他們進入鎮內，發現橋已經炸斷了。克瑞比不待師長下令，便立即渡河，急急忙忙把突擊舟運到前面來。幾小時後，整整一個營就過河去了。目前，第二個營又上路了。同時，砲兵也在用浮舟渡河，工兵則在架設車用浮舟橋，應該可以在天黑以前完成。即使是克瑞比，也為自己的命令所引發的狂熱所觸動。他從這一批人衝到另一批人，要求加快腳步。他對其他軍官得意洋洋地說：「本寧堡[27]的人絕不會相信這種情況

---

27 譯註：（Fort Benning）美國步兵學校所在地。

的。」

一批德國人站在市政廳鐘樓下的陽台安靜旁觀美國人的狂熱現象。步兵營營長夏普中校（Granville Sharpe）花了好幾個小時，把鎮上的輕微抵抗都肅清了。他一直意識到這批在一旁觀看的人，而越來越煩。他回想道：「我的官兵正在挨槍，可是那裡卻站著德國人，興致很高地觀看打仗，看著渡河。」這時他真受夠了，他走到一輛戰車前，告訴射手：「對著大鐘表面轟它一砲，比如說，轟在五點鐘的地方。」射手遵命，對準鐘面上的數字五，俐落地命中，一下子陽台上的人都散開了。

不管怎樣，戲演完了。八十三師渡過了河，在易北河東岸建立了第一個堅固的橋頭堡。四月十三日晚上，工兵完成了工作，工作都徹底完成，還在橋樑引道豎起一個牌子。為了慶賀新總統就任，以八十三師習以為常的高昂士氣，以及對廣告價值的敏銳賞識，上面寫著：

「杜魯門橋，通往柏林的大門。第八十三步兵師立。」

消息迅即傳到辛普森將軍那裡，又從他那裡傳給布萊德雷將軍。他馬上打電話給艾森豪。一時間，八十三師的橋頭堡，是所有人心中想到最重要的事情了。盟軍統帥仔細聆聽這個消息，到報告完了時，他向布萊德雷問了一個問題。據布萊德雷後來重建這段談話時提到，艾森豪問道：「布萊德，從易北河突破和拿下柏林，你認為我們會付出什麼代價？」

布萊德雷對這個問題考慮過好幾天了。跟艾森豪一樣，目前他並不把柏林看成是一個軍事目標，但如果能輕易拿下來，那他也會去攻佔它。但是布萊德雷如同他的長官，擔心突破太深，進入蘇軍未來的佔領區，擔心美軍部隊的前進所引起的傷亡，而他們之後還得撤出所推進過的這些地區。他並不認為攻向柏林的途中傷亡會很高。但攻進這個都市，那又另當別論了。要把柏林拿下來，也許會付出很高的代價。

當時他是這樣回答盟軍統帥，「我判斷，我們得要付出十萬人的代價。」

電話中沉寂了一陣子，然後布萊德雷又補充道：「對這麼一處令人稱羨的目標，所要付出的是相當可怕的代價，尤其我們在之後必須往後撤退，讓別人來取代我們的情況。[28]」

到這裡，談話就結束了。艾森豪並沒有透露他的盤算，而布萊德雷卻清楚陳述了他的意見：美國人的生命比起聲望，或者對一個沒有實質意義的城市作短暫的佔領，前者要重要得多了。

麥克連將軍在十九軍軍部的地圖前研究戰況。以他的角度，敵人在易北河東岸的防線只不過是個空殼子，一旦他手下的各個師過了河、突破這一線，任何敵軍都擋不了他們衝進柏林。麥克連的作戰處長史洛恩上校則認為，對於他們渡過萊茵河後一路所遭遇到的那種抵抗——通常是來自小區域的拼死抵抗，美軍雖予以打擊，但完全可以讓部隊快速繞開他們。他有十足的信心，在重啟攻擊的四十八小時之內，美軍裝甲兵的先鋒部隊便會攻入柏林。

---

28 原註：布萊德雷的判斷引起了很多混亂。這項判斷他是什麼時候向艾森豪提出的？還有他是如何得到這項數據？第一個透露這件事的，便是布萊德雷本人。他在回憶錄 *A Soldier's Story* 中提到，但沒有說明日期。布萊德雷告訴本人，對最後所造成的不確定性，他要負起部分責任。普遍公開的說法，證明早在一九四五年一月，布萊德雷在盟軍總部這麼告訴艾森豪，說攻打柏林的傷亡數字會接近十萬人。布萊德雷本人則說：「當我軍在易北河有了橋頭堡以後，我立刻打電話給艾克，並提出這項判斷。當然我並不樂見從這裡撲向柏林要犧牲掉十萬人。但我確信，德軍會為自己的首都而拼死作戰。以我看，在柏林我們會慘遭最大的傷亡。」

麥克連迅速下達了幾個決策。「無賴馬戲團」師迅速渡河，奪取了橋頭堡，然後在易北河上架好了一座橋，這一切都是在幾個小時內達成的，是一項驚人的成就，已經改變了整個易北河的態勢。八十三師的官兵，不僅僅擴張東岸的橋頭堡，而且從橋頭堡出兵前進。麥克連有信心，八十三師的橋頭堡會屹立不搖。他並不認為裝二師那微不足道的纜渡作業能挺得住德軍的砲擊。但是，裝二師有三個營已經過了河、據守。目前正安排裝二師的部分兵力，開始用八十三師的「杜魯門橋」渡河。因此，麥克連認為，正進入陣地的三十步兵師，沒有理由要去進攻馬德堡、奪取高速公路大橋。以當前部隊進行的速度來看，八十三師的橋頭堡可以很快擴張開來，與裝二師纜索過河點對岸受到孤立的三個營聯繫上。從這處擴大的橋頭堡，便可以繼續進兵了。麥克連決定完全繞過馬德堡。一如八十三師的預料，他們的「杜魯門橋」，會是進入柏林的大門。

——

四月十四日星期六，破曉時分。漢德將軍在裝二師的纜渡點等待三條浮舟連接在一起，它們會形成渡河的平台，靠兩岸鋼纜前後拉扯來搬運軍品，供架橋完成以前使用。德軍砲彈依然落在橋頭堡的兩岸，東岸的部隊已陷入苦戰，對抗敵方步兵。他們還能挺得住一段時候，可是漢德害怕的，還是德軍裝甲兵的攻擊。位於東岸的美軍，到現在都還沒有砲兵或者裝甲兵的支援。

頭一輛在浮舟橋上渡過的車輛，會是一部推土機，東岸一定得先推平，戰車和重武器才能爬上去。另外由一輛水鴨子拖著渡河平台，可使纜渡動作加快一些。漢德焦急地注視著，已經損失了兩條鋼纜，沖到下游去了。這時只剩下一條，最後一批特大型的浮舟，已開始用來製造渡河平台。

重點來了。在大家觀望下，平台緩緩駛進易北河中間。正當它接近東岸時，意想不到的事發生了。一發砲彈呼嘯飛來，以百萬分之一的命中率，打斷了鋼纜，浮舟以及推土機都消失在湍急的河水裡，漢德杵在那，震驚得一動也不動。他憤恨地說了句，「這下完了！」

這發砲彈準確得令人難以置信。這就像是預告全面性災難到來的訊號。現在消息報來，東岸的部隊此刻正遭受敵軍裝甲車輛的圍攻。

——

易北河東岸，安德森中校（Arthur Anderson）透過團團的晨霧與砲兵射擊的硝煙，目擊德軍裝甲兵衝過了他的步兵防線。德軍有七八輛裝甲車，其中兩輛是戰車。安德森透過望遠鏡見到了這一群遠遠在他的巴祖卡火箭筒射程外的車輛，有條不紊地向著美軍散兵坑射擊。甚至當他還在注視時，他的指揮所右方遠處據守陣地的一個步兵連就已經被擊潰了。官兵都從散兵坑竄出，躲到樹林去。這時，德軍正進攻安德森另外兩個步兵連陣地，逐次把散兵坑轟垮。安德森急忙以無線電要求西岸的砲兵予以支援。但這次攻擊來得太快，就在裝二師的砲彈呼嘯而過時，安德森知道都為時已晚了。

沿著橋頭堡最遠處，I連連長柏金森中尉（Bill Parkins）突然聽到自己連上的機槍開火，接著便是德軍一發接一發的砲聲。其中一排的傳令兵跑過來報告，三輛德軍裝甲車連同步兵正沿著戰線過來了。「它們邊前進，邊把一切都肅清。」柏金森派人傳話給各排，據守各自陣地、持續射擊。然後，他跑出連指揮所，親自看看發生了什麼情況。「我一眼看見德軍三輛豹式戰車，大約在東面一百碼外開過來，」他後來報告說道：「似乎每一輛戰車有一排步兵伴隨前進。他們把美軍戰俘擺在前面走，自己跟在後面開槍。」柏金森的部分士兵用火箭筒還擊，可是距離太遠了，那些擊中戰車的火箭彈直接在戰車上彈開。柏金森只見弟兄慘遭重擊，便令他們後退，以免遭打死或被俘。

德軍的裝甲車輛從橋頭堡的北、東和南面快速進入。指揮步兵排的克瑞中士（Wilfred Kramer）看見一輛德軍戰車在兩百二十碼外，步兵在車後成扇形散開跟上。克瑞命令弟兄等待，一到德軍靠近到只剩四十碼時，他大喊一聲開火。「我們幹得很好，也挺住了，」他後來解釋道：「不過那時戰車也開火了，第一發砲彈就落在距我們機槍十碼的地方，然後老德一直攻進來。他們看得見我們每一個散兵坑的位置，那都是近距離射擊。」克瑞盡自己的膽量挺守得越久越好。到後來，他也下令弟兄退回來。

格律瓦德周遭打得很猛烈。營長卡登．史都華中校（Carlton E. Stewart）收到自己某個連的通知，要求砲兵支援，訊息說，「就朝我們的陣地轟吧，我們連上弟兄都進入屋內的地窖了。」每一個人都在請求空中支援以消滅德軍戰車，可是從凌晨到中午的激戰，只有少數幾架飛機出現。由於向易北河的奔襲過程，把戰鬥機基地甩在後面太遠，飛機得加掛副油箱才能與地面部隊齊頭並進，但那也就意味著不能掛炸彈了。

中午時分，漢德將軍下令東岸的所有步兵都往後撤，退回易北河的這一邊來。起先以為傷亡很高。但之後幾天官兵陸續歸隊，最後統計在東岸傷亡官兵為三百零四人。其中一個步兵營戰死、負傷或者失蹤的計有軍官六人，士兵一百四十六人。這一仗讓裝二師架橋以及渡過易北河建立橋頭堡的最後希望給完全中止了。到這時，裝二師師長懷特將軍別無他法，只有利用八十三師在巴爾比所架設的橋樑了。裝二師逐漸建立起來的巨大衝勁，被德軍以閃電般的速度成功阻擋住了。

這處橋頭堡的消滅，來得這麼突如其來，戰鬥又是如此強烈，以致美軍的指揮官們都還來不及知道攻擊他們的是那個單位。事實上，他們根本談不上是單位，一如溫克將軍事先所預見，他所帶領的涉世未深的官校學生與教官，會替他把仗打得不錯。這些生手雄心勃勃，渴望戰勝的光榮，把本身以及劣質武器發揮到了極致，為溫克爭取到寶貴的時間。這支機動打擊部隊把美軍裝二師打得後退回去，從他們所達成的成就來說，過去三十個月的作戰過程，沒有一個德軍部隊比得上他們。如果裝二師能夠佔領任何一座橋樑，或者佔據渡過易北河的任何一個橋頭堡，相信他們不等待命令下來就會直撲柏林了。

——

盟軍統帥攻擊德國的計畫，已經堂而皇之地公諸於世。沒有錯，英美大軍前進的速度很明顯地連他自己都嚇了一跳。北翼，蒙哥馬利的二十一集團軍正穩定前進。加拿大軍團逼近荷蘭的安恆，準備把殘留在荷蘭東北部一股被圍困的德軍給肅清。英軍第二軍團已渡過萊茵河，攻佔了策勒（Celle），到達了不來梅市郊。德國中部，被包圍在魯爾區的德軍已近殲滅，最重要的是，辛普森的美軍第九軍團，與美軍一、三軍團，快要把德國一分為二。第一軍團正向萊比錫挺進，巴頓的第三軍團已接近捷克邊境。

不過這股旋風所帶來的收獲，也有相對的代價與付出，它們把艾森豪的補給線拖長到了將近極限。除了卡車運輸車隊以外，布萊德雷的部隊幾乎沒有什麼地面運輸可言。萊茵河上僅僅只有一座鐵路橋樑還在使用。作戰部隊依然還有充足的補給，可是盟總的參謀卻為整體的狀況感到懊惱，為了分佈四周的各軍團，空運司令部上百架的運輸機，奉令不分晝夜把補給品運出去。光是在四月五日一天，就有一長列的C－47運輸機，載了三千五百多噸的彈藥與物資，再加上七十五萬加侖的汽油運往前線。

除此以外，由於盟軍推進深入德境，他們還得供應以千計算、越來越多的非戰鬥人員。以十萬計的德軍戰俘、德國從十幾個國家徵來的奴工、獲救了的英美軍戰俘，都必須有住處、食物與醫療服務。現在，需要醫院、救護車隊與醫療補給品；雖然這些醫療設施龐大，但未能預見的需求卻突然出現了。

最近這段日子，第三帝國隱匿的最大規模的恐怖場景，正開始揭露出來了。沿著整個前線，在這個驚人推進的一個星期，美軍官兵見識到了希特勒的集中營，營內囚禁的人數以十萬計，加上數百萬人死亡的證據，使他們震驚又反感。

歷經百戰的官兵，對落進他們手中的幾十處集中營與牢房，對自己親眼所見，都完全無法相信。二十年後，這些人回憶起那時的情景都萬分憤怒：那些體型消瘦的骷髏架子，蹣跚地走向美軍。這些人在納粹政權下，還能保有唯一的東西便是求生的意志。巨大的千人坑、亂葬崗與壕塹壕，以及一排排的焚化爐，都填滿了燒焦的人骨，對「政治犯」作有系統、大規模趕盡殺絕，這些是無聲的恐怖證據——一如布亨瓦德集中營（Buchenwald）一名德國衛兵所說，之所以要他們死，「只因為他們是猶太人。」

部隊發現的毒氣室，設置得和淋浴室一樣，只不過水龍頭噴灑出來的不是洗澡水，而是氰化物毒氣。而在布亨瓦德集中營指揮官家中，有用人皮做成的燈光罩。指揮官的老婆伊麗絲．柯赫（Ilse Koch），還用猶太人的皮膚做成書籍封面和手套。在兩個小木架上，陳列著兩個乾縮的人頭標本。倉庫中滿滿都是鞋子、衣物、義肢、假牙和眼鏡，它們被有條不紊的分門別類，加以編號。假牙上的金子都取了下來，轉送給德國財政部。

消滅掉了多少人？在最初的震驚之下，沒有人能做出評估。但從前線各地傳來的報告，很顯然這是一個天文數字。至於死的是何許人，那就不太清楚了。以第三帝國的定義來說，他們都是「非亞利安人」、「玷污文化的劣等人」，十幾個民族與十幾種信仰的人，但多半都是猶太人。他們之間有波蘭人、法國人、捷克人、荷蘭人、挪威人、俄國人與德國人。在這有史以來最殘忍的大屠殺中，他們被以各種各樣慘絕人寰的方式處死。有些人在實驗室中被當成天竺鼠，成千上萬的人被槍斃、下毒、絞死或用毒氣處死。還有些是活活餓死。

四月十二日，美軍第三軍團攻佔奧爾德魯夫集中營（Ohrdruf）。軍團司令巴頓將軍是美國陸軍中最驍勇善戰的將領之一，他走過集中營的營房，然後轉身離開、淚流滿面，無法控制噁心的感覺。雖然附近村落的居民表示對集中營的情況一無所知，但隔天巴頓依然下令，要他們親自去目睹集中營的一切。那些退縮不從的，就用步槍槍口押著進去。隔天早上，村長夫婦就此上吊自殺了。

沿著英軍的前進路線所發現的，是同樣恐怖的情況。英軍第二軍團的軍醫處長休斯准將，對集中營內有傳染病的可能性已經擔心好多天了。有人提醒他，要留意一個叫貝爾森（Belsen）的地方。到了那裡，休斯將軍發現斑疹傷寒與類傷寒是他最後才需要擔心的問題，「我所見到的恐怖景象，根本無法用照片或文字來表達，」他在多年後說道：「那集中營裡依然住著五六千人，分居在四十五座營舍，原本容納不了一百人的地方，都住了六百到一千人。每一座營舍都擠滿了形容枯槁、染患各種疾病的囚人。他們挨饑遭餓，患了腸胃炎、斑疹傷寒、類傷寒和肺結核。到處都有死人，有些就死在其他人還在睡的床鋪上。死人躺在營區各處，沒有用土掩蓋的亂葬坑、壕溝、水溝、營區周圍的鐵刺網邊、營舍旁，大約有一萬多具屍體。在我從醫三十年，從來沒見過像這樣的景象。」

整個前線的各軍團，為了要挽救這些還活著的人，需要立即的醫療支援。有些時候，軍事上的需求不得不列為次等順位。「我無法相信，」休斯後來說道：「會有任何人能夠理解，我們遭遇到了什麼情況，會需要何種醫療設施，進行何種醫療行為。」緊急需要的是醫官、護士、病床，數以千噸計的藥品與器材。光以休斯准將一個人來說，他就要有一萬四千張病床的醫院。他知道即使是如此，且不論採取什麼步驟，在能控制慘狀以前，每天至少會有超過五百人往生。

艾森豪將軍也親自到哥達（Gotha）附近的集中營巡視。他臉色鐵青，咬緊牙關，走遍了營區的每一處。「到那時為止，」他後來回憶說道：「我只是聽人說過，或者從第二手資料中知道……除了當時，我此生不曾經歷過同樣的震撼。」

集中營對盟軍官兵心理上的影響更是難以估計。在九軍團的前線範圍，靠近馬德堡的一個村落，三十步兵師的步兵營醫官洛克少校（Julius Rock），檢查由三十師攔阻下來的一列載貨列車。上面裝的都是集中營的人。洛克嚇慘了，立刻要這些人下車。在當地村長的強烈抗議下，洛克把這些人分配住進德國人的家裡——大發牢騷的村長本來不肯，但是洛克的營長直截了當向村長下命令，「如果你不從，」他簡單說道：「我就抓村民作人質並把他們給斃了。」

見識過集中營的官兵，都下定了堅決的決心要打勝仗，而且還要快——這種念頭取代了任何其他的感觸。艾克的感受大致上也相同，他從哥達回到盟軍總部後，拍電報到華府和倫敦，敦促政府立刻把媒體和國會議員送到德國，要親眼看看這些慘絕人寰的營地。這些證據「以這種方式擺在美國和英國社會面前，讓冷嘲熱諷的懷疑無立足之地。」

不過，在艾森豪能加緊結束戰爭以前，他得鞏固分布廣泛的各地部隊。十四日晚上，他在漢斯的總部辦公室，把自己的未來計畫以電報報告華府。

他在電文中說，他在中央的攻勢已經成功地完成，現在面對兩項主要任務：「將殘餘的敵軍兵力作更進一步分散，以及攻佔敵人可用作有效最後據點的各個地區。」就艾森豪來看，他後面所指的這些地方，就是挪威及巴伐利亞的「國家堡壘」。對付北邊，他計畫用蒙哥馬利的部隊，越過易北河前進，以佔領漢堡，並長驅直入呂貝克與基爾。南翼，計畫用戴弗斯將軍的六集團軍，向薩爾斯堡前進。

「在德國『國家堡壘』一帶，」艾森豪在電文中說道，「冬天進行作戰會極為困難……即使我軍與蘇軍會師，『國家堡壘』仍可能存在……因此，我軍必須在德軍以兵力及物力對該地防線進行充分準備以前迅速進兵。」

至於德國首都，艾森豪認為「敵軍或許在柏林四周集結重兵，長驅直入柏林也符眾望。而且，不論什麼情形，柏林的陷落會對敵人以及我方的士氣大有影響。」不過盟軍統帥說道：「就時間上說，除非肅清我軍兩翼的進展異常迅速，進攻柏林一戰宜採較低優先。」

簡言之，他的計畫為：

一、在易北河中央地區堅定據守；

二、展開向呂貝克與丹麥的作戰；

三、發起一次強力進攻，與蘇軍在多瑙河河谷會師，並突破「國家堡壘」。

「因此，對柏林的進攻，必須等待上述三點的結果而定，」艾森豪說道：「本人並不把它納入作為計畫的一部分。」

——

四月十四日的整個晚上，位於易北河的八十三步兵師「無賴馬戲團」以及第二裝甲師的官兵，於巴爾比從八十三師架設的橋樑渡河。雖然在靠近第一座橋的地方建好了第二座，過河的行動依然很慢。然而，裝二師師長懷特將軍已經計畫好，只要全師在西岸重新集結，就開始向柏林進擊。八十三師的官兵中有一個傳言，說：克瑞比上校把從巴爾比「解放」來的一輛紅色大型公車（能載五十名阿兵哥），借給裝二師使用。八十三師有一切理由大奏凱歌，它的偵察兵已經到了采爾布斯特（Zerbst）的北面，距離柏林不到四十八英里了。

——

四月十五日清晨，美軍第九軍團司令辛普森將軍，收到布萊德雷將軍的電話，要他立刻飛到威斯巴登（Wiesbaden）的第十二集團軍司令部去，「我有件非常重要的事要告訴你，」布萊德雷說道：「但我不想在電話中談。」

布萊德雷在機場等待辛普森，「我們握了手，」辛普森回憶道：「當下他就把消息告訴了我。布萊德雷說：『你一定要在易北河停下，不得再往柏林方向前進一步。辛普老弟，我很抱歉，就這樣了。』」

「你究竟在什麼鬼地方得到這個命令？」辛普森問道。

「從艾克那裡。」布萊德雷說。

辛普森目瞪口呆，「從那之後，布萊德雷說的話我根本沒聽進去幾句。我只記得自己傷心之至，茫茫然地回到飛機上。我只想到的是，自己如何告訴參謀、各科科長和弟兄們？尤其，我要如何告訴弟兄們？」

辛普森從軍團部把話傳給各軍軍長，然後立刻奔往易北河。漢德將軍在裝二師師部遇到了辛普森，只見他憂心忡忡。「我以為，」漢德回想說道：「也許老頭子不喜歡我們渡河的方式，他問我戰事進行得如何？」漢德回答道：「報告司令，我想現在都很好，我們成功撤退兩次，不緊張，也不恐慌，而我們在巴爾比的渡河行動也進行得很好。」

「很好，」辛普森說道：「如果你們要的話，可以留些人在東岸，不過他們不得再前進了。」他看著漢德，「漢德，」他說，「這就是我們推進到最遠的位置了。」漢德大吃一驚，也顧不得階級了，「司令，不行，」他立刻說道：「那不對吧，我們要打到柏林去。」辛普森似乎費力控制住自己的情緒，期間有一段不安的沉寂。然後，他以呆板了無生氣的聲音說道：「漢德，我們不去柏林了。我們的戰爭就打到這裡了。」

——

第三十步兵師的部分部隊，依然在巴爾萊本（Barleben）與馬德堡之間向易北河前進。消息傳得很快。官兵聚集在一起，既生氣又激動地比手劃腳，談個沒完。第一二〇步兵團D連的柯洛勒維奇一等兵（Alexander Korolevich）不跟著起鬨，也不清楚自己是悲是喜，索性坐下，然後落下了男兒淚。

——

韓李奇看出所有這些跡象背後的意義。在前線的一部分，蘇軍來了次不算久的砲兵彈幕射擊，在另一段地區，他們發動了一次小型的攻擊。這些都是佯攻，韓李奇很清楚。幾年以前，他已經學到了蘇軍的一切招數，這些小行動，便是大舉進攻的前奏。現在，他最關切的事情，是何時他該下令官兵退到第二防線。

正當他在衡量這個問題時，戰爭生產部長史佩爾來了。這是韓李奇不願有客人來訪的一天——尤其是緊張兮兮，又令人煩擾，像史佩爾這樣的人。進到了韓李奇的辦公室，史佩爾便說明此行來訪的目的。他要韓李奇支持他，不要遵從希特勒的焦土命令，把德國的工業、發電廠、橋樑等給摧毀。「即使德國現在打敗了，為什麼還要把德國的一切都毀掉，德國老百姓還要活下去啊。」

韓李奇聽他把話說完，也同意希特勒的命令之「惡毒」。他告訴史佩爾，會盡自己權力幫忙。「不過，」韓李奇警告說：「現在我所能做的，便是盡力把這一仗打好。」

史佩爾忽然從口袋中抽出一把手槍，「阻止希特勒的唯一辦法，」他突然說道：「便是用上這。」

韓李奇看著手槍，眉毛跳了一下。

「這個，」他冷冷地說：「我一定得告訴你，我可不是天生就會殺人。」

史佩爾在辦公室裡踱來踱去，似乎沒聽見韓李奇的話，「要希特勒放棄戰爭，是絕對不可能的事。」他說道：「我試過三回了，一九四四年十月一次，今年一月和三月又各一次。最後一次希特勒給我的答覆是：『如果一個軍人向我說這種話，我會認為他頭殼壞掉，會下令斃了他。』然後他又補充說道：『在這種嚴重的危機時刻，領袖一定不能害怕，如果他們害怕了，就應當廢掉。』要說服他，要他相信一切都完了是不可能的事，不可能。」

史佩爾把手槍放回口袋，用比較鎮定的聲音說：「反正要殺掉他也不可能。」他並沒有告訴韓李奇，好幾個月以來，他一直在想著刺殺希特勒和那一群寵信。他甚至想到了一個計畫。把毒氣引進元首地堡的通風系統，卻無法得逞。進氣口四周，已經建起一個高十二英尺的煙囪。史佩爾繼續說道：「如果我因此能幫助德國人民，我可以把他幹掉，可是我辦不到。」他看著韓李奇：「希特勒一向信任我，」又補充了一句：「再怎麼說，不曉得什麼緣故，總覺得那多少還是不對的行為。」

韓李奇不喜歡這種談話的語氣，他對史佩爾的態度與顧前不顧後有些擔心。如果有人知道史佩爾以這種方式和他談過，肯定集團軍司令部裡的每一個人都會被槍斃。他巧妙地把話轉回到原先的主題上，保護德國免於「焦土」。「我所能做得到的，」維斯杜拉集團軍司令再說一遍：「就是盡自己所能，履行軍人的職責，其餘的交到天主的手中了。我可以向您保證，柏林不會成為史達林格勒，我不會讓它發生。」

史達林格勒會戰是一條街又一條街，一段街區又一段街區的巷戰。韓李奇無意使自己的部隊在蘇軍壓力下退守柏林，進行與史達林格勒一樣的戰鬥。至於希特勒的訓示，摧毀重要的設施，韓李奇在自己集團軍的範圍，已經私下撤回了這個命令。他告訴史佩爾，預料柏林衛戍司令雷曼將軍馬上就會到。韓李奇說，他邀請雷曼來討論這件事，也要親自向他說明，為什麼不可能把柏林衛戍納入維斯杜拉集團軍。沒多久，雷曼來了，跟他一起進來的還有韓李奇的作戰處長艾斯曼恩上校。這次的軍事會議，史佩爾一直都在場。

據艾斯曼恩後來所記，韓李奇告訴雷曼，「可別依賴維斯杜拉集團軍的支援。」雷曼的神色就像最後的希望也破滅了似的。「那麼，我就不知道，」他說，「我要如何保衛柏林。」韓李奇表示希望他的部隊能夠繞過柏林，「當然，」他又補充說，「也許我會下令部隊進入柏林，但你卻不應該全指望它。」

雷曼告訴韓李奇，他已接獲希特勒的命令，炸毀各處橋樑以及市區中的一些建築物。韓李奇氣憤地回答道：「對柏林的橋樑以及對任何別的事物進行爆破，只不過會使它癱瘓。如果有機會讓我把柏林納入指揮，我就會嚴禁這種爆破行動。」

史佩爾也提供助力，懇求雷曼不要執行這種命令。他說道，如果這麼做，市區大部分就會斷水斷電，艾斯曼恩還記得當時史佩爾的話，「如果你毀了這些供應線，這個城市至少會癱瘓一年以上，這就會使幾百萬人發生傳染病和挨餓。防止這種浩劫是你的責任！你的責任就是不執行這種命令！」

據艾斯曼恩回憶，氣氛很緊張，「雷曼內心正在掙扎，」他說道：「最後他嘶啞地回答說，他會遵行軍官的榮譽，盡到自己的責任。他兒子在前線陣亡，家庭和財產都已喪盡，他所剩下的只有自己的榮譽了。他提醒我們，沒有炸毀萊茵河的雷瑪根大橋的軍官有什麼下場，就是像一個普通刑事犯般被處決。雷曼想到，如果他不執行命令，便會有同樣的下場。」

韓李奇和史佩爾兩人都努力勸他，卻無法改變他的心意。最後，雷曼走了。之後史佩爾也開車離去。這時只有韓李奇一個人了——他心思集中在一件非常重要的事情上：蘇軍攻擊的時間。

集團軍司令部收到的最新情報，看起來都顯示攻擊會立即發生。陸總情報署長蓋倫將軍，甚至把最新的俘虜訊問資料都寄來了。其中一份報告說紅軍第四十九步兵師的一名士兵「宣稱會在大約五到十天內發動大型攻勢。」俘虜還說，「蘇軍士兵之間不接受英國和美國宣稱要征服柏林的說法。」第二份報告內容也類似，甚至包含有更多的猜測。這天稍早前在科斯琴附近俘獲的七十九軍一名士兵說，一旦攻擊開始，它的主要目的是要搶在「美軍之前先打到柏林。」據這名士兵說：「上級已估計到可能將與美國人產生摩擦，他們將用大砲『誤』炸美國人，讓他們領教一下蘇聯砲兵的強大威力。」

——

同一天的莫斯科，也就是四月十五日星期日，美國駐莫斯科大使哈里曼與史達林會晤，談論遠東方面的戰事。開會以前，美國軍事代表團團長迪恩將軍提醒哈里曼，德國廣播報導，預料蘇軍會隨時攻擊柏林。哈里曼在會議結束時，不經意地向史達林提到這件事，便問道，紅軍正準備發起對柏林的攻勢，是真的嗎？據當天晚上迪恩將軍拍回華府的電報，其中有「史達林說過會發動攻勢，他說不確定這次攻勢會不會成功。不過，這次攻勢的主攻——正如他已經告訴過艾森豪的——會指向德勒斯登而不是柏林。」

——

在這天的剩餘時間，韓李奇閱讀情報報告、與參謀還有所屬軍團的軍官做電話討論。然後，晚上八點稍後，他決定好了。他已經分析過戰地呈上來的所有報告，已經評估、判斷過宿敵的每一種細微動作。這時，他在辦公室從這頭走到另一頭，兩手緊緊反握在背後，聚精會神低著頭，又停了下來。一個密切注意他的侍從官覺得，「好像他突然吸到了空氣。」他轉身面對著參謀，「我認為，」他說得很平靜，「攻擊會在凌晨發動，明天。」他把參謀長找來，向德軍第九軍團

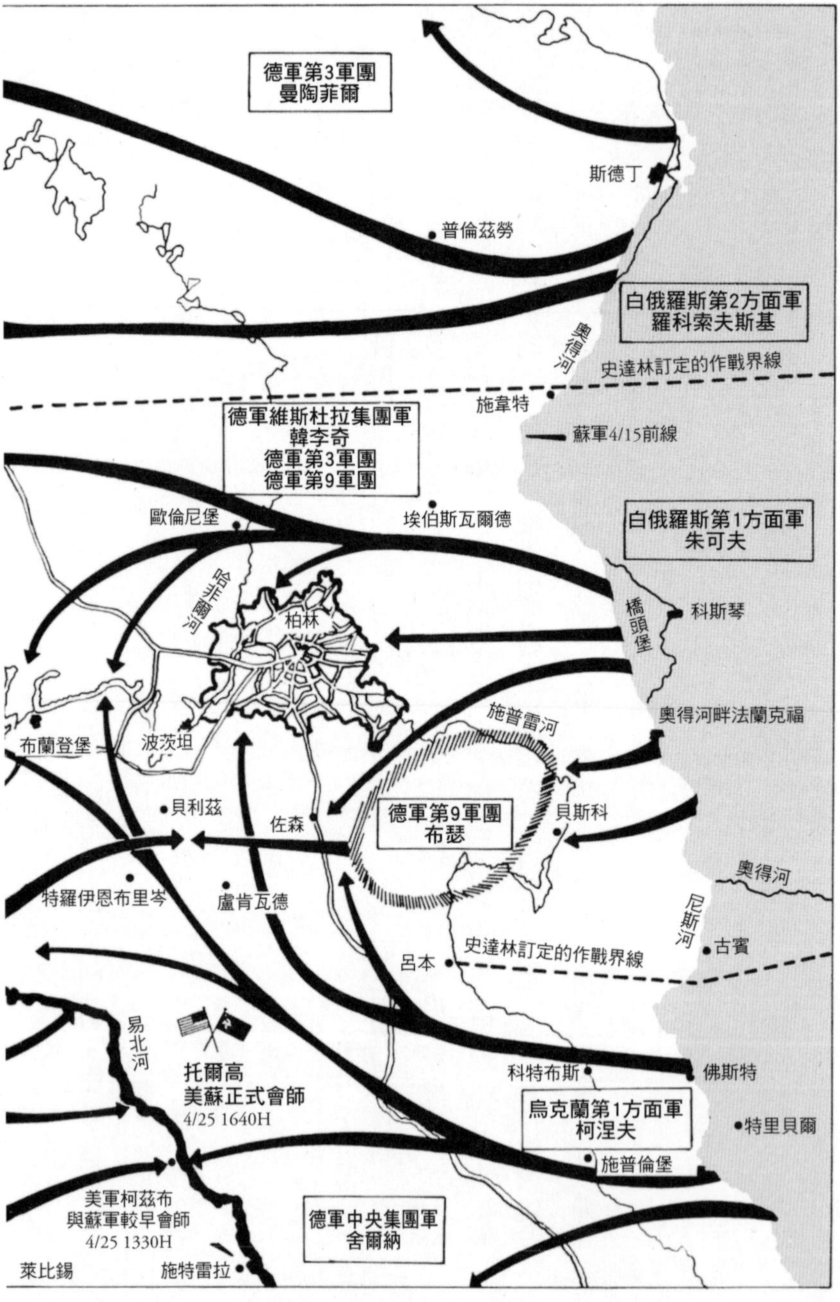
德軍第3軍團
曼陶菲爾
斯德丁
普倫茲勞
白俄羅斯第2方面軍
羅科索夫斯基
奧得河
史達林訂定的作戰界線
施韋特
德軍維斯杜拉集團軍
韓李奇
德軍第3軍團
德軍第9軍團
蘇軍4/15前線
歐倫尼堡
埃伯斯瓦爾德
白俄羅斯第1方面軍
朱可夫
哈菲爾河
橋頭堡
科斯琴
柏林
奧得河畔法蘭克福
施普雷河
布蘭登堡
波茨坦
貝利茲
佐森
德軍第9軍團
布瑟
貝斯科
特羅伊恩布里岑
盧肯瓦德
奧得河
尼斯河
古賓
史達林訂定的作戰界線
呂本
易北河
托爾高
美蘇正式會師
4/25 1640H
科特布斯
佛斯特
烏克蘭第1方面軍
柯涅夫
特里貝爾
施普倫堡
美軍柯茲布
與蘇軍較早會師
4/25 1330H
德軍中央集團軍
舍爾納
萊比錫
施特雷拉

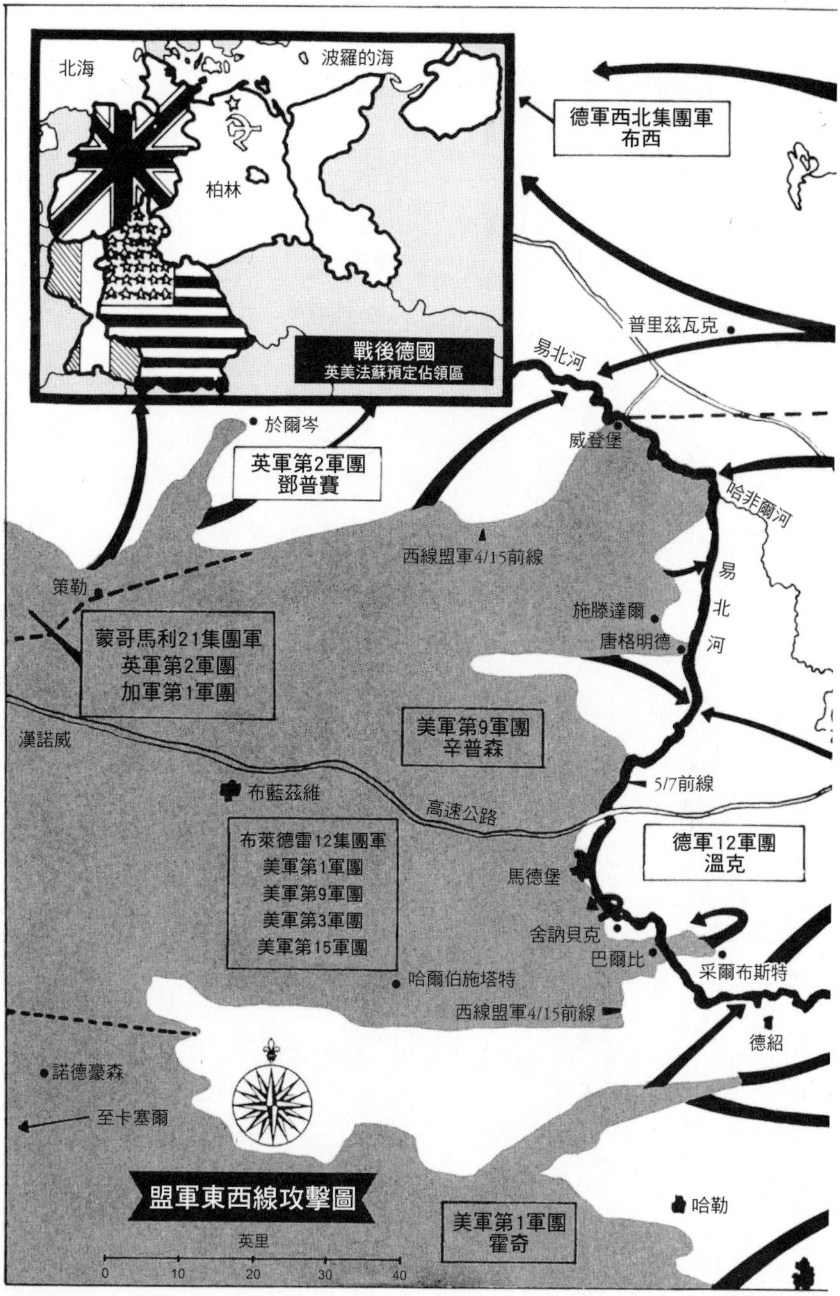
北海
波羅的海
柏林
戰後德國
英美法蘇預定佔領區
德軍西北集團軍
布西
普里茲瓦克
易北河
於爾岑
威登堡
英軍第2軍團
鄧普賽
哈非爾河
西線盟軍4/15前線
易
北
河
策勒
施滕達爾
蒙哥馬利21集團軍
英軍第2軍團
加軍第1軍團
唐格明德
漢諾威
美軍第9軍團
辛普森
5/7前線
布藍茲維
高速公路
德軍12軍團
溫克
布萊德雷12集團軍
美軍第1軍團
美軍第9軍團
美軍第3軍團
美軍第15軍團
馬德堡
舍訥貝克
巴爾比
采爾布斯特
哈爾伯施塔特
西線盟軍4/15前線
德紹
諾德豪森
至卡塞爾
盟軍東西線攻擊圖
哈勒
美軍第1軍團
霍奇
英里
0
10
20
30
40

司令布瑟將軍發出了只有一行的命令，寫著：「後撤、進入二線陣地。」這時是晚上八點四十五分，到了四月十六日星期一，正好在七小時又十五分鐘以後，「惡矮人」就要開始打德國的最後一場戰役了。

第五部　激烈的血戰

1

沿著白俄羅斯第一方面軍的前線，昏暗深沉的森林裡是一片的寂靜。松樹與偽裝網下，大砲一字排開，綿延了一英里接一英里地排列著，並隨著口徑的不同向後面延伸。最前面的是迫擊砲，接續是戰車——揚起了它們長長的主砲——再後面是自走砲，跟隨在後的是一連又一連的輕、重型火砲。最後，是四百輛「卡秋沙」（Katushka）——多管火箭發射車，能同時發射十六發火箭。而大量集中在奧得河西岸科斯琴橋頭堡的便是探照燈。這時，攻擊開始前的最後幾分鐘，朱可夫元帥的官兵，在多處都在等待「攻擊時」——凌晨四點。

格爾波夫上尉的嘴巴乾渴。在他看來，隨著每一分每一秒過去，靜止不動的態勢，使得情況變得越來越緊張。他在奧得河東岸科斯琴北邊和部隊在一起。這裡，氾濫的河面幾乎有五百碼寬。他後來說，當時四周都是「蜂擁成群的渡河突擊部隊，一整列的戰車，一排排的士兵帶著浮舟橋和橡皮艇。河岸邊，視線所及都擠滿了兵員和裝備，卻是一點聲響都沒有。」格爾波夫意識到「士兵們興奮得幾乎雙手在顫抖，就像是馬匹在行獵前那樣」。他不斷地自我安慰，「無論如何我得活過今天，我有太多要寫的題材了。」他一再地說，「這不是死的時候。」

在中央，部隊都擠在河西岸的橋頭堡。這個主要的集結區——目前長三十英里，縱深十英里——是今年三月蘇軍從布瑟將軍手中奪過來的，如今成為朱可夫攻入柏林的跳板。精銳的第八近衛軍團要從這裡發動突擊。只要他們一佔領正前方略略偏西的關鍵——塞洛高地，裝甲兵便會跟上。砲兵觀測小組組長，二十一歲的羅沙洛夫中尉（Vladimir Rozanov）站在河西岸，靠近操作探照燈的紅軍女兵位置。羅沙洛夫很確定這些探照燈的燈光會逼瘋德軍。他還真是迫不及待等著她們把燈打開。

另一方面，羅沙洛夫卻是不同於以往地關切即將來臨的攻擊。他父親在南方柯涅夫元帥的軍中，這位年輕軍官對老爸生氣的很，他竟兩年沒有給家中寫信了。雖然如此，他還是很期盼父子倆也許會在柏林會面——說不定這一仗打完就一起回家。盡管他仗都打夠了，但依然高興自己參加了這最後的主攻，不過這種等待卻叫人受不了。

橋頭堡遠方，砲長史維謝切夫上士（Nikolai Svishchev）站在他的砲兵連旁邊，他是歷經過多次砲兵彈幕射擊的老手，知道接下來會發生怎樣的狀況。他先警告自己的砲手，射擊一開始，「用盡你們的大嗓門吼叫，以抵消壓力，因為發射的砲聲會嚇死人。」這時，他手握擊發繩，只等待發射一聲令下。

科斯琴南邊的法蘭克福四周的橋頭堡，來自步槍團的諾維可夫上士（Nikolai Novikov）在觀賞附近戰車車身兩側塗鴉的口號，一輛寫著「從莫斯科到柏林」，另一輛寫的是「到法西斯畜生窩五十公里」。諾維可夫興奮得發狂，團政委發表了一篇鼓舞士氣的演說，激起了他的熱血。這篇煽動、樂觀的精神講話，令諾維可夫感動不已，他立刻在申請加入共產黨的表格上簽了下去[1]。

俯瞰科斯琴橋頭堡的高地上，朱可夫元帥站在坑道裡，泰然自若地凝望著眼前的黑暗。跟他在一起的，是史達林格勒的守將，也是第八近衛軍團先鋒部隊指揮官崔可夫上將。自從史達林格

1 原註：很多士兵在奧得河申請入黨，其原因倒不是完全基於政治。不像英軍或美軍，紅軍並沒有識別牌（「狗牌」）紅軍官兵戰死或受傷，家裡鮮少收到官方通知。但如果一名共產黨員死傷，黨就會通知他的家人或親屬。

勒過後，崔可夫感染了濕疹，雙手尤其嚴重。為了護手，他戴著黑手套。這時，他不耐等待著攻勢開始，戴著手套的雙手神經質地不停彼此摩擦。「崔可夫，」朱可夫突然問道：「你部下各營都進入陣地了嗎？」崔可夫的回答既迅速又確定：「報告元帥同志，過去四十八小時，你下令的每一件事情，我都完成了。」

朱可夫看看錶，在坑道觀察孔前站好，把軍帽向後掀一點，兩隻手肘靠在開孔的混凝土突塊上，仔細地調整著望遠鏡。崔可夫把大衣領子豎起，把皮帽的護耳拉下來蓋住耳朵，以減緩砲轟的聲響。他在朱可夫旁邊站定，透過自己的望遠鏡看出去。參謀們要嘛簇擁在他們身後，或者出坑道外的山頭去觀察。這時，每個人都屏氣凝神，盯著外面的黑夜。朱可夫再看一次手錶，又再拿起望遠鏡，一秒鐘、一秒鐘滴滴答答消逝。這時，朱可夫說得很平靜，「時間到，各位同志，時間到。」這時正是凌晨四點。

三發紅色信號彈一時直上夜空，高懸在半空相當長的一段時間，把奧得河照耀成一片亮晶晶的猩紅色。同時，科斯琴橋頭堡，朱可夫的探照燈方陣開燈了，一百四十具巨型的防空探照燈，以耀眼的強烈光柱，再加上戰車、卡車以及其他車輛的燈光，直接照射正前方的德軍陣地。這種使人昏頭轉向的照耀光芒，讓戰地記者楚揚洛斯基中校（Pavel Troyanoskii）聯想起「一千個太陽合而為一」的景象。第一戰車近衛軍團司令卡圖科夫上將，完全被這情況嚇了一大跳。他問朱可夫的參謀波皮爾中將道：「我們究竟從什麼鬼地方，搞來這麼多的探照燈。」「鬼才知道，」波皮爾答道：「不過我想，他們把整個莫斯科防空區的探照燈都搜括一空了。」正當探照燈照亮了科斯琴前線時，一時間一片靜寂。然後三發綠色信號彈直上天空，朱可夫的大砲開火了。

一陣震耳欲聾、地裂天崩的怒吼從前方冒起。全東線戰場從未集結過這等數量，超過兩萬多門各種口徑火砲，正向著德軍陣地傾出狂風暴雨的火力。被壓制在殘忍無情探照空燈光焰下，科斯琴橋頭堡西邊遠處的德國鄉間被砲彈所構成的巨牆中消失了。整個村莊都被分解了。泥土、混凝土、鋼鐵、樹木全都飛上了天空，遠處的森林開始熊熊燃燒。科斯琴的南、北兩面，成千上萬門大砲的砲焰穿透了黑夜，成噸的砲彈砸向目標，針尖般細小的光芒，就像致命的爆竹，迅速不斷地閃爍。爆炸的旋風極其強烈，形成了強烈亂流。多年以後，倖存的德軍官兵對於那股奇特的熱風都記憶猶新——突然冒起，呼嘯著穿過森林，吹彎了細樹，把灰塵砂石抽刷進空中。而戰線西邊的官兵都絕不會忘記大砲猛烈的轟鳴聲，它們勁道之強，不論部隊與裝備器材都因此而不自主地震動了起來。

砲聲的狂暴猛烈，使人失去了知覺。史維謝切夫砲連的砲手，使盡生平力氣吼叫，可是火砲的震動太大，使得他們的耳朵都流出血來了。最可怕的聲音，是來自卡秋沙，或者部隊口中的「史達林風琴」。火箭彈猛烈地一批批衝出發射架，彈尾留下長長的白色火光在夜空中呼嘯。它們那種恐怖的聲響，讓格爾波夫上尉想到一塊塊巨大的鋼磚碰在一起研磨的聲音。盡管有這種恐怖的噪音，格爾波夫發現砲轟令人十分痛快。他只見周圍「部隊歡呼，就像是他們在和德軍肉搏，到處人們都在射擊，不管是用什麼武器，就算沒見到目標也一樣。」他看見大砲噴出一陣陣砲焰時，想起了奶奶形容關於世界末日的一些話，「那時地球就會起火，壞人就會被火給吞下去。」

砲轟的喧囂之下，朱可夫的部隊開始前進。崔可夫紀律嚴明的第八近衛軍團，領頭從奧得河西岸的科斯琴橋頭堡前進。他們向前衝時，砲兵彈幕始終一直落在他們的前面，像地毯般涵蓋前方大片的土地。要在科斯琴的南、北兩邊強行渡過那條氾濫的河。士兵都在河裡放置浮舟，把預先做好的一段段木橋拼湊在一起。他們附近是一批批的打擊部隊，不等橋樑完成便開始渡河。他們在各種的突擊舟中顛簸、跳動著划過河去。

部隊當中，有些人曾經在列寧格勒、斯摩稜斯克、史達林格勒以及莫斯科前挺立過。官兵跨越半個大陸，打出一條血路才到達了奧得河。許多士兵親眼見證自己的村落與城鎮被德軍的砲火所摧毀，糧食被焚燒，家人被德軍屠殺。對所有的這些人來說，這次攻擊具有特別的意義。他們活到了復仇的時刻，德國人使他們一無所有、無家可歸，他們沒有地方可去，只有向前推進。現在他們凶猛進攻，同樣勁頭十足的是數以千計最近剛獲釋的戰俘。紅軍迫切需要兵員補充——這批新獲得自由的俘虜，服裝襤褸、形容消瘦，很多人依然顯示出曾被殘酷對待的痕跡——紅軍給了他們武器。現在，他們也奮勇向前，尋求終極報復的機會。

蘇軍部隊又是歡呼又是吼叫的，像撒野的原始部落在奧得河東岸前進。他們處於狂熱狀態，根本無法等待船或橋準備妥當。格爾波夫大驚失色，眼看著士兵全身裝備，竟縱身入河，開始游過對岸去。還有些人飄浮在河面上，緊緊抓著空汽油桶、木板、木塊、樹幹——任何能浮起的東西，畫面奇觀無比。格爾波夫想起「一支浩浩蕩蕩的螞蟻雄兵，利用樹葉、樹枝渡過水面。奧得河擠滿了一船船的人，木筏上滿滿都是裝備，浮起的圓木承載著大砲，到處都是起起伏伏的腦袋，他們正在浮過去或者游過去。」在某地，格爾波夫遇見朋友，本團的醫官，「一個大個子，名叫尼可萊夫（Nicolaieff），正從河岸往下跑，身後拖著一隻小得離譜的小艇。」格爾波夫知道尼可萊夫「該留在後方的野戰醫院，可是他卻坐在那艘小艇拚老命在划。」格爾波夫覺得，全世界沒有一種力量能阻擋得了這種猛攻。

剎那間，砲擊停止了，留下嚇人的無聲狀態。這次轟擊足足持續了整整三十五分鐘。朱可夫的指揮所坑道的參謀官這時才驚覺電話在響，究竟響了多久，沒有人說得上。大家全都有某種程度上的耳鳴。軍官開始拿起電話，崔可夫下屬軍官正作頭一批的報告。崔可夫向朱可夫報告說：「到目前為止，事情都按照計畫進行。」沒多久，傳來了更好的消息，他得意地宣布：「第一批目標已經拿下來了。」朱可夫自攻擊開啟以來便很緊張，現在變得豁然開朗起來。波皮爾將軍回憶，朱可夫抓住崔可夫的手說道：「好極了！好極了！真的太好了！」朱可夫雖然高興，但他經驗豐富，不敢低估敵人。這位健壯結實的元帥，要等到拿下科斯琴附近的關鍵——塞洛高地以後，才會覺得更安心一些。他覺得到那時，才算確保攻擊成功了。但那也不會太久。除此之外，蘇軍轟炸機已經臨空，開始轟炸眼前的範圍，計畫超過六千五百架飛機要來支援他以及柯涅夫的攻擊。不過朱可夫認為，光是砲兵的轟擊，就已經使敵軍心驚膽寒、士氣低落了。

——

位於柏林北邊、舍訥瓦爾德森林（Schönewalde）中，韓李奇上將在前進指揮所的作戰室，手放在背後、來回踱步。所有的電話猛響，參謀聽取報告，仔細把資料描在中央桌子上攤開的作戰地圖上。時不時韓李奇停下來不動，瞄一眼地圖，或者看看艾斯曼恩遞給他的電文。蘇軍發動攻勢並不令他意外。雖然他的軍官大多數都因為這次砲轟的猛烈而感到畏懼。九軍團司令布瑟稱之為「有史以來最糟的一次」。艾斯曼恩上校根據最初的報告，認為「射擊的火力，實際上已經摧毀了我們前線的工事。」

維斯杜拉集團軍的部隊主力，依照韓李奇的命令，在四月十五日夜色掩護下，都已後退到第二線陣地。不過有碰到一些問題。有些軍官對放棄第一線陣地極為不滿。他們認為，這就是退卻。好幾個幹部向韓李奇發牢騷，他對著一位抗議的將領冷冰冰問道：「你不是遇過這種情形嗎？蘇軍開火以後，你那美好的第一線工事或者你的官兵，不是完全沒有留下來嗎？如果你在鍊鋼廠，不會把自己腦袋往電動鐵錘下擱吧？你會及時把腦袋往後縮，這就正是我們在做的事。」

這項難行的策略，耗了大半夜的時間完成。從各方的回報來看預先撤守的地區，證明這項兵力運用是成功的。現在，官兵都在第二線，靜待前進的蘇軍。韓李奇在前線的其中一個部分佔了地利之便。科斯琴西邊是塞洛高地馬蹄形的沙質台地，高度從一百到二百英尺不等，俯瞰著一片布滿溪流、遍布爛泥，被稱為奧得河濕地的河谷。蘇軍從奧得河前進，一定得橫穿這段河谷。韓李奇沿著新月形台地部署，大砲都對準了前進路線。

這些無比緊要的高地，存有韓李奇唯一的希望，能挫折朱可夫的攻擊。韓李奇也知道，朱可夫的計畫肯定會特別注意這個問題。在韓李奇的大砲能射擊紅軍橫跨奧得河的橋樑，以及前鋒部隊在前進越過地勢低窪的沼澤中形成恐慌以前，蘇軍必需迅速佔領台地。顯然，朱可夫希望以他雄厚猛烈的砲轟，打垮幾乎所有的抵抗，而使攻奪塞洛高地變得輕而易舉。不過韓李奇的大軍與砲兵撤離了第一線，現在仍然兵力完整據守著陣地。他的防禦計畫進行得很好，僅有一件事不對：韓李奇的部隊不夠，火砲也不夠。空中沒有德國空軍的協助，沒有儲備的兵員、大砲、裝甲車輛、彈藥或油料，韓李奇只能遲滯朱可夫的攻勢。到頭來，敵人一定會突破防線。

韓李奇的兩個軍團在整個前線堪用的戰車與自走砲數量不到七百，而這些又分散在第九軍團與第三軍團的各個部隊，狀況最好的二十五裝甲師，也只有七十九輛，最小的單位也才分得兩輛。與朱可夫的砲兵數量相比，蘇軍有各種口徑火砲兩萬門[2]，韓李奇只有七百四十四門，以及轉作野戰砲兵使用的六百門防空砲。彈藥與油料的補給同樣艱困。除了囤放在各砲連陣地的砲彈以外，九軍團的儲存量僅夠兩天半使用。

韓李奇沒辦法長時間擋住蘇軍——更沒辦法發動逆襲，因為他把少量的裝甲與火砲分散到各部隊，使每一個單位都有抵抗的機會。他唯一能做的，也是他知道可能做到的，就是能爭取到一點點時間。韓李奇注視地圖，紅色粗壯的箭頭標示蘇軍的進攻，不禁憤怒地想起那些已經轉撥給舍爾納元帥的南集團軍，準備用來阻擋蘇軍攻擊的裝甲部隊。因為希特勒和舍爾納都堅持，蘇軍會進攻布拉格。這些裝甲部隊足以裝備韓李奇的七個裝甲師。「如果我有了它們，」他難過地告訴艾斯曼恩：「現在蘇軍就不會有多少樂子了。」

情勢惡劣，而危機依然在前方。朱可夫的攻擊只是序幕，北邊還有羅科索夫斯基的兵力要納入考量。他們還要多久就會進攻曼陶菲爾的第三軍團？柯涅夫什麼時候會在南邊展開攻勢？

韓李奇並不需要等多久就可以知道柯涅夫的企圖了。蘇軍的第二次攻勢，沿著布瑟軍團據守的最南線展開，進入舍爾納元帥的責任區。恰恰在清晨六點，柯涅夫的部隊——烏克蘭第一方面軍——發動攻擊，渡過了尼斯河。

———

2 原註：一九四五年六月，朱可夫告訴艾森豪及記者，當他展開攻擊時，使用了所有口徑的火砲兩萬二千門。他原本計畫要求大砲一萬一千門，但在攻擊開始時是不是有那麼多數量，就不得而知了。蘇聯的資料顯示數字不一，從兩萬門到四萬門都有。大多數軍事學家認為，朱可夫也許至少有野戰砲七千至八千門。口徑較小的火砲，數量也差不多這樣。

紅軍戰鬥機排成緊密的大雁隊形，傾斜著機身從陣陣閃亮的粉色高射砲火和連綿不絕的紅色、黃色和白色曳光彈之間穿過，朝尼斯河衝去。它們在鐵灰色的尼斯河上空，飛行高度不到五十英尺，機身背後噴出了濃密的白色煙幕，大馬力的航空發動機則發出刺耳的尖嘯聲。戰鬥機多次鑽過防空砲火彈幕，佈下一層濃密、蓬鬆的煙霧，不但遮蓋了河流，也掩蓋了東西兩岸。位於河岸高地的觀測所，柯涅夫元帥注視著這一幕，感到非常滿意。轉身面對著立刻就要展開渡河攻擊的第十三軍團司令普科霍夫將軍（Nikolay Pavlovich Pukhov）說：「我們的鄰軍用探照燈，因為他們需要更多燈光。我告訴你吧，普科霍夫，我們要的是更暗。」

雖然柯涅夫攻擊的正面廣達五十英里，他下令施放煙幕的距離，卻幾乎有四倍長，好混淆德軍。這時，他用三腳架上的砲兵觀測鏡觀察，注意到煙幕靜止不動，測得風速每秒只有〇．五公尺，每小時風速不會超過一英里。他滿意地宣稱說，這道煙幕「厚度與密度都恰恰好，高度更是十分正確。」這時，正當機群繼續施放煙幕，柯涅夫的砲群，以巨大的咆哮開火射擊。

他的砲轟跟朱可夫的同樣殘酷無情。但柯涅夫使用火砲時更有選擇性。攻擊發動前，各砲兵指揮官預見本身的觀測員會因為煙幕而視線受阻，已經在地形圖上精確標定了所有已知的敵軍防線、據點，從而使他們的火砲能全力攻擊。烏克蘭第一方面軍的火砲，除了砲打事先選定的目標外，還仔細轟出幾條從尼斯河向西的通道，好方便突擊的部隊與戰車照著走。沿地滾動的砲彈彈幕，就像銳利的鐮刀，有條不紊地切削出幾條穿過德軍陣地、寬好幾百碼的路來。正當他們射擊時，跟朱可夫的作戰區相同，各處森林開始熊熊火起，片片火海從河邊向前蔓延好了幾英里。

柯涅夫不讓任何東西有機會存活，推動他的不僅僅是他的勃勃雄心。還有一個更重要的理由讓他要在朱可夫之前先攻抵柏林：西方盟軍出乎預料的進兵速度，現在已經距離柏林剩下四十英里了。柯涅夫想到兩件事，其中一件事或者兩件事都有可能發生：艾森豪大軍可能企圖在紅軍以前先攻達柏林；而德軍或許會試圖與西方盟國訂定個別的和平協定。據柯涅夫後來的說法：「我們不願相信盟國會和德國人進行任何形式的個別協定。可是在這種氣氛……充滿了真實與謠言，兩方面都有，我們身為軍人，沒有權利排除這種可能……這一來使柏林之戰更顯得急迫。我們得考慮這種可能性……法西斯頭子寧可把柏林交給美軍和英軍，也不願給我們。德軍會為他們敞開進軍的大路，可是面對我們，他們卻會強烈地作戰，打到最後一兵一卒為止。[3]」柯涅夫在他的計畫中，「認真考慮到這一點」。為了要趕在朱可夫或者西線盟軍之前打到柏林，柯涅夫知道自己一定得在攻擊的最初幾個小時制壓住敵人。不像朱可夫，他在尼斯河西岸並沒有步兵佔領的橋頭堡，他必須實施敵前渡河，這條河是個可怕的障礙。

尼斯河河水冰冷湍急，有些地方寬達一百五十碼。雖然東岸相當平坦，西岸卻斜坡矗立，德軍充分利用了天然地勢的優點。這時他們已進入為數眾多、工事堅固的鋼筋水泥坑道，俯瞰河道以及東面的引道。柯涅夫如果不想被坑道中的火力壓制，就得迅速制壓敵人。他的作戰計畫要

3 原註：柯涅夫反映了史達林本人的猜疑。四月初，史達林曾以電報致羅斯福，說美軍與德軍在瑞士的伯恩（Berne）達成協議，他們將「開放面對英美軍的前線，讓他們得以向東直入。英美兩國為了投桃報李，也承諾對德停戰條款……西線德軍實際上已經停止作戰……卻持續對英美的盟友蘇聯作戰……。」羅斯福回答說，這種說法令他感到震驚，竟然說「本人在未經貴國同意下，跟敵人達成協定……坦白說，我不得不非常厭惡告知貴國這事的人，不管他們是誰。他們惡意誤解我的行為，或我所信任的屬下的行為。」史達林和其將領依然不相信。即使到了今天蘇聯國防部編撰的歷史，*The Great Fatherland War of the Soviet Union 1941-45* 還是說「為了避免容許紅軍攻佔柏林……希特勒黨徒……準備把首都交給美軍或英軍……儘管既有的協議上說……將柏林交付蘇聯陸軍的戰區……。」當然，事實上並沒有這種協定存在。

求，當部隊在西岸取得了立足點，裝甲師就要投入攻擊。那也就意味著，甚至保護性的煙幕還沒有消散以前，就得架橋渡河；如果砲擊還沒有摧毀敵人，架橋就得在猛烈的火力下進行。他打算把主要的渡河點放在布赫霍茲（Buchholz）以及特里貝爾（Triebel），但也還有其他地點。柯涅夫認為，必須完全且快速地制壓住敵人。他已下令進行大規模的渡河攻擊，渡河點多達一百五十個以上。在各個渡河點，工兵都誓言要在一到三小時內有橋樑或者渡船可用。

清晨六點五十五分，柯涅夫計畫的第二階段展開。沿著尼斯河的整個東岸，第一波部隊在持續的砲兵火力掩護下，從森林中現身搭上各種舟艇開始渡過尼斯河。後面立刻跟上了第二波渡河部隊，他們之後便是第三波。普科霍夫第十三軍團的打擊部隊在布赫霍茲－特里貝爾，拖著一節又一節的浮舟蜂擁渡過洶湧的河水。一馬當先的第六近衛步兵師，師長伊凡諾夫少將（Georgi Ivanov）是個四十四歲剽悍的哥薩克人，他已經把所有能浮的東西都送進了河裡。除了浮舟以外，他使用空軍的空汽油桶，以及大型的德國化肥筒，（他下令把它們焊得密不透風，然後用人力運往定點，作為架橋的支撐）。河裡有上千名工兵，預造的木橋橋段一被從東岸推下水，他們就把各段結合在一起。幾十個人站在尼斯河冷冰、齊頸深的河水裡，把沉重的橋樑高舉過頭，別的人則把支撐的木柱打進河床。工兵特別小組用裝了手動絞盤的小艇，把鋼纜拖過河。一到西岸，他們就開設渡船站，用手絞動鋼纜，把載了大砲與戰車的浮排拖過河去。有些地方，工兵把大砲運過河，根本用不上浮排。他們把大砲架在鋼纜末端，放下水從河床上拉了過去。盡管全線各地都有敵人在射擊，渡河作業卻穩定向前推進。為了保護渡河，伊凡諾夫運用岸防砲，砲彈直接從他的官兵頭上飛過，轟進西岸的德軍工事。他又用超過兩百挺的機槍，以機槍子彈的狂暴火力支援這些岸防砲：「只為了使對方抬不起頭來。」

上午七點十五分，柯涅夫收到好消息，已經在西岸佔據了一座橋頭堡。一小時以後，他知道戰車與自走砲已經由渡河點過了河，已經與敵人接戰了。八點三十五分，結束了兩小時又三十五分鐘的砲轟以後，柯涅夫有了絕對的信心，他相信他的部隊已在尼斯河西岸穩穩站住腳步了。到目前為止，他們的一百五十個渡河點，有一百三十三處已經穩固。普科霍夫的十三軍團，和第三近衛戰車軍團，已經在攻擊區中央的特里貝爾突破。無論問誰，都可以知道他們當面的敵人看起來已經垮了。第四近衛戰車軍團的裝甲兵，目前正越過同一地區，南翼第五近衛軍團已經過河。柯涅夫認為，他的戰車有可能隨時都會完成突破。

只要一達成突破，柯涅夫便計畫奔襲施普倫堡（Spremberg）與科特布斯（Cottbus）。一過科特布斯，他要沿著公路網轉攻呂本。柯涅夫對那附近特別感興趣，因為那是史達林筆下作戰界線的終點，那一線把朱可夫的白俄羅斯第一方面軍，與他的烏克蘭第一方面軍分開。如果柯涅夫的大軍到那裡的速度夠快，他就計畫立刻請求史達林准許旋軍北進，直襲柏林。他自信會得到史達林的「准如所請」，所以他已經發出書面命令給第三近衛戰車軍團司令利巴科上將（Pavel Semenovich Rybalko），「著即準備，由第三近衛軍團，在一個步兵師支援下，派出一個戰車軍，突破敵陣，自南方攻入柏林。」柯涅夫認為，自己也許能勝過朱可夫先入柏林也說不定。他十分專注於攻擊的進展，卻沒有意識到自己還能活著是多麼大的運氣。渡河作戰剛開始時，德軍狙擊手的一發槍彈，在他的砲兵觀測鏡三角架上俐落地打穿了一個洞，離柯涅夫的腦袋不到幾吋距離[4]。

4 原註：柯涅夫本人並不知道這件事。二十年之後，當他看了普科霍夫將軍的回憶錄才曉得。

距離柏林市郊東邊不到三十五英里，大砲的轟擊聲就像是遠處暴風雨的沉鬱雷鳴，接近奧得河的村落與城鎮，則有一些奇怪的衝擊效應。位於馬訶史朵夫區（Mahlsdorf）的警察局，書本從書架上掉了下來，電話也無緣無故響起。很多地區的燈光變得黯淡及閃爍不定。達爾維次-霍佩加滕區（Dahlwitz-Hoppegarten）的一具空襲警報器突然狂鳴不停，誰也沒辦法關掉它。照片從牆上掉落，窗戶玻璃和鏡子都震碎。慕赫堡（Müncheberg）一座大教堂尖塔上的十字架掉了下來，到處都見狗兒汪汪亂叫。

位於柏林東邊的各區，這沉悶的砲聲在燒成了空殼、黑壓壓一片的廢墟中迴蕩反響。松樹燃燒後的香味飄過克珀尼克的邊緣。突然起風的白湖區和利希滕貝格區，窗簾就像有鬼魅放肆般地抽抽打打。而在厄克納區（Erkner），有些睡在防空洞的人，睡夢中給搖醒過來。不是聲音，而是大地震動得使人想作嘔。

很多柏林人知道這聲音是怎麼一回事。默林家位於潘科的公寓裡，收藏著韋特林格夫婦。韋特林格在一戰時是個砲兵，他立刻就辨識出遠處的聲音正是凶猛的砲擊。他把太太搖醒，告訴她出事了。至少有一個柏林人宣稱他目擊到朱可夫的移動彈幕射擊。凌晨四點剛過，十六歲的洛姆林（Horst Römling）爬上白湖區西緣一座七層樓高的塔頂，用野戰望遠鏡朝東看。他立刻告訴鄰居見到了「蘇軍大砲的閃光與火焰」。不過沒有幾個人相信他的話——總認為他只是個很野又異想天開的孩子。

砲聲並沒有滲透進入柏林都中心各區。不過到處都有些柏林人說聽到了不尋常的聲音，大多數以為那是防空砲的聲響，或者是歷經前一晚長達兩小時又二十五分鐘的空襲之後，部隊在引爆未爆彈所造成的聲響，也或許是炸彈炸壞的民居突然垮塌的聲音。

有一小批平民幾乎立刻就曉得蘇軍的攻勢已經展開了。他們是舍訥堡區溫特費特街（Winterfeldtstrasse）郵政總局電話大廈中的電話接線生。彈幕射擊一開始幾分鐘後，長途電話與中繼線電話就十分忙碌。靠近奧得河、尼斯河附近的地區，緊張不安的納粹黨官員打電話和柏林的行政首長通話，各地消防隊長詢問是不是該去撲救森林大火，還是說要把消防車遠離這附近。警察局長打電話給上司，人人都打電話給親人。多年以後，一位電話接線生還記得，差不多所有接通了的電話，通話的頭一句都是那三個字：「開始了！」總機主管米布蘭（Elisabeth Millbrand），是位虔誠的天主教友，她取出念珠，默默暗誦起《玫瑰經》來。

四月十六日早上八點，柏林很多地方都聽到廣播：「奧得河前線，蘇軍繼續進行猛烈攻擊。」廣播稿措詞謹慎，可是一般的柏林人並不需要更多的細節了。經由口語傳播，或者市區外親人的消息，知道他們所害怕的時刻終於來到了。奇怪的是，市井小民所知道的消息，卻遠比希特勒還多。元首還在地堡裡的睡夢中。他大約在凌晨三點上床，他的副官布格杜夫將軍有嚴格的規定，不可叫醒元首。

這天上午，元首地堡奇異的地下世界幾乎可以說是歡悅的氛圍。在狹窄的接待室、走廊休息室和小會議室裡，一瓶瓶艷麗的鬱金香隨處可見。這都是稍早之前總理府的花匠從彈坑纍纍的花園中殘存的幾處花台剪下來的。布格杜夫認為這似乎是個好主意，因為伊娃·布朗喜歡鬱金香。這位尚未過門的第三帝國第一夫人，前一晚上就到了，為元首從慕尼黑的老朋友那裡帶來了禮物。其中一本書，由席拉赫男爵夫人（Baidur von Schirach）所贈，她是前「帝國青年團領袖」的夫人。書中的主人公，歷盡險阻不幸，卻沒有喪失希望，「樂觀，」書中他這麼說道：「就是當一切事情都惡化時，卻還認定一切都好的一種執著。」男爵夫人認為這本書是最恰當的選擇，它就是伏爾泰（Voltaire）所寫的《憨第德》（*Candide*）。

——

起先，朱可夫還不相信這個消息。他站在科斯琴指揮所，四周都是參謀，他不可置信地瞪著崔可夫，然後怒沖沖問道：「這究竟是什麼意思？——你的部隊被困住了？」他對著第八近衛軍團司令大吼，這一回不親暱地稱對方的名字了。崔可夫以前曾見識過朱可夫大發雷霆。「元帥同志，」他鎮靜著說，「不論我們是不是暫時被困住了，這次攻勢多半會成功，只不過敵人的抵抗這時已經加強，暫時把我們給擋住了。」

崔可夫解釋說，蘇軍部隊與支援的戰車前進時，來自塞洛高地的猛烈砲火對著他們轟來，而且他們所經過的地形，也證實了對裝甲兵移動極為困難。在奧得河沼澤區中的濕地與水圳中，自走砲與戰車掙扎著前進，許多陷進泥淖的戰車陸續被德軍命中，燒成了火球。崔可夫說，直到現在，他的第八近衛軍團才前進了一千五百碼。據波皮爾將軍說，朱可夫用一連串非常有力的字破口大罵，發洩他的怒氣。

原以為抵擋不了的攻勢，出了什麼事？波皮爾將軍與朱可夫的高級將校們檢討，很快就出現了各種不同的意見。第一近衛軍團的夏林將軍（Mikhail Shalin）告訴波皮爾，確定「在我軍攻擊以前，德軍就已經從第一線撤出，部署在塞洛高地一帶的第二道防線。因此，」夏林說道：「我們大部分的砲彈都落在空曠的原野。」第三步兵軍團司令庫茲涅佐夫將軍（Vasili Kuznetsov），則嚴厲批評白俄羅斯第一方面軍的計畫。「跟過去一樣，」他告訴波皮爾說道：「我們墨守成規，到現在，德軍知道了我們的這一套。他們把部隊往後徹足足有八公里，我們的砲兵什麼都轟到了，除了敵人之外。」卡圖科夫將軍第一近衛戰車軍團的一位軍長，是個一流的戰車戰術專家，既批評又生氣，尤其是關於探照燈的運用。「它們並沒有弄瞎敵人的主力，」他說道：「不過我可以告訴你，它們幹了些什麼——絕對幫助德軍砲手把光線集中到我軍的戰車與步兵之上。」

朱可夫從來沒有期待這次的攻擊是輕鬆的。雖然他預估傷亡會很重，但他以為德軍不可能擋得住他的前進。一如他後來所說，他期待「迅速削弱敵人的防禦」。他語帶諷刺地補充，「對前線第一梯次的攻擊，已經證明還不足夠。」他知道只憑兵力雄厚這一點就能壓倒敵人，但他也在意說，「現在攻勢可能會延緩下來。」朱可夫決定改變戰術。他迅速下達一連串的命令。轟炸機集中轟炸敵人的砲兵陣地；同時，以火砲猛轟塞洛高地。然後，朱可夫再多採取一個步驟。雖然原先的計畫他的戰車軍團要直到攻下塞洛高地後才出動，現在決定立即派它們投入作戰。第一近衛戰車軍團司令卡圖科夫將軍剛好也在坑道裡，當下接過他的命令。朱可夫清楚表達自己所要的：要不惜一切代價佔領塞洛高地。他要讓敵人屈服，如果必要的話，鏟出一條血路殺到柏林去。這時，矮壯的元帥在參謀追隨下離開了指揮所，進軍遲滯的火氣還是顯而易見。朱可夫並不打算被敵人少數幾門部署良好的大砲所遲延——也更無意讓柯涅夫趕在他之前攻進柏林。他走出坑道時，據恭恭敬敬站在兩邊讓他通過的軍官說，他忽然轉身對著卡圖科夫劈頭就是一句：「還不快去！」

——

元首的「當日訓令」在中午過後不久，送達布瑟將軍第九軍團司令部，發文日期為四月十五日。但直到希特勒的幕僚確定了蘇軍大舉進攻已經開始才寄發。這項命令是發給每一位指揮官，要求將訓令立刻下達到連級單位，但不得刊載在報紙上。文告的內容為：

德國東線戰場的官兵們，我們的死敵猶太人共產黨徒和他們的嘍囉，將最後一次向我們攻擊了。他企圖粉碎德國，消滅我國人民。各位在東線戰場的官兵，已經知道其結果會威脅到……德國的女人、女孩和兒童。老年人與孩童都將被謀殺，女人與女孩會淪落成為軍妓，其餘的人會送往西伯利亞。

我們已經料到了這次攻擊，自從一月份起，便做了一切準備，以建立一道堅強的前線。敵人會遭遇兵力龐大的砲兵，我軍步兵的損耗，也有數不盡的新部隊補充，警備部隊、新成立的部隊以及國民突擊隊都正在增援前方。這一次，共產黨徒將經歷亞洲的古老命運：他一定也必將在德意志第三帝國的首都前倒下去。

此時此刻，不論誰只要不善盡本身職責，就是我們人民的叛徒。任一個團、任一個師擅離陣地，這種恥辱行為，必為我國城市中忍受炸彈恐怖的婦孺所不齒。要特別留意少數叛國的官兵，他們為了貪生，會為蘇聯的報酬而攻擊我們，或甚至他們還會穿德軍的制服。任何人命令你們退卻，除非你們熟識他，否則即可立刻拘補，必要時可不論他什麼階級，就地處死。如果東線戰場官兵，每一個人在這些來臨的時日中盡到自己的職責，那麼亞洲的最後向前猛衝就將被挫敗，一如在西線戰場突破的敵軍，不管他們如何竭盡一切，終將中止而敗北。

柏林依然是德國的，維也納會再度是德國的[5]，歐洲不會是俄羅斯的。

鄭重宣誓來保衛吧，不是保衛觀念中的祖國，而是保衛你們的家庭、妻子、子女。因此，也是保衛我們的未來。

東線戰場的各位戰士，在這個時刻，全德國的人民都注視著你們，你們也是唯一的希望。由於各位的堅貞、狂熱，各位的武器與各位的領導，共產黨徒向前猛衝將被窒息在它自己的血液裡。就在這一刻，命運之神已經除掉了地球上自古以來最大的一名戰爭罪犯[6]，這次大戰的轉捩點就已經決定了。

布瑟並不需要每日訓令來告訴他，就知道必得擋住蘇軍。幾個月前，他就向希特勒報告過，如果蘇軍突破奧得河防線，柏林和德國其餘地方就會淪陷。不過當他看到內容提到「一道堅強的防線」就很生氣，還說敵人會遭遇「兵力龐大的砲兵」以及「數不盡的新部隊」，大放厥詞是擋不住蘇軍的。希特勒的這份每日訓令，大部分都是空話。不過，其中一點倒是如水晶般清晰——希特勒立意要德軍官兵打到死為止——不論是對付西線還是對付東線的敵人。

布瑟心中藏有一個不為人知的希望。他謹守分寸，除了韓李奇和自己最親近的指揮官以外，他從來沒有和任何人談過。他要在奧得河堅守足夠長的時間，直到美國人到來。正如他向韓李奇說過的：「如果我們能堅守到美軍到達為止，那麼也就在我們的人民、我們的國家和歷史面前，

5 原註：維也納於四月十三日為蘇軍攻佔。
6 原註：希特勒顯然指的是羅斯福總統。

完成了我們的使命。」韓李奇的回答很尖酸，他問道：「你不知道『日蝕計畫』嗎？」布瑟根本沒聽說過這回事。韓李奇便告訴他，從一份擄獲的計畫顯示了盟軍的分界線，以及預擬的佔領區。「我很懷疑，」韓李奇說道：「美軍甚至不會渡過易北河。」盡管如此，有段時候布瑟還持續抱持這個想法。現在，他終於放棄了，即使艾森豪的大軍渡過易北河、攻入柏林，但可能為時已晚。除此以外，希特勒顯然準備要在美軍前進的每一英里上鏖戰。對他而言，民主國家與共產國家之間並無區別。因此，布瑟深信，只要希特勒繼續戰爭並拒絕投降，德國的處境以及第九軍團的處境都沒有希望了。他只能像過去那樣，盡力阻止蘇軍直到最後一刻。

蘇軍大舉進攻——第九軍團首當其衝，它再也承受不了更多了。然而，布瑟的部隊幾乎依然據守在各地。他們在法蘭克福確實地把蘇軍擊退了。守在塞洛高地的大砲與部隊，雖然遭受蘇軍殘酷無情的空襲與砲轟，仍頑強地堅持不屈，已經把敵人困住了。雖然布瑟的官兵幾乎在所有地方都擋住了蘇軍，卻付出了可怕的代價。軍方報告他們在有些地區遭遇優勢敵人，兵力至少為十比一，「他們成群結隊衝來，一批跟著一批，根本不計生命的損失，」一名師長在電話中說道：「我們經常是在近距離用機槍射擊，打得機槍紅燙。我的官兵奮戰到彈藥打光為止。然後他們就被完全殲滅，或失去陣地。我不知道這樣下去還能支撐多久。」幾乎所有的消息都雷同，還有緊急呼叫要求增援的，大砲、戰車，尤其是迫切需要的彈藥、汽油。但一項是無法補充的——人。布瑟為數不多的預備隊，不是已投入，就是正在調度的路上，大多數預備隊都急忙派往戰事激烈的塞洛高地投入戰鬥。

守住中央地區的部隊，是來自九軍團的第五十六裝甲軍。這個單位頗具威名，但也只剩這個威名了。五十六裝甲軍曾經瓦解與成軍多次。現在，又歷經再一次整編的過程，原先還留下來的，幾乎全都是一批重要的參謀了。即使如此，五十六裝甲軍有一個不可多得的人物——戰功彪炳、勳獎眾多的軍長魏德林中將（Karl Weidling），一個說話粗魯，朋友稱他為「擊碎者卡爾」（Smasher Karl）的將領。

布瑟把許多混編的部隊部署在極為重要的塞洛高地，並交由魏德林指揮。魏德林手下有三個師，來自戈林的那個未經世面、靠不住的第九傘兵師，殘破的第二十裝甲擲彈兵師，以及兵力不足的慕赫堡師。他兩側各有一個軍支援，左翼為一〇一軍，右翼為黨衛軍第十一軍——而魏德林的五十六軍正對上了蘇軍進攻柏林的主力。雖然魏德林前幾天才到職，用的是一支虛弱、無經驗的部隊，在不熟悉的地形作戰。但是六十歲的宿將，到目前為止已經打退了所有的進攻。

不過他急需部隊的其他剩餘兵力，已經到了四月十六日的早上了，卻還沒有抵達。魏德林的難題才剛開始，在這個星期結束之前，他將會面對更大的危機，遠遠超過他在戰場上所遭遇過的。「擊碎者卡爾」注定很快既要被布瑟判處死刑，然後又被希特勒判另一次死刑——而且還不止於此，當命運突然轉折的奇怪安排下，他將在德國剩下的最後幾個小時成為柏林的保衛者。

——

西線戰場的十二軍團司令溫克將軍，既高興又困惑。他指揮的年輕、沒有作戰經驗的部隊，居然打退了敵人，還把馬德堡南邊、美軍的橋頭堡肅清，這真是一個大大成就，連他自己都不曾這麼期待過。不過，巴爾比的橋頭堡，那就是另一回事了。溫克手下官兵想盡了一切辦法要摧毀巴爾比的橋樑，從順流而下的浮雷到蛙人都用過了。德國空軍最後殘餘的幾架飛機，也飛到這裡做過轟炸攻擊，卻失敗了。這處橋頭堡目前已經穩固，美軍官兵與裝甲車輛如潮水般湧過河來已超過四十八小時了。而使溫克大惑不解的是，雖然美軍在增加兵力，在易北河東北鞏固立足點，但他們卻沒有打算要直趨柏林的樣子。溫克對此還真搞不懂是怎麼回事。

從四月十二日到十五日，美軍所發動的猛烈攻擊，使溫克有各種理由相信，自己被迫要在西線打一場血淋淋的激戰。然而現在，美國人卻又表現出要停止一切的樣子。「坦白說，我很吃驚，」溫克告訴他的參謀長萊克穆上校，「也許他們的補給不夠了，需要重新整頓。」不管什麼理由，溫克樂見這種暫時的休息。他的部隊分散得很遠，很多地方依然在編組之中。他需要所有能爭取到的時間來整頓部隊成為勁旅，以及用他所能得到的裝甲兵來增援部隊。有些戰車與自走砲已經到達了，不過溫克還想要多弄到一些，只是沒有多少希望，他也不存任何幻想。以前承諾過要撥給他兵力充足的幾個師，他一樣也不存什麼幻想了。溫克猜測，要派給他的壓根兒都沒有。只有一件事可以確定，十二軍團的單薄兵力，沿著易北河分布、擋在柏林之前，沒辦法長期挺住任何方式的猛攻。「如果美軍發動總攻擊，要摧毀我們的陣地是輕而易舉，」他告訴萊克穆，「在那之後，還有什麼擋得住他們？從這裡到柏林之間，什麼都沒有了。」

——

這個消息對卡爾．威伯格來說，真是當頭棒喝。他難以置信地瞪著上司傑森-施密特——美國戰略情報局柏林課課長——「你有把握嗎？」他問道：「你真的有把握嗎？」

施密特點點頭，「那是我接收到的消息，」他說道：「我沒有理由懷疑。」兩個人彼此默默對看。幾個月以來他們一直堅信，艾森豪會揮軍攻佔柏林。可是施密特越過市區到威伯格公寓所帶來的消息，卻把他們所有的希望都粉碎了。情報網的信差從瑞典帶來倫敦的重要電文，警示他們不用再等英美軍了。

威伯格幾個月以來都在柏林過著雙面人的生活，他曾經想過有各種可能，除了這個以外。即使到了現在，他還是不敢置信。計畫的改變不會影響他們的工作，至少暫時不會。他們還要繼續傳遞情報，而威伯格他的角色是「庫員」，一旦命令來時，他就要把各種物資分配給情報人員。不過就威伯格所知道的，如果有受過訓練的專家與破壞人員——該由他們運用相關裝備器材——到達柏林，如果有的話，這種人是少之又少。施密特為了等一個人，等了好幾個星期——一個無線電專家，要由他來把依然藏在威伯格地下室一堆煤炭下面的發射機與接收機組裝起來。威伯格的心往下一沉，現在不知道還會不會有人來，或者這些通信器材會不會有被使用的一天。這些隱藏的物資很危險，德軍也許會發現；更糟的是，可能會被蘇軍發現，威伯格希望倫敦方面已經把柏林這一小批間諜的事，告訴了東線的盟友。不然，這將很難解釋為何會儲放著這一大批的軍事物資了。

威伯格也有個人原因令他很著急。經過多年的鰥夫生活以後，最近他遇到了一個年輕女子名叫英格．慕勒（Inge Müller），他們計畫在戰爭結束後共結連理。而今，威伯格心中納悶，蘇軍來到之後，英格是否依然安全。他覺得柏林馬上就要成為一口大油鍋，他們這一小批謀反分子，命中注定就要被放進這口油鍋裡。他嘗試著拋開恐懼，卻從來沒有像現在這麼垂頭喪氣過。他們已經被拋棄了。

——

蘇軍第一近衛戰車軍團司令卡圖科夫上將，把野戰電話用力掛上，一個轉身、猛踢他司令部的門。他剛接到報告，是塞洛高地前線第六十五近衛戰車旅先頭部隊的軍官打來的，蘇軍動不了了。「我們緊跟在步兵後面挺著，」岳希崔克將軍（Ivan Yushchuk）向卡圖科夫報告：「我們可被擋住了。」

卡圖科夫的火氣多少平息了一些，他從門前轉身面對著參謀們，兩隻手攏在腰後，不可置信地搖搖頭，「這幫希特勒鬼！」他說道：「整場戰爭下來我從來沒見過這種抵抗。」這時他宣布要親自去視察，「究竟是什麼把戲把這一切給擋住了。」不管是什麼，他一定要在上午前把塞洛高地拿下來，如此朱可夫的突破行動才能開始。

位於南邊，柯涅夫元帥的兵力已經在尼斯河西岸十八英里的正面突破了德軍的防線，他的部隊正蜂擁渡河。他們現在已經有了二十座可以承載戰車的橋樑開放了（有些橋可以載重六十噸），此外還有二十一個渡河點，更有十七座輕型的突擊橋。IL－2俯衝轟炸機炸開一條進路下，柯涅夫的戰車兵歷經不到八小時的激戰後，已經深入敵軍防禦陣地超過十英里。這時，他距呂本只有二十一英里了，那裡是史達林為他的部隊以及朱可夫部隊所畫的作戰分界線的終點。一到了那裡，柯涅夫的戰車兵便要轉向西北，通過佐森、直趨柏林的幹道。在地圖上這是九六國道——德軍倫德斯特元帥稱這條路為「永生之路」。

——

情況看來當局似乎沒有準備面對柏林陷入危急的事實。紅軍目前離柏林不到三十二英里，不但沒有發出警告，官方也沒有正式的公告。柏林人都清楚曉得，蘇軍已經發動攻擊了。砲兵低沉的轟鳴聲就是第一個徵兆。現在，經由難民、電話、耳語，消息已經傳遍開來，不過依然是零碎又相互抵觸。在沒有任何確切可靠的消息之前，都只是胡亂地揣測與謠言。有些人說蘇軍距柏林不到六英里，還有人說他們已經進入市區東郊了。沒有人知道真實的情況，不過大多數柏林人目前都相信，首都的末日不遠了，它開始邁入臨終之時了。

然而驚訝的是，大家依然在過各自的生活。他們精神緊張，要保持正常的外在表現越來越困難，可是每一個人都極力嘗試著。

送牛奶的波加諾斯卡只要每到一站停下來，就會有很多人圍上來問他一些問題。他的客戶似乎期待他知道得比任何人都還要多，通常使人愉快的波加諾斯卡也無法給出什麼答案，他和他的客戶們一樣的害怕。那名住在克羅伊茨納赫大街（Kreuznacherstrasse）的納粹郵政局官員的起居室，雖然依然掛著希特勒的肖像，但也不再能使波加諾斯卡感到安心了。

他很高興看到自己的年輕小朋友，十三歲的瑪夸德（Dodo Marquardt）在弗里德瑙分區的一個角落耐心等著他。她經常坐上他的牛奶車跟著一起走一兩個街區，這對保持他的精神高昂有說不出的幫助。這時，瑪夸德坐在他的狗「波爾狄」（Poldi）旁邊，高興得說個不停。不過今天早上，波加諾斯卡卻很難聽她在說什麼。這一帶許多半垮的房子開始出現了新漆的標語和口號，他冷眼瞄了它們沒有多久。其中一句標語說：「柏林會是德國的」，另一句則是「唯有勝利，不作奴隸」、「維也納會再度屬於德國」、「相信希特勒就是相信勝利」。到了瑪夸德通常下車的地方，波加諾斯卡把她從牛奶車上舉起放下車來，她含笑說道：「牛奶先生，明天見。」波加諾斯卡也答道：「瑪夸德，明天見。」他爬回車上，心中懷疑不知道還剩下幾個明天了。

萊克沙伊得神父在自己殘破教堂的附近墓園，主持著喪禮，根本沒想到以後的苦難，還會比他現在主持的儀式更糟糕。他這座漂亮的墨蘭頓教堂被炸毀，感覺是發生在非常久遠以前的事了。過去幾個星期，空襲造成太多人死亡，連他的教區執事都不再做相關的登載了。萊克沙伊得站在一處群葬的墓地，這裡埋了前一晚空襲中犧牲的四十個人的屍體。他在唸喪禮禱告時，只有寥寥幾人在場。結束儀式後，大多數人都走了，只有一個年輕女孩留在現場。她告訴萊克沙伊得，她哥哥是死者中的其中一人。她淚流滿面說道：「他是黨衛軍成員，他並不信教，」她很遲疑：「您能為他禱告嗎？」萊克沙伊得點點頭，他不認同納粹黨和黨衛軍，但他說，對於死者「不能拒絕讓他聽到天主的聲音。」他低下頭來說道：「主啊，求你不要向我掩面……我的年日如日影偏斜……我的生命不過是一口氣……我的一生都在你的手中……」。附近一堵牆，昨晚有人以潦草的筆跡寫下「德國勝利」的口號。

女修道院院長孔古茲巴不得這一切早早了結。雖然在維爾默斯多夫區「聖心修女會」主持的達勒姆之家，是一處修女院與婦產醫院，就其宗教性的隔絕而言，它幾乎就像是座孤島。雖然如此，矮胖圓潤、活力充沛的修道院長也並非沒有外部消息。修道院正對面，外交部長李賓特洛甫別墅中的「達勒姆記者聯誼會」，在前一晚關閉了。一些記者是她的朋友，來向她道別，她這才聽到戰爭結束的日子近了。柏林的這一場激戰，可能在幾天內就會發生。意志堅定的修道院院長，希望戰事不要拖得太久。不過幾天前，盟軍一架飛機摔在她的果園裡，還把修道院的屋頂都撞掉，危險實在非常逼近。這場愚蠢又恐怖的戰爭，老早就該告一個段落。同時，她得照料的有兩百多人：一百零七個新生娃娃（其中九十一人是私生子）、三十二個媽媽、六十名修女和在俗修女。

就像修女們做的事還不夠多似的，院長要把更多的工作堆給她們。在工友的幫忙下，修女在修道院房子兩側，以及二樓屋頂新鋪的油毛氈上（三樓連屋頂都炸飛了），漆出許多白色的大圓盤，再畫上鮮明的紅十字。院長考量周到，要她學護理的學生把餐廳和休閒空間都改成急救站，護士餐廳成了小教堂，日夜都點著蠟燭照明。地窖隔成一間間的育嬰室，以及一整排更小的房間作為分娩室。院長還確保要把所有窗戶都抹上水泥，砌上磚，外面再填上沙袋。她對可能發生的事都有了準備。不過有一件事，她不知道該如何準備起。她和她們的導師與負責告解的哈畢克神父都同樣的著急，這些婦女可能會遭到佔領軍的糟蹋。哈畢克神父安排好在四月二十三日向修女們談論這件事。而根據孔古茲從新聞界的朋友那裡得到的消息，她希望這件事不要拖太久。在她看來，蘇軍也許隨時會到。

大家都在等待消息時，他們都說著充滿黑色幽默的談話來隱藏自己的不安。全柏林都有這種新的打招呼方式。完全不認識的人開始彼此握手，互道：「活下去。」很多柏林人都譏諷宣傳部長戈培爾十天前的廣播。他堅持說，德國的命運會突然改變，「元首知道突變的正確時間，命運把他這個人派給我們。因此，在這個我們備受內外最大壓力的時刻，我們會親身體會到這項奇蹟。」現在，到處都把這幾句話說了又說，通常都嘲諷地模仿宣傳部長施法催眠的樣子。還有一句話也到處傳遍，「我們根本沒有什麼好擔心的。」老百姓正經八百地彼此保證：「萬世名將（Gröfaz）會救我們。」「萬世名將」是柏林人很久以來為希特勒取的外號。

即使柏林幾乎就在蘇軍砲口下了，市內絕大多數的工業依然持續生產。施潘道區的工廠剛剛造出的砲彈與彈藥，立刻火速運往前線。在西門子施塔特（Siemensstadt）的西門子工廠，生產電工器材；馬林杜夫分區、白湖區以及厄克納區的工廠，生產大量的軸承與機械工具，泰格爾區（Tegel）的萊茵金屬-波興格公司（Rheinmetall-Borsig），源源產出砲管與砲架；魯勒本區的奧客特工廠的裝配線上，轟隆隆地送出戰車、卡車和自走砲；滕珀爾霍夫區的克虜伯工廠，戰車一修復完畢，就由工人直接撥交給各軍團。由於軍情萬分急迫，工廠主管甚至要外國勞工自告奮勇充當緊急駕駛。來自法國的奴工德勞內是其中一個回絕的人。「你倒是挺聰明。」那天下午一個回到工廠的戰車駕駛告訴他：「你曉得我們把這些戰車往哪裡送？直接開到前線去。」

不僅僅是工廠繼續開工，連服務業與公共設施都不斷運作。波茨坦的氣象總台，氣象員照常紀錄，中午的氣溫為攝氏二十一度；預料晚上會降到攝氏五度左右。天氣晴，偶多雲，到了晚上，溫和的西南風會轉變為東南風。預報十七號那天的天氣變化——天陰，可能有雷雨。

可能因為天空放晴的關係，街道上擠滿了人。不知道將來會如何的家庭主婦，盡可能購買那些沒有配給限制的東西。幾乎每家店都排了長長的隊伍。在克珀尼克區，舒爾茲夫婦耗了三個小時排隊買麵包，誰知道他們還買不買得到麵包。跟成千上萬的柏林人一樣，舒爾茲夫婦努力找點子好忘卻憂愁。這一天，他們鼓起勇氣去搭班表不確定的公共交通。他們在公車、電車之間換了六次才到達目的地——夏洛登堡大道的一家電影院。這是他們這個星期的第三次冒險。他們在其他地區看過的電影有《馬斯米倫好漢子》（*Ein Mann wie Maximilian*）、《豎琴天仙》（*Der Engel mit dem Saitenspiel*）、《好戲》（*Die Grosse Nummer*）。《好戲》是一部馬戲團電影，到目前為止這是舒爾茲一週內所看過最好的一部片子。

法軍戰俘萊加瑟，見到班德勒街（Bendlerstrasse）司令部裡一片混亂，他的去留並沒有引起多大的注意，所以下午便鎮靜自如地溜了出去。最近這些日子，似乎衛兵也不管了。他設法弄到一張在波茨坦廣場附近，專門招待德國軍人的電影院門票。這時正放映戈培爾的宣傳部特別再度放映的電影，他在黑暗中放鬆心情。這是部彩色史詩電影，片名為《科爾堡》，內容是拿破崙戰爭時代，德國格奈森瑙元帥英勇防守波美拉尼亞的英勇戰績。片子放映時，萊加瑟為這部電影，也和他四周軍人的行為舉止感到入神。他們全給迷住了，歡呼、鼓掌、彼此吼叫，他們幾乎為這個德國傳奇軍人入迷。萊加瑟心中想，不要多久，這些軍人當中有些人也許也有機會成為英雄。

——

毫無預兆，暗號突然便傳來了。樂團經理韋斯特曼博士的辦公室就位在柏林愛樂樂團那棟包含演奏廳和練習室的大樓裡。他接到史佩爾部長的消息：樂團今晚上作最後一場演出。

韋斯特曼向來知道，消息會這樣傳來——突然，而且是在音樂會前幾小時傳來。史佩爾的指示是，所有要離開的團員在演出結束後立刻出發。他們會到柏林西南二百四十英里外的庫姆巴赫-拜羅伊特（Bayreuth）地區去，前些時候，史佩爾已經把樂團大部分的貴重樂器送到了那裡。據他說，美軍在幾個小時以內就會佔領拜羅伊特地區。

只有一個問題。史佩爾原先的計畫是要把整個樂團帶走，但無法得逞。一開始時，就怕計畫或許會傳到戈培爾那裡，韋斯特曼便只試探幾個信得過的團員。讓他大感驚訝的是，絕大多數團員由於家庭、情感以及與柏林的其他牽連而不肯離開。到投票決定時，無法得到共識。經理請年輕的小提琴家及音樂會的台柱塔斯欽納告知史佩爾。部長想了想，就接受了這個消息，但他提供的協助依然有效，史佩爾的座車與司機，會在最後那一夜等著想要離開的音樂家。塔斯欽納夫婦和兩個兒女，再加上團員迪布茲（Georg Diburtz）的女兒確定了要走。可是他們是唯一要走的人。就連韋斯特曼由於見到投票結果，覺得自己一定得留下來。

但如果交響樂團團員還有人猶豫不決的話，就得告訴他們，這可是最後的機會了。那些知道這項秘密的團員，依然有改變主意決定離開的可能性。離這一晚的演出只有三小時了，韋斯特曼修改了演奏曲目。時間太急，以至於要彩排都來不及。而對疏散計畫一無所知的音樂家，一定會為突如其來的改變而感到吃驚。不過對知情與不知情的人都一樣，史佩爾選定的樂曲作為一種暗號，顯示出這最後一次音樂會，具有陰鬱而觸動內心的意義。韋斯特曼這時命人放在團員樂譜架上的樂譜，標題為《諸神的黃昏》，是華格納描述眾神之死達到高潮的悲劇性曲目。

——

而今，柏林人很快就明白，所謂的「柏林堡壘」只是神話，甚至連最沒有常識的人也看得出來，柏林對抵抗敵人的攻擊所作的準備是多麼地差勁。主要的大道與道路依然開放，看不到有幾門砲或者幾輛裝甲車，除了上了年紀的國民突擊隊員——有些穿軍服，有的僅在上衣袖子縫上一條袖帶——外，根本見不到部隊。

毫無疑問，到處都有許多路障與簡陋的防禦障礙物。不管在街上、院子裡、政府建築周圍與公園，有一大堆的構築工事的物資，偶爾有一捲捲的鐵刺網、反戰車鋼椿，裡面堆滿了石塊的舊貨車和廢棄的電車。這些就是柏林遭受攻擊時，用來堵塞交通要道的東西，可是像這一類障礙物，擋得住蘇軍嗎？「那得至少花上紅軍兩小時又十五分鐘來突破，」一個流傳的笑話這麼說！「用兩小時笑掉大牙，十五分鐘粉碎這些障礙。」防線——塹壕、反戰車壕、障礙物與砲兵陣地——顯然只在市郊才有。即使有這些工事，柏林人也看得清清楚楚，它們距離完工還遠得很。

這一天，有個人開車離開柏林，發現防線的準備工作「完全無用，荒唐！」他可是位構築要塞的專家。潘賽爾將軍（Max Pemsel）原是盟軍登陸諾曼第時的德軍第七軍團的參謀長。由於他的部隊沒能阻止盟軍登陸，他和其他人打那以後，就失寵於希特勒，被調去北翼擔任一個名不經傳單位的師長，他也就聽命去接這個「沒有前途的職務」。

四月二日，出乎潘賽爾意料之外，他竟收到約德爾將軍的指令飛往柏林。由於天氣惡劣，飛機沿途都誤點，一直到四月十二日才抵達首都。因為遲到，導致被約德爾訓誡了一番。「你知道嗎？潘賽爾，」他說道：「原先是要派你擔任柏林衛戍司令，可是你卻來得太晚了。」潘賽爾後來說，他聽見這些話：「才放下了心中大石。」

而今，潘賽爾並沒有接掌柏林衛戍司令部，卻在駛向義大利的路上。約德爾派他出任義大利軍格拉齊亞尼元帥（Rodolfo Graziani）的參謀長。潘賽爾認為情況就像是做夢。格拉齊亞尼的部隊是否存在都成問題，約德爾把他的職責提示得很仔細，就像戰爭正走向輝煌的勝利，註定還要打上若干年似的。「你的職責，」他告誡潘賽爾，「會很困難，因為所要求於你的，不只是軍事戰略上的知識，而且還要有外交的手腕。」儘管約德爾的觀點非常不現實，潘賽爾也樂於去義大利。路上他將經過巴伐利亞，這是他兩年來第一次見到太太和家人。等他到達義大利時，或許戰爭也結束了。

潘賽爾離開柏林，覺得命運和天氣都對他特別仁慈。顯然，柏林守不住。座車經過一堆亂七八糟的樹幹、鋼樁，和錐形混凝土塊，要用這些來作為反戰車障礙物，他不敢置信地搖頭。再往前走，駛過許多上了年紀的國民突擊隊員在慢吞吞挖掘塹壕。當他遠離這座城市時，潘賽爾後來說道：「感謝上蒼饒了我，避開了一杯苦酒。」

柏林衛戍司令雷曼將軍，站在霍亨索倫登大街的司令部裡，看著牆上大幅柏林市地圖上標示出來的防線。他心中納悶，一如他後來的說法：「上帝究竟要我做些什麼？」過去三天他幾乎睡不著，極度睏倦。打從早上起，他就接到數不清的電話，參加了幾次會議，視察過幾段的防線，下達了一系列的命令——他私下認為，這些命令中有大部分在蘇軍攻抵柏林以前，不大有機會完成。

這天早上，自詡為柏林防衛者的柏林市大區長官——戈培爾舉行了他習以為常每週一次的「作戰會議」。對雷曼來說，現在開這種會議就像是鬧劇。下午，他把剛結束的會議內容告訴參謀長里福歐爾上校，「他告訴我的都是老套，他說道：『如果柏林戰役現在馬上展開，那你就可以部署各種不同的戰車，各種口徑的火砲，幾千挺輕重機關槍，幾百門迫擊砲，此外還有大量的彈藥。』」雷曼停了一下，「依照戈培爾的說法，如果柏林遭受包圍，」他告訴里福歐爾道：「我們所要的東西都可以得到。」

然後戈培爾突然話鋒一轉，他問道：「一旦柏林戰役開始，你打算在什麼地方開設你的司令部？」戈培爾本人計畫到動物園地堡去，他建議雷曼也去。雷曼認為，他一下子就看透了這位大區長官心中的想法，戈培爾想把雷曼以及柏林的防守完全在他掌握之下。雷曼盡可能機智地避開這項提議，「本人寧可不這麼做，」他說道：「因為若砲擊意外的準，柏林市的軍政兩界同時都會被消滅掉。」戈培爾擱下了這個話題，但雷曼卻注意到他的態度立刻冷淡起來。戈培爾也十分清楚，動物園龐大的地堡，即使挨上十幾枚重型炸彈，也不可能被摧毀。

雷曼知道，部長不會忘記自己的建議遭打了回票。可是在這個節骨眼，在面對著試圖為城市的防衛作準備這個幾乎無望的任務時，雷曼最不想密切接近的人就是戈培爾。他既不相信地方長官的發言，也不相信他的承諾。沒幾天以前，又是在討論物資時，戈培爾說柏林的防線，「至少有一百輛戰車」來增援。雷曼便要求列出一張承諾的清單，等到他終於得到這份資料時，一百輛戰車竟成了「二十五輛已完成，目前尚有七十五輛製造中」。不管有多少戰車，雷曼知道自己不會見到當中的任何一輛。在所有重要武器取得的順序上，奧得河前線都有優先權。

雷曼認為，內閣官員中僅有一人真正了解柏林會有什麼遭遇，那便是史佩爾。但即使是他，也還是有他不了解的地方。與戈培爾的作戰會議之後，雷曼就接到命令要去見史佩爾。位於巴黎廣場（Pariser Platz）的前法國大使館，希特勒的戰爭生產部長現在總算是有了他的辦公室。平時史佩爾是彬彬有禮，這一回卻怒氣沖沖。他在柏林市地圖上，指著一條橫越全市的大道，想知道雷曼「在東西軸心路上正在搞些什麼東西」。雷曼一臉驚訝地看著他，「我在布蘭登堡門以及勝利紀念碑之間鋪設飛機跑道，」他答道：「這怎麼了嗎？」

「這怎麼了嗎？」史佩爾氣炸了：「這怎麼了嗎？你們正在砍掉我的燈柱──那就是怎麼了！你不能這麼幹！」

雷曼以為史佩爾是了解這個計畫的。在布雷斯勞會戰和柯尼斯堡會戰（Königsberg）時，蘇軍幾乎立刻就把這座城市位於郊區的機場給攻佔。為了防止柏林也發生類似的情形，早已作了決定，在鄰近政府機關區域的中心，沿著穿過蒂爾加滕公園的東西軸心路修建一條飛機跑道。「為了這個理由，」雷曼後來說道：「在與空軍協議後，選定了布蘭登堡門到勝利紀念碑之間。也就是說，路旁裝飾的銅燈柱得移走，至於行道樹，為了跑道兩側各三十公尺縱深都得砍掉。當我把計畫向希特勒報告時，他說燈柱可以去掉，但是樹卻要保留。我竭盡所能進言，要他改變主意，但是希特勒就是不聽有關砍樹的話。雖然我向他解釋，如果樹不去掉，僅有輕型飛機能起降，他依然不更改心意。他的理由是什麼，我不知道，但是除去少數幾棵樹，在這最後關頭根本不會損及柏林的美。」而現在，史佩爾又在反對搬走燈柱了。

雷曼把情況向史佩爾解釋。他在結論中指出，已獲得元首准許移去這些燈柱。可是部長對這些話無動於衷，「你們不能拆掉這些燈柱，」他堅持這一點。「本人反對這麼做，」然後史佩爾又補充了一句，「看來你並不知道是本人負責柏林市的改造工作。」

雷曼想勸史佩爾改變心意，但說了等於沒說。他爭辯說：「我們在這裡維持一條開放的跑道尤其重要。」史佩爾根本不要多聽這些話。雷曼回憶說：「史佩爾表達了他的想法，他要把整件事向元首報告，我們的交談就此結束。這一陣子，他的燈柱原地未動，跑道工作也停了——即使蘇軍正不斷向我們前進。」

就在會晤結束以前，史佩爾提到柏林市橋樑的事。這一回又和雷曼槓上了，就像他前一天在韓李奇的司令部一樣，認為炸橋於事無補。橋上有水管、電力線和煤氣幹管，「摧毀了這些生命線，就會使全市好大一部分癱瘓，使得我的改造與重建工作更為艱難。」雷曼知道史佩爾對希特勒的影響很大；他已經獲得總理府直接來的命令，把列出要炸毀的橋樑刪去幾座。而今，史佩爾還在堅持所有的橋都要保存。雷曼也轉而像史佩爾一樣固執起來，除非希特勒下了相反的命令，否則雷曼打算執行所接到的指示，把其餘的橋都炸掉。他比史佩爾更不喜歡這個主意，但也無意冒著自己生命與事業的危險來保全它們。

他從史佩爾的辦公室出來後，到柏林市郊視察那裡的防區。每檢查一次，更令雷曼相信，柏林的防線只是一個幻影。在打勝仗趾高氣揚的年頭，納粹根本沒有考慮過這種可能，就是有一天最後據點竟會構築在自己的首都。他們在所有地方都構築過工事——義大利的古斯塔夫防線，歐洲海岸的大西洋長城，德國西部的齊格菲防線——但在柏林周圍卻甚至連一條塹壕都沒有挖過。就連蘇軍以雷霆萬鈞的力量越過東歐、侵入德國時，希特勒和麾下將帥也沒有採取任何行動為柏林構築工事。

一直到一九四五年初，紅軍兵臨奧得河，德軍才開始加強柏林的防務，慢慢地在柏林東郊，才出現幾條塹壕和反戰車障礙。然後，令人難以置信的是，當蘇軍在凍結的奧得河前停止進兵、等待春季冰融時，柏林防衛的準備工作也停了下來。一九四五年三月以前，柏林的防務都不曾受到任何的重視——到三月時，卻為時已晚了。已經不再有兵力、補給品、裝備來構築必要的工事了。

在累到教人發瘋的兩個月時間裡，這裡拼湊出一堆急就章的防禦工事。到了二月底，又匆忙建立起「障礙地帶」，在柏林市外推二十英里到三十英里，形成一個不連續的圓圈。這一線經過樹林、沼澤，沿著湖泊、河流與水圳，大多數在柏林的北、南與東邊。雷曼將軍接任衛戍司令以前，曾頒發命令宣稱「障礙地帶」為「工事地區」。為了配合希特勒對要塞化的偏愛，當地的國民突擊隊奉令，要他們在這些地點固守，戰死到最後一人為止。要把這些地方變成堅固的抵抗區，需要驚人數量的兵員、火砲與物資。「障礙地帶」圍繞在柏林市大都會區周圍的地域，一圈將近一百五十英里長。

一如雷曼馬上發現到的那樣，除了障礙區受到軍方的直接管理之外，其他所謂的「工事區」，幾乎什麼都沒有，只有掩護公路幹線的幾條塹壕，一些零落的火砲陣地，還有匆忙把鋼筋水泥的建築，用磚塊把窗戶砌實，開了機槍的射口改造成的碉堡。這些力量薄弱的陣地，大多數甚至沒有人駐守，而在總理府的防務地圖上，卻標明為重要據點。

主抵抗線就在市區本身，三個同心圓構成了內線防禦型態。第一環，圓周六十英里，繞著整個郊區。在缺乏適當工事的情況下，任何以及所有能做成阻礙的東西都用上了，陳舊的火車車皮、貨車、建築物的斷垣殘壁，厚實的水泥磚牆，改造的防空洞，還有大自然的貢獻：柏林的湖泊與河流。而今，一群人正日以繼夜地把這些天然與人工的設施，結合成為一條連綿不斷的防線以及反戰車障礙。這些工作都靠人手在做，沒有動力機械。大多數巨型的推土機，好久以前便送往東線戰場去經營奧得河前線的工事。剩下的少數推土機，在使用上受到限制。由於燃料短缺——可用的每一加侖汽油都運往各裝甲師去了。

在各環工事構工的人，應該要有十萬人，事實上卻從來沒有超過三萬，甚至連個人工具都缺乏，報紙呼籲捐出十字鎬與圓鍬，卻幾乎沒什麼成效。里福歐爾上校表示，「柏林的園丁顯然考慮到，在他們的馬鈴薯田挖溝，要比挖反戰車壕重要得多。」對雷曼來說，再怎麼弄，一切都是白搭，這項周邊防務絕不會及時完成。這是件沒有希望的工作，距離完成還很遠。

第二環或者說中環，如果由有經驗的部隊負責，又有充分武器的供應來把守，可能是一道不得輕視的障礙。它的圓周約為二十五英里，它的障礙物早已在原地很久了，柏林的鐵道系統已經改成了一處致命的陷阱。有些地方，有深深挖下的鐵軌路基和支線，有的地方有一百到兩百英尺寬，構成了完美的反戰車壕，砲手在俯看鐵軌的房屋工事裡，便可以收拾掉卡在壕溝中的敵人戰車。在其他的延伸線，守軍隨著「柏林快鐵」（S-Bahn）的高架線路，有類似於高牆的優勢。

即使這些防線瓦解，市中心依然還有第三環或內環防線。這環防線稱為「衛城」，位於米特區內。最後根據地位於蘭德維爾運河（Landwehr Canal）與施普雷河之間，政府機關的建築群幾乎全都擠在這最後的防禦島。各建築之間——戈林龐大的空軍部，高大的班德勒街區內的各軍總部，以及室內空蕩蕩發出回音的總理府與國會大廈——以障礙物與水泥磚牆連結起來，由最後的守軍防守。

從「衛城」向外呈放射狀，透過三個防禦環，分成八片扇型的作戰區，每一個作戰區各有一名指揮官。從東邊的白湖區起順時針方向，名為A區到H區，內環是Z區。從杭波德海恩區、腓特烈斯海因區以及動物園，散布市區各地的六座高矗抗彈的防空砲塔，可以支援各環的防務。

但是，「柏林要塞」還缺乏很多重要的元素，最嚴重的便是人力。雷曼認為，即使在理想的情況下防守柏林，至少需要訓練精良、具備經驗的部隊二十萬人。然而，防守面積相當於紐約市，佔地三百二十一平方英里的柏林，卻是一支拼湊出來的隊伍，從十五歲的希特勒青年團團員，到七十來歲的老頭都有。他指揮的有警察、工兵、防砲部隊，但他唯一的步兵部隊，卻包括了六萬名沒受過訓練的國民突擊隊員。這批年邁的老國民突擊隊員，目前正在挖掘塹壕，或者沿著通往柏林的路線慢吞吞地進入陣地。在軍隊中，國民突擊隊處於最低階的位置。雖然指望他們一旦時機緊急能與陸軍並肩作戰，但卻不認為他們是軍隊的一部分。他們也像希特勒青年團，是當地黨部的責任，除非作戰已經開始，到那時雷曼才負責這些人員的指揮。國民突擊隊甚至連武器裝備也都由納粹黨來負責，他們沒有車輛，沒有野戰炊具，連基本的通信器材都沒有。

簡言之，雷曼手下的部隊有三分之一的人沒有武器。其餘的人可以說也沒有好到哪裡去。「他們的武器」，他說道：「來自德國攻略過的每一個國家，除了我們自己公發的以外，有義、俄、法、捷、比、荷、挪和英等國的槍枝。」步槍的種類不少於十五種，機槍則有十種之多。要替這些混雜的武器找彈藥，幾乎是不可能。配備了義造步槍的各營，運氣比大多數部隊走運，每一支步槍最多可有二十發子彈。當時發現，比利時的步槍可以用捷克製的子彈，可是比利時的子彈對捷克的步槍卻完全無法通用。當時還有不多的希臘槍枝，也不知什麼原因，希臘的彈藥倒是多得很。由於子彈奇缺，就想出辦法改造希臘的子彈，以便可以由義大利的步槍擊發。不過這種發了瘋似的臨時湊合，無從解決整體問題。在蘇軍攻擊開始的這一天，每一名國民突擊隊員的平均彈藥補給量，大約為每一支步槍五發子彈。

這時，雷曼巡視東郊各處陣地，他完全相信蘇軍只要輾過它們就結束了。防禦作戰中許多的必要裝備都付之闕如。幾乎沒有地雷可用，因此防禦陣地至關緊要的地雷帶根本就不存在。在所有防禦材料中最年代久遠也最有效的鐵刺網，根本無從取得。雷曼的砲兵有一些機動防空砲，少數幾輛戰車進入掩護整個車身高度堀壕，使戰車砲能控制敵人前進的通道。此外還有大量部署在防空塔上的防空砲。這些防空砲雖然極具威力，但它們的射角高，在使用上有限制。又因為它們固定在高塔上，不能平射，無法阻止近距離攻擊的步兵和戰車。

雷曼知道自己的情況是無望的，對其他地方的前景也差不多是同樣悲觀。他不相信奧得河前線守得住，也不指望退回柏林的部隊能有什麼幫助。參謀長里福歐爾上校，曾經與布瑟將軍第九軍團司令部裡的軍官討論過獲得幫助的可能性，那是一個很坦白的答覆，「別指望我們了。」布瑟的參謀長霍爾茲上校（Artur Hölz）說道：「第九軍團現在待在奧得河，將來也待在奧得河。如果需要，我們會倒在那裡，但我們不會後退。」

雷曼一直在回想一段自己和前線一名國民突擊隊幹部的談話。「你當下該怎麼辦？」雷曼曾經問他：「如果你突然發現在遠處有蘇軍戰車？你要如何讓我們知道？現在假定戰車朝這個方向駛過來，讓我看看你怎麼辦？」

最後他大感吃驚。這名幹部一轉頭就往陣地後面的村子跑去，幾分鐘以後他回來了，上氣不接下氣且感到氣餒，不好意思地解釋：「我沒辦法找到電話，我也忘記了，郵局從一點到兩點在休息。」

雷曼回程駛往柏林時心不在焉的往外看，只覺得浩劫來臨。黑暗之中，柏林也許會永遠的消失也說不定。

——

面對敵人的巨大壓力，戰線正在緩慢地裂解。韓李奇一整天都在前線，穿梭在各個指揮部之間，視察野戰陣地，和指揮官談話。他很驚訝，布瑟手下的官兵以寡敵眾，打得極其出色。首先，第九軍團挺過了蘇軍三天的預備攻擊。而現在已經超過二十四小時，他們正承受蘇軍主攻的全部力量，並且還擊十分猛烈。光是在塞洛高地，他們就擊潰了一百五十多輛戰車，擊落一百三十二架飛機。可是他們的戰力也在逐漸削弱當中。

韓李奇在黑夜中駛回集團軍司令部時，因為路上擁擠的難民只好慢慢開。今天，到處都見到難民——有的扛著的家當，有的推著手車，上面裝滿了最後的細軟，有的坐在農家大車，由牛馬拉著走。在很多地方，難民和蘇軍沒有兩樣，數量多到成為韓李奇部隊的大問題。

他回到集團軍司令部，焦急的參謀靠上前來，聽聽司令對戰況的第一手消息。韓李奇就自己所見，嚴肅地作了總結，「他們無法撐太久，」他說道，「官兵都筋疲力竭到在喘氣，」他繼續說道：「但我們仍然挺住了，這是舍爾納沒辦法做到的事。那位偉大的將軍甚至就連一天也擋不住柯涅夫。」

沒多久，陸總參謀總長克雷布斯打電話來，「唔，我們都有很好的理由覺得滿意，」他圓滑地對韓李奇如此表示。韓李奇勉強接受了對方的觀點，他說道：「試想，這次攻勢的浩大，而我們並沒有損失多少陣地。」克雷布斯樂於獲得比較樂觀的回應，他自己這麼說，可是韓李奇卻不配合製造樂觀，「曾有人告訴我，」他淡淡地回應克雷布斯：「不到黑夜降臨，千萬別讚美過去的這一天。」

——

黑暗之中，費特海姆二等兵（Willy Feldheim）緊緊抓住手上笨重的鐵拳反裝甲榴彈。他根本搞不清楚自己置身在什麼地方，但他這一條散兵坑防線，控制著科洛斯特杜夫（Klosterdorf）的三條馬路，距離前線大約是十八英里。

不久之前，等著蘇軍戰車駛上公路來的費特海姆，感到自己正在經歷一次偉大的冒險。他想像著當他看到第一輛敵人戰車，並且終於能夠第一次發射反戰車榴彈時的場面會是什麼樣子。據守在這處交叉路口的三個步兵連都接到指示，要盡可能讓戰車接近才射擊。費特海姆的教官告訴過他，六十碼的射擊距離正好。他很好奇敵人的戰車要多久才會來。

費特海姆蹲在潮濕的散兵坑裡，想起了當號手的日子。他尤其記得一九四三年陽光明媚的一天，希特勒在奧林匹克大會堂的演講。他跟一大群號手在元首進入會堂時，吹奏起嘹亮的號聲，他絕不會忘記元首對集會的希特勒青年團團員的訓話：「你們是未來的保證……」全體團員都高呼：「服從元首！服從元首！」那是費特海姆一生中最難忘的一天。那天下午，他深信德國有最優秀的軍隊，最優秀的武器，最優秀的將領，尤其高於一切的，有全世界最偉大的領袖。

夜空中，猝然的閃光照耀，夢境已逝，費特海姆向前方窺探。這時又聽到了一時忘卻的大砲低沉的隆隆聲，並且覺得好冷。肚子開始痛了起來，好想哭。十五歲的費特海姆好害怕，所有的崇高目標和激勵的言詞，現在都無法幫助他了。

鼓聲輕擊，令人幾乎察覺不到，大號柔聲應和，低沉的鼓聲再起，大號再次低聲不祥地回應。然後，雄渾的低音部忽然響起。柏林愛樂交響樂團演奏出使人肅然敬畏的《諸神的黃昏》。「貝多芬音樂廳」黑暗中的氣氛，似乎和音樂本身一樣的悲慘。全場唯一的照明來自團員樂譜架上的照明燈，音樂廳裡很冷，人人都穿著大衣。韋斯特曼博士夫婦和弟弟坐在包廂，旁邊就是樂團指揮黑格的妹妹以及她的三個朋友。而在前排習慣性座位上就坐的，便是史佩爾部長。

演奏過貝多芬小提琴協奏曲後，塔斯欽納和家人，以及迪布茲的女兒立刻離開音樂廳。這時，他們已經在駛往安全地區的途中了——但也只有他們這幾個人。史佩爾信守承諾，他的座車在外等待，甚至派了他的副官護送這一小批人安然抵達目的地。這時，身為希特勒製造龐大戰爭機器的建築師，正在聆聽音樂的狂風豪雨，訴說諸神的為非作歹。齊格菲躺在火葬堆上，騎在馬上的布倫希爾德（Brünnhilde）衝上火葬堆來一起升天。這時，鐃鈸齊鳴，鼓聲雷動，樂團轟雷之聲帶領進入高潮：可怖的浩劫毀滅了神殿。聽到這一場演奏的人，都覺得悲傷甚深，欲哭無淚[7]。

---

7 原註：許多樂團倖存團員，對最後這一場音樂會有著各種不同的說法。他們對於演奏的日期、曲目、甚至演出團員，看法各自不同。對史佩爾的計畫一無所悉的人，根本不相信有這樣的安排存在。在本書中所述的種種，是基於韋斯特曼博士的憶述與各項記錄，同時還包含塔斯欽納補充的資料。

2

一度雄踞世界的第三帝國，幾乎沒有留下什麼。在地圖上，它很像一個計時用的沙漏瓶：北海與波羅的海岸形成了瓶頂，巴伐利亞、部分的捷克、奧地利以及義大利北部──目前為德國所佔領──便成了沙漏瓶的下半部。連結上下兩部、把美軍與蘇軍分開的瓶頸，僅有九十英里寬。北面的戰爭依然激烈，南面則稍微平靜。中部，辛普森將軍的美國第九軍團，只是持續守住易北河一帶的戰線，掃蕩之前為衝向易北河時繞過的袋形德軍抵抗陣地，擊退德軍偶爾對橋頭堡的猛烈逆襲。第九軍團有一處要害：馬德堡，那裡的德軍司令官一再拒絕投降。這一下辛普森可受夠了，召來轟炸機把馬德堡夷平了超過三分之一，然後再派部隊攻進去。

四月十七日下午，正當三十步兵師與第二裝甲師的部隊開始攻擊時，布萊德雷將軍來到辛普森的司令部。電話響了，辛普森拿起電話聽了一下，然後用手遮住話筒，對布萊德雷說道：「布萊德，看來我們終究會要攻下馬德堡市內那座橋了。我們接下來該怎麼辦？」

布萊德雷實在太清楚辛普森想要他本人說出來的話，那條高速公路大橋便是通往柏林最直接也最快的路徑。不過他搖搖頭：「該死，」他說道：「我們不再需要易北河的橋頭堡了。如果你佔領了這座橋，你就要派一個營過去吧。不過，期待對方把它給炸了，免得到時候你們被困在對岸。」

布萊德雷得到盟總的清楚指示。不得給予辛普森發兵前進的希望，命令是這樣寫著：「採取必要步驟，以避免大舉進攻，包括在易北河及摩爾德河以東建立新橋頭堡在內……」。辛普森的兵力依然保持作為對柏林形成的威脅，但僅此而已。

幾分鐘以後，第二通電話擺平了這個問題，辛普森放下電話告訴布萊德雷：「別再擔心了，老德剛剛把橋給炸掉了。」

這座橋一炸，使得「大辛」辛普森的大夢告終。他原本要用本身強大的第九軍團攻入柏林，那裡曾經一度被盟軍統帥稱之為「最明顯的終極目標」。

——

位於易北河畔的博伊岑堡（Boizenburg），北邊村落的居民被遠處傳來的聲音給嚇了一跳。古怪的聲音越來越響亮，沒多久看到一隊驚人的鬼魅出現。路上走過來的是兩名蘇格蘭風笛手，笛聲如怨如泣，風笛手後面跟著便是德恩斯准尉的英軍戰俘，總共是一萬兩千多人。他們在少數德軍押解下，排成縱隊前進。俘虜們的衣衫襤褸，背上扛著一捆私人物品。他們面容憔悴，又冷又餓，但士氣高昂。意志堅定的德恩斯如此交辦，「經過村子的時候，」他告訴全營戰俘，「哪怕難受也要抬頭挺胸，給這些他媽的所謂超人瞧瞧，究竟這一仗是誰打贏的。」

德恩斯自己的交通工具是一輛老爺自行車，前輪因為打了補丁而鼓起一大塊，隨時有解體的可能。雖然騎起來崎嶇顛簸，他還是感謝能有這樣的機動力。他騎在車上，穿梭在各隊之間，檢視手下的弟兄，也觀察在隊伍兩側行進的德軍衛兵。每一條路都被戰俘擠滿了，一個隊伍將近兩千多人，雖然德恩斯決定要涵蓋整個範圍——這終究是一件使人筋疲力竭的事。經過十天幾乎毫無目標的行進之後，弟兄們的情況都很差。雖然德軍在隊伍裡有幾輛的物資車，但是大部分戰俘都靠田地裡的東西維生。德軍戰俘營司令奧斯曼上校，對這次漫長的行進以及食物的短缺，顯得十分難為情。他告訴德恩斯說道：「我沒有辦法做什麼。」德恩斯相信他，然後告訴皇家空軍的莫格准尉（Ronald Mogg）說：「我認為他從頭一天到第二天都不知道我們要去的目的地。」

英軍戰俘自從離開法林波斯特以後，就像是浪跡天涯的游民。現在他們正前往格雷塞（Gresse），據說載了紅十字會食品包裹的卡車在那裡等著他們。德恩斯希望他們就停在那裡，不要再往前走了。他告訴奧斯曼，這種行進沒有用，因為英軍馬上就會趕上他們。德恩斯希望自己說得對，因為戰俘從營地中所帶出來的珍貴秘密收音機，已經能收聽到很多盟軍的消息。莫格是個速記能手，他一天會抄寫兩次英國廣播公司的內容。只要能找到電力插座時，便使用留聲機裡的收音機。行進中，就得全靠電池運作的接收機了。德軍的一名衛兵，也是奧斯曼的傳譯員「查理」貢巴哈中士（"Charlie" Gumbach），認為英軍戰俘布里斯托上士（John Bristow）背上扛著一個沉重的老留聲機真是蠢，便建議說：「為什麼不把它扔掉？」「查理，我越來越離不開它了，」布里斯托很認真地回答：「而且，如果我們晚上沒有音樂，弟兄們絕不會饒了我的。」布里斯托用懷疑的眼神看著這名德國兵，問道：「查理，難道你不喜歡跳舞嗎？」貢巴哈無奈地聳了聳肩，心裡想：這些英國佬全都是瘋子。

德恩斯的隊伍轉向一處新的村子的路上前進時，風笛手把風笛握在準備位置，隊伍裡疲困的戰俘一排排對正看齊，步伐整齊劃一。莫格一下俐落地出列，走在德恩斯自行車的旁邊：「至少，我們留給本地人無比難忘的回憶。」

——

東線戰場上，蘇軍崔可夫的近衛軍與卡圖科夫的戰車兵，單憑兵力的優勢，終於在塞洛高地取得了立足點。四月十六日快要到午夜之前，據波皮爾將軍後來回憶：「在塞洛北邊郊外的頭三座住宅攻下來了……那真是一場苦戰。」十六日晚上一整夜，紅軍的攻擊一次又一次地遭德軍防空砲近距離射擊的火力所摧毀，「德軍根本不用瞄準，」波皮爾說道：「他們只要朝向目標就可以射擊了」。十七日中午，崔可夫親自到了塞洛，發現抵抗異常激烈，悲觀地判斷「得花上一整天才能突破奧得河與柏林之間的每一道抵抗線」。一直到四月十七日晚上，才把塞洛高地拿下來。的確多花了四十八小時多一點的時間，才突破了頭兩條戰線。蘇軍相信在柏林之前，至少還有三條防線。

波皮爾試著前往離塞洛有段距離的卡圖科夫司令部去，一路上可以看到戰鬥造成的極大混亂。到處都是部隊與戰車擠在每一個角落、巷弄、街道與菜園。朱可夫的部隊分散了，這時必須重新集結才能再度前進。朱可夫好生氣，他十分清楚柯涅夫的攻擊進度，要求部下要全力以赴攻擊。

作戰過程中，蘇軍戰車兵運用應急的辦法來對付德軍大量的鐵拳反裝甲榴彈。岳希崔克將軍驚訝地發現，自己的戰車兵到德國人家裡去找彈簧床墊，找到一張拿一張。他們把這些有鋼絲彈簧的奇怪玩意掛在戰車的前面，阻擋鈍頭榴彈的衝力。在彈簧床墊的保護下，蘇軍戰車如今準備好用他們的大砲領頭對柏林發起猛攻了。

——

在科特布斯附近一座俯瞰施普雷河的中世紀城堡內，柯涅夫元帥等著與莫斯科作無線電聯絡。某個地方，德軍還有一個孤立的砲兵連依然在射擊。那是很典型德軍砲兵的射擊法，柯涅夫仔細聽著那種精細計算過時間、有條不紊的砲擊。他好奇他們究竟在射擊什麼目標——或許是這座城堡，還是他司令部的無線電天線？不論目標是什麼，這種射擊阻止不了柯涅夫指揮的戰車，它們自中午開始渡過了施普雷河。現在，它們已經在幾英里外了，正摧毀瓦解中的敵軍，轟隆轟隆駛向呂本，接近柯涅夫集團軍與朱可夫部隊作戰界線的終點。對柯涅夫來說，是時候打電話給史達林，請求准許他的戰車朝北轉向、直奔柏林。

柯涅夫是有理由感到興高采烈的。他的戰車兵以前所未有的速度前進，雖然有些地區的戰鬥殘酷艱辛，還有些地方遭遇慘重傷亡。四月十七日早上，柯涅夫驅車前往第一線，目擊橫渡施普雷河情形的時候，他才第一次意識到這場激戰有多麼恐怖。他的座車經過燃燒的森林，沿著砲兵射擊後彈坑纍纍的原野駛過。他回想當時，「那一帶有大量損毀與焚毀的戰車，溪澗與沼澤深陷著武器裝備，一堆扭曲的廢金屬，到處都是死人——是那些通過這裡，繼而在此遭遇敵人、激戰之後的部隊所遺留下來的東西。」

柯涅夫原本就預料到渡過施普雷河會遭遇很大的困難，有的河面還寬達一百八十英尺。到他抵達利巴科將軍第三近衛戰車軍團司令部時，已經有幾輛戰車用渡船運了過去，可是這樣太慢了。在施普雷防線必須迅速威力渡河，柯涅夫與利巴科匆匆趕到一處地點，據偵搜的斥堠報告，有證據表明這個地方有可以涉水之處。雖然該位置河面接近一百五十英尺寬，柯涅夫檢查過地形後，決定冒險派一輛戰車涉水看看。利巴科在自己的前衛部隊中，選了一組優秀的戰車乘員，並說明他們打算要達成怎樣的結果。這輛戰車下了河，在西岸德軍的射擊下，它開始緩緩駛過河去，河水淹過了戰車履帶就沒有到更高的位置了。這個位置河水深度僅有三點五英尺，利巴科的戰車便一輛跟著一輛轟隆隆駛過河面，德軍的施普雷防線因此垮了。柯涅夫大軍渡過河，全速向前衝刺。

同時，在科特布斯城堡，柯涅夫元帥正在聯繫莫斯科。一名侍從官把無線電遞給他，說話時遵照史達林一向要求的軍中規矩，他說道：「烏克蘭第一方面軍司令報告。」史達林回答道：「我是史達林，說吧。」

「報告本方面軍作戰狀況，」柯涅夫報告道：「本方面軍的裝甲兵，目前已在芬斯特瓦爾德（Finsterwalde）西北二十三公里處，步兵目前在施普雷河西岸。」他停了一下：「建議准許本方面軍裝甲兵立即向北前進。」他小心避開提到柏林。

「朱可夫，」史達林說道：「這一陣子很艱難，他還在突破塞洛高地的防線，那裡的敵軍抵抗似乎很堅強。」短短沉默了一下，史達林說道：「為什麼不讓朱可夫的裝甲兵穿過你前線造成的缺口，讓他從那裡進攻柏林？這可能嗎？」

「史達林同志，」柯涅夫說得很快：「那會花更多的時間，造成更大的混亂，毫無必要從白俄羅斯第一方面軍轉撥裝甲兵，本方面軍的責任區作戰進行得很順利。」他打定了主意，「本方面軍有適當的兵力，而且處於完美的位置，可以讓各戰車軍團直趨柏林。」

柯涅夫解釋說，他可以派麾下大軍，經由佐森攻向柏林，那是在柏林南邊二十五英里的位置。「你用的是什麼比例尺的地圖？」史達林突然問道。柯涅夫回答說：「二十萬分之一。」史達林參看自己的地圖時，停頓了一陣子，然後說道：「你知不知道佐森是德軍參謀本部的所在？」柯涅夫說他知道。又沉默了一會兒，史達林最後說道：「很好，我同意，把你的各戰車軍團轉向柏林。」史達林大元帥還補充說，他會頒布新的作戰界線。然後，他突然就把通訊掛斷了。柯涅夫放下自己的話機，感到極為滿意。

——

從史達林那裡，朱可夫知道了柯涅夫直驅柏林的消息——對將軍來說，這顯然不是什麼愉快的談話。他們說了些什麼，沒有人知道，可是方面軍司令部的參謀，卻能夠從對司令的影響上看得出來。據軍方《紅星報》（*Red Star*）資深記者楚揚洛斯基中校在後來回憶到這件事時說：「對於攻擊頓挫，史達林申斥了朱可夫。那是很嚴重的情況，而史達林申斥人時，說出來的話通常都不會有多少溫和的字眼。」楚揚洛斯基可以清楚見到「朱可夫，滿臉鋼鐵般的意志，不願把自己的光榮和別人共享的人，這一下受到了極大的刺激。」波皮爾將軍對朱可夫當時的心境作了簡要的敘述，「我們手上有頭獅子了。」他告訴參謀同僚，這頭獅子不久就伸出牠的利爪。當天晚上，冷酷的朱可夫向白俄羅斯第一方面軍下達了命令：「去把柏林給我拿下來！」

——

這時，德軍戰線已開始處處陷入混亂。各地所有的軍品都出現短缺，極端缺乏車輛，油料要見底了。路上滿是難民，使得部隊的大規模調動幾乎是不可能。失去機動性衍生了最可怕的結果：部隊變換陣地時，他們的裝備器材，包括珍貴的大砲在內都得放棄。通信系統也時有時無。有些地方，根本斷了訊。結果，當命令傳到目的地時，通常已過時——甚至剛剛發布命令，就已經無效了。到前方去接管各部隊的軍官，發現所要接管的什麼都沒有，官兵不是已經被俘，就是已經遭到殲滅，使得這種混亂變得更加複雜。有些地區，沒有作戰經驗的士兵，沒有軍官率領，不知道自己在什麼地方，在自己側翼的部隊是誰。甚至老兵較多的單位，司令部被迫頻頻移動，常常使得官兵不曉得自己的司令部何在，要如何才能聯繫上。

部隊不是被困，便是被俘，或遭到制壓與屠戮。其他人士氣低落、崩潰、棄守。維斯杜拉集團軍的前線僅有兩個地方還保持完整無缺。北翼的曼陶菲爾將軍的第三裝甲軍團，還沒有遭到朱可夫大舉進攻的重擊——但是曼陶菲爾預料隨時都會被羅科索夫斯基元帥白俄羅斯第二方面軍的攻擊。南翼，布瑟將軍的第九軍團依然堅守。但也開始受到全面瓦解的影響。他的左翼在朱可夫戰車勢如破竹下已開始失守。右翼已因為柯涅夫從南方以雷霆萬鈞之勢攻向柏林而處於半包圍。事實上，維斯杜拉集團軍已經分解成碎片，當中充斥著混亂、騷動和死亡——正如韓李奇一開始所料到的那樣。

曼陶菲爾也和韓李奇一樣，從來不低估蘇軍，而且他也曾在別的地方與蘇軍作戰過多次。這時，他坐在鸛式偵察機飛越奧得河研究敵情。羅科索夫斯基的部隊根本沒有隱藏攻擊準備的工作，砲兵和步兵單位正大喇喇進入陣地，曼陶菲爾對蘇軍的趾高氣揚大為驚訝。到現在為止有好多天了，他在蘇軍陣線上來來回回飛行，蘇軍甚至連頭都懶得抬起來看上一眼。

曼陶菲爾知道，一旦進擊來臨，他沒有能力支撐很久。他是裝甲兵將領，卻沒有裝甲部隊。為了阻止朱可夫衝進第九軍團的責任區，韓李奇曾經把曼陶菲爾軍團中剩下來的少數裝甲師調走。他們是黨衛軍第三軍，在埃伯斯瓦爾德（Eberswalde）的森林據守戰鬥區的南緣。黨衛軍史坦納將軍（Felix Steiner），被德國陸軍軍官認為是黨衛軍中最優秀的將領。他報告說，自己失去了戰車，卻獲得了其他的增援兵力，他鄭重其事地報告曼陶菲爾說道：「我剛剛接收了德國空軍飛行員五千人，人人脖子上都掛著小小一枚鐵十字勳章，告訴我，我該怎麼用他們？」

「毫無疑問，」曼陶菲爾告訴他的參謀道：「在希特勒的地圖上，有一面小小部隊旗，上面寫著第七裝甲師，即使它能夠到達這裡，它連車輛、戰車，卡車、一門砲甚至一挺機關槍都沒有。我們有的只是一個虛有其名的部隊。」

這時，曼陶菲爾在座機上俯瞰蘇軍的攻擊準備工作，心裡盤算，蘇軍的主攻可能會在四月二十日前後。到那時他知道自己該怎麼辦。他會盡可能堅守陣地，然後打算「一步一步往後撤退，部下官兵手連手、肩並肩，一直退往西邊。」曼陶菲爾無意讓任何一個官兵落進蘇軍手裡。

德軍第九軍團的情況，目前已接近大難邊緣了。然而它的軍團司令卻沒有考慮後撤。對布瑟將軍來說，除非是接到命令，否則撤退視同叛國——而希特勒的命令是堅守不退。朱可夫的戰車在突破塞洛高地後的猛撲，已經在軍團的北翼撕開了一處裂口。而今，白俄羅斯第一方面軍正以不要命的速度向柏林衝刺。由於通信可以說是全無，布瑟不可能判斷突破的範圍，他甚至不知道實施逆襲能不能封閉防線上的缺口。他最可靠的訊息便是朱可夫的戰車已經距離柏林市郊只剩二十五英里了。使人更為驚惶的消息，便是柯涅夫在第九軍團南翼閃電式的推進。烏克蘭第一方面軍目前已越過了呂本、實施大包抄，在第九軍團的後面向北邊的柏林推進。布瑟心中疑惑，第九軍團會不會被切斷，就像摩德爾的B集團軍兵困魯爾區一樣？就某方面來說，摩德爾的運氣算是較好，至少包圍他的是美軍[8]。

對魏德林將軍來說，戰況特別使人急躁。他的五十六裝甲軍首當其衝，承受了朱可夫在塞洛高地突破的全力猛攻。五十六裝甲軍擋住了朱可夫長達四十八小時，造成了重大傷亡，可是魏德林躁急等待著的預備隊——黨衛軍第十一「北地」（Nordland）裝甲擲彈兵師，與裝備齊全、火力強大的第十八裝甲擲彈兵師——卻沒有及時抵達發動逆襲。如果有了他們，也許就可以把朱可夫的戰車給擋住了。

北地師的某一個人的確露了面——他就是師長，黨衛軍齊格勒少將（Jürgen Ziegler），他的座車到了慕赫堡北邊的魏德林司令部。齊格勒說得非常平靜。他的師在幾英里外，只是汽油都已經燒光了。魏德林聽了臉色鐵青。每一個裝甲師都會有多餘的油料以應對這種緊急情況。可是齊格勒不願意在陸軍將領指揮下作戰，顯然並不認為他的師有必要趕來。到現在為止，已經損失了寶貴的二十個小時來補給油料，而齊格勒依然沒有到達預定位置。第十八裝甲擲彈兵師本來應該在前一天——四月十七日——向魏德林報到。計畫中要這支部隊發動的逆襲卻沒有執行！但該師到達時，正好趕上了退卻。

魏德林似乎厄運纏身。朱可夫的戰車大軍從台地上一湧而出時，德軍部隊中打得最慘，也是韓李奇最擔心的一支兵力，便是戈林的第九傘兵師。傘兵們一置身於塞洛高地的戰鬥的那一刻起便士氣低落。當蘇聯戰車連續開砲，猛衝進他們的防線時，他們更驚恐萬狀，潰敗了。魏德林新到任的砲兵指揮官韋勒曼上校（Hans Oscar Wöhlermann），是在蘇軍發動攻勢、渡過奧得河的那天才到職。他目擊了傘兵之後的潰散。他說到處都是「像瘋子般逃跑」的士兵。即使他拔出手槍，發了狂的傘兵還是停不下來。韋勒曼發現傘兵師師長「完全孤立，對手下官兵潰逃感到洩氣，他試圖止住那些還留在後面沒有逃亡的人。」最終這個不顧後果的逃跑被阻止了，可是戈林大肆吹噓的傘兵，「依然」——以韋勒曼的話來說「對整個會戰的進行構成威脅。」至於韓李奇，當他聽到這個消息，便打電話給卡琳宮的戈林，「我有些事情要告訴您，」他說得很尖酸，「您麾下的這些卡西諾部隊，有名的傘兵——唔，他們已經逃掉了。」

雖然魏德林拚命設法要堵住蘇軍裝甲兵的攻擊，五十六軍的前線卻沒辦法守得住。他的參謀

8 原註：魯爾被困的德軍袋形陣地，在四月十八日遭到完全消滅。三天以後，摩德爾自殺。

長杜福文中校（Theodor von Dufving），見到蘇軍「以兩翼包抄的方式——從兩側痛擊我們，一再的向我們包圍，要以這種恐怖的壓力，迫使我們後退。」五十六軍也遭受了殘酷無情的空中攻擊。杜福文在四個小時內，被迫尋找掩蔽三十次。蘇軍的鉗形夾擊戰術，迫使魏德林在中午以後把司令部遷了兩次，結果導致跟布瑟的軍團司令部失去了聯繫。

入夜以後，魏德林在慕赫堡西北方的瓦爾齊費爾斯多夫（Waldsieversdorf）一處點了蠟燭的地窖內，接待一位貴客——外交部長李賓特洛甫。他神色不穩，憂心忡忡。「他若有所思、不停地看著我們，」韋勒曼回憶當時，「他的眼神憂傷而焦急。」他聽到五十六軍戰況的真相時，「似乎對他有摧毀性的效應。」外交部長以粗乾低沉的聲音問了幾個問題，不久以後便離去。韋勒曼與司令部的其他參謀，多半都在期待李賓特洛甫「告訴我們，我方已經與英方及美方開始談判。在這個最後時刻，會帶給我們希望。」他卻沒有留下這些話。

外交部長剛走，又來了希特勒青年團的獨臂領袖，三十二歲的艾克曼（Artur Axmann）。他認為自己所帶來的消息，一定可以使魏德林感到高興。他宣布說，希特勒青年團團員都準備好作戰了，甚至當下已經在把守五十六軍後方的道路了。魏德林對這項消息的反應，出乎艾克曼預期。據韋勒曼回憶說，魏德林非常生氣，有一陣子他幾乎氣得說不出話來。然後，「用了極端難聽的字眼」譴責艾克曼的計畫。「你不能為了一個已經失敗的理想，而去犧牲這些孩童。」他氣憤地告訴這位青年團領導，「我不會利用他們，而且我要求把派這些兒童來打仗的命令取消。」矮胖圓潤的艾克曼連忙向魏德林保證，這項命令會被取消。

如果有頒發了這種指示的話，它根本沒有下達到上千個希特勒青年團團員那裡。他們在柏林的幾條通道上枕戈待旦。他們仍然留在陣地。在之後的四十八小時會被蘇軍的攻擊粉碎。費特海姆和他同連的一百三十來個孩子吃足了苦頭。他們慌張往後退，最後停了下來。在幾條塹壕和一處掩體保護下想守住這一線。到了最後，費特海姆由於恐懼而筋疲力竭，在戰鬥停歇時，在一條板凳上把身體伸展開來，睡著了。

幾小時以後，他醒了過來，怎麼有種怪怪的感覺，彷彿哪裡不對勁。有一個聲音說：「我不曉得怎麼回事？好安靜。」

孩子們衝出掩體——見到「怪異而難以置信的景象，眼前彷彿一幅拿破崙戰爭時代的古畫。」陽光璀璨，到處都是屍體，沒有一樣東西是直立的，房屋成了廢墟，許多車輛損壞被拋棄，有些還在燃燒。最可怕的震撼還是積成了一堆堆的死人。「那是使人毛骨悚然的場面。他們的步槍和鐵拳榴彈發射器擺在身邊。真夠瘋狂。那時候我們才意識到，現場只剩下我們了。」換句話說，整個作戰過程中他們都睡著了。

——

柏林的緊張氣氛每一小時都在提升。雷曼將軍兵力不足的部隊，正把守著市區防線的外環。他們接到預警，只要收到「克勞塞維茨」這個暗號，那就表示對柏林市的攻擊已經開始了。許多的緊急措施都已經實施。柏林人都清楚，最後一擊的時刻近在眼前。除了上述的事情，障礙物也開始封閉各主要大道。

甚至連戈培爾也不能再忽視眼前的威脅了。宣傳部傾倒而出可笑的新聞以及口號。納粹黨的機關報《國民觀察者報》，報導蘇軍進兵渡過奧得河，說道：「一次嶄新而沉重的考驗，或許也是最重的一次考驗，正出現在我們面前。」報紙繼續寫道：「敵人必須透過血戰才能取得每一平方公尺的土地，擲彈兵、國民突擊隊員，以及希特勒青年團團員所擊毀的每一輛蘇軍戰車，在今天，都比在這場戰爭中的任何其他的時刻，更具有意義。今天的口號是：『**咬緊牙關，拚死奮戰！不輕易放棄寸土！在決定的時刻裡，要求作最後、最偉大的努力！**』」柏林人被提醒，蘇軍已經決定如何處置全市居民，戈培爾發出警告，那些沒有死在防禦工事上的人，會遭到清算，「作為奴工充軍去」。

四月十八日下午，柏林衛戍司令雷曼將軍接到總理府的一則命令，後來再由戈培爾親自打來的電話予以證實。命令中說「所有部隊，包括國民突擊隊在內，遵照第九軍團要求，據守第二線陣地。」換句話說，已經沒有人據守柏林的外圍了。雷曼大驚失色，匆忙召集了十個營的國民突擊隊，再加上大德意志裝甲擲彈兵師的團級的一個防空砲單位，經過幾小時的搜刮與申請，才集結了一批龐雜的車輛，這支部隊便向東前進。雷曼眼望著他們開走，轉身面對著戈培爾的副部長氣憤地說：「告訴戈培爾，再也不可能防守第三帝國的首都了，居民已經完全陷入無助了。」

——

威伯格喜怒不形於色，可是他注意到自己的雙手在顫抖。在經歷了幾個月漫長的暗查之後，他幾乎不能相信自己聽到的一切。他與其他顧客站在黑市食品商店的主櫃檯旁邊，他彎下身子，輕拍著小巧的臘腸犬，這個動作也讓他能夠聽得更清楚一些，不過那兩個站在他身旁、衣著考究的女人也沒有試著要保密。

大多數柏林人對這一家存貨充足的商店並不知情，它僅賣給自己選定的顧客，包括那些納粹黨的上層人士。威伯格是這裡的老客戶了，他只要細細傾聽像這兩位營養充足的女性談話，就可以蒐集到很多精確的消息。他認為她們的消息應該可靠，因為兩人的丈夫都是納粹黨要員。

威伯格認為聽到的消息足夠了，便收起自己買的東西，向老闆脫漢堡帽告別、溜出店門。一到街上加快步伐，他要趕快找到施密特。

幾個小時後，兩個人經過長時間的討論，都同意威伯格的消息為真。四月十八日星期三下午，一封電文發往倫敦。雖然其他的希望都已幻滅，威伯格卻非常希望盟軍能依這項報告而採取行動。根據他在食品店中聽到的消息，希特勒肯定人就在柏林周遭——位於柏林東北方僅有十四英里的貝爾瑙（Bernau）的總部。在他四月二十日五十六歲生日這一天，還有什麼能比大規模空襲更好的生日禮物？

——

希特勒統帥部的作戰廳長約德爾將軍，四月二十日凌晨三點回到家。由於擔憂與筋疲力竭而滿臉皺紋，他告訴太太露薏絲，危機已經來了，「妳最好開始收拾行李準備離開。」露薏絲不肯走，她還要繼續在紅十字會工作。但是約德爾很堅持，他說道：「妳有約德爾這個姓，蘇聯人半天都不會等，立刻把你送進莫斯科的盧布揚卡監獄（Lubianka）。」她就問，可以去哪裡？約德爾聳聳肩，說道：「往北還是往南——沒有人說得上，但我希望我們能一起面對末日。」他們談了大半夜。到上午十點前不久，空襲警報響了。「我敢打賭柏林今天會有特別多的炸彈分配量，」約德爾說道：「每逢希特勒生日時一向如此。」

約德爾回到元首地堡以前，匆匆忙忙到樓上刮臉，元首今年的生日與往年沒有什麼不同，通常都有政府官員及內閣閣員前來列隊向希特勒祝賀。約德爾也該到場。他下樓時，露薏絲把軍帽及腰帶遞給他，他拿起地圖包與她吻別，「我得趕快去祝賀了。」他說道，露薏絲心中萌生奇怪的感覺——現在天天都如此——不知道他們彼此還能不能再見到面。他上了車，她高聲說：「祝福你。」

希特勒的「宮廷」中，還有一個人也準備要去參加祝賀典禮。帝國大元帥戈林打算亮亮相，證明自己依然忠誠不二，但是他之後就要往南走了。他已經決定是時候向柏林西北邊五十五英里處的巨大城堡卡琳宮以及周邊的產業告別的了。蘇軍在凌晨五點三十分開始砲轟，他不久就下定決心，立刻打電話到普倫茨勞附近、韓李奇的集團軍司令部。得到的消息是：北面的攻擊已經開始了。羅科索夫斯基的白俄羅斯第二方面軍，終於發動了攻擊，進攻曼陶菲爾的第三裝甲軍團。戈林十分清楚，曼陶菲爾的兵力不足。幾個星期前，他到過前線好幾次，他大聲地諷刺著每一個將軍，因為「到處都在懈怠閒混，什麼準備都沒做，蘇聯人只需一路大笑著走過你們的防線就可以了」。

對於當前時刻，戈林本人早已做好了準備。在他城堡大門外的主幹公路上，排了二十四輛德國空軍的卡車，裝滿卡琳宮的財物——他的骨董、油畫、銀器與家具。車隊會立刻南下，德國空軍總部在柏林的大部分官兵連同裝備器材，將在這一天稍晚搭乘另外一支車隊離開[9]。

這時，戈林站在大門邊，向車隊指揮官講了幾句最後的話。周圍由機車維護著的車隊出發了。戈林站在那裡，看著這棟有壯觀廂房與拱壁的巨大城堡，空軍一名工程官走過來報告說，一切都準備好了。戈林在手下少數官兵與當地村民注視下跨過馬路，俯身壓下起爆桿，一聲轟然巨大爆炸，卡琳宮炸開了。

不待塵埃落定，戈林便走向自己的座車，對著手下一名工程官，他說得很鎮定：「一旦你成了王儲，有時不得不做某些事。」他砰然關上車門，軍車開往柏林，為元首祝賀去。

——

希特勒安樂地在早上十一點起床。從中午起，他開始接受身邊最親信人員的祝賀——其中有戈培爾、鮑曼、李賓特洛甫、史佩爾，以及各將官元帥，包括鄧尼茲、凱特爾、約德爾、克雷布斯和希姆萊。在他們之後來的是柏林地區的大區長官、參謀以及秘書。此時，在遠處的隆隆砲聲襯托下，希特勒和身後這一批隨從出了地堡。原本的總理府花園，現在已經被炸成了廢墟，他檢閱來自兩個單位的人，一個是甫自庫爾蘭軍團來到的黨衛軍佛洛茲堡師[10]。另一個單位則是艾克曼引以為豪的一小批希特勒青年團團員。「每個人，」艾克曼很久以後說道：「對元首的出現都大感震驚。他走路彎腰駝背，雙手在發抖。即使如此，大家還是驚訝於這個人依然散發著偌大的意志力與堅決的氣質。」希特勒和這些孩子們握手，經過艾克曼介紹後，為「最近在前線表現特

9 原註：戈林應該有二十四輛以上的卡車，韓李奇認為有「四個縱隊」。不過，這也許包括了德國空軍在那天稍晚離開柏林的其他車隊。出奇的是，在當時飛機由於油料短缺而停飛，車輛因而停駛，戈林不但尚有卡車能支配，而且還有充裕的油料供應。

10 原註：庫爾蘭軍團完全被困在波羅的海各國境內，殘餘兵力終於用船撤退，四月初抵達斯維內明德（Swinemünde）。該軍團原本十八個師的兵力，裝備盡棄，僅剩幾船官兵返抵德國。

出」的青年團員頒授勳獎。

然後，希特勒走到黨衛軍隊伍前，和每一名官兵握手，並且很有信心地預料，敵人在抵達柏林以前會遭到擊敗。在旁邊看著的，便是黨衛軍司令希姆萊。自從四月六日以後，他就與瑞典紅十字會理事長伯納多特伯爵（Folke Bernadotte）暗中會晤過好幾次。希姆萊曾經向伯納多特試探，與盟國達成和談條件的可能性。這時他走上前去，重申自己以及黨衛軍對希特勒的忠心。不過，他已經安排好幾小時後，又要與伯納多特見面了。

檢閱儀式一結束，希特勒的軍事會議立即開始。這時，戈林也到了。克雷布斯將軍先作簡報，雖然每一個人對戰況都很了解。柏林被包圍只是接下來幾天之內的事情——如果不是幾個小時之內的話。柏林包圍以前，如果不下令撤退的話，布瑟的第九軍團也會被困住。希特勒的將帥認為有一點很清楚，目前仍然在柏林的元首以及重要部會首長，一定要離開首都到南部去。凱特爾和約德爾尤其敦促成行，可是希特勒拒不承認事情已經到了那麼嚴重的地步。據元首的空軍副官貝洛上校（Nicolaus von Below）說：「希特勒宣稱柏林戰役是德國可以免於全面潰敗的唯一機會。」他也作了一些妥協：一旦蘇軍與美軍在易北河會師，德國分成南北兩區，北部由海軍元帥鄧尼茲統治，南部可能由凱賽林元帥指揮。同時，准許政府各部門立即撤離柏林。

希特勒並沒有透露他個人的計畫。但在地堡中，至少有三個人深信他絕對不會離開柏林。希特勒的秘書之一喬安娜·沃夫，便在幾天前聽他說過，「如果情況已經無可救藥，他會了結自己的生命。」貝洛也深信「希特勒已下定了決心要待在柏林，死也要死在那裡。」約德爾回家告訴太太說，希特勒私底下談話時說道：「約德爾，我會和身邊的忠誠分子一起打下去，然後我開槍自殺。」[11]

大多數政府機構已遷離柏林。但是德國其他的行政部門，似乎許多天以來都還在為這個時刻做準備，就像賽跑選手等待起跑槍響。現在，真正的大逃亡開始了，這種情況會持續不斷，直到柏林終於被包圍了為止。德國空軍參謀長科勒將軍在日記中記載，戈林已經離開，「理所當然，」科勒寫道：「要把我留在這裡，好讓希特勒的氣全出在我身上。」大小官員都溜之大吉。在「托德組織」（Organisation Todt）建築師杜斯曼博士（Dr. Karl Dustmann）辦公室擔任繪圖員的年輕法國奴工漢伯特（Philippe Hambert），老闆突然給了他一千馬克（約兩百五十美元）作禮物後便離開柏林，漢伯特嚇呆了。位於夏洛登堡區，瑪格麗特・史瓦茲在自己的公寓樓上看見下面街道一輛由專用司機駕駛的藍色大轎車，停在附近一棟房子邊。她的鄰居蘇利曼（Otto Solimann）也過來看。他們看見「一名傳令兵，身穿筆挺的白軍服跟著一名海軍軍官。軍官的軍服上有好多金星」。他們離開了房屋，車子很快就裝上了行李。然後兩個人進到車內，「以最快的速度開走」。蘇利曼對史瓦茲說道：「這些老鼠離開要沉的船了，那位就是海軍元帥賴德爾（Erich Raeder）。」

柏林衛戍司令部一共發出了兩千張離市許可證，「政府與黨部機關要求離市的理由，有些可笑得很，」參謀長里福歐爾上校後來回憶說道：「雖然戈培爾下令『能拿武器的人，均不得離開』，我們對這些要通行證的『家庭戰士』並不刁難。為什麼我們要留住這些卑鄙貨色呢？他們

---

11 原註：希特勒告訴約德爾的話，約德爾太太露薏絲都詳細記載在日記裡。這一段後面有一行註解：「外子說道：『除了在別的場合之外，自我的前妻死去以來，這還是希特勒對我說過的唯一有關他個人的談話。』」

以為逃走可以挽救他們的寶貴生命，市民中大部分都留了下來，因為缺乏交通工具，他們想逃走也沒有辦法。」

在選帝侯大街二百一十三號，金髮的凱茜・霍伊瑟曼接到老闆的電話。納粹黨的首席牙醫師布萊什克馬上就要離開了。前幾天，布萊什克和凱茜說過，把所有的病歷、X光片、齒模和其他器材全部裝箱，好帶走送到南方去。布萊什克說：「總理府的人隨時會走，我們要跟他們待在一起。」凱茜卻說自己要留在柏林，布萊什克很生氣，問道：「妳知不知道蘇軍到了這裡之後，會變成怎樣嗎？」可是凱茜就是「不認為會那麼糟」，後來她回想：「當時我並不了解情況的嚴重性。也許是蠢，但我當時確實很忙，並沒有意識到事情已經到了無可救藥的地步。」而現在布萊什克更是堅持，「收拾東西，馬上走，」他催促著，「總理府的人和眷屬都要走了。」可是凱茜鐵了心就是不要走，要待在柏林。「好吧！」布萊什克說道：「記住我告訴過妳的話。」說完就把電話掛上了。

凱茜突然想起布萊什克幾天以前交待她要做的事。假如他離開柏林，而她留下來，就要警告他的一些朋友，說納粹黨的大官都逃走了，說話要用暗號，布萊什克說過：「電話也許有人監聽。」假如希特勒的所有隨從都走了，她就得說：「昨晚把牙橋拆下來了。」倘若只有一些人走，這句話就得改成「昨晚只拔了一顆牙齒。」她不知道布萊什克的朋友是何許人，只曉得「他的大名為格爾維茲（Gallwitz）或者葛拉維茲教授（Grawitz）」。記得他曾經提過，這位教授是黨衛軍的高級牙醫師，」布萊什克只把電話號碼給了她。現在，既然知道整個「總理府的人」都走了，她就撥這個電話出去。有人接了電話，凱茜便說道：「昨晚把牙橋拆下來了。」

幾個小時後的傍晚，德國紅十字會會長，同時也是希姆萊的朋友，葛拉維茲醫師（Ernst

Grawitz）坐下來和家人共進晚餐。大家都就座以後，格瑞維茲俯身下去，拉出兩枚手榴彈的保險插銷，把自己和家人都通通炸死了[12]。

——

柏林人將永遠以「金雉雞逃亡」的印象記得這一次的大逃亡。但是絕大多數的老百姓，對當時蘇軍的推進比納粹的逃亡更有印象。電影導演波思（Karl Boese）的太太海倫娜（Helena Boese）記得，當時唯一關心的事便是「無論如何都得活下去。」蘇軍已經兵臨慕赫堡與史特勞斯堡（Strausberg），距離市區東邊約十五英里。而今又有消息傳出，蘇軍另一支大軍正從南方向佐森推進，殺向柏林來了。人在滕珀爾霍夫區的編劇施羅德（Georg Schröter），親身聽到蘇軍前進的消息。他的其中一個女友是位酒館舞女，名叫柏林娜（Trude Berliner）[13]，住在柏林南郊。他為柏林娜擔憂，便打電話到她家裡去。柏林娜接了電話說道：「等一下。」然後沉寂了一會，才說：「我這裡有位先生，他很樂意和你說話。」施羅德這才知道自己竟和蘇軍一位上校通話，一口德語溜極了。「你們可以指望我們，」他告訴驚駭莫名的施羅德道：「兩三天就可以到柏林了。」

各地——不論北、南、東——前線都在縮小。在支離破碎、斷垣殘壁的大都會區，所有的運作差不多都慢了下來，甚至停頓。工廠關門、電車停駛，除非要運送重要的工人，不然

---

12 原註：紐倫堡大審的證詞透露，兼任希姆萊外科主任醫官的格瑞維茲，准許以集中營的人員作醫學人體實驗。

13 編註：有另一名姓名完全相同的猶太裔德國女演員，但與文中的並非同一人。

地鐵也不運作了。柏林市衛生局化驗室技術員伊麗絲・科尼格（Ilse König），記得她收到一張紅色通行證，可以繼續搭車上班。全市的垃圾沒人收了，郵件不再投遞，在歐倫尼堡大街（Oranienburgerstrasse）郵政總局上班的艾弗斯（Gertrud Evers），還記得「總局掛著無法投遞的食品包裹，散發出一股刺鼻可怖的腐爛臭氣。」因為大多數警員目前不是在戰鬥部隊，就是在國民突擊隊，因此大街小巷不再有警察巡邏。

四月二十日這一天，因為發生了這一件事，導致很多人確切知道局勢的真正嚴重性——動物園關上了大門。上午十點五十分，動物園停電，使得園內無法打水。電力在四天後又來了一次，可是只維持了十九分鐘。自那以後便不再有電力，直到作戰結束以後才恢復。可是打從這一天起，管理員們都知道，許多動物一定準死無疑——尤其是池沼中早些日子救活下來的河馬與水族館中的魚類。禽鳥管理員施瓦茲，已經在為那隻稀有鸛鳥阿布的情況感到擔憂了。牠在施瓦茲的臥室裡鐵定會慢慢餓死，現在更不知道沒有了水，阿布如何活得下去。他會用桶去提水，直到自己累垮為止。施瓦茲六十三歲了，決心要這麼做為的不只是阿布，還有大河馬洛莎以及兩歲的小河馬肯納切。

動物園園長赫克十分為難，知道到頭來一定要殺死園內的一些危險動物，尤其是價值不菲的狒狒。但他總是把這個時刻往後延。越是心煩意亂的時候，就更需要有片刻的寧靜。赫克做了件一輩子從沒做過的事——和園內一名管理員一起到蘭德維爾運河去釣魚。他在河邊「心裡卻想著別的事」，兩個人釣到了兩尾白斑狗魚。

這一天，柏林地鐵局局長克拉夫特（Fritz Kraft）和柏林市市長李柏特（Julius Lippert）開會。李市長對克拉夫特和與會的地鐵局經理下達了很現實的指示，「如果是西線的盟軍先到這裡，」李柏特告訴大家，「把地鐵設施紋風不動地交給他們，如果是蘇軍比他們先到……」他停了一會兒、聳了聳肩，說道：「那就盡你所能地破壞。」小型的自動電話交換台也收到類似的指示。在布科（Buckow）交換總機的機械員也收到吩咐，寧可把設備毀了，也不交給蘇聯人。不過擔任維修工作的馬格達（Herbert Magder）突然想到，雖說要破壞，可是卻沒有人下達任何關於要如何破壞的指示。就他所知，沒有任何的交換機遭受破壞。幾乎所有機器在柏林戰役的整個過程都在持續運作。

為了遵從希特勒的焦土政策，各工廠也奉令要夷平。位於夏洛登堡區先靈化工廠，化學部主任亨內貝格教授（Georg Henneberg）記得廠長曾經集合所有化學部人員，宣讀一份剛剛接到的命令，指示當敵人迫近時，要將給水、煤氣、電力、鍋爐等各項設施予以破壞。亨內貝格的老闆把命令宣讀完後，沉默了一會兒，這才說道：「現在，各位知道什麼事情不該做了吧。」他向大家道別，把工廠關了，設備保持原狀。亨內貝格回憶說道：「我們彼此道別來生再見。」

多年以後，柏林人依然還記得四月二十日這一天是還有另外一個原因的。究竟是為了慶祝元首的生日，還是因為預期的攻城即將開始，誰也不知道。不過到了這天，政府對挨餓的平民百姓配給了特別多的食品，並稱之為「危機口糧」。以二十五歲的獨臂退伍老兵克洛茲（Jurgen-Erich Klotz）為例，他記得當時發給的額外口糧，有一磅的培根或香腸，一點五磅的米飯或麥片，兩百五十粒乾扁豆、豌豆或蠶豆，一罐蔬菜；兩磅的白糖，一盎司的咖啡，一小包代用咖啡和一些油脂。那一天的空襲雖然長達五個鐘頭，柏林的家庭主婦卻不把炸彈當一回事，執意要去領這些額外的配給。這些東西可以吃上八天。安妮-莉澤・拜爾（Anne-Lise Bayer）對她丈夫說：「有了這些口糧，現在我們就可以升天了。」顯然，柏林各處都有人持同樣的想法：把這份額外的食物，稱為「耶穌升天節口糧」。

——

易北河北方的格雷塞，紅十字會的包裹送到了德恩斯准尉一萬兩千名英軍戰俘的手上。德恩斯做好了所有的安排，其中包括說服戰俘營司令奧斯曼上校破例允許英國皇家空軍的戰俘前往位於呂貝克的國際紅十字會中心，然後開著卡車回來，以便加快包裹運送的速度。現在，排成縱隊的戰俘擠滿了小鎮周圍的道路，那裡正在分發包裹。德恩斯宣布道：「一個人兩包。」揚格爾士官長（Calton Younger）記得，「這些如同奇蹟一樣的包裹極大地提升了戰俘們的士氣，我們立刻授予德恩斯聖徒的地位。」

德恩斯騎著那輛輪胎隨時會分解的老爺自行車從一隊到另一隊，確保每個人都有領到自己的份額，也警示餓得半死的戰俘——他們大部分一直都靠野菜維生——不要吃太多，「盡可能節省下來，因為我們還不曉得老德對我們還有什麼招數。」話雖如此，德恩斯卻見到大多數戰俘「大口大口吃，彷彿像是最後一餐。」傑佛瑞．威爾森士官長（Geoffrey Wilson）打開包裹狼吞虎嚥，裡面有罐頭牛肉、餅乾、巧克力糖。最棒的地方，是還有一百二十根香菸。他可是「發了瘋般的嚼，發了瘋般的抽，因為我決定死也要做個飽死鬼，不做餓鬼。」

他們坐在地上吃時，被英國軍機發現了。皇家空軍九架颱風式戰鬥機先在上空盤旋，然後以威爾森所記得「夢幻般引人入勝的方式」脫離編隊，俯衝下來。有人說道：「我的老天！他們衝著我們來了！」戰俘們發了狂似的朝四面八方散開，有些人想抽出在緊急時應用的彩色識別布板，有的撲進溝裡、躲在牆後、衝進教堂，或者躲進鎮上的防空洞。可是有很多人動作太慢，颱風式機一架跟著一架衝下來，對著隊伍發射火箭和投下人員殺傷彈。戰俘們都大叫：「我們是你們的弟兄！我們是你們的弟兄！」八架飛機都展開了攻擊，只有第九架，或許意識到錯誤，拉起機頭飛走了。這一切才幾分鐘的事，六十名戰俘死亡，幾十個人受傷，還有人會在德國醫院中傷重死去。

德恩斯在路上巡視，目睹了這次的屠殺，絕望得嘔吐起來。他立刻下令辨識死去的人，有些屍體完全無法知道是誰了。後來他回憶說：「只剩下片片血肉，只能用圓鍬鏟進墓穴。」

死者下葬、受傷的人送進德國醫院後，冷靜而堅定的德恩斯，騎著自行車到戰俘營臨時營部去找奧斯曼上校。這一回德恩斯不來什麼軍事禮節了。「奧斯曼，」他說道：「我要你開一張通行證，讓我能到英軍戰線去，這種事情不能再發生了。」

奧斯曼嚇了一跳，看著他說道：「德恩斯先生，我不能這麼做。」

德恩斯狠狠瞪著他，「我們不知道誰會來接管這一批人，」他警告說道：「可能是英軍——或者是蘇軍，誰來解救我們，我一點都不在意，但你願意向誰投降？」德恩斯盯著眼前這個德國人。「不曉得什麼緣故，我並不認為你和蘇軍一起會有多好的未來可言。」他停頓了一下，好讓最後這一句話深深打進奧斯曼的腦海，然後他才平靜地說：「司令，開通行證吧。」

奧斯曼坐在桌子邊，拿出德國陸軍的公文紙寫了一張便條，讓德恩斯可以憑它穿過敵方戰區。「我不曉得你要如何穿過前線，」他告訴德恩斯：「不過至少這張便條可以讓你到他們那裡去。」德恩斯說道：「我樂於帶衛兵貢巴哈一起走。」奧斯曼考慮了一下說道：「同意。」也替貢巴哈開了一張通行證。德恩斯又說：「我還想要有一輛不會四分五裂的自行車。」奧斯曼看著他、聳聳肩，說他也可以安排。德恩斯離開辦公室時，最後一句話說：「我會跟著貢巴哈一起回來，把我們的人帶走。」這時他俐落地來了個敬禮，說道：「我向你保證做到，謝謝你，司令。」德軍戰俘營司令也回禮，說道：「謝謝你，德恩斯先生。」

當天晚上，不屈不撓的德恩斯，在德軍「查理」貢巴哈中士陪同下，騎著自行車出發，要長途跋涉到英軍的戰線去。

——

入夜時分，當朱可夫的戰車直趨柏林時，柯涅夫焦急地看著地圖，催促自己的將領速度要更快。「利巴科，不要擔心你的兩翼，」他告訴第三近衛戰車軍團司令利巴科將軍，「不要擔心與步兵分離，只管前進吧。」多年以後，柯涅夫說道：「當時，我知道自己的戰車指揮官一定在想什麼：『你在這裡把我們往洞裡扔，強迫我們前進，兩翼沒有掩護兵力——難道德軍不會切斷我們的交通線，從後面來打我們嗎？』」身材魁梧的柯涅夫，雙手輕拍自己的元帥肩章，告訴戰車兵將領：「本人會在場，你們用不著擔心，我的觀測所會在隊伍的中央跟你們一起前進。」利巴科和第四近衛戰車軍團司令列柳中科將軍（D. D. Lelyushenko），他們對司令作出極其出色的回應。戰車軍團的衝刺宛如美軍第二與第五裝甲師的奔襲易北河，蘇軍戰車兵切過敵軍——即使如此，一如利巴科所說：「沒有消滅掉的德軍各師，依然留在我們的後面。」他們連續二十四小時一路開打。利巴科閃電般的衝刺了三十八英里。列柳中科的戰車則長驅直入二十八英里。這時，利巴科歡欣鼓舞地打電話給柯涅夫。「元帥同志，」他說道：「我們正在佐森市郊外作戰。」烏克蘭第一方面軍的部隊，距離柏林只剩二十五英里了。

——

佐森市響起了警報。現在看來，蘇軍可能在二十四小時內抵達陸軍總部了。疏散命令下達，重要官員已經離開前往波茨坦新開設的總部去了。總部的其餘人員，連同辦公室打字機、密碼機、保險櫃與公文箱都已裝上巴士與卡車。正當裝箱與裝車進行中時，人人著急地走來走去，巴不得立刻就走。當時，據接替克雷布斯原先職務的參謀次長德赫勒夫森將軍（Erich Dethleffsen）說：「我們可提供了敵人空軍一個大好的目標。」天黑前不久，車隊開車了，向巴伐利亞駛去。德赫勒夫森則駛往柏林，去參加元首的夜間會議，路上很高興看見一批德國空軍的飛機在頭上向南飛去。後來在會議簡報中，他聽見空軍一名軍官向希特勒報告，說「對蘇軍向佐森前進的戰車，發動了一次成功的攻擊，以阻擋在當地發動的攻擊。」德國空軍的轟炸機確定是成功攻擊了，但所謂的「蘇軍戰車」，其實就是南下的陸軍總部的車輛。德機炸毀了己方的車隊。

——

四月二十日午夜，韓李奇心情沉重地審視著地圖，努力分析狀況。幾小時以前，他所害怕的一件事成了事實。現在他不但是維斯杜拉集團軍司令，而且還要指揮柏林衛戍司令部。幾乎在接到命令的當下，他就打電話給柏林衛戍司令雷曼，告訴他市內橋樑不得破壞。雷曼抱怨說柏林無從防守，現在他最精良的國民突擊隊又被抽調去守戰線了。韓李奇對這一切都很清楚。事實上他正要告訴雷曼，把其餘的國民突擊隊也調派出去。「雷曼，」韓李奇說得很為難：「你不了解我想做的嗎？我就是要把這場仗在市區外面打，而不是在裡面。」

韓李奇了解在目前的情勢下柏林無從防守。他無意讓手下各個軍團退進城裡，戰車在市區中無法施展。建築物集中、缺乏射界，砲兵也派不上用場。如果企圖在市區中作戰，就會有大量的平民傷亡。韓李奇希望要不借一切代價，避免上演逐街逐巷的可怕巷戰。

當時他最關切的還是布瑟的軍團。他很確定，如果九軍團不迅速後撤，就一定會被包圍。他要參謀長把一份電文遞給陸總參謀總長克雷布斯：「如果布瑟軍團不立即後撤，本人不能接受此項職務或指揮此一情況——並且要總長向元首報告這個狀況。」

他開車走遍整個前方，到處都是崩解的跡象。他見到「公路上滿滿都是難民的車輛，中間經常夾雜著軍車。」他頭一次衝進了顯然正在撤退的部隊。在前往埃伯斯瓦爾德途中，他說道：「我發現幾乎所有軍人，都眾口一辭的說，他得到了命令到後方去領彈藥、油料或者別的東西。」他大感震驚，立刻採取行動。在埃伯斯瓦爾德北邊，發現「部隊向西北方前進，說他們那個師會在約阿希姆斯塔爾（Joachimsthal）附近整備。」他止住他們，並讓他們在埃伯斯瓦爾德附近重新整備。在同一地區的幾處運河渡河點，發現黨衛軍第四「警察」師的部分兵力正在下船。官兵都很年輕，是最近才編組的，但只有部分武器，「叫他們到埃伯斯瓦爾德來領武器。」在那南邊的路上，他發現擠滿了大量的軍民，韓李奇下車命令士官帶著他們的人掉頭，說道：「回到前線去。」

來到舍訥霍爾茨（Schönholz），他看見「年輕的軍官無所事事，只是在東張西望。必須要鼓舞他們，下達命令，組成戰線，集合零散的官兵。」從那裡到川普（Trampe）之間的森林，「滿滿的都是流散的士兵，不是休息，便是往後退，沒有人是有命令或者指派在身的。」在別的地方，他發現「一個戰車偵搜排的士兵，竟靠在停下來的幾輛戰車邊休息，他下令這一組人『立刻向比森塔爾（Biesenthal）前進，去把那裡重要的交叉路口再攻下來。』」埃伯斯瓦爾德附近的情勢紛亂，韓李奇日後回想說道：「沒有人能告訴我是否還有一道前線存在。」到了半夜，他已經恢復了這地區的秩序，並下達了新的命令。

很明顯，他的集團軍兵力、武器不足，而且經常沒有稱職的幹部在場領導。韓李奇知道，這段戰線沒辦法挺很久。北邊的曼陶菲爾，他的第三裝甲軍團抵抗羅科索夫斯基的蘇軍雖然達成了一些成果，但他被迫要向後退，也只是時間的問題而已。

半夜十二點三十分，韓李奇打電話給克雷布斯，告訴他情況來到無法控制的邊緣了，尤其是第五十六裝甲軍「盡管對蘇軍一再發動逆襲，還是被壓迫得退了又退。」他說道，這裡的情況「緊張到快要炸開了」。白天他親自打了兩次電話給克雷布斯，談到九軍團的狀況迅速惡化。每一回，克雷布斯都一再把元首的決定告訴他：「布瑟要堅守住奧得河。」而這時，韓李奇要再度為布瑟爭取後退的命令。

「一直以來，」韓李奇這時告訴克雷布斯：「就不准我有調動第九軍團的自由。現在我請求這項自由——不然就要錯過了。我一定要指出，抗拒元首的命令不是出於頑固或者無理由的悲觀。從我在蘇聯作戰的紀錄，你知道我並不是輕易放棄的人，但現在最重要的便是採取行動，挽救第九軍團免於殲滅。」

「我接到的命令，」他說道：「本集團軍一定要在目前陣地守住前線，把所有可用的兵力都抽調過去填補第九軍團與南翼舍爾納集團軍間的空隙。但我真的很痛心，必須這樣說，我無法執行這項命令。這一著根本沒有成功的機會。我要求批准撤退第九軍團。正是基於元首本人的利益，我才提出這個要求。」

「事實上，」韓李奇說道：「我真應該要做的，就是親自前去報告元首，跟他說：『我的元首，既然您不同意我的建議，認為撤退危及您的安全，而我又無法實施您的作戰命令，那請撤我的職吧。讓更有能力的人來帶領本集團軍作戰。然後我將以一名普通的國民突擊隊員的身分在戰場上與敵搏殺，履行我作為軍人的最後職責。」韓李奇攤牌了。他在向頂頭上司說明，寧願以最低層的士兵身分去作戰，也不願去執行一項只會平白犧牲生命的命令。」

「你真要我把這些話向元首報告嗎？」克雷布斯問道。韓李奇的回答得很簡短，「我要求這麼做，」他說道：「我的參謀長與作戰處長便是我的證人。」

沒多久，克雷布斯的電話來了。第九軍團堅守原陣地。同時，所有堪用兵力，應盡力堵上與南翼舍爾納之間的缺口，「再度形成一條連續的戰線。」這時，韓李奇知道，第九軍團等同於被殲滅了。

——

希特勒的夜間軍事會議，於凌晨三點在元首地堡召開。會議中，希特勒責怪第四軍團——在柯涅夫攻勢開始的那一天，該軍團便被打垮了——認為自那以後的所有問題，都源自於該軍團，他痛斥他們叛國。「報告元首，」德赫勒夫森將軍大為震驚，問道：「您真的認為這支部隊叛國了嗎？」希特勒「用帶著自哀的眼神看著德赫勒夫森，彷彿只有呆子才會問這個蠢問題。」然後他又說道：「我們在東線的所有失敗，都源自於叛國——除了叛國之外沒有別的原因。」

正當德赫勒夫森要離開會議室時，李賓特洛甫的外交部代表希維爾大使（Walter Hewel）進來了，表情非常擔憂，「報告元首，」他說道：「您有什麼命令要給我嗎？」停頓了一會兒，希維爾說道：「如果我們依然想在外交層次上達成任何成果，現在正是時候。」據德赫勒夫森說，希特勒「用完全變了調的聲音說得很柔和」，說道：「政治，我跟政治再也沒關係了，政治令我想吐。」據德赫勒夫森回憶，他「慢慢地」走向門口，「十分疲憊，步伐拖拖拉拉的，」他轉身對著希維爾說道：「我一死你們這些搞政治的，就有得忙了。」希維爾更進一步，說道：「我認為現在我們該有所行動。」希特勒走到門邊，希維爾又極為急切地補一句，「報告元首，差五秒就要到十二點了。」希特勒似乎沒有在聽。

3

這種聲音與柏林人以前所聽到過的完全不一樣，既不像炸彈落下來的呼嘯聲，也不像是防空砲火的轟擊炸裂聲。位於赫曼廣場（Hermannplatz）的卡斯德百貨公司（Karstadt）外面排成長龍買東西的人都在細聽，但都搞不清楚是什麼聲音。那是來自於遠方，一種低頻的尖銳聲，可是一下子迅速升高成了恐怖的、刺耳的呼嘯聲。有那麼一個時候，買東西的人都好像催了眠似的靜止不動。排成長長隊伍的人忽然都四散逃開，可是卻太遲了。頭一批轟到市區的砲彈，就在廣場爆炸開來，碎裂的屍體四濺到上了木板的店面。男女老幼躺在街上厲聲高叫、在痛苦中翻騰打滾。時間是四月二十一日，星期天上午十一點三十分，柏林市變成第一線了。

砲彈開始轟擊每一處，整個市中心的屋頂都竄起了火舌，原被空襲炸鬆了的房屋倒坍下來，汽車車底朝天，火焰四起。布蘭登堡門遭命中，一片飛簷從城門上方摔碎在地面。砲彈從菩提樹下大道的這一頭轟到另一頭；已經被炸毀的皇宮，再度被炸得引起了火災，國會大廈也是如此，一度支撐大廈圓頂的大樑垮落，大片金屬如暴雨般從天而降。選帝侯大街，人人發瘋似地奔跑，把公事包與手提包都甩了，急急忙忙從這個門口衝到另一個。蒂爾加滕公園街末端專飼養賽馬的馬房，挨了一發直接命砲彈。馬匹的嘶鳴聲，夾混著路人的哭叫聲，一會兒之後，馬匹踏出火獄，在選帝侯大街奔馳，牠們的鬃毛與馬尾都還在燃燒。

一陣又一陣的砲彈，轟擊著柏林。它們的轟擊有條不紊，十分有計畫。瑞士《聯邦報》（*Der Bund*）記者史奈澤（Max Schnetzer）人站在布蘭登堡門旁邊，注意到威廉大道政府區中央，至少每五秒鐘落下一發砲彈。然後相隔半分鐘到一分鐘的暫停之後，砲彈又再度轟下來。史奈澤從他所站的地方，可以見到腓烈特街車站方向火焰直衝天空。「由於煙霾與太陽光線交織在一起，」他後來說道：「看起來就像雲層都在燃燒。」

柏林的其他部分砲轟是同樣的猛烈。在維爾默斯多夫區，伊麗絲・安特斯（Ilse Antz）和媽媽、妹妹都覺得她們的房子在搖動，兩個女孩在地板上臥倒，媽媽緊緊抓住門栓，尖聲叫道：「我的天啊！我的天啊！我的天啊！」在新克爾恩區（Neukölln），杜娜・楊森（Dora Janssen）目送她先生——一位德國陸軍少校——在車道上走向他的車子，傳令兵剛把車門打開，突然被一發砲彈「炸成了碎片」。砲彈硝煙散去時，她看見先生站在車旁，頭抬得高高，可是痛楚卻使得他臉部扭曲。杜娜往先生跑去，只見「他一隻褲管裡浸透了血，正從馬靴上緣溢出來，還流到了人行道上。」眼見先生被人用擔架抬走時，覺得有一種奇怪的情緒，與她關懷先生的安危形成強烈的拉鋸、掙扎。她無法阻止自己迸出這樣的想法，「盡管受了傷，他還是站得那麼直挺挺。真是一位真正的軍官！」

不遠處，有位軍官不敢相信蘇軍能靠得這麼近。狂熱的空軍會計官卡爾上尉，就是向家人打招呼，依然行希特勒式的敬禮的那位——越來越絕望了。蘇軍如此逼近，卡爾一席貼身的耀眼軍服光彩奪目，風采依然，甚至還變得特別顯眼。他的太太裘達雖然從來不敢告訴他，但她覺得卡爾穿著軍禮服，再配上完整的金袖扣與一排排毫無意義的勳表看上去好可笑。這段日子，他也從來不脫下手上鑲有納粹黨徽的鑽石戒指。

不過，卡爾十分清楚正在發生驚天動地的大事。中午他從滕珀爾霍夫區辦公室下班回家，舉起一隻手，一聲很平常的「希特勒萬歲」打招呼，然後向太太下達各項指示。「現在砲擊開始了。」他告訴她道：「妳要到地窖裡去，永遠呆在那裡。我要你坐在地窖入口的正對面。」裘達驚訝地看著他，似乎那裡是最不安全的地方。可是卡爾卻很堅持：「我聽說在別的城市，蘇軍以火焰噴射器朝地窖噴射，大多數人都活活燒死。我要妳坐在地窖入口的正對面，所以妳就會第一個死掉，就用不著坐等輪到自己的死。」這時，他二話不說，緊緊握住太太雙手，再來上一個納粹敬禮，大踏步走出公寓。

裘達一臉茫然，照著吩咐她的話來做，坐在距離其他人的前方遠處，正好對著地窖入口的裡面。砲轟在頭頂上震動，她不斷地祈禱。自結婚以來，這是頭一遭她的祈禱詞中，不包括卡爾在內。下午，正當卡爾通常回家的時候，裘達不理先生的命令，冒險上樓去。她害怕又發抖，等了一陣子，不過卡爾並沒有回來，她再也沒見到他了。

空中的轟炸剛停，砲兵的轟擊就接續開始。西方盟軍對柏林的最後一次空襲，也是二戰期間的第三百六十三次，於上午九點二十五分發動。來襲的是美國陸軍第八航空軍的轟炸機。四十四個月以來，蘇軍與美軍都在轟炸這個空勤人員口中的「大B」。柏林人對著轟炸機揮舞拳頭，悼念死去的親友與毀壞的家園，然而他們的憤怒，就像炸彈本身，並沒有特定的對象，只是指向他們不曾見過的人。而砲轟則不然，它們是來自站在柏林大門之外的敵人。而且很快，他們彼此將要面對面了。

砲轟與空襲還有一點不同。柏林人已經學會了如何在轟炸中過日子，可以預料幾乎像時鐘般準時的空襲頻率。每一枚炸彈落下來的呼嘯聲，大多數老百姓都能告訴你大致上會落在什麼地方。很多人變得很習慣了空襲，經常連防空洞都懶得去找。也說不出什麼原因，砲彈可就危險得多了，它突如其來打下來，無從預測。一塊塊像鐮刀的破片，銳利得像剃刀，向四面八方飛散砍殺，往往會從爆發點飛擊出去好幾英尺遠。

新聞記者烏勒－華伯格（Hans Wulle-Wahlberg）走過遭受多發砲彈轟擊的波茨坦廣場，看見到處都是屍體和奄奄一息的人。在他看來，有些人遭炸死，是由於空氣壓力的震爆「把他們的脾臟震破了。」正當他閃躲著砲彈時忽然想到，柏林人以前團結一起抵抗共同的敵人——轟炸機，「現在卻沒有時間去管別人的死活了，人人忙著拯救自己的命。」

殘酷的砲轟沒有模式可言。即沒有準頭，也沒有停歇，似乎砲擊一天比一天猛烈。迫擊砲和鬼哭神嚎的火箭彈，很快就加入了這種囂雜噪音之中。大多數人目前花大部分時間待在地窖、防空洞、防空砲塔、地鐵站，他們失去了時間觀念。日子糊里糊塗就過去了，周圍總是瀰漫恐懼、混亂與死亡。那些仔細記錄日記的柏林人，到了四月二十一日，突然把日期給搞混了。很多人記得蘇軍進入市中心是在四月二十一日或二十二日。實際上，當時紅軍還在郊區作戰。他們因為感到罪孽深重，也就往往越加懼怕蘇聯人。至少有一些德國人，知道德軍在蘇聯的行為，以及第三帝國在集中營內犯下的恐怖、不為人所知的暴行。蘇軍越逼越近時，整個柏林上空便籠罩著夢魘般的恐懼。自從羅馬大軍夷平迦太基城[14]以來，任何城市都不曾再有過這種感受。

艾爾弗雷德．威瑟曼（Elfriede Wassermann）和先生埃里希．威瑟曼（Erich Wassermann）到安哈特火車站（Anhalter）旁邊的大型地下室避難。埃里希於一九四三年在蘇聯前線斷了左腿，只能靠拐杖行走。他很快就聽出來是那一種類型的火砲在射擊，連忙催促太太到地下室去。艾爾弗雷德把他們的物品裝進兩個手提箱和兩個大袋子裡。在自己的衣服上，還蓋了一條埃里希舊的軍褲，在所有東西上面，蓋上自己的毛衣和皮大衣。因為埃里希要用雙手支撐拐杖，她就把一個袋子綑在他背上，另一個袋子則懸掛在胸前。其中一袋裝的是食物，一點硬皮麵包，幾罐肉類和蔬菜。艾爾弗雷德的一隻手提箱裡，則裝了一大罐奶油。

他們抵達安哈特火車站時，地下室已經擠滿了人。艾爾弗雷德最後在樓梯口找到頭上有一盞微弱燈光的位置。在燈光的照耀下，只見地下室樓梯與空間都擠滿了人。地下室的情況真是令人不敢領教，上一層專供受傷的人躺著，日夜都可以聽到他們的哀嚎聲。洗手間不能用，因為沒有水，大小便到處都是。起先那種臭氣令人作嘔，過了一陣子以後，艾爾弗雷德也就不再理會它了。他們在一種全然冷漠無情、很少談話、不知道外面發生了何事的狀況下過了好幾個小時。

只有一件事佔據著每一個人的思緒：小孩子不斷的厲聲哭叫。很多做父母的，餵光了食物和牛奶。艾爾弗雷德看見「從樓上抱下來的三個小嬰兒，都是因為沒東西吃、死了。」艾爾弗雷德身邊是一個年紀輕輕的女性，帶著一個出生才三個月的嬰兒。他們待在地下室的這段時間，艾爾弗雷德過了一陣子之後，注意到小嬰兒已經不在媽媽的懷裡，卻躺在艾爾弗雷德一旁的水泥地上，死了。媽媽似乎神志不清，艾爾弗雷德也是，她到現在都還記得「我看著那個孩子死了，卻沒有感到有多難過。」

---

14 譯註：公元前一四六年。

波茨坦街的遊客中心也遭到砲轟。中心的地下防空洞有四十四間房，擠進了兩千多人避難，負責這裡的瑪格麗特．普麥斯（Margarete Promeist）正忙得不可開交。除了老百姓以外，最近又有兩個營的國民突擊隊搬進來，因為他們告訴瑪格麗特：「俄國兵逼近了。」不久前，瑪格麗特接到一通電話，既苦惱又幾乎快要被榨乾的她，沒有什麼比聽到這個消息更令她心存感恩的事情了。一位閨密告訴她，要送點食物過來。正當她在防空洞裡走動時，街上抬進來了四十四個受傷的平民，她連忙過去幫忙。其中一個已經回天乏術——覺得「真羨慕她平靜安祥的笑容，至少她受到了寬恕，不用再走我們的這條『受難的苦路』了。」

柏林激戰期間，大多數老百姓都躲進地下。夏洛登堡區俾斯麥街（Bismarckstrasse）六十一號公共防空洞的管理員、藥劑師米德（Hans Miede）正在區內巡邏。砲彈在他附近炸開時，他惡狠狠地瞪著防空洞對面房子牆上的標語，斗大的字寫著**黎明前的時刻最為黑暗**。

對休克爾醫師來說，黎明還遠得很。幾個星期以來，這位著名的病理學醫師就一直是他太太極為擔心的源頭。她認為先生就快要精神崩潰。前些時候，休克爾醫師給太太看了看含有氰化鉀的膠囊，致命的毒效由他添加了乙酸而變得更強。休克爾醫師告訴過她，假如柏林情況惡化，他們就要雙雙自殺。打從那時候起，休克爾太太便見識到「戰事的激烈，戰爭的空洞、無意義，而我先生對希特勒感到暴怒的這件事，會令他失控。」如今，休克爾醫師的忍耐已經來到極限，在聽了幾個小時的砲彈怒吼之後，休克爾突然爬起身來、跑到窗前，使盡生平力氣大喊道：「一定要宰掉那個傢伙（希特勒）！」

——

希特勒一隻手指邊戳著地圖，邊大吼：「史坦納！史坦納！史坦納！」元首找到解決的辦法了。黨衛軍史坦納將軍的部隊，應該立刻從他們位於埃伯斯瓦爾德的陣地，朝曼陶菲爾將軍第三裝甲軍團的側翼發動攻擊，切斷蘇軍對柏林的進攻部隊。史坦納的攻擊就可以把北翼布瑟將軍第九軍團潰敗之後所形成的缺口堵起來。

這在希特勒的地圖上，看得出是很精彩的一招。目前看來，朱可夫大軍的攻勢就像一枝箭頭，基底在奧得河，箭鏃尖端正指向柏林。朱可夫北邊側翼，有一面小小標誌旗，上面寫著「史坦納群」。希特勒再度有了信心，史坦納的攻擊，就能把第三裝甲軍團與第九軍團被切斷的連繫重新接合起來。

元首的計畫只有一個錯誤：實際上史坦納可說沒有一兵一卒。早些時候，韓李奇決定把遭蘇軍驅往北邊的第九軍團交由史坦納指揮。不幸的是，前線大範圍的混亂以及時間不足，德軍無法集結足夠的兵力讓史坦納群能遂行作戰。事實上，根本就沒有史坦納群這部隊。可是他的名字還是擺在那裡，那面小旗也還在希特勒的地圖上。

這時，希特勒打電話給史坦納。「據我記得，他打給我的那通電話，」史坦納說道：「是在晚上八點三十分到九點之間。希特勒是這樣說的，『史坦納，你知道戈林在卡琳宮有一支私人部隊嗎？這應該立即解編並派去作戰。』正當我在弄清楚他的意思時，他繼續說道，『從柏林到波羅的海，一直到斯德丁與漢堡，每一名現有的男丁，都要集結起來加入我下令發動的這次攻擊。』那時我抗議說，要我指揮的部隊都沒有作戰經驗。而當我再問，攻擊確定要在什麼地方發動，元首並沒有回答，他乾脆把電話掛上。我對在什麼地方發動攻擊，什麼時候攻擊，要用什麼部隊攻擊，完全沒有概念。」

史坦納打電話給克雷布斯，說明自己的情況。他向陸軍參謀總長報告，他手下沒有部隊。「我還記得希特勒這時打電話來，打斷我們的談話，那時我正向克雷布斯解釋，我的部隊完全沒有作戰經驗，而且也沒有重武器。希特勒把我長長訓了一頓，結尾時這麼說：『你會看得到的，史坦納，你會看得到的，蘇俄軍隊會在柏林大門前慘遭最大的一次敗仗。』我說，我認為柏林沒有希望了，他卻完全不理會我的話。」

不久之後，史坦納接到了攻擊的正式命令，最後一段這樣寫道：

尤嚴禁向西退卻，凡未對此一命令無條件遵從之將校，應即逮補，立即槍決。而，史坦納，應以項上人頭負責此一命令之執行，帝國首都之命運，在於你能否成功達成任務。

希特勒

希特勒與史坦納結束談話以後，便打電話給空軍參謀長科勒將軍，「在北部地區所有能使用的空軍人員，都撥交史坦納指揮，調到他那裡去，」希特勒說道，聲音也提高了：「任何指揮部扣住官兵不放，就在五小時內要他的命，一定要把這句話告訴他們。」然後他厲聲叱叫：「你，你自己，也要用你自己的人頭保證，絕對會充分運用每一名官兵。」

科勒目瞪口呆，他可還是頭一遭聽到有「史坦納群」這麼一支部隊。他打電話到陸總問德赫勒夫森將軍：「史坦納人在那裡？我們的部隊該派到什麼地方去？」德赫勒夫森也不知道，不過答應盡快查出來。

在這個令人昏頭轉向的過程，有一個人，韓李奇，對於新的計畫卻完全不知情。等到終於知道了，他馬上打電話給克雷布斯。「史坦納並沒有兵力發動這等規模的攻擊，」韓李奇說得很氣：「我反對這個命令，我還是堅持要把第九軍團向後撤。否則的話，克雷布斯，唯一能在戰線保衛希特勒與柏林的部隊，就會被殲滅點。現在，我告訴你，如果連這項最後請求都不准，那麼我一定要求解除職務。」韓李奇提議，是否能與希特勒見面，討論一下狀況。克雷布斯立刻否決了，「那根本不可能，」他說道：「元首正忙著。」

為了留下紀錄，韓李奇在他自己的戰爭日誌寫下這次談話的結果：「我籲請最高當局記住他們對部隊的責任，卻被這些話打了回票，『責任由元首負擔。』」

——

維斯杜拉集團軍的生命期快要接近結束了。韓李奇知道它僅能再支持上幾天。他的職業生涯似乎也到了盡頭。集團軍司令十分清楚，他對於如何來打這一場敗仗所展現的頑強，已經被克雷布斯認為是一種最糟糕的失敗主義。這時，正是四月二十一日晚上，毫無預告地，韓李奇接到消息，維斯杜拉集團軍參謀長金澤爾將軍換人，來接他差事的這位仁兄便是特羅塔少將（Thilo von Trotha），他是希特勒狂熱的門下士之一。韓李奇認為，克雷布斯故意把特羅塔調到這個位置，想要影響他的決策。如果真是這樣，那無異是沒有意義的舉動，「我對特羅塔這位仁兄很了解，」韓李奇告訴作戰處長艾斯曼恩道：「也許他是個人才，可是他擅於粉飾太平，是一種華而不實的樂觀派，他一雙腳，」集團軍司令尖刻地說，「站在空中。」特羅塔到職，韓李奇決定要把他架空，只和艾斯曼恩共事。和希特勒的親信來這一手很危險，可是事到如今，韓李奇也沒法考慮到自己了。

四月二十一日拂曉以前，第二項人事命令又到了韓李奇手裡。柏林衛戍司令雷曼將軍打電話來說：「我調走了。」雷曼去職以後的一些事件，與鬧劇相去不遠。接任衛戍司令的是名高階的納粹黨官員，一位叫凱塞的上校（Kaether），此公沒沒無聞，結果他的全名遺落在了歷史之中[15]。凱塞跳過准將，立刻升上少將。他十分開心，用這一天的剩餘時間到處打電話把這個消息告知許多親朋好友。入夜之前，凱塞又再度成了上校，柏林衛戍司令也換人接手。希特勒決定由他本人來暫任。

同時，有一位將領，他的未來與柏林的末日有最密切的關聯，結果他卻捅出了天大的麻煩。五十六裝甲軍軍長魏德林將軍，完全與所有的司令部失聯，包括了他的頂頭上司第九軍團司令布瑟將軍在內。魏德林裝甲軍遭受重創，並不時被蘇軍卡圖科夫第一近衛戰車軍團包圍，以致他與部隊之間失去接觸。謠言滿天飛，說魏德林故意要後撤，而當事人又沒有立即反駁。謠言傳到了希特勒那裡。布瑟也聽到了。經過二十四小時等待最新消息之後，他們兩人都下達了指令，立即逮捕魏德林，就地正法。

——

當籠罩在柏那鎮郊外的煙霧消散的時候，格爾波夫上尉（Sergei Golbov）看著第一批俘虜走出他們的陣地。在這裡上演的戰鬥宛如大屠殺。朱可夫的部隊幾乎耗了半天時間才前進了五英里，距離柏林東北方約十四英里。目前，鎮裡有好幾個地方正火舌四竄，不過戰車群還是快速通過，攻向西南方的潘科區和白湖區。格爾波夫坐在自己新繳獲的德軍機車上觀望著眼前的俘虜。

他想，這批人看來令人難過——「面色灰白，一身塵土，疲勞困頓得沒半點精神。」他向周圍張望，感嘆大自然的傑作與人造作品之間的差距。果樹繁花正盛，「花兒看上去就像是雪球，郊區每一處花園都有花叢。同時，那些龐然大物、黑色的戰爭機器——戰車，卻在花園裡輾過去。多可怕的對照！」

格爾波夫從軍服口袋抽出摺疊的《紅星報》，仔細撕成細長條狀，然後在上面撒些菸草，捲成香菸。人人都用《紅星報》，它的紙質比較薄，比《真理報》和《消息報》容易點著。正當他把菸點著時，看見一名德軍少校在路上踉蹌向他走來。

「放過我太太！」那男人用波蘭話喊叫：「放過我太太！」格爾波夫看著他，大惑不解，這個眼睛發直的軍官蹣跚向他走來。對方走近了，格爾波夫下了機車迎過去，德軍少校的雙手鮮血直流。

德國人把兩隻淌血的手臂高高舉起。格爾波夫看到他割開了自己的手腕。「我要死了，」德國人喘著氣，「我自殺了，瞧！」他把兩隻血淋淋的手向格爾波夫一伸：「好了，你們能放過我太太嗎？」

格爾波夫瞪著他，「你這個蠢貨加三級，」他說道：「我多的是事情要做，哪會去惹你老婆。」他把醫護兵叫來，把這傢伙兩隻手腕綁住止血，等待急救班的人來到，不過再怎麼樣，或許都已太晚了。格爾波夫在醫護兵把這名少校領走時，他還在叫：「放過我太太！放過我太

15 編註：經查，凱塞全名是恩斯特·凱塞（Ernst Kaether），曾經獲得騎士鐵十字勳章，是名國防軍的軍人。

太！」格爾波夫背靠著機車，再點著一根菸，心裡想，戈培爾的工作做得很好，他們把我們當成什麼了，怪獸嗎？

——

查齊茲基淚流滿面、站在街道上，親眼見到他等待了很久的解放大軍在大路上通過。他是柏林東邊十二英里外、新恩哈根－霍珀加滕（Neuenhagen-Hoppegarten）的共產黨領導。他很開心，因為現在每一個人都可以見到他早就知道了的事——戈培爾有關蘇軍的宣傳，都是用最惡毒的鬼扯編織的。紅軍的部隊整整齊齊，訓練有素地進入新恩哈根區，然後迅速通過這裡，向西邊的柏林市白湖區與利希滕貝格區前進。事實上，這裡並沒有發生戰鬥。當地大部分的納粹黨人，早在四月十五日就離開了。當時，查齊茲基就告訴鎮長史乃德（Otto Schneider）：「只要我一見到第一批蘇軍時，我就會舉起白旗去迎接他們，打也沒有用了。」鎮長也同意這麼辦。只有一人上前應戰，狂熱的舒斯特（Hermann Schuster），他是當地納粹黨社會福利課課長。他把自己的家放上障礙，對著蘇軍的第一批偵搜部隊開火，那是場一面倒的交戰。蘇軍只用手榴彈就乾淨俐落地把舒斯特和他的房子給解決掉。查齊茲基和其他共產黨小組的成員，把國民突擊隊的臂章燒掉，舉著白旗去迎接蘇軍。查齊茲基想起沒有比這更快樂的事了，他把自己所知道的情報都告訴蘇軍官兵，並讓對方知道自己和這些朋友都是「反法西斯，而且一直都是如此。」對查齊茲基來說，朱可夫大軍來到，帶來了他幾週以前便預料到的神效靈藥：胃潰瘍消失了。他頭一次可以吃東西而不嘔吐，也不胃痛了。

這種神效靈藥為時很短，查齊茲基在幾個星期以後，滿懷信心地向征服者呈上他精心策畫本鎮未來的社會主義行政體系，卻遭到回絕。蘇聯一個官員聽完他所說的話，只用兩個字回應：「不行！」就在這一天——也就是在查齊茲基以驕傲與驚訝的心情，眼看著他心目中崇拜的人們來到後的三個月——他一向稱為「法西斯所引起的」——胃潰瘍又發作了，而且比以前更為嚴重。

——

萊特街監獄裡已經被判有罪的科思尼下士，不知道自己的運氣還能挺多久。民事當局已經宣告了他的死刑，但軍事法庭還沒有確定。四月二十日這天他得到消息，軍事法庭會在隔天聽他這一案。他知道會是怎樣的判決，也許立即處決也說不定。可是到了第二天上午，當他被押到普勒岑（Plötzensee）的法庭時，裡面空空蕩蕩。所有的人都逃進防空洞裡去了。

雖然蘇軍的突襲砲擊救了他一命，這也只是暫時性的緩刑。科思尼被告知，四月二十三日星期一審判。蘇軍是科思尼最後的希望，如果他們沒有在這天以前攻抵監獄，那他就死定了。

由於砲擊，犯人都搬到地下室。科思尼發現警衛突然變得友好起來。有謠言說，部分犯人已被釋放，其他的在以後的幾小時內也許會獲准離開。科思尼認為自己一定還會受到羈押，但卻希望弟弟庫特能夠出獄。

庫特也知道這些謠言，卻知道科思尼所不曉得的事情——至少有一部分是真的。有些「耶和華見證會」的教友——這些人因為出於良心拒服兵役而被定罪者，在獄中做著各種粗活——被叫了出去，發給每人放行條，准許他們出獄。其中一位教友，似乎並不急著走。他坐在地下室，仔細吃乾淨自己的鐵皮餐盤裡的一點點食物。庫特看到了便問道：「為什麼你不和大家一起出去？」這個人的回答很簡單，「我家在萊茵蘭（Rhineland），剛好在西線盟軍的後面，」他說道：「回不去。我打算就在這兒待著，等到事情過了再說。」

庫特看了一下這個人的放行條，如果這個見證會教友不用它，他知道誰用得著。正當這個犯人還在吃時，庫特一邊和他交談，一邊靠近這張象徵自由的黃紙條。經過一陣子親切的談話之後，庫特設法把紙條塞進自己的口袋，沒有人察覺。他便走了出去。

他很快就找到了科思尼，把寶貴的通行條給他。令他驚訝的是，科思尼不要，說因為他被判了死刑，蓋世太保無論如何都會抓到他。而庫特被關，僅僅因為他被懷疑是共產黨員，而且還沒有被以任何罪名起訴。「你的機會比較大，」科思尼告訴弟弟，「你走。」然後假裝得很樂觀地說道：「反正，我們可能都會在今天出去，所以不如你先走。」

不久之後，庫特扛著鋪蓋捲和其他辦理出獄的「耶和華見證會」教友一起，走進了一樓的警衛室。其中一個警衛，黨衛軍上士巴瑟（Bathe）是認得庫特的，便狠狠瞪他。在那恐怖的一瞬間，庫特料想自己會被一把抓住、拖回地下室去。可是巴瑟卻掉過頭去，辦公桌後的人問了：「下一個，」庫特把放行條送過去，五分鐘以後，他手中便拿著官方蓋章的放行條，成了站在監獄外面街上的自由人了。街道上砲彈橫飛，「空氣中塞滿砲彈碎片」，可是庫特根本不在意這些，覺得「快樂得精神錯亂——就像是喝了二十瓶白蘭地。」

蘇軍攻進了佐森。利巴科將軍的第三近衛戰車軍軍團，已經把德國陸軍總部完整佔領，還俘獲了一批工兵、士兵與技工，其他人都跑掉了。

利巴科手下疲憊、骯髒的戰車兵，面對著巨大的地下室明亮的燈光，驚訝地眨著眼睛。他們漫步走過走廊、宿舍與辦公室時，到處都是急急忙忙逃走的跡象。配屬在柯涅夫方面軍司令部的政委波勒偉少校（Boris Polevoi），看見地板上撒了一地的地圖和文件。其中有個房間，辦公桌上有件睡袍，旁邊一只皮箱，裡面裝滿了家庭照片。

「五百號交換機」是龐大的電話總機，毫無損傷地落入蘇軍手裡。大家站在門口，凝望著機台上閃爍的燈光，現在沒有人在操作了。電話機板上，貼著一張大型標示，用教科書似的俄文寫著：「各位官兵，不要損壞機件，它對紅軍大有價值。」波勒偉和其他軍官猜想，這些逃走的德國工人，貼上這張標示，為的是保住自己的命。

在指揮中心俘獲到的德軍官兵其中一人是貝爾托（Hans Beltow），他是這套複雜的電子系統的總工程師。這時他示範操作「五百號交換機」給蘇軍官兵觀看。他透過蘇軍一名女傳譯員，說明有一名接線員，直到總部遭攻擊時都還留在總機工作，鋼絲錄音機放出他的最後通話，蘇軍官兵便在這間一塵不染的大房間裡細聽。當佐森還在德軍手中的最後時刻，在迅速縮小的帝國範圍各地，持續不斷進來的電話，全都錄在錄音機裡。

「奧斯陸緊急電話。」一個人用德語說。

「對不起，」佐森接線員說道：「我們不能接電話了，我是這兒的最後一人。」

「我的天啊，出了什麼事了……」

另外一個聲音，「注意，注意，我有緊急電文……」

「我們不接任何電文了。」

「和布拉格有接觸嗎？柏林是怎麼了？」

「老俄幾乎到了大門口，現在我關機了。」

佐森陷落了，柯涅夫的大軍除了到這裡簡短地看看以外，幾乎沒有停留。一支戰車搜索部隊正向波茨坦進軍，另一支已經跨過努特運河（Nuthe Canal），抵達柏林南邊的滕珀爾霍夫區的利希滕拉德（Lichtenrade）。其他戰車推向特爾托（Teltow）。這時正衝過了特爾托運河以南的防線，前面就是柏林的策倫多夫區與史得可立茲區（Steglitz）了。

四月二十二日入夜，柯涅夫的大軍已經打垮了柏林南區的防線，比朱可夫早整整一天多進入柏林。

——

元首地堡裡，例行的軍事會議在下午三點開始。第三帝國過去十二年的歷史，從來沒有一天是像這樣的，通常顯現的樂觀態度都煙消雲散了。奧得河前線已經全部崩潰，第九軍團基本上已被包圍。軍團中最強大的部隊——第五十六裝甲軍失聯，找不到了[16]。史坦納一直沒有兵力可發動逆襲，柏林差不多已經被包圍住了。各指揮官幾乎是每小時換一個，帝國已陷入死亡的劇痛，把帝國搞成這樣子的那個人，這時也放手不管了。

希特勒的訓話，來到了狂暴、毫不節制、滔滔不絕的辱罵高潮，他痛斥將帥、幕僚、軍隊，乃至他一手領導走上浩劫的德國人民。他口沫橫飛大聲嚷嚷：末日來了，所有事情都分崩離析，他不能再這樣下去。希特勒決心留在柏林，決心要親自接管柏林的防務——到最後一刻。意思就是說他會舉槍自殺。陸總參謀總長克雷布斯將軍和空軍代表克里斯丁將軍（Eckhardt Christian）都很驚恐，他們兩個人都覺得希特勒似乎已經精神崩潰。只有約德爾還維持鎮靜，因為四十八小時以前，希特勒就已經把上述這些告訴過作戰廳長了。

每一個在場的人，都竭力說服幾近發狂的元首還有機會，他一定要留下繼續指揮帝國，他們認為希特勒應該離開柏林，因為現在要在首都執行國政已經不再可能了。把他們的世界維繫在一起的這個人，這時卻凶狠狠一口回絕了他們的請求。希特勒說過，他要留在柏林，其他人愛哪裡就盡管去。這一下每個人都像五雷轟頂，希特勒為了強調他說話算話，宣稱他決定公開宣布自己人就在柏林。當場立刻要人錄下他的話，馬上廣播出去。別人設法勸他不要立即播放，到隔天再宣布。就在這段時間，地堡的將帥及侍從人員，都向柏林市外的袍澤與同僚通電話，要他們向元首施加壓力。希姆萊、鄧尼茲，甚至戈林都打來了電話，跟其他人一樣向元首懇求改變心意，希特勒卻不為所動。

有人打電話來找約德爾，他走開後，凱特爾想勸希特勒理智一點，請求私下談談。會議室清場後，據凱特爾說，他告訴希特勒，還有兩項行動方案依然可供參考。一是在「柏林成為戰場以前宣布投降，或者安排希特勒飛往貝希特斯加登，並且在那裡立即展開談判。」據凱特爾說，希特勒「不讓我再說下去，插嘴說道：『我已下定決心不離開柏林，要防守這個城市到底，不是我打贏了保衛帝國首都這一仗，就是我成為帝國的象徵倒下去。』」

---

16 原註：韓李奇的戰時日記，所有電話的通話都以速記記下了每一個字，其中有一段驚人的記載：「四月二十一日，十二點三十分，布瑟致韓李奇：『甫得消息，五十六軍在昨夜無特定命令下，自霍珀加滕進入奧林匹克村（Olympic Village）。請逮補……。』」沒有人知道布瑟從何處獲得這項消息，但那卻是個錯誤的消息：奧林匹克村在柏林西側的德貝里茨區（Döberitz）。但魏德林一直都在柏林的東部奮戰。

凱特爾認為這項決定很瘋狂，「我一定要堅持，」他告訴希特勒說道：「您就在今天晚上到貝希特斯加登，」希特勒拒絕再聽任何勸說。他把約德爾找回來，和這兩位將領開了一次私人會議，「下達他的命令給我們。要我們飛到貝希特斯加登，在那裡與戈林一起接掌政權，戈林是希特勒的副元首。」

「過去七年，」凱特爾抗議道：「您給我的命令，我從沒有拒不執行。不過這一次，我卻不會執行，您不能把德國陸軍置之不顧。」希特勒答道：「我待在這裡，就這麼定了。」這時，約德爾建議，要溫克軍團從目前在易北河的陣地轉向柏林[17]。凱特爾說，他會立刻馳赴西線去見溫克將軍，「解除他之前所有的職務，命令他向柏林進軍，與第九軍團會師。」

希特勒終於聽到了一項他可以批准的建議。對凱特爾來說，這項提議似乎「為希特勒在極度可怕的情況中，帶來了一些解脫」。會後，凱特爾立刻前往溫克的軍團司令部。

有些沒有參加會議的將領，如空軍參謀長科勒將軍聽說元首崩潰後，驚訝得不得了，無法相信自己派去開會的代表所做的報告。他連忙趕到約德爾最近的總部去，地點在波茨坦東北五英里處的克蘭普尼茨（Krampnitz），弄到了一份逐字記錄。「你所聽到的事情都正確無誤」，約德爾告訴科勒，希特勒已經死了心，打算在最後時刻自殺，「希特勒說，由於身體的理由，他無法參加戰鬥。此外，他之所以不這麼做，或許一旦負傷，就有落入敵人手裡的危險。我們全都努力勸他，」約德爾繼續說道：「希特勒說他已經不再有能力繼續下去，現在就全靠戈林元帥了。有人說，部隊不會為了戈林而打仗，元首答道：『你說的是什麼意思，打仗？一到談判時，就沒有多少仗要打了，戈林元帥能做的比我還多。』」約德爾又補充說：「希特勒說，部隊都不再打仗了，柏林的反戰車障礙已經洞開，不再有人防守了。」

元首地堡裡，現在大家都很清楚希特勒說話算話，他花了好幾個小時篩選出公文與文件，拿到外面院子焚毀。這時，他又把戈培爾夫婦和子女找來，他們就在地堡和他待在一起，一直到末日。戈培爾的副部長瑙曼博士早就已經知道，「戈培爾認為，在國破家亡時唯一正當的行動方案，便是參與血戰或自殺。」戈培爾太太也有同樣的覺悟。瑙曼聽見戈培爾一家人馬上要搬到總理府，就知道「他們會通通死在一起。」

戈培爾幾乎和希特勒同樣看不起「賣國與卑劣的人。」在元首大發脾氣的前一天，他召集了宣傳部的幕僚，說道：「德國人民失敗了。在東線，他們溜之大吉，在西線，舉起白旗向敵人投降。德國人民本身選擇了他們的命運，我不強迫任何人做我的同伴，你們為什麼要和我一起工作？現在你們的小小咽喉要被割了！不過相信我，當我們告別時，大地都會為之震動。」

以希特勒的標準來說，唯一忠誠的德國人，就是那些現在要計畫自殺、葬身在自己墳墓中的人。就在這天晚上，一幫黨衛軍還在住宅中搜尋逃兵，就地正法。附近的亞歷山大廣場（Alexanderplatz），一個剛剛逃到柏林的難民，十六歲的伊娃．納布拉克（Eva Knoblauch）便發現一根電線桿上，有一具德國國防軍年輕士兵被絞死的屍體，腿上捆著一大張白色硬紙卡，上面寫著：「叛徒。我背棄了我的民族。」

---

17 原註：約德爾徹底研究過「日蝕計畫」，他認為溫克軍團東進，不會受到美軍的阻止。他很肯定美軍會持續停留在易北河。

在這個決定性的一天，韓李奇一直在等那個被認為一定會來的消息：希特勒准許第九軍團撤退。布瑟軍團已經跟兩翼的部隊切斷聯繫，幾乎就要陷入包圍，快要被殲滅的地步。然而克雷布斯還是堅持要第九軍團堅守陣地。他甚至更進一步要求，提議以布瑟的部分兵力，試圖向南突圍，與舍爾納元帥會師。布瑟自己也把事情搞得很複雜。韓李奇想要他不等命令下達就往後撤，布瑟就連是否考慮撤退一事都一口回絕，除非元首有特別指示。

四月二十二日上午十一點，韓李奇警告克雷布斯，入夜以前第九軍團會被切成幾段。克雷布斯卻很有信心地預測，舍爾納元帥的大軍會北進與布瑟會師，屆時戰況就會扭轉。韓李奇比他更清楚，「要舍爾納發動攻擊，得耗上好幾天，」他告訴克雷布斯：「到那時，第九軍團將不復存在了。」

隨著每一小時過去，狀況越來越絕望。韓李奇一再敦促克雷布斯採取行動。「你把我的部隊釘得死死，」他怒火中燒說道，「而卻告訴我，要我盡可能避免元首在柏林面對被圍的恥辱。你們一再違背我請求調職的意願，卻阻止我撤出唯一能保護元首及柏林的部隊。」統帥部不僅製造了難題給布瑟，現在還要求曼陶菲爾的第三軍團，把蘇軍羅科索夫斯基給打回奧得河的東岸——這是一項不可能的命令，韓李奇接到時差點氣個半死。

半夜十二點十分，韓李奇警告克雷布斯：「我認為，現在是撤退第九軍團的最後機會了。」兩小時後，他再打電話，可是克雷布斯已經離開陸總去開元首召集的會議了。韓李奇對德赫勒夫森將軍說道：「我們一定得決定。」清晨兩點五十分，克雷布斯打電話給韓李奇，元首同意第九軍團的部分兵力可以沿著北翼外緣向後轉進，並放棄法蘭克福。韓李奇嗤之以鼻，這只是半吊子的做法，對改善戰況一點幫助都沒有。他並沒有告知克雷布斯，法蘭克福一直由比勒上校穩穩守住，而這個人卻是希特勒曾經斷定說「不是格奈森瑙元帥那種料」的人物。而今，比勒也會發現，要退卻已經很困難了。再怎麼說，命令來得太晚，第九軍團已經被圍困住了。

差不多又過了兩小時後，克雷布斯又來了電話。這一回，他告訴韓李奇，元首會議已經決定將溫克將軍的十二軍團從西線陣地調走，溫克向東方以及柏林發動攻擊以舒解壓力。這是一項出乎意料之外的宣布，韓李奇淡淡地說了一句：「那太好了。」可是依然沒有對第九軍團下達全軍撤退的命令。韓李奇認為，布瑟即使被圍，依然強大得足以開始向西轉進。而這時克雷布斯把溫克軍團的消息傳來——韓李奇在此以前，根本沒聽說過溫克——提供了一個新的可能。「這個消息帶來了希望，」韓李奇後來說道：「畢竟，危急狀況中的九軍團依然有救。」韓李奇告訴布瑟說：「克雷布斯剛剛告訴我，溫克軍團會向後轉，朝你那個方向前進。」他指示布瑟，抽調一個最強的師，突破蘇軍包圍，向西前進與溫克會合。布瑟抗議說，這麼一來，他的軍團會喪失主力。韓李奇真是受夠了，以堅決的聲音岔進去：「這是下給第九軍團的命令，抽掉一個師進兵與溫克會合。」他不想再爭執下去了。

——

柏林的周圍，夜空中環繞著一圈紅光。幾乎每一區都布滿火坑，砲轟更是永無止息。可是在萊特街監獄的地下室，歡慶和興奮的氣氛正持續蔓延當中。這天下午有二十一人走出了監獄。後來，部分留在裡面的犯人也取回他們值錢的物品。據警衛說，這是上頭指示的，以加快釋放程序。犯人隨時都會得到自由。有些人還覺得，也許天亮以前就回到家了。即便是科思尼這時也覺得他將比劊子手更早一步離開了。

一個警衛進入地下室，他依據手裡的名單，迅速唸出姓名，每叫一個名字，大家都緊張地聽著。唸出的名字之中，有一個是共產黨員，一個是蘇軍戰俘，還有幾個人是科思尼認識的。這些人都是一九四四年謀刺希特勒的嫌犯。警衛快快叫出名字：「郝斯霍佛（Haushofer）……施勒希（Schleicher）……孟辛格（Munzinger）……蘇西勞（Sosinow）……科思尼……摩爾（Moll）……」科思尼頓時湧起了希望，自己的名字被叫到了。

一共挑出了十六個犯人。清點過後，警衛領著他們到警衛室。每次只叫一個人進去，其餘的人在外面等候。輪到科思尼進去時，他見到房內有六名黨衛軍，全都喝得酩酊大醉。其中一個看了他的名字一眼，便把逮捕他時沒收的個人物品交還給他。東西少得可憐——他的薪餉紀錄簿、一支鉛筆、一個打火機。科思尼先在收條上簽收，又在釋放他的表格上簽名，其中一個黨衛軍告訴他說：「好啦，你馬上就會見到太太啦。」

他們回到地下室，被吩咐打包，科思尼無法相信自己的運氣。行李打包得很快，小心地把結婚四週年太太送給他的高級西裝折好。他捆好行李後，便來幫室友郝斯霍佛的忙。郝斯霍佛的私人物品中有些食物，包括一瓶葡萄酒和一條黑麵包。麵包無法塞進背包，郝斯霍佛送給了科思尼。他們等了很久。約莫一個半小時後，這十六個人集合、排成兩列，被帶著走到地下室梯口，過了一道門，進入一間不見光的房間。突然，他們身後的門砰的一聲關上，他們全站在烏漆墨黑之中。差不多同一時間，有支手電筒亮了。科思尼眼睛習慣了黑暗之後，他才看出手電筒是掛在一名黨衛軍軍官腰帶上。這個人，一名中校，頭戴鋼盔，手持一把槍。「你們要被轉送，」他告訴他們：「任何人想逃，格殺勿論。帶你們的東西裝上外面的卡車，我們要步行到波茨坦車站。」

科思尼的希望幻滅了。有段時候，他想衝進附近的囚室去躲藏。他這時可以確定蘇軍幾小時內就會到達附近。可是就在他想躲起來時，這才意識到還有別的黨衛軍在，他們手持衝鋒槍，站在這十六人的周圍。

這些犯人給趕上了萊特街，往恩瓦利登大街（Invalidenstrasse）方向走。天下著雨，科思尼的外套衣領豎了起來，把一條當做圍巾用的毛巾，打一個結纏在脖子上。走到一半這些人就停下來搜身，剛才交還給他們的私人物品又被拿走了。之後隊伍又向前走，每一個犯人旁邊有一名背著衝鋒槍、手持另一槍的黨衛軍。他們走到恩瓦利登大街，班長提議走捷徑，跨過ＵＬＡＰ展覽館的廢墟。他們走過廢瓦頹垣，進入只剩幾根柱子的建築廢墟。突然，每個犯人的脖子都被黨衛軍警衛一把掐住，一批犯人向左，一批向右，一直走到建築物的牆邊，每個人相距六到七英尺。這時，他們全都知道會有什麼情況要發生了。

有些犯人開始乞求饒命，科思尼旁邊的獄友厲聲尖叫道：「饒命啊，我沒做過什麼事啊！」就在這時，科思尼感到了冷冰冰的衝鋒槍槍管抵住了自己的脖子，正當班長一聲口令：「發射！」時科思尼把頭一轉，所有的警衛猛然齊放，他覺得突然被狠狠地挨了銳利的一下後，躺在地上，一動也不動了。

中校走過倒下的犯人身邊，對每一個腦袋再補上一槍。他走到科思尼身旁，說道：「這隻豬受夠了。」然後說道：「走吧，弟兄們，我們一定要趕快，晚上還有更多的事要做。」

科思尼不知道自己在那裡躺了多久。過了一陣子，他小心翼翼地把手舉起、摸摸脖子和臉部。血流了好多，可就在轉頭那一刻，他的命保住了。他覺得自己右臂與右腿都不聽使喚。科思尼慢慢爬著出了廢墟，直到恩瓦利登大街。然後站起身來，發現自己還能走，便在受傷的脖子上把毛巾更綁緊一點。慢慢地、痛苦地開始向夏洛特醫院走去。一路上倒下好幾次，有一次他被一批希特勒青年團團員攔住，起先要看他的證件，後來一見他身受重傷，也就讓他過了。

路上他在某地點把腳上皮鞋脫下來，因為「覺得太重了」。還有一陣子，他遇到了猛烈的火砲射擊。究竟是走了多遠，他也記不得了——只是迷迷糊糊地走——但終於到了佛朗色基街（Franseckystrasse），自己的家門前。這時，這位見證萊特街監獄大屠殺而唯一活著的證人，用盡生平力氣反覆敲門。他的太太海德薇（Hedwig）把門打開，面前站著的這個人根本認不出來是誰，臉上一大堆鮮血，外套也是。太太嚇壞了，說道：「你是誰？」科思尼在自己倒下去以前，勉強說了一聲：「我是赫伯特。[18]」

———

四月二十三日下午一點，德軍十二軍團司令溫克將軍在維森堡（Wiesenburg）森林中的軍團司令部電話鈴響了。這位德國陸軍中最年輕的將領穿著一身軍服，就在扶手椅上打盹。他的指揮所「古老地獄」（Alte Hölle），位置在馬德堡東方三十五英里，原本是獵場看守人的住家。

溫克抓起電話，軍團底下的一位指揮官報告，凱特爾元帥剛剛通過防線，在前往司令部的路上。溫克把參謀長萊克穆上校找來，「我們來客人了，」他說道：「凱特爾。」溫克一向打從心裡不喜歡希特勒的這個參謀總長，目前全世界他最不想談話的對象，就是凱特爾。

過去幾個星期，溫克看到的悲慘、艱難與痛苦，遠比他在作戰經歷過都還要多。由於德國的範圍日趨縮小，他的作戰區成了廣大的難民營地，到處都是無家可歸的德國老百姓——他們沿著馬路、田野、村落、森林，睡在馬車、帳棚、破爛貨車、鐵路車廂，還有的露天而睡。溫克把戰區內每一處可住人的房子——住宅、教堂、甚至村子裡聚會場所——都改成了難民的避難所。「我覺得，」他後來說道：「自己就像是巡迴的教士，每天我到處走，盡自己的能力幫助難民，尤其是小孩和病人。」他一直在想，不知道美軍還要多久才會從易北河岸的橋頭堡開始發動攻擊。

他的軍團目前要供應五十萬人的糧食。全德國的火車來到柏林與易北河之間這一條狹長的區域，就不能再往前開了。運貨的列車為第十二軍團載來了物資，但也是負擔。各列車上，只要是想得到的物資，從飛機零件到一車車的奶油，應有盡有。幾英里外，曼陶菲爾的裝甲師，由於缺乏汽油而動彈不得。溫克則剛好相反，他幾乎被汽油淹沒。他把這些剩餘物資向柏林報告，但卻沒有通知說要如何運用，甚至沒有人說收到他至今為止的報告。

正當他在等候凱特爾時，溫克邊想邊擔心，萬一統帥部參謀總長知道了他對難民做的非作戰事務，一定會表示反對。根據凱特爾那種軍事倫理的標準，這些行動簡直不能想像。溫克聽見一輛車子開過來，一名參謀說道：「現在看凱特爾演英雄角色了。」

凱特爾身穿陸軍元帥的全副戎裝，還手持元帥杖，後面跟著一名副官和一名侍從官進入小小的指揮部。「當德國的每一條路上都有人在訴說著傷心悲慘故事、德國已經大敗虧輸時，凱特爾和他這一夥人卻耀武揚威、不可一世，彷彿他們才剛拿下了巴黎似的。」在溫克看來，這簡直是

18 原註：其餘的十五具屍體在三個星期之後被發現。郝斯霍佛其中一隻手，依然抓住他在獄中所寫的幾首十四行詩，其中一首為「有時候，由瘋狂所擺佈，而他所絞死的他們，卻是最優秀的人。」

丟人現眼的舉動。

凱特爾用元帥杖觸觸軍帽、行正式的軍禮。從這位客人一板一眼的舉止，溫克立刻看出了他既焦急又激動。凱特爾的副官拿出地圖在他們面前攤開，凱特爾也不客套，俯身下去，用力指著柏林，說道：「我們一定要救元首。」

可能覺得自己太唐突，凱特爾先擱下這個話題，要求十二軍團作出狀況說明。溫克沒有提及難民以及軍團的部分人力在照料他們這件事，只就易北河地區作了一般的報告。甚至到了端上咖啡與三明治時，凱特爾都沒有因此感到輕鬆，溫克也沒打算讓他覺得自在一些。「事實上，」他後來解釋道：「我們覺得自己無上優越。凱特爾還能說些什麼我們還不知道的事？要告訴我們說大限已經到了嗎？」

凱特爾忽然站了起來，在屋子裡踱步。「希特勒，」他說得很沉重：「已經精神崩潰了。」更糟的是，他放手不管。由於這種情況，你一定要和布瑟的第九軍團一起調整兵力、直趨柏林。」凱特爾說明情況時，溫克一語不發地聆聽著。「柏林戰役已經開始了，」他說道：「德國與希特勒的命運都危在旦夕，」他嚴肅地看著溫克：「你的職責便是攻擊和拯救元首。」溫克卻突然湧出一個與現況無關的想法——或許這是凱特爾這一輩子唯一到過最接近前線的地方了。

很久以前，溫克和凱特爾打過交道，當時他就已經學到了「如果你主動跟他爭論，就會發生兩種結果的其中一種：挨上兩小時的訓話，或者丟官。」這時他不假思索地回答，「報告長官，當然遵從您的命令。」

凱特爾點點頭，「你們要從貝爾齊希-特羅伊恩布里岑（Treuenbrietzen）地區開始攻擊，」他說道，指著第十二軍團前線東北外十二英里的兩個小鎮。溫克知道這不可能，凱特爾所談的計畫，是基於早就被消滅掉的兵力——兵員、戰車與各師——或者根本不存在的兵力。事實上，一無戰車，二無自走砲，只有數量不多的士兵，溫克不可能同時既在易北河抵抗美軍，還能攻向柏林去救元首。再怎麼說，光是要從東北方攻進柏林就有很大的困難。這條路線有太多的湖泊與河流。以他指揮的有限兵力，他只能從北方進入柏林。他向凱特爾建議，十二軍團可以「經由瑙恩（Nauen）與施潘道區，在各處湖泊以北」直趨柏林。溫克補充說道：「我應該能在大約兩天內發動攻擊。」凱特爾起身，沉默了一陣子，然後面無表情地說：「我們等不到兩天了。」

溫克依然沒有辯駁，他不能浪費時間了，很快就同意了凱特爾的計畫。參謀總長離開軍團司令部時，轉身向溫克說道：「本人祝願貴部隊一戰成功。」

凱特爾的車子一開走，溫克便把軍團參謀召集在一起。「現在，」他說道：「這是我們要處理的方法。我們要盡可能迫近柏林，但不放棄易北河的陣地。以我們軍團的兩翼在易北河維持一條逃往西邊的通道。衝進被蘇軍包圍的柏林，那可是荒唐的舉動。我們試著與九軍團會師，然後我們把能逃得出來的每個軍人和老百姓護送到西方去。」

至於希特勒，溫克只說「一個人的命運已經無關重要了。」溫克宣佈這項攻擊命令時突然想起，這一晚的冗長討論過程中，凱特爾始終沒有提及柏林的老百姓。

——

馬德堡曙光乍現。三個德軍溜過易北河，向美軍三十步兵師投降。其中一人是現年五十七歲、德國陸軍中將狄特瑪（Kurt Dittmar）。他每天廣播來自前線的最新作戰公報，整個德國都知道他就是「德國統帥部之音」。和他一起來的，還有他十六歲的兒子艾貝哈（Eberhard），以及諾曼第戰役老兵普拉斯凱特少校。他手下在馬德堡的大砲扮演了重要的角色，阻止美軍辛普森的九軍團渡過易北河。

一般都認為狄特瑪是德國軍方所有播音人中最準確可信的一個人。他擁有大批聽眾，不但是那些身在德國的，還有許多是盟軍負責監聽的人員。他立刻被送到三十師師部去訊問，他帶來的一項消息震驚了所有情報官。他說得很肯定，希特勒人在柏林。對盟軍軍官來說，這是一項令人恍然大悟的消息。到這之前為止，沒有人能確定德國元首身在何處[19]。大多數謠言都說他在德國南部國家堡壘。可是狄特瑪對自己的說法非常堅持。他告訴訊問官，元首不但在柏林，而且認為「希特勒就算沒有在戰鬥中陣亡，也會自殺身亡。」

「說說國家堡壘的事給我們聽聽。」有人強烈要求他說這個。狄特瑪露出大惑不解的神情。他說，自己所知道唯一一處有關國家堡壘的事，是今年一月在瑞士一家報紙上看到的。他同意，在德國北部有許多的袋形陣地，「包括了挪威、丹麥以及義大利境內阿爾卑斯山南部也有一處，」他補充道：「那都是環境所迫，而不是蓄意建立的。」訊問官繼續追問有關據點的事時，狄特瑪搖了搖頭，「國家堡壘嗎？那是一個空想，是個神話。」

整個事情就是如此——源自於妄想。美軍十二集團軍司令布萊德雷將軍，後來寫道：「國家堡壘的想法大部分都是少數納粹狂熱分子的想像，它卻變形成為一項誇大的計畫。讓我驚訝的是，我們竟然天真地信以為真。但當這個傳說被硬說是存在，……竟形塑了我們的作戰規劃。」

——

一隊隊的德軍戰車在揚起的塵土中，轟隆穿過卡爾斯霍斯特區的圓石街道。那裡是柏林東邊利希滕貝格區的郊區。伊蓮諾・庫魯格的猶太裔未婚夫李普希茲，正躲藏在她家的地窖裡，詫異地看著眼前的一切。這些戰車打從什麼地方來的？要開到什麼地方去？它們不向柏林開，反而向南衝向舍訥魏德（Schöneweide），就像是要逃離柏林似的。蘇軍跟在後頭嗎？如果他們跟來了，那意味著李普希茲終於自由了。不過為什麼德軍部隊要離開這個城市？是放棄了柏林？還是撤退？

伊蓮諾並不知道，但她卻見到了德軍魏德林將軍五十六裝甲軍慘遭痛擊又失聯的殘部，正努力要與主力部隊結合。他們被壓迫得退到柏林市郊時，才以最迂迴的方式，和布瑟目前已被圍的第九軍團重新建立了聯繫。他們一退到市郊，立刻以公用電話打到柏林的統帥部，然後經過那裡用無線電轉接到第九軍團。五十六裝甲軍接到命令，要立即向首都南方前進，穿過合圍的蘇軍包圍圈，與九軍團在距柏林十五英里外的柯尼希斯武斯特豪森（Königswusterhausen）與克萊恩基尼茨地區（Klein Kienitz）再度集結。到那裡，他們要集中兵力把柯涅夫的部隊給切斷。

不過，魏德林還得去處理一些還沒有了結的事。他現在聽說從布瑟與希特勒總部都派了軍官要以擅離職守的罪名逮捕他，使得他的部隊群龍無首。他氣憤地命令官兵繼續前進，自己則進入市區去和克雷布斯對質。

經過好幾個小時之後，魏德林穿過柏林到達總理府，到了地堡稱為「侍從室」的房間。克雷布斯與布格杜夫在那裡各有一間辦公室。他們態度冷淡地迎接他，「究竟是怎麼回事？」魏德林

19 原註：顯然倫敦在接獲威伯格的報告後，還來不及傳達給各單位。

厲聲問道：「告訴我，為什麼我要被槍斃？」他說得很激烈。作戰一開始，五十六裝甲軍的司令部位置幾乎就在第一線，怎麼會有人說他溜走了？有人提到德貝里茨區的奧林匹克村，魏德林咆哮說道，五十六軍根本不在德貝里茨區附近，說他們要是在那裡「才是最蠢的事。」克雷布斯和布格杜夫神色漸漸柔和起來。他們馬上答應「立即」向元首澄清這些事。

這時，魏德林對這兩個人就自己的情況作簡報。魏德林告訴他們，五十六軍就要在柏林市南攻擊——然後順便「提到在我離開部隊以前接獲報告，說在魯道（Rudow）附近已見到蘇軍戰車前衛部隊的蹤影了。」魯道剛好就在西南方新克爾恩區的邊緣。克雷布斯立刻看出危險之所在。他說道，如果是那種情形，九軍團下達給五十六軍的命令就得改變。魏德林一定得留在柏林。這時克雷布斯與布格杜夫兩個人匆匆去見希特勒。

過了一陣子，有人通知魏德林，希特勒要見他。走去元首地堡，可真是一段漫長遙遠的路程，魏德林後來稱這裡是「地下城市」。從克雷布斯的辦公室，他得先走過一條隧道，然後再經過廚房與餐廳，終於下了樓梯，進入元首的私人起居室。

克雷布斯與布格杜夫介紹了魏德林。「在一張堆滿了地圖的桌子後面，」魏德林寫道：「坐著第三帝國的元首。我進到室內，他轉過頭來，我只見到一張發腫的面孔和一對布滿血絲的紅眼睛。他試著要站起來，我注意到他的四肢持續在發抖，頗為吃驚他費了好大勁才站了起來，帶著不自然的笑容和我握手，並且用一種幾乎聽不清楚的聲音問我，以前是不是見過。」魏德林說道，一年以前，元首曾經頒給他一枚勳章。希特勒說道：「我確實記得姓名，但記不得樣子。」希特勒坐下時，魏德林注意到即使坐著，「他左腿依然不停地抖動，膝蓋像鐘擺般搖來搖去，只不過更快一些就是了。」

魏德林把五十六裝甲軍的情況向希特勒報告。希特勒同意克雷布斯的指示，魏德林部隊要留在柏林，元首這時又滔滔不絕談他的柏林防禦計畫。他提到把溫克從西線抽調回來，東南面則抽調布瑟軍團，北面抽調史坦納群，如此設法把蘇軍切斷。「聽到元首這番大話，」魏德林寫道：「我越來越吃驚。」魏德林只清楚一件事情：「沒有奇蹟會出現，戰敗的日子正在倒數了。」

當天晚上，五十六裝甲軍遭受了慘重的損失後，設法擺脫南方的蘇軍，轉個方向進入柏林。二十四小時後，魏德林接獲命令出任柏林衛戍司令。這令他感到驚恐萬分。

——

史達林下達了一一〇七四號命令。這份命令是同時給朱可夫與柯涅夫，要把他們對柏林的作戰線一分為二。命令上寫著，自四月二十三日起，白俄羅斯第一方面軍與烏克蘭第一方面軍的作戰分界線，自呂本至托伊皮茨（Teupitz）、米滕瓦爾德（Mittenwalde）、馬林杜夫，終於柏林的安哈特車站（Anhalter）。

柯涅夫雖然不能公開發牢騷，他卻真的是被整慘了。大獎確定給了朱可夫。這條作戰分界線在中間直直通過柏林市，使柯涅夫的部隊隔絕在德國國會大廈西面約一百五十碼的地方。而德國國會大廈一向是蘇軍認定的柏林市特等大獎，是要在那裡把蘇聯的國旗插上去的地標。

——

現在，柏林開始步向死亡。大多數地區都已經斷水斷氣。各家報紙紛紛開始關門，最後一份是納粹黨黨報《國民觀察者報》，也在四月二十六日停刊（由戈培爾辦的每日四版、稱為《裝甲熊》〔*Der Panzerbar*〕的報紙給取代，並被形容是「大柏林守軍的戰鬥報」，一共出刊了六天）。由於市區街巷不能通行、汽油缺少，以及車輛損毀，市區內所有交通都漸漸停擺。貨運也關門，幾乎沒有任何的物流了；冷凍工廠不再開工。四月二十二日，柏林市的百年電報局也關門了，這算是它歷史上的頭一次。所接到的最後一份電報來自東京。上面寫著：「敬祝各位好運。」也在同一天，最後一架飛機離開滕珀爾霍夫機場飛往斯德哥爾摩（Stockholm），機上有九名乘客。而柏林市一千四百個消防隊員，都奉令要退到西部去[20]。

目前，所有的警員不是在陸軍，便是在國民突擊隊服役，柏林慢慢開始變得無法無天起來。老百姓開始搶劫，停在調車場的貨運列車，光天化日之下就有人撬開進去。瑪格麗特．普麥斯冒著危險，在砲火猛烈轟擊下跑到鐵路調車場，卻只為了一塊培根。「回想起來，」她事後說道：「那毫無疑問簡直是瘋狂了。」麥依蓮（Elena Majewski）和恩維娜（Vera Ungnad）匆匆忙忙走到莫阿比特（Moabit）的鐵路貨運站。她們看見大家在拖一箱箱的李子、梅子和桃子罐頭，此外也還有一袋袋外形奇怪的豆子。可是這兩個女孩不屑一顧，畢竟他們不知道那是未經過烘焙的咖啡豆。她們弄到了一箱貨品，標示是「李子」，可是到了家才發現是蘋果醬，是兩個人向來都討厭的食物。羅柏．舒爾茲（Robert Schultze）的結果更糟，他耗了五個小時在一間大食品店跟一群人想弄點馬鈴薯——可是輪到他時，馬鈴薯都被搶光了。

那些不肯把商品白送出去的店主，往往不得不這樣做。希特勒青年團團員庫斯特跟阿姨進到商店，要求提供一些食物。老闆不肯，說他只剩下一些五穀雜糧。庫斯特掏出槍來，並要求拿出食物。老闆很快從櫃台下搬出各種食品。庫斯特拿得動就盡可能搬，和他那位覺得丟臉極了的阿姨走出了店面。一到外面，阿姨便叫罵道：「你這個無法無天的東西，竟用美國土匪的方式。」

庫斯特回嘴道：「吼！住嘴，現在是攸關生死的時候。」

艾爾弗雷德．馬加特（Elfriede Maigatter）聽說謠言，位於赫曼廣場的卡斯德百貨公司正在被人洗劫。她連忙趕過去，只見百貨公司裡擠滿了人。「人人又推又踢地要進去店裡面，」她後來回憶說道：「再也沒有人排隊了，也沒有服務人員，看上去根本沒人管。」大家只是見到了什麼便搶什麼，如果搶到手的東西沒有用，直接往地上扔。食品部地板上，有一層十幾公分厚、黏糊糊的爛泥，都是煉乳、果醬、麵條、麵粉、蜂蜜——是被趁火打劫的人推翻或者拋棄的所有東西。

少數幾個管理員似乎都已經走了，時不時有個男性吼上一聲：「出去呀！出去呀！百貨公司就要炸掉了！」誰也不理會他的話，這一招也太明顯了。女人搶的是女裝部的大衣、套裝和皮鞋，還有人從貨架上把床褥、床單和毛毯拖下來。在糖果部，馬加特看見大人從小男孩手裡把一盒巧克力搶過去，那孩子哭了起來。這時那個男人叫道：「我再去搶一盒。」他真又搶了一盒。

可是一到出口大門，戲就演完了。兩名管理員攔住那些想帶著搶來的東西出去的人，拿吃的人可以走，別的不行。一下子門旁堆積了一大堆貨品。人們推、攘、拖、拉想強行通過管理員。馬加特想夾帶自己拿的大衣過關，管理員便從她手上搶過去，她哀求道：「拜託讓我拿一件吧，我冷啊。」管理員只聳聳肩，從那一堆東西上把大衣拿出來給了她，說道：「快走！」民眾不斷

---

20 原註：有兩項服務不曾中斷過。波茨坦氣象台的氣象紀錄在一九四五年全年沒有缺過一天。其次，全市十七家酒廠中有十一家——根據政府命令，從事「必需」的生產作業，還在繼續釀造啤酒。

推擠，亂搶一通，直到有人不停地叫嚷：「出去啊！出去啊！這裡要炸掉了！」

萊克沙伊得牧師是其中一位目睹卡斯德百貨公司被掠劫的人。他出現的原因是非常不可思議的。他教區中的一名教友，孩子胎死腹中，生下來後火化了。這個悲痛的媽媽，要把骨灰罈好好安葬，萊克沙伊得也同意在場——哪怕這代表要冒著不斷的砲轟走上好幾英里的路，才能到要埋葬孩子的新克爾恩區墓園。他們長途跋涉，媽媽把小小骨灰罈放進一個購物袋裡，經過卡斯德百貨公司時，看見很多人在搶掠。媽媽看著看著，突然說道：「等一下！」萊克沙伊得愕然站定，只見「她離開我的身旁，消失在百貨公司裡，手上還帶著骨灰罈和購物袋，以及其他東西。」沒多久她回來了，歡欣鼓舞地搖擺著一雙看起來耐用的靴子，她轉身面對著牧師說道：「我們走吧。」

回來的路上，萊克沙伊刻意讓她避開百貨公司，但還是一樣。那天下午，商場大樓搖搖晃晃，炸藥把它炸得四分五裂。據說，黨衛軍儲存了價值兩千九百萬馬克的供應品在地下樓層。他們把商場炸掉，以防蘇軍奪取這些財物。引爆時還炸死了一些婦孺。

很多商店老闆面對搶掠，選擇直接放棄。為了不使店面被無法無天的暴徒給砸毀，他們把貨架的商品出清，所有東西不收錢、不收配給券地送出去。這麼做還有另外一個原因。商店老闆們都聽說，如果蘇軍發現囤積食糧，就會放火把店鋪焚毀。一星期以前，電影放映師羅塞茲（Günther Rosetz）想到新克爾恩區的東格曼恩（Tengelmann）雜貨店買點橘子醬，卻遭到拒絕。這一回，羅塞茲見到同一家雜貨店大賣成堆的橘子醬、燕麥、白糖和麵粉——全都是賣每磅十馬克。店家在恐慌中出清存貨，所有東西都是往店外面搬走。興登堡大街（Hindenburgstrasse）轉角，克爾姆（Alexander Kelm）無法相信自己親眼所見：開斯派里葡萄酒專賣店（Caspary）把所有的酒見人就送。希特勒青年團的庫斯特，在住家附近又搶了一次。他在一處地方搶到兩百根免費香菸，另外一處搶了兩瓶白蘭地。當地酒品店的老闆說道：「好吧，你們就把它們給喝光。苦日子就要來了囉。」

即使動手搶，其實也搶不到多少的肉品了。起初，幾家肉店老闆有點貨，分送給特定的顧客，不過很快就沒有了。現在全柏林市，人人都開始割馬肉，那些都是在街頭被砲彈炸死的馬匹。夏綠蒂・李希特（Charlotte Richter）和妹妹在布賴滕巴赫廣場（Breitenbachplatz）就看到許多人帶著刀子，把一匹死掉的灰白馬的肉給割下來。「那匹馬，」夏綠蒂記得，「並沒有倒下去，而有點像蹲坐在後臀上，頭依然高高的，張大著眼睛。還有一些女性用切肉刀在牠的腿上切肉。」

——

魯比・波曼恩很樂於用香檳酒來漱口、刷牙，這使得牙膏特別容易起泡。史海勒開設的時尚餐廳格魯本-蘇謝，豪華地下室裡，魯比和她的先生依百克過著相當於異國情調的生活。史海勒說話算話，砲轟一開始，他就邀波曼恩夫婦跟他一起住在奢侈豪華的地下宅邸。這裡儲放著餐廳的銀製餐具、水晶器皿與上等瓷器，而史海勒也提供舒適的物資享受。地板上鋪的是東方地毯，進門的兩邊，睡床用厚實的灰綠帷幔遮擋起來。做工複雜的豪華座椅、沙發和矮几——上面都蓋著餐廳灰褐與深朱色的亞麻桌布——布置在房間內。已經有很多天自來水不提供了，可是香檳酒卻多的是。魯比回憶說：「我們喝香檳，早上喝，中午喝，晚上也喝，酒流得像水一樣——而我們卻沒有水。」

食物才是真正的問題。波曼恩夫婦的好朋友賀芬——有時同他們共享地下室的舒適——來訪時偶爾還能變出些麵包，甚至一點點肉來。不過，大部分時間，地下室的住客只靠鮪魚與馬鈴薯過日子。魯比很好奇，究竟有多少種方法可以烹調這些食材。餐廳喜怒無常的法國大廚莫普提（Mopti），到現在為止還沒有重複過一回，但他不可能無止盡地做下去。眼看老美似乎也不會來了。這一小批人便決定過過好日子，畢竟他們隨時都可能會死。

——

「老爹」森格爾過世了。

歷經了四年的轟炸，以及最後這幾天的砲轟，七十八歲的一戰老兵一直都不怕威嚇。事實上，他太太費盡九牛二虎之力，要求他別出去和那些同生共死的軍中夥伴繼續慣常的聚會。她曾經要老爹在菜園裡挖個淺坑來藏她的酸菜罐。老爹認為這是個好主意，便把他的舊軍刀和果醬、果凍一起埋進去。這麼一來，蘇軍在屋子裡就找不到武器了。

可是埋東西的工作一做完，盡管一家人全都勸他，老爹還是出門上街去。結果，他們找到他全身彈孔的屍體倒在離家不遠正在起火的馬丁．尼莫拉牧師（Martin Niemöller）屋外的樹叢裡。正當砲彈在附近鋪天蓋地落下來時，家人用手推車把老爹運了回來。厄娜走在手推車旁，記起了他們最後一次的談話，她的意見與老公稍微不同。談到要用《聖經》的哪一句，才能契合現況，老爹堅持：「一個人只能按照《詩篇》第九十篇活下去，尤其是第四節：『在你看來，千年如已過的昨日，又如夜間的一更。』」厄娜不同意，「以我個人來說，」她告訴老爹：「這一篇太悲觀了，我喜歡第四十六篇：『神是我們的避難所，是我們的力量，是我們在患難中隨時的幫助。』」

當時找不到棺材，再怎麼說，去一趟墓園也太危險了。但他們也不能把遺體存放在暖和的屋子裡，只好放在門廊上。厄娜找到兩張小木板，便把它們釘成十字架，輕輕放在丈夫的手裡。她低頭看著老爹時，很想告訴老爹，他是對的。《詩篇》第九十篇還繼續說道：「我們因你的怒氣而消滅，因你的忿怒而驚惶。」

——

哈畢克神父低頭看他講道的筆記。達勒姆之家教堂裡有柔和的燭光照耀，可是外面一直到維爾默斯多夫區的天空卻幾乎是一片血紅。從凌晨三點就把修女們給驚醒的砲轟，到現在依然還持續不斷了將近十二個小時。附近有玻璃被震碎，一聲極大的撞擊，使得教堂都震搖起來。哈畢克神父聽見街上有高聲喊叫，然後在道路另一邊的產房與孤兒院，又傳來捷克製防空砲的沉重轟擊聲。

坐在他對面的修女們都沒有動彈。他看著她們，看見她們遵照了孔古茲院長的規定。修女把平常戴著的厚實銀十字架卸下來，換上不顯眼的小金屬十字架——稱為「死亡十字架」——掛在身上。連帶銀十字架和戒指、手錶這些都收了起來。

哈畢克神父自己也作了一些準備。在教士居住的達勒姆村，裝好了一個大箱子，裡面放了些醫療器材，包含有藥品、繃帶以及鄰居捐贈的白色床單。哈畢克在成為神父以前，曾完成醫學學位，現在他又做上這兩個專業的工作。每天要照料砲轟傷亡以及意外死傷的民眾，還要治理緊張過度和彈震症的病人。他的醫師袍，開始如神父服般常穿了。

他再看看自己要照顧的小批修女、護士和在俗修女，默禱天主會賜他以正確的言詞。他這樣說：

「在不久的將來，預料蘇軍就會實施佔領，」他說道：「關於蘇俄軍隊，有很糟糕的謠言，有一部分證明確實如此，但不能一概而論。」

「如果妳們在場的任何一人將來遭遇到惡事，請記住聖雅妮（St. Agnes）的故事。她十二歲時，有人命她崇拜假神，她舉起雙手向著基督，畫了一個十字架。為了這樣，她的衣服被剝下來，當著大批異教徒的面前備受苦刑。然而這都不能威嚇住她，而異教徒們都感動得落淚。她的赤身暴露引起了一些人的歡喜，甚至提出嫁娶的事。她卻回答道：『基督是我的最愛』。因此被判死刑，她挺身站立禱告，斬首後天使很快引她進入天堂。」

哈畢克神父停了下來，「妳們一定要記住，」他說道：「如同聖雅妮，假使妳們的身體受到接觸，而妳們並不要這種接觸，那麼妳們在天堂永生的獎勉會加倍，而且會戴上殉道者的冠冕。因此，不要覺得有罪。」他停了下來，再強調說上一句：「**妳們無罪**。」

當他沿著側廊走回去時，會眾唱起退場讚美詩，「**你的同在，時時我都需要……除你恩典，何能使魔敗逃？**」這些都是來自古老的聖歌《求主同住》（*Abide with Me*）的歌詞。

——

位於舍訥堡區的溫特費特街長途電話局的總機，由於蘇軍的進攻，市外各區一個跟著一個切斷通信，燈光也一個接一個熄滅。然而，在電信局工作的人依然忙碌。主管米布蘭和接線生本麥絲特（Charlotte Burmester）不但沒有到地下室去，反而把躺椅、床墊、枕頭帶到辦公室來。這兩名女性職員打算留在五樓的總機房，盡可能維持運作。

突然，電信局的擴音器響起。地下室醫院中的接線生施露德（Helena Schroeder）聽到了消息而欣喜萬分。五樓的米布蘭和本麥絲特記下了這個消息，便對依然還有與總機聯繫的各地區打電話。「注意！注意！」播報員說道：「不要慌張。溫克將軍的大軍已與美軍會合，他們正向柏林進攻，鼓起你們的勇氣，柏林還有希望。」

——

他們摧毀了柏林防線的外環，正要向第二環進攻。他們蹲伏在T－34戰車與自走砲後面，打過一條條街道、公路、林蔭大道，穿過了公園。打先鋒的是柯涅夫與朱可夫近衛軍中精良的攻擊部隊，跟著他們的是來自四個強大的戰車軍團、頭戴皮帽的官兵，再後面是看不到盡頭的步兵。

他們是一支奇怪的隊伍，來自蘇維埃聯邦的各個共和國。除了精銳的近衛軍各團以外，他們的體形和戰鬥服裝也各自不同，他們中間有太多的語言和方言，軍官往往沒辦法同自己的部隊交談[21]。士兵中有各色人種，如俄羅斯、白俄羅斯、烏克蘭、卡累里亞、喬治亞、哈薩克、亞美尼亞、亞塞拜然、巴斯克、莫爾多瓦、韃靼、伊爾庫次克、烏茲別克、蒙古和哥薩克。有些人穿深棕色的軍服，有些穿卡其或灰綠色。有些穿深色軍褲配高領上衣，上衣的顏色從黑色到灰棕色

21 原註：作者還記得一九四四年在諾曼第登陸時，便見到兩個身著德軍制服的俘虜，對美軍第一軍團的情報官造成莫名的難題。沒有人聽得懂他們說的話。兩個人都被押往英國，到了那裡才發現他們原本是西藏牧人，被強徵進入紅軍，在東線戰場被德軍俘虜之後，再度強徵成為德軍。

都有。他們戴的軍帽也同樣五花八門——有護耳的皮兜帽，軟毛皮帽，卡其色汗跡斑斑的帽子都有。似乎人人都配帶自動武器。他們有的騎馬，有的步行，有的騎機車，有的坐馬車，或者擄獲自敵人的各種車輛。這一夥人全都是要撲向柏林。

——

舍訥堡區的電話總機大樓，擴音器中響起下達命令的聲音：「注意，丟棄個人的黨徽和黨證，以及請脫下制服。把這些東西丟進院子的大沙坑，或者送到鍋爐房燒掉。」

——

送牛奶的波加諾斯卡把牛奶車停了下來，並目瞪口呆看著五輛蘇軍戰車在步兵圍繞下，轟隆隆在街道上駛過。他把牛奶車調頭，趕回達勒姆杜曼農場，和家人躲進了地窖。

他們等了一陣子。突然，地窖門給踹開了，幾名紅軍士兵走進來，他們默不作聲、四周張望，然後就走了。一會兒過後，有幾個士兵回來，命令波加諾斯卡和其他員工到行政大樓去。他們在那裡等待時，只見馬匹全不見了，只有乳牛還在。一名蘇軍軍官，德語說得很溜，命令這些人回去工作，並說要他們照顧牲口和擠牛奶。波加諾斯卡不敢相信，他原以為蘇軍會壞得不得了。

在其他各區全都是一樣。老百姓都見到了頭一批進來的蘇軍部隊。蘇軍的先頭部隊態度堅毅，但是行為舉止中規中矩，並不是驚恐的柏林市民以為的那個樣子。

晚上七點，在舍訥堡區的公寓，賀芬正坐在通往地窖的走廊削著馬鈴薯。同一棟公寓的幾個女性正在一起聊天，背對著敞開的地窖門。賀芬突然抬頭一看，不禁目瞪口呆，只見到兩名手持衝鋒槍蘇軍士兵，槍口對著她。她回想當時，「我安靜地把雙手舉起，一隻手裡還拿著刀子，另一手拿著馬鈴薯。」別的女人看見她這麼做，轉身一看，也都把手舉了起來，出乎賀芬意料之外。其中一名士兵用德語問道：「這裡有德兵嗎？有國民突擊隊嗎？有槍嗎？」這些女人通通搖頭，蘇聯兵讚許地說：「好德國人。」他們走了進來，取下幾個女人的手錶，然後就走了。

夜色漸深，賀芬看到更多的蘇軍。「他們都是戰鬥部隊，很多人都說德語，」她回憶當時說道：「但似乎他們的興趣僅在於進軍和作戰。」賀芬和她公寓中的女性都斷定，戈培爾所說的貪得無厭的紅軍，只是一堆鬼扯。「如果所有俄國人的舉止都像這樣，」賀芬告訴她的朋友：「那我們就沒有什麼好擔憂的了。」

瑪麗安娜．邦巴赫（Marianne Bombach）也有同感，那天早上，她從維爾默斯多夫區家中的地窖出來，看見家門前蘇軍開設了野戰廚房。蘇軍作戰部隊的士兵，在舒瓦茲公園（Schwarzer Grund）裡宿營，正把吃的東西和糖果分給附近的小孩。他們的行為舉止特別使瑪麗安娜印象深刻。蘇軍把四方形的垃圾桶倒過來當餐桌用，在桶底再蓋上桌布，明顯是從附近的別墅拿來的。他們在原野中間，坐在從別處拿來的直背椅，靠著垃圾桶吃飯。蘇軍除了對孩子們很友善外，似乎不理會老百姓。他們只待了幾個小時，然後又出發了。

杜娜．楊森和丈夫的勤務兵遺孀兩個人可嚇慘了。自從勤務兵因為砲轟送命，楊森少校受傷以後，杜娜便邀勤務兵的遺孀來和自己一起住。兩個毫無防衛能力、精神狀況被悲傷和害怕所折磨的女性，正在楊森家地窖裡。杜娜忽然看見「一個好大的黑影出現在牆上」，影子雙手還握有一把槍。對杜娜來說，這個鬼影子的「出現，就像一隻大猩猩爪子中握著一管砲。那個士兵的腦袋看上去又大又奇怪。」她連氣都喘不過來了，那個蘇軍先進來，後面又跟著一個，命令她們走出地窖。「這一下，」杜娜心中以為，「要出事了。」兩個女人被帶出屋子，兩名蘇軍卻把掃帚遞給她們，指著人行道上的碎石、碎玻璃。兩個女人都愣住了。很顯然是出於她們意料且又鬆了一口氣的表情，讓兩名蘇軍都哈哈大笑起來。

其他人則與剛剛到達的前衛部隊有更為磨人的遭遇。伊麗莎白．艾伯華（Elisabeth Eberhard）差點就被槍斃。她是康拉德．馮．普萊辛伯爵主教（Konrad von Preysing）僱用的社工，多年以來都協助窩藏猶太人。她去看一個朋友時，遇到了兩名蘇軍，這還是她第一次見到蘇軍——一個年輕的金髮軍官，帶著一個女通譯。兩個人全副武裝進了屋內。通譯帶著衝鋒槍，他們一進來，電話響了。伊麗莎白的朋友把電話拿起來時，那位很帥的軍官伸手把電話從她手中搶走。「你們兩個都是叛徒，」女通譯告訴她們，「和敵人有接觸。」說完便把她們推出屋外進到花園，背抵在牆上。軍官宣布要槍斃她們，伊麗莎白兩膝發抖，對著他大叫：「我們一直在等你們！我們一向都反對希特勒！我先生是被關在監獄的政治犯，判了十二年！」

紅軍女通譯翻譯了她的話，軍官緩緩放下了他的槍，似乎很難為情。然後他走到伊麗莎白面前，拿起她右手親了一下。伊麗莎白也和蘇聯人有同感，她用盡可能做到的輕鬆口吻，彬彬有禮地問道：「兩位能和我們喝一杯嗎？」

前鋒部隊的紀律嚴明和井然有序，使人感到詫異。藥房老闆米德留意到，蘇軍士兵「除非他們肯定屋內藏有防守的德軍，否則他們幾乎避免朝屋子開槍。」海倫娜一直活在害怕蘇軍到來的恐懼中，可是卻在她自家地窖階梯上，面對面遇到了一名紅軍，他「年輕、英俊，一身乾淨筆挺的制服」。她從地窖出來時，他只是對望著她，然後做了一個示好的手勢，給了她綁著白手帕代表投降的木棒。同樣在維爾默斯多夫區，伊麗絲．安特斯一向都認為，柏林人會被像飼料一般拋給蘇軍吃。她第一個見到的蘇軍進屋時，她正睡在公寓的地下室，驚醒之後萬分恐懼地呆看著對方。可是黑頭髮的年輕蘇軍，只是對她微笑，用不流暢的德語說道：「有什麼好怕？現在都沒事了，睡吧。」

對部分的柏林人來說，蘇軍的到達，根本不是一件令人感到害怕的事。這些猶太人老早就習慣害怕這回事了。以前在滕珀爾霍夫區做生意時，史坦菲爾德曾被迫替蓋世太保做垃圾清潔工，蘇軍前進的每一英里路都付出了他的辛勞。他有一半猶太人血統。戰爭期間都生活在痛苦的未知數之中，不曉得什麼時候他和家人會被送進集中營。在戰爭的大部分時間，他的姓名使得他以及家人都不受防空洞裡的人歡迎。可是砲轟開始之後，史坦菲爾德就注意到鄰居態度有了顯著的改變，「同棟的住戶，」他回想說道：「幾乎是把我們往防空洞裡拖進去的。」

史坦菲爾德在滕珀爾霍夫區見到第一批蘇軍部隊時，高興得不得了。這批部隊秩序井然，舉止和善。在他來說，這就是解放者。蘇軍一名營長問能不能在史坦菲爾德的家裡安排房間舉行慶祝派對。史坦菲爾德告訴他們，「我的東西，你們都可以使用。」附近郵局在幾天前炸毀時，他家的一半也毀了，但還有三間房，「你們可以用有天花板的這一間。」為了表示回報，蘇軍還邀請了他一家人和一些朋友參加派對。蘇軍來時，帶來了一籃籃食物和飲料。史坦菲爾德說道：「有段時間在我看來，彷彿整個蘇聯陸軍都參加了派對。」蘇聯人喝了大量的伏特加酒，然後在手風琴伴奏下，營長——承平時期是個歌劇明星——開始唱了起來。史坦菲爾德沉醉在氣氛中。多年來他第一次感受到自由的氣息。

在卡爾斯霍斯特區，李普希茲從藏身的庫魯格家的地窖出來迎接紅軍部隊。躲藏期間，他花了幾個月的時間自學俄語。現在他用緩慢、結巴的俄語，試圖說明他是什麼人，並表達對獲得解放的感激之情。他驚訝的是，蘇軍哈哈大笑，然後猛力拍他的背，說他們也很開心。不過阿兵哥補上一句，再笑得連氣都透不過來，說李普希茲的俄語可真遜。李普希茲並不介意，對他和伊蓮諾．庫魯格而言，漫長的等待已經過去了。戰爭一結束，他們就要成為第一對新人，只要拿到結婚證書，伊蓮諾說，那就代表「我們個人對抗納粹的勝利，我們贏了。再也沒有什麼可以加害我們了。」[22]

隨著各地區淪陷，藏匿的猶太人都出來了。不過，有一些人依然感到害怕，還是待在他們的密室，直到來自納粹的威脅過去了很久以後才出來。在利希滕貝格區，二十歲的羅森塔爾待在六乘五英尺的小屋子直到五月——整整躲藏了二十八個月。部分地區，猶太人自由了。但當蘇軍遭遇雖然暫時卻又猛烈、分佈廣泛的逆襲，並且被趕退回去的時候，他們又面對不得不轉入地下的可能。

潘科區的韋特林格一家人，最奇特的經歷就發生在他們身上。他們屬於早一批被解放的。那個來到默林家，進入他們密室的蘇聯軍官，經常被他視為「總領天使聖米迦勒的化身」。蘇軍見到他們，用蹩腳的德語叫道：「俄國人不是野蠻人，我們對你們好。」他曾經在柏林留學過一段時間。

突然間，全場陷入一陣緊張情勢。這名軍官和手下士兵，開始搜查整棟房子——找到了六把左輪手槍。蘇聯人對著集合起來的住戶宣布，他發現這些是跟被遺棄的軍服藏在一起。他下令每一個人都走出公寓，背靠牆排成一列。韋特林格向前走一步，說道：「我是猶太人。」年輕軍官微微一笑、搖搖頭，比劃了一個割斷他脖子的手勢說道：「活猶太人已經沒有了。」韋特林格一再說他是猶太人，他看著排隊靠著牆的這些人，幾個星期以前，要是人們知道他是何許人，一定會把他交給官員。然而，韋特林格這時以清晰、響亮的聲音說道：「他們都是好人，他們全體把我藏在這屋子裡，我求你們別傷害他們，這些武器是那些國民突擊隊扔掉的。」

他這一番話救了所有住戶的性命，德國人和蘇聯人又彼此擁抱起來，韋特林格說道：「大家雖然喝醉了，可是快樂、歡慶。」這名蘇軍軍官立刻為韋特林格家人帶來了食物和飲料，站在一邊熱切地看著他們，催促他們吃。韋特林格夫婦吃後病得很慘，他們已經許久沒有吃到這麼豐盛的食物了。「馬上，」韋特林格說道：「人人對我們都非常和氣起來。給了我們一間沒有其他人住的公寓，還有食物和衣著，而我們頭一遭能站在新鮮的空氣中，走在大街上了。」

可是後來蘇軍遭德國黨衛軍逆襲而被逐出這帶地區，前一天韋特林格挽救過性命的同一批住戶，立刻對他敵視起來。韋特林格說道：「那真是難以置信。」第二天，蘇軍重新攻下了這帶，他們再度得到解放，不過卻是另外的蘇軍部隊——這一回，蘇軍可不相信韋特林格是猶太人了，公寓中所有的男人，全都被裝進卡車送去訊問。韋特林格與太太道別，他不知道，所有過去被剝奪，所有過去的藏匿，是否現在來到了一個毫無意義的結局。蘇軍把他們帶到柏林東北郊區在一處地下室裡，一個跟著一個訊問。韋特林格被帶進一間房，置身在一盞耀眼的燈光下，黑暗中長桌坐著一些軍官在看他。韋特林格又一次堅稱自己是猶太人，他已藏身兩年多了。這時，黑暗中有一個女聲說道：「向我證明你是猶太人。」「怎麼證明？」她便要求他背誦希伯來的信仰宣

---

22 原註：李普希茲後來成為西柏林最有名的官員之一。一九五五年任參議員，主持內政委員會，主管全市的警力。直到一九六一年逝世，他始終是對東德共產政權毫不留情的敵人。

誓。

在安靜的房間，韋特林格看著眼前坐在黑暗中的這些忽暗忽明的臉孔。然後，右手撫臉、聲音充滿了感情，開始頌念所有祈禱文中最古老的一首《聽啊！以色列》（*Shema Yisrael*），以希伯來文緩緩唸道：

聽啊，以色列！
上帝我主，
唯一的我主。

這時，那個女人又說話了，「去吧，」她說道：「你是猶太人，一個好人。」她說道，她也是猶太人。第二天韋特林格與太太團圓了。「我們再度相逢時，」他說道：「沒有言語能形容出我們的感受。」他們手牽手在陽光中散步，「自由自在，快樂就像小孩一樣。」

如果院長孔古茲院長有感到害怕的話，那麼都沒有在她那圓潤、平靜的臉上顯露出來。在達勒姆之家周圍，仗打得正猛，戰車每一次開火，整棟建築都會震動，甚至在沙包堆集的地下室都可以感到衝擊。不過，孔古茲院長已不再理會射擊的機槍和呼嘯的砲彈。正當射擊暫停之際，她在餐廳改成的小教堂中祈禱，有一陣子戰鬥的喧囂聲似乎漸漸消失了。然而，孔古茲院長還跪在那裡未起。一名修女進入了小教堂，輕聲對院長說，「蘇聯人，他們進來了。」

孔古茲院長鎮靜地為自己祈福，跪拜一下，趕快跟隨修女出了小教堂。第一批進入達勒姆之家的蘇軍，都是從後面進來，穿過菜園，在廚房各處窗口出現，張開嘴笑，用槍對著修女和在俗修女們。這時，十名士兵由一名年輕的中尉率領著在等待院長。烏克蘭籍廚工麗娜（Lena），馬上被叫來充當傳譯。據院長說，這名軍官「看起來很帥，行為舉止極好。」

他問到達勒姆之家，孔古茲便解釋說，這是婦產科之家、醫院和孤兒院。麗娜補充說，院裡只有「修女和娃娃」。中尉似乎懂了，問道：「這裡有士兵或者武器嗎？」孔古茲說，「沒有，當然沒有，這屋子裡沒有那些東西。」有些士兵這時開始要拿手錶和珠寶，中尉嚴厲斥責，這些人也就十分不好意思退回去了。

孔古茲這時告訴年輕軍官，達勒姆之家需要保證能得到保護，因為院裡都是孩子、待產的孕婦和修女。中尉聳了聳肩；他是一個作戰的軍人，他所關心的，只是肅清敵人和繼續前進。

蘇軍離開產院時，有幾個士兵停下來，仰望聖米迦勒大雕像，「為上帝驅除一切罪惡的戰鬥騎士。」他們繞著雕像走，摸一摸雕像袍上的褶紋，抬頭仰望聖像的臉孔。中尉向孔古茲道了再見，似乎有什麼事困擾著他，他看了一下仰望聖像的士兵，對孔古茲說道：

「這些都是有紀律、守規矩的好兵。但我必須跟你說，就在後面跟上來的那一些人，都是豬！」

——

蘇軍前進的狂潮沒有停止過。德國以及首都殘餘的部分，都遭受到這些入侵大軍的宰割。這時候，元首地堡裡的那個瘋子，發出了許多垂死掙扎的命令。命令之後又被相反的命令取代，相反的命令又被取消，再頒發新的命令。柏林衛戍司令魏德林的參謀長杜福文上校，總結這個狀況，「混淆導致混亂，命令導致相反命令，終於所有事情都弄得亂七八糟。」

德軍的指揮體系已經崩潰。正當西線的盟軍與東線的蘇軍越來越接近時，負責西線的統帥部與指揮東線的陸總變得糾纏不清，看不出要如何解決這個問題。陸總參謀次長德赫勒夫森將軍，收到來自德勒斯登司令部的電話，說蘇軍柯涅夫的戰車正向西進與美軍會師，接近德勒斯登了。他吩咐守軍司令把所有兵力集中在穿過市區的易北河東岸。十分鐘後，統帥部下令給德勒斯登守軍司令，要他的部隊部署在西岸。

所有地方都是類似的情形，幾乎沒有什麼聯繫手段了。統帥部現在的總部在柏林東北方約五十英里外的萊茵斯堡（Rheinsberg），完全靠一支附著在阻塞汽球上的發射天線來通信。在柏林，希特勒的命令無法以電話下達，要經由動物園裡的兩座防空砲塔中較小那座的通信中心以無線電發出。L塔裡那寬大的通信室，坐在打字電報機與密碼機前的女空軍中尉尼迪克（Gerda Niedieck），注意到這段時期，希特勒的大多數電文都只有一個主題。他瘋狂地詢問一些消息——通常問的都是已經不再存在的部隊。無線電報打字機一再發出這些電文：「溫克的陣地在什麼地方？」「史坦納在何處？」「溫克在何處？」有時候連這位年僅二十四歲的尼迪克都受不了了。當她發出希特勒的電文、威脅與命令，要這個垂死的國家，戰到最後一個德國人時，止不住在打字電報機前飲泣起來。

——

終於，歷經了六年的戰爭之後，統帥部與陸總兩個總部——它們的大軍一度相隔三千英里——合併成為聯合總司令部。原統帥部參謀總長凱特爾元帥，立刻對兩個總部合併後的官員進行訓話。「我們的部隊，」他十足有信心地說，「不但願意作戰，而且他們完全能夠作戰。」統帥部作戰廳長約德爾將軍，與陸總參謀次長德赫勒夫森將軍，注視著他在新總部裡踱來踱去。四月二十四日這一天，在元首下令高階將領離開首都，以便他們在柏林市外指導作戰，以解柏林之圍以前，凱特爾向希特勒描繪了同樣的光明遠景。那是德赫勒夫森最後一次去元首地堡的地底城。他到達時，只見到極端的混亂，大門竟沒有衛兵。令他驚訝的是，他發現有二十來個工人，躲在地堡門的後面。他們接到了命令，要「挖一條從停車場到大門的散兵壕」，但因為砲轟，他們沒辦法工作。德赫勒夫森從樓梯往下走時，連接待室也沒有衛兵，更沒有人搜查他的公事包，或者「檢查一下看有沒有攜帶武器。」給他的感覺就是已經陷入「完全瓦解」的狀態。

希特勒小簡報室外面的小廳，「擺著許多空酒杯和喝了一半的酒瓶」。在他看來，「保持冷靜，並避免恐慌發生的軍人守則，已經完全被忽視了。」每個人都緊張且焦躁不安——只有女人除外。「許多女秘書、女性官兵……伊娃．布朗，戈培爾太太和她的子女……都很親切友好，她們的榜樣使很多男人慚愧。」

凱特爾呈給希特勒的報告很簡短，「用樂觀的字眼，」德赫勒夫森回想當時說道：「報告溫克第十二軍團的情況，以及為柏林解圍的期望。」德赫勒夫森覺得，很難判斷「凱特爾對自己的話相信多少，或許他的樂觀，完全是基於願望，而不想要讓元首感到擔憂。」

可是現在面對統帥部-陸總的將領，即使希特勒人不在身邊，凱特爾談的還是同一套。他在屋子裡踱來踱去，說道：「我們的失敗的確是出於缺乏勇氣，在高層以及中層司令部缺乏意志力。」就好像是希特勒在講話。德赫勒夫森想到，凱特爾「是他主子道道地地的學生」。從他那份充滿著熱情，陳述柏林會如何解圍的報告，「顯然他對部隊的絕境完全不了解。」凱特爾繼續談下去，事情樣樣都會很好，蘇軍迅速迫近柏林的圍陣，必將被摧毀，元首定會得救……

人在巴伐利亞的空軍總司令戈林元帥，覺得自己處在荒唐的情況當中，他竟遭到黨衛軍衛兵軟禁。

四月二十二日，希特勒召開的那次至關重大的會議之後，空總參謀長科勒將軍就飛到巴伐利亞來見戈林。拜勒向戈林報告，說「希特勒已經精神崩潰」。而且元首還說：「一旦談判來臨，戈林元帥要比我高明。」戈林馬上採取行動。他先發一封電報給元首，措詞極盡謹慎。

「元首鈞鑒，」他的電文這麼報告：「基於鈞座決心坐鎮柏林要塞，依據鈞座一九四一年六月二十九日令，鈞座是否同意由職以鈞座副元首之身立即接管治理我國之全權，具有國內及海外全部行動之自由？如今夜十時以前，未獲回覆，職即認為鈞座已喪失自由及行動的能力，而將為國家及人民之最佳利益行使職權……」

戈林很快就接獲答覆——毫無疑問是他的死對頭、野心勃勃的鮑曼所慫恿。希特勒火速發出電報，指責戈林叛國，宣布說除非他立即辭職，否則將遭處決。

四月二十五日晚上，柏林廣播電台鄭重報導，「空軍總司令戈林元帥的心臟狀況嚴重惡化，已請求辭去空軍總司令以及所有相關職務……元首已准如所請……」戈林告訴太太埃米（Emmy）說道，他認為整個事情荒唐透頂。到最後還是得由他來談判。她後來告訴馮席拉赫男爵夫人說，戈林當時還在想著「第一次與艾森豪見面，應該穿那一套軍服。」

正當柏林烈焰騰空，第三帝國死亡之時，希特勒從不曾猜疑會背叛他的一個人，已經採取比戈林的奪權更進一步的行動。

華府四月二十五日下午，美國戰爭部主管作戰的代理參謀次長約翰．赫爾將軍（John Edwin Hull），奉召到五角大廈陸軍參謀長馬歇爾將軍的辦公室。馬歇爾告訴他，杜魯門總統要從白宮到五角大廈來，現正在路上，要用保密電話和邱吉爾談話。一個德國人提出了談判的要求——經由瑞典紅十字會會長伯納多特伯爵——已經收到了。這個試探和平的人不是別人，正是希特勒稱為「忠誠的海因里希」——海因里希．希姆萊。

希姆萊的秘密建議，正從美國駐瑞典大使館以密碼發來。馬歇爾告訴赫爾，準備一間電話室，並且立即向國務院查明，電報是否已經收到。「我打電話給國務卿艾奇遜（Dean Acheson）了，」赫爾說道：「他告訴我，他對任何有關希姆萊提議的電報一無所悉。實際上，那份電報正發往國務院，但沒有人見過。」

美東時間下午三點十分，杜魯門總統來了。他在五角大廈電話室裡和邱吉爾首相通話，「總統拿起電話時，」赫爾回憶說道：「甚至還不知道德國的提議內容是什麼。」據赫爾說，邱吉爾「劈頭就說：『你對這電報的想法如何？』杜魯門回答道：『這電報現在還正在傳送中。』」

邱吉爾就把英國駐瑞典大使馬里特爵士（Sir Victor Mallet）寄到的電報，唸給杜魯門聽，說希姆萊願意會見艾森豪將軍以及投降。這位黨衛軍司令報告說，希特勒已病危，甚至可能已經死亡，不管是什麼情況，都只剩幾天時間了。很清楚希姆萊願意投降——但只向西線的盟軍，而不向蘇軍投降。「如果西方盟軍拒絕你的請降，」伯納多特伯爵問他道：「又將如何？」希姆萊答道：「那麼我就會接管東線戰場的指揮、戰死沙場。」在另外一部電話旁聽的赫爾，這時聽見邱吉爾說道：「好了，現在你的想法如何？」

上任才十三天的美國新總統，毫不遲疑回答道：「我們不能接受，」他說道：「那麼一來就不正大光明了，因為我們和蘇聯有過協定，不接受個別的和平。」

邱吉爾立即同意。一如他後來所說，「我告訴他（杜魯門），我們認為，應當以無條件、同時向三強投降。」邱吉爾與杜魯門兩人通知史達林有關希姆萊請降以及他們的答覆，大元帥謝謝他們兩位，也用類似的答覆承諾紅軍「為了我們共同主張的利益，要保持對柏林的壓力。」

——

美軍第六十九步兵師的柯茲布中尉（Albert Kotzebue）坐在吉普車上，看見遠處的農場。想到那裡太安靜了，便下了車，走在二十六名士兵所組成的偵搜排前面，如此他才能獨自一人抵達目標房子。

靠近易北河的整個田野，都安靜得出奇。村莊都飄揚著代表投降的白旗，可是卻沒有什麼動靜。村民都待在家裡，柯茲布跟幾個村長談過話，但都是同樣的內容：蘇軍來了，他們一定會被宰掉，女人會遭強姦。

柯茲布小心走到這戶住屋前面，大門半開，他站在一邊，用步槍把門完全推開，卻吱呀一聲反彈回來。他張開眼細看，圍著飯桌坐著的是個農夫、他的老婆，還有三個兒女，好一副和樂的家庭寫照——只是他們全是死人。他們一定怕得要死，因此全都服毒自殺。

偵搜排的人跟了上來，中尉跳回自己的吉普車，加速馳向易北河。就在抵達這條河以前，柯茲布創造了歷史。他在雷克威茲村（Leckwitz）見到一個看起來很奇怪，騎在馬上、穿著一身不常見軍服的騎士。這個人在馬鞍上掉過頭來看著柯茲布，柯茲布也回望他。這兩個人作戰打過了半個世界，為的就是這一刻。柯茲布看來，他遇到第一位蘇軍了。

有個會說俄語的士兵問這個騎馬的人。不錯，他說道，他是蘇軍。柯茲布問道：「他的單位呢？」這個人答得簡單：「易北河。」偵搜排便出發向易北河前進，騎士看著他們離開。到了河邊，柯茲布和幾名士兵找到一艘划艇，便用步槍當槳，划到了對岸。他們從划艇上岸時，柯茲布只見上百碼的河岸，堆了一地的老百姓屍體，男女老幼都有，還有翻覆的大小車輛，行李和衣物扔得到處都是。沒有半點跡象能指出這次屠殺是如何發生的？或為什麼發生的？不久之後，這批美軍遇見了頭一批蘇軍。柯茲布敬禮，蘇軍士兵也敬禮。沒有歡欣鼓舞的見面，沒有摟抱，沒有拍背。只是站在那裡彼此對望，時間是四月二十五日下午一點三十分。東線與西線的盟國軍隊在施特雷拉（Strehla）這座小鎮會師了。

下午四點四十分，易北河北邊二十英里處的托爾高（Torgau），也是第六十九步兵師的羅賓遜中尉（William D. Robinson），遇到了一些蘇軍，他帶了四名蘇軍回到連部。他們的碰面載入史冊，成為官方版本的美蘇兩軍會師的時間。不管是哪一種情況，一點三十分也好，四點四十分也好，希特勒的帝國已經遭美軍霍奇將軍的第一軍團，以及蘇軍柯涅夫元帥的烏克蘭第一方面軍的官兵切成兩半。

也就是四月二十五日這一天——似乎沒有人能確定正確的時間——柏林陷入包圍了。

——

德軍第九軍團的整個北側翼已經崩潰，完全被包圍了。九軍團受到蘇軍轟炸機日以繼夜的轟炸，補給情況已到絕境。德國空軍試圖空投，但所有事情都不對勁。不但沒有足夠的飛機執行空投，飛機也沒有足夠的汽油——而這些空投都丟錯了地方。盡管這一切的一切，九軍團依然頑強死戰，向溫克的十二軍團推進。

不過到了這時，韓李奇了解到溫克軍團的真實情況與克雷布斯所說的剛好相反，十二軍團幾乎已經沒有什麼兵力了。痛苦萬分的他打電話給克雷布斯，指責他蓄意提供虛假不實的情報。「那是個不存在的軍團。」韓李奇怒氣十足地說道：「它根本沒有戰力向九軍團推進過來，然後和九軍團會師北上去救柏林，等到它們會師時，兩個軍團都剩不了多少人了——而你是知道的！」

事實上，維斯杜拉集團軍剩下來的只有曼陶菲爾的第三裝甲軍團。曼陶菲爾頑強地挺住了，但他戰線的中央已經突破凹了進來，這不妙。更糟的是，朱可夫的戰車正沿著南翼前進，目前的位置可以旋迴向北攻，把曼陶菲爾包圍，唯一擋住他們去路的德軍部隊，便是黨衛軍史坦納將軍的那支烏合之眾。

希特勒解救柏林的計畫，要求史坦納從柏林側邊向南攻擊，切過蘇軍的路線。而九軍團與十二軍團則從柏林的另一側，合力北攻。理論上，這是個行得通的計畫。實際上卻沒有成功的希望，史坦納就是不利條件之一。「他總是找任何藉口不展開攻擊，」韓李奇說道：「慢慢地，我感覺到事情不對勁。」

維斯杜拉集團軍司令知道史坦納並沒有根據希特勒的要求行動。他並沒有足夠的兵力抵達施潘道區，但韓李奇還是要求他發起攻擊。至少，史坦納還足夠強大得足以延緩朱可夫的衝勢。如果他辦得到，也許可以阻止蘇軍包圍曼陶菲爾軍團。這一來可以給韓李奇足夠的時間，把曼陶菲爾的兵力，一步步退到易北河。現在除了拯救官兵以外，沒有什麼事可以做的了。帝國免不了全面崩潰，這明顯會在幾天之內發生的事情。韓李奇帶著的一份地圖，在上面畫了五條由北到南的撤退路線，從奧得河退到西線。頭一條線的名稱是「沃坦」（Wotan），第二線是「烏克」（Uecker），其餘各線則以數字表示，各線間隔十五到二十英里。曼陶菲爾目前正在「沃坦」線上。現在的問題是：他在那裡能支撐多久？

四月二十五日上午，韓李奇去看曼陶菲爾，他們在曼陶菲爾司令部後面的小花園散步。第三裝甲軍團司令平靜地說：「我無法再支撐下去了。」他露出堅定的表情，「沒有戰車，沒有戰防砲，我指揮的那些沒有經驗的部隊不能獨立作戰，怎麼還會有人指望我能撐下去？」

「你還能撐多久？」

曼陶菲爾搖搖頭。

「也許再撐一天。」

——

在炸開的砲彈與起火的濃煙中，備受摧殘的城市上空，來回飛行的飛機撒下的傳單正在空中飛舞、飄蕩。夏綠蒂．李希特在維爾默斯多夫區便撿到了一張，上面寫著：「堅持住！溫克將軍與史坦納將軍來救柏林了！」

——

目前最重要就是看史坦納打算怎麼做。韓李奇在納森海德（Nassenheide）的第二十五裝甲投擲兵師師部找到了他，跟史坦納在一起的是約德爾。他們已經討論過史坦納的攻擊應該如何展開。現在大家再談一次，史坦納開始談到自己部隊的狀況，「你們有誰見過他們沒有？」

約德爾說道：「他們的狀況很好，士氣也很棒。」

史坦納驚訝地看著約德爾。

韓李奇平靜地問：「史坦納，為什麼不攻擊？為什麼把攻擊往後延？」

「很簡單，」史坦納說道：「我根本沒有部隊，毫無成功的希望。」

「你有什麼部隊？」韓李奇耐心地問道。

史坦納解釋他的戰力只有六個營，包括黨衛軍「警察」師的一部分，再加上第五裝甲師與第三海軍步兵師。「海軍兵員我可以略而不計，」史坦納說道：「我敢賭他們在船上很棒，卻不曾接受過這種作戰方式的訓練。我根本沒有砲兵，非常少的裝甲車輛，只有不多的防空砲。」他停了一下，「我可以告訴兩位，我有的是什麼：一個完完全全的大雜燴部隊，絕對無法從格門多夫（Germendorf）打到施潘道。」

「這個，史坦納，」韓李奇冷冰冰說道：「你得為了元首攻擊。」史坦納瞪著他，大叫：「他也是你們的元首！」

韓李奇心中有底。他和約德爾離開時，知道史坦納沒有發動任何攻擊的打算。

———

幾個小時以後，位於比肯赫恩的維斯杜拉集團軍司令部的電話響了。韓李奇抓起電話，是曼陶菲爾打來的，他的聲音聽起來氣急敗壞，「我一定要請司令准許我從斯德丁與施韋特撤退。我沒辦法再挺下去了，如果我們現在不撤，就會被包圍了。」

這一下子，韓李奇記起今年一月份希特勒對高階將領所下的命令，他們要「親自對希特勒負責」，如果事先沒有正式通知希特勒，在元首作出裁決以前，不准部隊撤退或者放棄陣地。這時，韓李奇說道：「撤退！聽到我說的話嗎？我說的，撤退！聽著，曼陶菲爾，同時也放棄斯德丁要塞。」

韓李奇身穿羊皮大衣，打著一戰時期的綁腿，站在辦公桌邊，反覆想著自己剛才做的決定。他在軍中不多不少已經四十年了，現在知道即使他不遭到槍斃，他一生的事業也完了。這時，他把參謀長及作戰處長艾斯曼恩上校找來，「通知統帥部，我已經下令第三裝甲軍團撤退了。」他想了一下，又說道：「到他們接到電文時，已經來不及撤銷了。」

他看著狂熱的希特勒擁護者特羅塔參謀長以及老友艾斯曼恩，說明打從現在起，他打算絕不再不必要時讓部隊暴露，他會更快撤退部隊，而不把人命作不必要的犧牲。他問他們兩人：「你們有什麼意見？」艾斯曼恩立即建議，應該下令「退到『烏格線』以後，停留在梅克倫堡湖一帶，等待投降。」特羅塔一聽到後面這兩個字就跳了起來，「身為軍人，想到投降乃至用到投降這兩個字，都有玷榮譽，」特羅塔說得急急忙忙、口水四濺，「這不是我們該做的事，要由統帥部下達命令。」

韓李奇平靜地說：「本人已不肯再執行這種自殺式的命令了。為了本集團軍，我有責任拒絕這些亂七八糟的命令。而我打算要這麼做，這也是我的責任，我的行動也要對得起德國人民，」然後他對特羅塔說：「尤其，特羅塔，更要對得起天主。」

「晚安，兩位。」

凱特爾整整過了四十八小時才知道韓李奇已下令曼陶菲爾撤退。他是親自目睹到他們的撤退行動。他驅車經過第三裝甲軍團戰區，吃驚地看見各地的部隊都在往後撤。他氣壞了，下令韓李奇及曼陶菲爾兩人前往菲爾斯滕堡（Fürstenberg）附近的十字路口與他開會。

曼陶菲爾的參謀長希爾布蘭德將軍（Burkhart Müller-Hillebrand）聽到這項安排大驚失色，然後又擔心起來，為什麼要選在十字路口？為什麼要在露天舉行？他連忙出去找手下的參謀。

就在那處十字路口，韓李奇與曼陶菲爾下了自己的座車，看見凱特爾和侍從官已經到了。希特勒的參謀總長這時完全按捺不住憤怒，臉色嚴酷，不斷用元帥杖一次再一次地敲打著戴上手套的手掌心。曼陶菲爾迎向他，韓李奇敬禮，凱特爾立刻大吼大叫起來，「為什麼你下令後退？你的命令是守住奧得河！希特勒要你守住！他命令你不得移動！」他指著韓李奇：「而你！你竟下令撤退！」

韓李奇一句話也不吭。據曼陶菲爾說，等到這一陣大發雷霆結束後，「韓李奇極其平靜地說明狀況，而他的論點完全合乎邏輯。」韓李奇說道：「我向你報告，凱特爾元帥，以我手頭現有的部隊，我無法守住奧得河。我不打算犧牲他們的性命，尤其是，我們還不得不向更後面退一點。」

曼陶菲爾這時也插嘴，他想解釋為何戰術情況導致不得不後徹。「我很遺憾地向您報告，」他作了結論，「韓李奇將軍做得對，我甚至不得不更退後一點，除非我有了援軍。我到這裡來，就是要問，我有沒有援軍。」

凱特爾炸開來了。「沒有預備隊了，」他叫道：「這是元首的命令！」他用元帥杖打了一下手掌心：「你們一定要守住原來的陣地！」他又敲了一下手掌：「現在你就要在這裡把你的部隊調頭！」

「凱特爾元帥，」韓李奇說道：「只要我當集團軍司令，我不會下這種命令給曼陶菲爾。」曼陶菲爾說道：「凱特爾元帥，第三裝甲軍團聽從曼陶菲爾。」

此時，凱特爾完全失去了自制力，「他大發脾氣到了這種程度，」曼陶菲爾回憶說道：「韓李奇也好，我也好，都沒法聽懂他在說什麼。」到最後他嚷嚷道：「你們的行為要對歷史負責。」

曼陶菲爾一下子也火上心來，「我曼陶菲爾家族為普魯士鞠躬盡瘁了兩百年，一向對自己的行為負責。而我曼陶菲爾，樂於接受這項責任。」

凱特爾一轉身對著韓李奇，「你就是要負責的那一個！」他說道：「你！」

韓李奇轉過去，手指著曼陶菲爾軍團正在撤退的一條路，答道：「凱特爾元帥，我只能這麼說，如果你要派這些人回去送死，為什麼你不自己去？」

在曼陶菲爾看來，凱特爾「似乎向韓李奇踏出了威脅的一步。」然後厲聲說道：「韓李奇上將，從現在起，撤除你維斯杜拉集團軍司令一職，你回到司令部去等人接替。」

話一說完，凱特爾爬上座車開走了。

就在這時，希爾布蘭德將軍和所有參謀從森林裡出來，每人都手持衝鋒鎗，他解釋說：「我以為會有些麻煩。」

曼陶菲爾依然認為，也許真的會有點麻煩，他向韓李奇表示會派衛兵保護他「直到結束」，可是韓李奇婉拒了。他向這些軍官敬禮後上了座車，在軍中待了四十年，到了戰爭的最後時刻，卻受到撤職處分。他把那件舊羊皮大衣的領子摺了起來，告訴駕駛兵，回司令部去。

——

到處都是蜂擁而來的蘇軍。柏林薄弱的防線被打得往後退，全市一區跟著一區淪陷。有些地方，武裝有限的國民突擊隊還沒接戰就掉頭落跑。希特勒青年團、國民突擊隊、警察與消防隊並肩作戰，但各有各的指揮官，他們奮戰守住了一些目標，可是他們彼此的命令卻經常相互牴觸。事實上，很多人不知道自己的指揮官是誰。新上任的柏林衛戍司令魏德林將軍，把自己擁有豐富作戰經驗的五十六裝甲軍底下還存在、為數不多的老兵，遍佈防區的每一處，以加強國民突擊隊和希特勒青年團的戰力，但用處不大。

策倫多夫區幾乎立刻就失陷了。區公所前試圖構成據點的國民突擊隊悉數遭到殲滅，區長掛起白旗，然後自殺。白湖區，在希特勒崛起以前，共產黨控制的地區，很多街巷立即投降，連紅旗也出現了——很多紅旗還顯示出匆忙拆掉納粹黨徽的痕跡。潘科區撐了兩天；威丁區（Wedding）三天。還有小股的德軍守住小據點頑強抵抗，一直打到最後。但各處都沒有連貫的防線了。

路障就像是火柴盒被摧毀得稀巴爛，蘇軍戰車行進快速，遇到建築物中有狙擊兵射擊，根本不派兵進去，直接把它轟垮。紅軍絕不浪費時間。有些障礙物，像電車和裝了石塊的馬車，乾脆用大砲近距離射擊把它們摧毀。遇到了較為堅固的防線，蘇軍就繞過去。蘇軍分別在維爾默斯多夫區和舍訥堡區遇到抵抗，便從這條街的街區兩側攻進去，從一個地窖攻進另一個地窖，用火箭筒轟出一條路。然後他們從後面出來把德軍掃光。

排列成陣的砲兵，把柏林市中央各區，一碼、一碼地夷為平地，每佔領一區之後，蘇軍便湧進大量的火砲，以及在奧得河與尼斯河使用過的「史達林風琴」——火箭發射車。滕珀爾霍夫區與加託機場，大砲一門接著一門放列成行，在格律瓦德，在泰格爾區森林，公園、空地，甚至在公寓房屋的花園都是如此，主要大道上擠滿了一列列的「史達林風琴」火箭發射車，傾洩出含磷的火箭彈不間斷的彈流，使得整個區域烽火四起。「火頭太多，以致沒有夜晚，」國民突擊隊員赫克速（Edmund Heckscher）回憶當時說：「如果你手邊有份報紙，晚上還可以讀報呢。」諾爾特博士（Dr. Wilhelm Nolte），一個被強迫在消防局[23]工作的化學家，見到蘇軍的砲兵彈著觀測機隊，導引火砲對著想救火的消防隊員猛轟。最近才徵召進入國民突擊隊的海里格（Hermann Hellriegel），一發砲彈在身邊爆炸，把他震得兩腳懸空，掉進附近一個彈坑裡。更使他毛骨悚然的是，他掉在三具士兵屍體上。這名五十八歲的國民突擊隊員，以前是旅行業推銷員，這時趕快爬出彈坑、逃回家去。

蘇軍越來越深入市區，國民突擊隊開始消失不見，制服和臂章都扔在街上。有些部隊更是指揮官主動解散的。在帝國體育場，一個營級的國民突擊隊經過一番苦戰後，營長哈爾特（Karl Ritter von Halt）把還在身旁的隊員集合起來，告訴他們回家去。反正有一半人派不上用場，他們

---

23 原註：部分四月二十一日離開柏林的消防車，在消防局長果爾巴哈（Walter Golbach）警告後，又回到了柏林。根據戰後報告，把消防車調出柏林的命令，是戈培爾下達的，好使它們不致落入蘇軍手中。果爾巴哈聽說，由於他取消了戈培爾的命令而會被捕。他自殺未遂，就在臉上的傷口還流血不止時，被黨衛軍架了出去處決。

用的是德製步槍，發給的卻是義大利製子彈。「讓他們回家是我唯一能做的事了，」哈爾特說道：「不這麼辦，那就得用石頭砸蘇軍了。」

到處開始出現逃兵。佛克上士（Helmut Volk）覺得沒理由為了元首賣命，他是個會計，在情報局工作，忽然發給他步槍，要他去格律瓦德站衛兵。他一聽說自己的單位已經奉令到總理府地區，他也就動身了，去的是自己在烏蘭德大街（Uhlandstrasse）的家。家人見到他並不高興，他那一身軍服會連累全家。佛克連忙把軍服脫掉，換上便裝，把軍服藏在地窖。做得剛是時候，一小時內蘇軍就攻進這一區來了。

在弗雷橋（Frey Bridge）附近的連部，一等兵唐姆（Willi Thamm）聽到了一些事情，使他下定決心在單位裡待到最後。一名中尉到連上來，向唐姆的上尉連長報到，喝過一杯咖啡和一杯杜松子酒以後，說：「想想看！各地的步兵都要開小差，今天就有三個不假外出。」唐姆的連長看著他，問道：「那你怎麼辦？」中尉啜著咖啡說道：「我斃了他們。」

黨衛軍成群結隊在柏林市內搜尋逃兵、執行私刑。幾乎任何穿軍服的人，他們都會叫住，檢查軍人身分證和部隊單位。任何人只要有從連上開小差的嫌疑，立即予以槍決，或者絞死在樹上或電燈柱上以儆效尤。十六歲的希特勒青年團團員舒茲（Aribert Schulz），到史派特市場（Spittelmarkt）一家歇業的電影院報到，看見一個高瘦紅髮的黨衛軍手持步槍，押著一個人走上街頭。舒茲問是怎麼回事，黨衛軍告訴他，這個人是個陸軍士官，卻發現他換上了便服。舒茲便跟著他們後面走，一直走到萊比錫大街，然後黨衛軍把陸軍士官猛力一推，士官腳步踉蹌想站穩的時候，黨衛軍就在後面開槍把他打死了。

當天晚上，舒茲又見到了這個紅髮的傢伙，他和同單位的其他青年團團員在一起，站在一處障礙物旁站崗。蘇軍一輛T-34戰車駛過來，砲塔正緩緩轉動時，卻直接挨了一發命中彈而爆炸開來，乘員唯一剩下的一人立刻被俘。在這名蘇軍的口袋中，青年團團員發現許多柏林地標的照片。到了司令部，這名蘇軍戰車兵接受訊問，問完以後，便把他交給那個有步槍的人——就是同一個紅髮的黨衛軍。他押解這俘虜到外面，不過這一回他友善地拍拍蘇軍，做勢要他走。蘇軍俘虜笑了笑便舉步離開，這名黨衛軍也是從後面開槍把他打死。這才使年輕的舒茲省悟過來，這個高瘦的槍手，原來是司令部派來的劊子手。

目前，柏林各地的守軍，都被迫退到市中心各區的廢墟裡。為了阻滯蘇軍，全市二百四十八座橋樑炸掉了一百二十座。分配給魏德林的衛戍司令部，炸藥少到只好用空軍的炸彈來代替。狂熱分子經常不顧及後果，連非關鍵設施也炸掉。黨衛軍把一座四英里長的隧道炸毀，但這條隧道位在施普雷河和蘭德維爾運河河床下方，而且恰好是一條鐵路支線。有上萬名民眾躲在裡面，河水開始湧進隧道時，老百姓瘋狂地沿著鐵軌向高處跑，隧道中不但擠滿了站立的人，還有四列載送傷患的火車也停在裡面。艾爾弗雷德．威瑟曼和她的丈夫埃里希，剛剛從安哈特車站的防空洞進去隧道，正想推擠出去，卻聽見火車上的傷兵厲聲尖叫：「抬我們出去！抬我們出去！我們要淹死了！」但是沒有人肯停下來。河水漲到了艾爾弗雷德的腰部那麼深，撐著拐杖的埃里希水淹得更深。大家拚命逃生，彼此踩踏，艾爾弗雷德幾乎要絕望了，但是埃里希不停地叫：「往前走！往前走！我們快到了，我們可以的！」他們都辦到了。究竟有多少人逃了出來，艾爾弗雷德永遠無從得知。

到了四月二十八日，蘇軍逼近柏林市中心，包圍圈越來越緊。令人絕望的戰鬥，分別在夏洛登堡、米特以及腓特烈斯海因三區的邊緣上演。通往施潘道的一條狹窄通道依然開放，魏德林所剩不多、作戰經驗豐富的部隊，正努力據守住這條通路，以備作最後一分鐘突圍用。死傷慘重，大街小巷堆滿屍體。由於砲轟導致老百姓沒有辦法走出避難所拯救在附近受傷的親友。很多人為了取水，在老式的手壓汲水器前排隊而受了傷。軍人也好不到哪裡去，受傷的人能走到急救站就算是幸運的了。那些不能走的，經常是躺在倒下來的地方，血流過多而往生。

國民突擊隊員波格（Kurt Bohg）其中一隻腳的大部分腳跟被炸掉了，他又爬又跛地，一步步前進了好幾英里。到最後終於走不動了，便躺在馬路上哀聲求救，但少數敢於冒著砲擊的危險離開防空洞的人，也都忙著自保。

波格躺在溝裡，看見一個路德會修女，從一家跑向另一家。「修女，修女，」他叫道：「你能救救我嗎？」修女停下腳步，「你能爬到教堂隔壁的聚會所那裡嗎？」修女問道：「從這裡去只有五分鐘，到了那裡我就可以幫你了。」也說不上是哪來的力量，他竟爬到了聚會所。所有的門都是打開的，他爬進大門，然後進了一間休息室，終於倒了下去。等到他醒來才發現自己躺在一大灘血中間。他慢慢抬起頭，看看血是從哪裡來的。眼光掃過房間，看到通往花園的地方。那扇門大開，擠在門中間、縮成一團的，是一條黑白相間的荷蘭乳牛，一雙柔和的眼睛看著他，嘴裡冒出大量的鮮血。人、牛一言不發，充滿同情地彼此凝視著對方。

蘇軍孤立了柏林市中心。魏德林部隊受到的壓力越來越大，補給用罄，他拚命要求空投，得到了六噸的補給品，和不多不少十六發的鐵拳反裝甲榴彈。

難以置信的是，如此可怕的戰鬥環境，卻有架飛機突然飛進來降落在東西軸心路上。這是一條寬敞的道路，西從哈非爾河起，一直到東面的菩提樹下大道止。這是一架小型的鸛式機，機內的兩人，一位是格萊姆將軍（Ritter von Greim），另一位是知名的女飛行員漢娜．瑞奇上尉

（Hanna Reitsch）。飛機遭到防空砲火擊中，汽油機翼油箱直往外溢漏。擔任駕駛的格萊姆在降落以前，一隻腳受了傷，漢娜抓住駕駛桿和油門，作了一次漂亮的落地。兩名飛行員都應希特勒的命令到總理府來，格萊姆一到便立即晉升為元帥，接替「叛國」的戈林擔任當下已不存在的空軍總司令。

元首地堡遭到砲轟。但在當時來說，這裡面相對比較安全。市中心還有一處安全島嶼——高聳在動物園的兩座防空砲塔，高一百三十二英尺的G塔裡面擠滿了老百姓，究竟有多少人，沒人知道。德國空軍醫官哈格多（Dr. Walter Hagedorn）估計，除了軍人之外，平民多達三萬人。每一層樓的樓梯、梯口，都是或坐或站的人，沒有多餘活動的空間。紅十字會的工作人員，像十九歲的史塔娜（Ursula Stalla）便在盡一切可能減輕老百姓的痛苦。她永遠不會忘記那種混雜在一起令人作嘔的臭味——「汗酸氣、臭衣服、小嬰兒的尿布臭，再混入醫院用的消毒藥水的味道。」在地下室待了多天之後，有些人都快發瘋了，有的人選擇自我了斷。兩位老太太並肩坐在一樓的樓梯口服毒自殺有一段時候了，但沒人說得出確切時間——她們周圍的人太擠，她們死的時候又坐得筆直，等到有人發現時，人都死了好幾天了。

哈格多醫官在自己的小型醫院一直在為病患開刀連續不停達五天。他的困難在於掩埋遺體。由於砲轟的關係，根本無法出去。「在砲擊暫停期間，」他後來回憶說道：「我們想把遺體和截下的肢體抬出去埋掉，卻幾乎不可能。」此時，砲彈從四面八方打穿了地下室穿不透的牆壁，砲彈的碎片炸散在百葉鋼窗上。哈格多有五百具遺體和一千五百名傷患，再加上還有不清楚人數的半精神狀態不佳的人。同時，四周圍也都有人自殺，但由於過於擁擠，甚至連統計這些數字都沒有辦法。可是醫官還記得，地下室中有人說：「我們挺住直到溫克或者美軍打到這裡為止。」

砲塔周圍是動物園沒有開發的大片荒地。對待動物的屠殺也是很恐怖。每一發砲彈落下來，鳥兒便向四面八方飛散。獅群都遭射殺了，河馬「洛莎」被一發砲彈炸死在水池中。禽鳥管理員施瓦茲感到絕望，也不知道什麼緣故，他關在浴室的那隻稀有鸛鳥阿布，卻躲過了這一劫。這時候，動物園園長赫克接到防空砲塔指揮官的命令，要把狒狒除掉。牠的獸籠已經壞了，如果逃出來會有危險。赫克手持步槍向狒狒籠走去。這隻狒狒是他的老朋友，正縮成一團坐在獸籠鐵桿邊。赫克舉起步槍，槍口對正狒狒的頭。狒狒輕輕把步槍推到一邊，赫克嚇壞了，牠再度舉起槍，狒狒又把槍口推向一邊。赫克很難過，全身發抖，決定再試一次。狒狒默默地看著他，然後，赫克扣下了扳機。

——

正當雙方交戰在激烈進行之時，另外一場野蠻的攻勢也正在進行當中。它既凶狠，且是針對個人。蘇軍第一線軍紀嚴明的官兵後面，跟上來的一大群部隊，這時要求征服者應有的權利：被征服者的女人。

四名蘇軍用槍托撞門時，柯絲特（Ursula Köster）正在策倫多夫區家中的地窖裡睡覺。跟她一起的有爸媽、她的一對雙胞胎女兒，六歲的芙格麗（Ingrid）與絲娜（Gisela），還有七個月的兒子伯恩德（Bernd）。蘇軍進入地窖到處搜，找到一個空行李箱，便把一罐罐的罐頭水果、鋼筆、鉛筆、手錶、柯絲特的皮包都倒進去。其中一名蘇軍找到一瓶法國香水，打開聞一聞，就一整瓶全倒在身上。第二名蘇軍用槍對著柯絲特的雙親和孩子，把他們推到地窖的小房間裡，然後，一個跟著一個，四個人輪流對她施暴。

第二天上午約六點左右，憔悴的柯絲特正在餵母乳。兩名蘇軍士兵來到地窖，她兩手抱著孩子，想跑到門外去躲避，可是她身體太虛弱，一名士兵從她手中搶走小孩放進搖籃，第二個大兵淫笑看著她。兩人全身邋遢，衣服都是灰沙，皮靴上帶著小刀，頭戴皮帽。其中一人的軍服下擺還垂在褲子外面，兩個人都強暴了她。他們一走，柯絲特抓起能找得到的毯子，抱起小孩，把兩個小女兒召喚過來，跑到對街一戶花園住宅去。她找到一個浴缸，不曉得是被人丟掉的還是從住宅裡炸出來的，她把浴缸翻轉朝天，帶著三個孩子爬進去躲起來。

十八歲，住在維爾默斯多夫區的包荷妮克聽見蘇軍來了，便衝到地窖的沙發下面躲起來。她父親是位語言學家，正用俄語抗議他們擅闖民宅。蘇軍要知道包荷妮克在什麼地方，她爸爸大叫：「我要向政委告發你們！」卻在槍尖對著下，被押出屋外來到街上，包荷妮克靜靜躺著，希望蘇軍會走。她把臉和金髮都塗黑，好使自己比實際年齡更老一些。然而，還是不要冒險，她人還是待在沙發下面。

在相連的地窖裡有兩個老人，突然包荷妮克聽見其中一人用可怕的聲音喊道：「她在那裡！在那裡！在沙發底下！」包荷妮克便被人從藏身的地方拖了出來，她站在那裡，嚇得渾身顫抖。蘇軍交頭接耳談了一下，然後全都走了，只留下一人。「他是個年輕的軍官。」她後來說道：「在他的手電筒燈光下，他倒還滿中看的，輪廓分明。」他的一舉一動，那意思是絕對錯不的。她向後退，他向前逼近。他微笑著，「人算斯文卻孔武有力」，開始脫掉包荷妮克的衣服，她拚命掙扎。「他要得逞得費一番功夫，」包荷妮克回憶說道：「他一隻手拿了手電筒，散發著蘇軍典型的不信任感隨時注意後面，以防有突如其來的攻擊。」

盡管她使盡力氣，漸漸還是被他把衣服脫了下來，她想求饒，卻又不會說俄語，最後她哭出來，人也跪下去，求求對方放過她，年輕的蘇軍軍官只是看著她。包荷妮克停止哭泣，振作起來，想想別的方法。她用堅定但有禮貌的方式對他說。「我告訴他，這完全不對，」她回憶說道：「我說人不能這麼做。」那個蘇軍表情開始顯露煩躁。這時，包荷妮克的衣服快要全被脫下來時，她又崩潰了，「我根本就不愛你！」她哭道：「要這麼做毫無道理，我根本就不愛你！」蘇軍突然大叫一聲：「啊～～～」聲音聽得出來十分厭惡，就衝出了地窖。

第二天早上，包荷妮克和另外一個女孩逃到道明會修女修道院，在那裡躲藏了四個星期。她後來才知道，她的朋友羅茜．霍夫曼和母親，發誓一旦蘇軍來了就會自殺的他們，兩人都遭到強暴，但也都服了毒自殺[24]。

教師布赫瓦德（Gerd Buchwald）眼見蘇軍在賴尼肯多夫區的橫行霸道。他的公寓被紅軍女兵洗劫一空，她們「深深愛上我太太的衣服，就像是被磁鐵吸附般喜愛。她們喜歡的便拿了就走。」他把其餘的東西都燒掉，把手槍分解，藏在花園。當天晚上，一批蘇軍來了，全都喝得酩酊大醉，對著他大吼：「女人！女人！」他含笑迎向他們。「我兩天沒刮鬍子，一頭亂髮，也許我的說法行得通，加上我看起來又老了一些。我停下腳步、兩手一攤，說：『我的女人死了！』」他們顯然都懂，說了句：他老婆死了。當他躺在沙發上時，他們東張西望，拿了他一副吊帶就走了。他們一走，布赫瓦德把門閂緊，把沙發推開，幫助太太愛莎（Elsa）從三乘三英尺的洞口爬出來。那是他在混凝土地面挖開的洞穴，以後幾個星期她每天晚上都躲在裡面。

威廉皇帝紀念教堂的牧師雅可比博士（Dr. Gerhard Jacobi），也成功藏匿起他的太太。雖然很多女人從他的地窖被拖出去強暴，但他善用一張毯子把太太藏了起來。他睡在一張狹長的沙發外側，太太睡在內側，她的腳對著他的頭，用上一床厚厚的毛毯蓋得緊實，幾乎看不到她。

住在維爾默斯多夫區的伊麗絲．安特斯兩姐妹和媽媽，對紅軍的印象起先都很好，有一陣子都沒有麻煩事情發生。可是某一天晚上，就在快要拂曉之前，伊麗絲的妹妹安娜莉絲（Anneliese）遭人從與媽媽一起睡的床上拖了下來。她一路尖叫著被人帶上公寓樓上，並受到一名蘇軍軍官殘暴地侵犯。對方完事後，摸了摸她頭髮說：「好個德國妞。」要她不能告訴別人有蘇聯軍官強暴了她。隔天，一名蘇軍士兵送來裝有食物指名給她的包裹。

不久之後，又來一名對伊麗絲打主意的蘇軍。他進屋時，雙手各持一把手槍，她記得「我坐在床上，不知道他要用哪一把槍打死我，左手還是右手的。」地窖很冷，伊麗絲穿了好幾件毛衣和滑雪褲。他摸她身上，把她的毛衣剝掉，這時蘇聯士兵突然大惑不解地說道：「你是德國兵嗎？」伊麗絲回答：「你會誤會我並不感到驚訝。我餓得太瘦了，看起來幾乎不像女人。」不過蘇軍很快發現是自己誤判，她遭到了強暴。紅軍士兵走時，說道：「德國兵在蘇聯就是這麼幹的。」過沒多久，他又回來——真的令她意外，竟然待在伊麗絲的床邊保護她，好讓她這晚倖免於其他好色的紅軍士兵。

自那以後，伊麗絲這一家一再遭受野蠻的虐待。有一回，她們都被帶到屋外靠牆站好，準備要被槍斃。又有一回，伊麗絲再遭玷污，她們開始想自殺，伊麗絲回想說：「如果我們有毒藥，我一定就是取自己性命的那一個。」

就在蘇軍強暴劫掠時，自殺到處發生。光以潘科區來說，三個星期自殺的紀錄就有兩百一十

---

24 原註：由於醫師行動夠快，救了她們一命，當今依然健在。

五宗，大部分都是女性。夏洛登堡區聖肯尼修斯教堂（St. Canisius Church）的耶穌會教士米夏克神父（Josef Michalke）和麥茲克神父（Alfons Matzker），看到一個媽媽和兩個孩子被從哈非爾河打撈起來，就明白蘇軍的殘暴把女性逼迫到了什麼程度。這個媽媽兩手各夾住一個小孩跳水，雙臂都各綁了一個塞滿磚塊的購物袋。

米夏克神父教區的一位教友漢內洛蕾（Hannelore von Cmuda），是個十七歲女孩，遭到一群喝醉的紅軍反覆強暴。等他們完事以後，對她開了三槍，雖身受重傷卻沒有死，由當地唯一的交通工具——一輛娃娃推車送到了教會。當時米夏克神父不在，等到他回來時，女孩卻不見了。他找了整整一天一夜，終於在聖赫德嘉醫院（St. Hildegard's Hospital）找到人。神父為她作了臨終的聖禮，整晚坐在床邊，告訴她不要憂傷。最後她活過來了（一年後，她和母親雙雙遭一輛大貨車撞死）。

瑪格麗特．普麥斯負責管理一座防空洞。「兩天兩夜，」她回憶說道：「一批又一批的蘇軍進入我的防空洞裡搶劫和強姦。女人如果不從就打死，有些女性則不管怎樣還是被槍殺。光在一個房間，我就發現六七具女性的屍體，全都躺在她們遭受姦污的位置，腦袋都打凹了。」瑪格麗特本身也遭受性攻擊，盡管她向那個年輕人說：「我比你年紀大太多了。」她看見三名蘇軍抓緊一名女護士，由第四人強姦她。

希特勒青年團團員庫斯特這時換上了便服，遇到兩個坐在吉普車上的蘇聯軍官然後談了起來。其中一人能說德語，而且滔滔不絕，庫斯特鼓起勇氣，問了一個很直接的問題。「報紙上說，」他問道，「蘇軍士兵強姦和搶劫，是不是真的？」對方熱情地給他一包香菸，說道：「我以身為軍官的榮譽向你保證，蘇聯軍人不會騷擾任何人，所有那些寫在報上的都是鬼扯。」

第二天，庫斯特在巴比將軍街（General Barby Strasse）看見三個蘇軍，抓住一個女人，把她拖進走廊。一個士兵用衝鋒槍作勢，要庫斯特退開，第二個蘇軍抓住那個厲聲尖叫的女人，第三個蘇軍開始施暴。然後庫斯特看見施暴者從走廊走出來。他喝得醉醺醺、淚流滿面，大叫道：「雅拜碎辛雅。」庫斯特便問其中一個蘇軍，那句話是什麼意思。蘇軍大兵吃吃笑著用德語說：「他說『我是條大豬。』」

瑪格麗特．普羅比斯特（Margareta Probst）所待的十字山區防空洞，一個名叫默勒（Möller）的狂熱納粹分子，把自己鎖在屋子裡。蘇軍打聽到他的所在位置，想破門進去。默勒朝著外面喊道：「等一下，我要用槍自殺了。」蘇軍再想撞門時，默勒又叫道：「等等！槍卡殼了。」然後便是一聲槍響。

在接下來的幾小時，這個防空洞湧進了好多想尋找女人的蘇軍。瑪格麗特如同許多女性，竭力使自己盡可能看起來不那麼吸引人。她的一頭金髮藏在帽子下，戴上墨鏡，用碘酒塗在臉上，一邊腮幫子上貼一塊大藥布，她沒遭受毒手。不過很多其他女性卻受盡折磨。「他們乾脆把所有女的都趕到一起，然後再帶到樓上的公寓。」她回憶說：「整夜我都聽到她們的尖叫聲——甚至一直傳到防空洞來。」一個八十歲的老太太後來告訴瑪格麗特，兩個蘇軍把牛油塞進她嘴裡抑制她的叫聲，許多士兵輪番對她施暴。

杜娜．楊森和丈夫的傳令遺孀之前還以為可以輕易脫身，現在卻不這麼想了。就在她們的防空洞，傳令的遺孀英格（Inge）受到一名蘇軍的殘酷施暴。對方說，德軍進攻蘇聯，他娘就被強迫送到柏林來了，以後就沒有再見到過了。杜娜逃過了這一劫，她說自己有結核病，蘇軍似乎十分害怕這種病。但英格又被強暴了一次，創傷很重，連路都不能走了。杜娜跑出去到了街上，看見一個像是軍官的蘇軍，便把發生的事告訴他。對方冷冰冰地看著杜娜說道：「在蘇聯，德國兵所做的事比這更壞。這些都只是剛好而已。」

十七歲的麥依蓮和十九歲的恩維娜，都見到了蘇軍好的和壞的一面。當蒂爾加滕公園一帶搶劫與強姦開始發生時，有一個年輕的蘇軍士兵，睡在她們地窖門前，以確保他的同袍不會進去裡面。他走了之後的那天，七八個紅軍進到她們的屋子，要求她們參加蘇軍在隔壁舉行的派對。兩個女孩無法可施，只有接受邀請。她們原先也認為沒有什麼真正的理由需要害怕。舉行派對的地點，卻是間睡房，裡面大約有三十來個士兵，但是一切看來似乎都還好，床鋪已經被推到牆邊，挪出空間放了長桌，上面有銀燭架、餐巾和玻璃器皿。一個金髮年輕軍官，在留聲機上播放英語唱片。他對這兩個女孩微笑說道：「盡興吃，盡興喝吧。」麥依蓮在桌邊坐下，可是維娜馬上就想走，也不知道是什麼緣故，總覺得這並不是表面上看起來那麼單純的派對。

她想離開那個地方。一個接一個蘇聯兵攔住她，還齜牙咧嘴的。這時一名蘇軍告訴她：「和三十個大兵在一起妳會煩，和我一起就不會了。」這時，恩維娜很清楚，派對的原因已經呼之欲出了。但接受一個士兵，如果只為了擺脫，總比三十個要好得多。她對附近的每一個角落都很熟悉，只要走得出去，他們就再也不會找得到她。不過，眼前的士兵可不願冒這個險，一把揪住她頭髮，把她拖進一間空房。過程中她扭啊、叫啊、抓的。半路她掙脫了，設法絆倒了對方，然後踢掉高跟鞋好跑得快些，打著赤腳在滿地碎玻璃和瓦礫的後院跑過去。一直跑到普李茲街（Putlitzstrasse）的廢墟，就在那兒她拚命挖開一個泥坑，拉出廢棄的水桶罩在頭上。她決定要待在那裡直到死去為止。

麥依蓮依然在派對裡面。她很不安，但也餓了，桌上有一堆的魚子醬、白麵包、巧克力，還有俄國人正在生吃的牛肉。他們還用大玻璃杯倒滿了伏特加往肚裡灌，喝得越來越醉。麥依蓮終於逮到了機會。悄悄站起身來往外走，高興的是，竟然沒有人跟著她。可是隔壁房間一個表情凶悍，蓄著八字鬍的士兵一把抓住了她，拖進一間空間不大的休息室，把她按倒，剝下她的衣服之後，她就昏過去了。好久以後，她才恢復意識，把那個醉醺醺、酣睡的士兵推開，痛苦地爬出屋外。跟恩維娜一樣，麥依蓮也躲藏起來，到附近一家屋子的大型爐灶後面藏身。

那個把希特勒玩具的腦袋砍掉的小孩雷施克，親手救了媽媽免於凌辱。一個蘇聯兵想把媽媽拖出去，卻跟雷施克和妹妹克莉絲塔在拉扯。蘇軍把他們媽媽的一隻手越使勁拖，雷施克和克莉絲塔就越是抓住媽媽裙子不放，厲聲尖叫哭喊著：「媽媽！媽媽！」蘇軍只好放手了。

有些女性免於性侵，全憑自己奮力反抗，使得蘇軍停手去別的地方找下一個目標。約蘭達・科赫（Jolenta Koch）上了一個蘇聯兵的當，騙她說空屋裡有人受了傷。她進入屋內，裡面卻有個蘇軍一把抓住她，想把她往床上摔。約蘭達抵抗十分激烈的結果，兩個士兵很慶幸看到她離去。

約蘭達一個名叫舒絲（Schulz）的鄰居就沒有這麼運氣了。她在槍口逼迫下，當著自己無計可施的丈夫和十五歲兒子面前被性侵。蘇軍一走，陷入半瘋狂狀態的丈夫開槍打死了太太、兒子，然後再自殺。

在達勒姆之家，孔古茲院長聽說帶著三個年幼子女的母親，被人從家裡給拖了出去，施暴了一整夜。等到早上獲得釋放，急忙趕回家去看兒女，卻發現自己的母親和哥哥已經把三個兒女以及他們自己上吊。這個女人也割腕自盡了。

達勒姆之家的修女，這時日夜不停地工作，大量的難民以及蘇軍的殘暴行為，使得她們工作得喘不過氣來。一個蘇聯士兵打算強暴院內的烏克蘭廚工莉娜，孔古茲去阻止，他獸性大發，掏出手槍對著她就是一槍。幸好他喝醉了，這一槍打歪了。其他士兵進入產房，不管修女如何抵抗，他們一再強暴孕婦以及還在休養的女子，孔古茲說當時「她們的厲聲尖叫聲日夜不斷」。院長說醫院附近遭受強暴的婦女，上至七十多歲的老奶奶，下至十到十二歲的小女孩。

她完全無法阻止這些性侵行為。院長把所有修女以及院內其他婦女集合起來，把哈畢克神父說過的話再講一遍給他們聽。「也還有其他的辦法，」她繼續說道：「那就是我們至聖天主的協助。盡管發生了這些事情，祂還是讓聖米迦勒待在這裡，別怕。」她所能予她們的安慰也就僅此而已。

在維爾默斯多夫區，擔任美國間諜的威伯格和上司施密特，終於成功向蘇軍證明了自己的身分。當威伯格與一位蘇軍上校在威伯格屋外談話時，另一名紅軍軍官在防空洞裡想強暴威伯格的未婚妻英格・慕勒。威伯格聽見她的慘叫聲，便衝進屋去，鄰居喊著說那傢伙已經把慕勒帶進另一間房，把門鎖上了。威伯格和蘇軍上校把門撞開，慕勒的衣裳都撕破了，施暴的蘇軍也脫掉了衣服，上校一把抓住這個傢伙，吼叫道：「美國人、美國人！」凶狠狠用手槍揍他，把他趕趕出屋外，然後要施暴軍官靠牆站好要斃了他。威伯格連忙衝到這兩個人中間，求上校饒對方一命，說道：「你不必就這樣把一個人給斃了。」上校終於息怒，命人把施暴的軍官逮捕、帶走。

——

發生在整個強姦與搶劫時期最諷刺的性侵事件，地點就在柏林南郊的普里諾斯村。柯涅夫前進的部隊，曾繞過了這個村子，有一陣子無人佔領。最後，大兵來了。他們在百姓當中發現兩個住在木箱子的女人——克洛普施和拉杜夏。拉杜夏是「這一家的男主人」，而她把自己的一生都奉獻給了宣揚馬克斯主義的工作上。為了等待這一刻，她們幾乎都快餓死。蘇軍的到來，使她們的夢想得以實現。蘇軍一進入村子頭一批舉動之一，便是殘酷地強暴了共產黨員拉杜夏[25]。

蘇軍到了無法無天的地步，在波茨坦附近巴伯斯貝格堡（Babelsberg）的「國際紅十字會」庫房，英軍戰俘在工作。紅軍醉醺醺地亂開槍，毀掉了上萬個包裹，當中包含了供應生病戰俘的藥品、醫療補給，以及各種食品。「他們一進來，」哈恩中士（John Aherne）回憶說：「進入地下室，看見大批的包裹，不分青紅皂白就用衝鋒槍掃射。各種不同的液體從破碎的包裹中流了出來，真是傻眼。」

這些庫房旁邊是烏法電影公司（ＵＦＡ）的大型製片場。留學生柯瑞布（Alexander Korab）眼見上千個喝醉了的蘇聯大兵，衝進道具部後又出現在街上，穿著「各種古怪的衣著，從白皺領的西班牙緊身衣，到拿破崙時代的軍服、帽子和有裙襯的大裙子。他們在手風琴伴奏下，在街上跳

---

25 原註：俄國人雖然極力辯護，卻不否認柏林陷落時發生的姦淫擄掠。蘇軍歷史學家承認部隊失去了控制。很多史學家把最為殘暴的這些事，歸因於蘇軍攻抵奧得河時釋放了戰俘，這些人存心報復。關於強姦罪行，蘇軍《紅星報》總編輯楚揚洛斯基告訴作者：「當然我們並不是百分之百的正人君子，我們見過太多了。」《紅星報》另一個編輯說道：「戰爭就是戰爭，我們的所作所為，完全不能和德軍在蘇聯的作為相比。」二戰期間，南斯拉夫駐蘇聯軍事代表團團長吉拉斯，在他的書中*Conversations with Stalin*，曾向蘇聯獨裁者抱怨紅軍部隊在南斯拉夫的暴行。史達林答道：「你知道嗎？如果一個士兵可以在激戰之中越過了幾千公里，他就不能找個女人或者拿點小東西當成樂子嗎？」

起舞來，還朝天開槍——這一切舉動都是發生在戰爭正激烈的時候。」

上萬紅軍大兵，以前從來沒有在這麼大的都市裡待過，他們把電燈泡拆下，小心包起來要帶回家鄉去，以為自己把光保存下來了，可以在任何地方發亮。還有把牆上的自來水水龍頭拔下來也是同樣的道理。對很多蘇聯兵來說，廁所裡的沖水馬桶真是神奇，他們有時用馬桶水洗東西和削馬鈴薯皮，可是卻根本不知道浴缸有什麼用，上萬個浴缸澡盆就給扔到窗外。士兵不知道廁所是做什麼用的，也因為無法找到茅房，只好隨地大小便。有些蘇聯兵至少努力過一番。布赫瓦德發現，「我太太大約有一打玻璃密封罐，裡面裝的都是小便。蓋子拴緊後，再放回原處。」

亨內貝格博士在夏洛登堡的先靈化工廠見到蘇軍衝進他的實驗室，嚇壞了。他們拿實驗用雞蛋玩傳接球，這些都是培養了傷寒菌的雞蛋。亨內貝格急得發狂，他終於找到一位蘇軍上校，由他下令士兵離開廠房，他們再把門給鎖起來。

在這一切無謂的搶劫和暴行當中，戰鬥仍然在激烈進行著。在戰鬥地帶的中心，幾乎被鏖戰的守軍和受盡凌虐的老百姓所忘記的，便是元首地堡和在那裡面的人。

地堡的生活已經變成了沒有目標、夢幻般日子。「那些還待在那裡的人，」希特勒的秘書特勞德爾·榮格（Gertrud Junge）後來說道：「還持續指望能有些什麼結論，可是卻什麼也沒發生。地圖攤開在桌子上，所有的門都洞開，再也沒有人能睡得著了，也沒有人知道日期或者時間。希特勒沒法忍受孤獨，在幾間小房間裡走來走去，跟還留下來的任何人談話。他說到自己快死了，末日已經到來。」

就在這段時間，戈培爾一家卻搬進了地堡。他的幾個孩子在地堡玩耍，唱歌給「阿道夫伯伯」聽。

現在沒有任何人懷疑希特勒自我了斷的決心，他頻頻提及這回事。人們也十分清楚戈培爾夫婦計畫好要自盡——還有他們的六個小兒女——哈爾嘉（Helga）、霍爾德（Holde）、希爾德（Hilde）、海德（Heide）、哈達（Hedda）和赫麥茲（Helmuth）。看來唯一不知道這些事的便是這些小孩，他們告訴地堡的服務生賈庫貝克（Erwin Jakubek），他們要搭長途飛機離開柏林。長女哈爾嘉說道：「我們要打上一針以防暈機。」

戈培爾太太一顆牙齒發炎，派人把在總理府地堡醫院工作的牙科醫師昆茲（Dr. Helmut Kunz）找來拔掉蛀掉的臼齒。拔完牙後她說道：「孩子們不能活著落入蘇軍手裡。如果情況惡化到了極點，我們又沒辦法出去，你一定得幫我的忙。」

伊娃．布朗聽到了昆茲替戈培爾太太拔牙的事情，便提議他也為她解決牙齒的毛病。話談到這裡，忽然又想起來某件事，便向昆茲說道：「啊，我忘記了，這有什麼意義？幾小時後一切都過去了！」

伊娃．布朗決定要服毒自殺。她把一顆氰化鉀膠囊拿出來示人，說道：「太簡單了——只要一口咬下，便一切結束。」希特勒的其中一位醫師史坦普費格（Dr. Ludwig Stumpfegger）湊巧也在場，說道：「不過妳如何曉得它管用？妳怎麼知道當中有毒藥？」這句話令全場瞠目結舌，立刻拿出一顆膠囊，用希特勒的狗「布朗迪」（Blondi）來做實驗。昆茲說，史坦普費格用鉗子弄破一顆膠囊，放進狗兒的嘴裡，牠當場就死掉了。

——

希特勒人生最後一次的打擊，發生在四月二十九日下午，八千英里外的舊金山。這源自於一位坐在打字機前的人。此人名叫蘭金（Paul Scott Rankine），是路透社的記者，他來這裡採訪聯合國組織成立大會的消息。那天，他聽到英國新聞服務處處長溫諾克（Jack Winocour）說——他的消息，是直接來自英國外相艾登——希姆萊已向西方盟國請降。蘭金發出這則報導幾分鐘不到，消息便傳遍全世界了。

這報導使希特勒頭一次察覺到希姆萊有可能不忠於他。當天晚上天黑後不久，他正在開會，與會的有魏德林、克雷布斯、布格杜夫、戈培爾，以及戈培爾的副部長瑙曼。消息這時傳來，魏德林說，「有電話找瑙曼，沒多久他就回來了。然後告訴我們，據斯德哥爾摩的廣播，黨衛軍司令希姆萊已經與英美軍統帥部開始談判。」

希特勒面色慘白，跌跌撞撞著站了起來。「他看著戈培爾博士好久，」魏德林說道：「然後他嘀咕說了一些話，沒有人聽得懂。」他看起來昏昏沉沉，「後來我見到了希特勒，」榮格說道：「他面色慘白，雙眼深陷，彷彿已經失去了一切。」他的確是如此，伊娃·布朗告訴榮格和另一名秘書說：「今天晚上我們真該掉淚。」

希姆萊派在元首地堡的聯絡官，黨衛軍中將菲格萊因（Hermann Fegelein）是希特勒的連襟，娶了伊娃·布朗的妹妹。他立刻被懷疑跟希姆萊的叛國有關。前幾天他不在元首地堡，被人發現在家中穿了便服，準備離開柏林。他被帶回地堡並且被看管著。這時，希特勒斷定菲格萊因計畫好要離開柏林，這事與希姆萊的變節有關。據黨衛軍京舍上校說：「菲格萊因經過軍法審判，於四月二十八日到二十九日夜間槍斃，他的大姨子不肯為他說情。」

希特勒顯然明白末日已近。拂曉時刻，他口授了個人與政治遺言，把政權交給鄧尼茲海軍元帥擔任總統，戈培爾擔任總理，再和伊娃·布朗舉行婚禮。「婚禮過後，」榮格回憶說道：「希特勒和新娘子同戈培爾、克雷布斯、布格杜夫、瑙曼、貝洛，坐了一個小時。」榮格和這批人只待了十五分鐘，足夠「表達她對這對新婚伉儷的祝賀。」她說：「希特勒談到納粹主義的結束，他認為將來不可能輕易東山再起。他又說了：『在我來說，死只不過是擺脫煩惱與極其艱困的人生。我被至友欺騙，也嘗到了背叛。』」

就在這一天，希特勒收到了更多的壞消息。墨索里尼和他的情婦雙雙被游擊隊員捕獲，處決以後倒懸示眾。晚上，希特勒向地堡中的每一個人道別。隔天，在蘇軍戰車離地堡只有半英里遠的時候，他決定時間已到。午餐他和兩名秘書，以及素食廚師一起進餐，服務生賈庫貝克還記得，這最後的一餐是「義大利麵搭配清淡醬汁。」用餐結束後，希特勒又作了更多道別，他對榮格說：「現在事情已經到了無法挽回的地步，一切都結束了，再見。」伊娃・布朗擁抱這位秘書，說：「到慕尼黑為我向大家致意，把我的皮大衣拿去作紀念吧——我一向喜歡穿著得體的人。」最後，他們進入自己的寢室。

京舍上校在通往希特勒套房的休息室門外值班，「那是我必須做的最困難的事情，」他後來回憶道：「那時大約是三點三十分到三點四十分，我努力讓自己不要有任何情緒，我曉得他一定會自殺，沒有別的路可以走了。」

正當他在等待時，發生一件短暫但令人不知所措的事情。心神錯亂的戈培爾夫人快步趕到他面前，要求晉見元首。京舍攔不住，只好去敲希特勒的房門。「元首正站在書房裡，伊娃不在房中，但浴室有水龍頭放水的聲音，所以我斷定她在裡面。希特勒對我擅自闖入表示非常厭煩，我問他要不要見戈培爾夫人，他說道：『我不要再跟她說什麼了。』我就出來了。

「五分鐘後，我聽見一聲槍響。」

「鮑曼第一個進去，我跟在侍從林格（Linge）的後面進去，希特勒坐在一張椅子上，伊娃躺在睡椅，脫下的皮鞋，整整齊齊擺在睡椅的一頭。希特勒血流滿面，那裡有兩把槍。華瑟ＰＰＫ手槍是希特勒的。另一把小手槍，是希特勒一向都放在口袋裡的。伊娃身穿一襲白領白袖口的藍色套裝，眼睛張得大大的，一股強烈的氰化鉀臭氣。味道好重，接下來好多天我都以為身上的衣服有這氣味——不過也許只是我的錯覺。」

「鮑曼一語不發，但我立刻進入會議室，室內坐著戈培爾夫婦、布格杜夫，還有其他人，但是我現在記不起來了。我說道：『元首死了。』」

「過沒多久，兩具屍體都裹進毛毯，放在地堡入口外面一個淺坑，接近一具已經停用了的水泥攪拌機，屍體被倒上汽油、點火。希特勒的駕駛肯普卡（Erich Kempka）認為，即使屍體都已經火化了，『我們還是被希特勒的存在所囚禁，』地堡的進氣口吸進了火化屍體的臭味，並遊走在每一間房，『我們無法擺脫掉這氣味，』肯普卡回憶道：『那跟燒著的培根很像。』」

——

夜色降臨，新總理戈培爾作了就職以後的第一件重大決策。他決定要以柏林的投降為前題進行談判——並且按照他的條件進行。一封電文向蘇軍無線電的頻率發出，要求雙方會面，很快得到蘇軍的回應，對方同意派出特使，並且指定了地點，德國軍官可以從那裡通過他們的防線。

快接近午夜時，克雷布斯中將以及魏德林的參謀長杜福文（剛剛升上校），由一名傳譯官及兩名士兵陪同越過廢墟，進入蘇軍戰線。蘇軍士兵迎接他們，要看他們的身分證件，還想收繳他們的手槍。俄語說得很溜的克雷布斯，很強硬地說道：「談判期間，可以容許勇敢的對手保留本身武器。」蘇軍面紅耳赤，准許他們保有自己的隨身手槍。

一輛汽車把他們送到滕珀爾霍夫區的一棟公寓，帶他們進了一間不大的餐廳。室內的陳設顯示依然有老百姓在住的跡象——一張長桌、靠牆大衣櫥、幾張椅子。一面牆上，有達文西的石版畫「最後的晚餐」，桌上也有好幾部電話，對克雷布斯和杜福文來說，這地方似乎都是高階軍官。彼此沒有打招呼，蘇軍軍官也不介紹自己。所以，克雷布斯也就沒法知道坐在他對面的，便是鼎鼎大名的崔可夫上將、史達林格勒的守軍主帥、第八近衛軍團司令。他也不曉得其他的蘇軍「軍官」中有兩名戰地記者，還有崔可夫的侍從官（他的小舅子）與兩名傳譯官[26]。事實上，德軍猝然要求談判，完全出乎崔可夫的意料之外，以致他無法集合全部的參謀。

克雷布斯首先要求與「蘇軍首席談判代表」私下會談。崔可夫從他面前的香菸盒裡，拿出一根蘇聯製的長香菸，把菸點著，笑瞇瞇地對著坐在他兩邊的人揮揮手說道：「這是我的參謀——是我的作戰委員會。」

克雷布斯繼續抗議，可是他終於讓步，「本人的任務，」他說道：「是送達一份極其重要與高度機密性的文件。本人要您知道，您是知悉希特勒已在四月三十日自盡的第一個外國人。」

這對崔可夫來說，的確是新聞，但他卻眼皮都不眨一下，說道：「我們知道。」

---

26 原註：崔可夫在這次會議中召集了兩名戰地記者與會，還有一位來訪的作曲家馬特維·勃蘭切爾（Matvei Isaakovich Blanter）。史達林派他來創作一首慶祝柏林勝利的交響樂曲。兩位記者問崔可夫，要拿勃蘭切爾怎麼辦，崔可夫說道：「帶他一起來吧。」可是勃蘭切爾到達時，穿的還是便服，很顯然不能當成是紅軍軍官看待，只好急忙把他推進毗連會議室的衣櫥裡。正當訪客離去以前，他因缺氧而暈倒，還掉進會議室裡，嚇壞了德國人。

克雷布斯大吃一驚，「你怎麼知道？」他問道：「希特勒才在幾個小時前自殺。」他又說明，希特勒和伊娃．布朗在二十九日結婚，她也自殺了，兩個人的屍體都已火化掩埋，這些事都發生在元首地堡裡。崔可夫又一次掩飾自己的驚訝之情。蘇軍指揮部裡不管是他還是其他人，誰都不曉得元首地堡的存在，更不要提他們聽說過伊娃．布朗了。

這時他們開始進行費力的談判。克雷布斯告訴崔可夫，希特勒身後留有遺囑，列舉了他的繼承人，同時把一份遺囑副本遞給崔可夫。他說道，問題在於無法進行全面性的投降，因為新總統鄧尼茲此刻並不在柏林。克雷布斯建議，第一步便是停火或者局部投降。之後，或許鄧尼茲政府會與蘇軍立即談判。經過崔可夫急忙以電話向朱可夫報告後，這種分裂盟軍的企圖便被斷然拒絕了（這項決定後來也得到莫斯科的認可）。

談判進行了一整夜，到天亮時，克雷布斯從蘇軍方面得到的只有一個要求：柏林立即無條件投降，包含元首地堡的全體人員在內。

正當克雷布斯在和崔可夫討價還價時，杜福文做了次危險的動作，回到自己的防線去。途中他遭到德軍黨衛軍的槍擊，還是蘇軍的一位中校把他拖到了安全的地點。最後他才到達了元首地堡，向戈培爾報告蘇軍堅持要無條件投降。戈培爾焦躁起來，叫道：「對於這一點，我絕對不同意。」

雙方堅持下，談判破裂。元首地堡裡充斥著恐慌氣氛。似乎目前在這一地區的每一門蘇軍大砲，都正瞄準著總理府。杜福文後來推想，這是因為克雷布斯透露了地堡的所在位置的直接後果。對困在元首地堡的人來說，目前只有兩條路可走：自殺，或逃跑。每個人立刻開始訂定自己的計畫。他們要分成多個小組，穿過總理府以及周圍空地底下的地堡與隧道系統。出去以後，用地鐵到腓特烈街車站，在那裡他們希望與一個戰鬥群會合，領他們到北面去。戈培爾的副手瑙曼後來回憶道：「一旦我們突破蘇軍在施普雷河北方的封鎖線，那我們肯定可以安全地朝任何方向去了。」

有些人則選擇了另一條路。

戈培爾一家選擇了自殺。瑙曼曾經花費好幾個星期試圖說服戈培爾太太，可是她不為所動。而今時間到了。五月一日大約八點三十分，瑙曼正和戈培爾夫婦談話，突然「戈培爾太太起身，進入孩子的房間，沒多久以後，她回來了，一臉蒼白，全身發抖。」戈培爾開始向每個人道別。瑙曼後來說道：「他向我說了幾句私人的話——與政治或者未來一點都無關，只是道別而已。」戈培爾離開地堡時，要副官史瓦格曼（Guenther Schwägermann）在他們死後，把他和家人的屍體火化。然後，就在瑙曼注視下，戈培爾夫婦慢慢上到地面，到花園裡去。戈培爾戴著帽子和手套，而他太太「卻抖得好厲害，幾乎走不上樓梯。」以後便沒有人見過他們活著了。

六個孩子也都死了，而且出於最不可能的一個人之手。「僅僅只有一個人，」瑙曼說道：「在戈培爾夫婦自殺前的最後一刻進過孩子們的房間，而那個人就是戈培爾太太。」

選擇出走的人有些結果也不怎麼好，很多人都被打死。還有些人幾小時內就落入蘇軍手裡。希特勒的隨身護衛京舍，在蘇聯牢裡關了十二年。有些人沒多久就成了傷殘，例如帶著希特勒送給他的腓特烈大帝小幅畫像，希特勒的座機駕駛包爾（Hans Baur）被一發砲彈襲來，炸掉了一條腿。醒來時人在蘇軍醫院，畫卻沒有了。其他人如鮑曼神秘失蹤。少數幾個真的逃脫了——或者，可以說算是好事，被英美軍俘虜。

有三名軍官在地堡自殺，希特勒的副官布格杜夫將軍、陸總參謀總長克雷布斯將軍，以及地堡警衛的黨衛軍施德爾上尉（Franz Schedle）。

這時，所有掌權的人物都走了，保護柏林的安全、全市守軍與老百姓的整個責任，都落在一個人身上——魏德林將軍。這時，柏林已經成了燃燒的殺戮戰場。部隊被迫退進市中心，蘇軍的戰車已經駛上菩提樹下大道與威廉大街，在蒂爾加滕公園與動物園內發生了激戰。蘇軍火砲從東西軸心路猛轟市區，部隊攻進了亞歷山大廣場與腓特烈大街的地鐵車站，總理府發生了猛烈的戰鬥。除了投降之外，魏德林已經別無他法。然而，他覺得應該向部屬說清楚，便召集所有指揮官說明當前的狀況。「我告訴他們，」魏德林說道：「有關最近二十四小時的情況以及我的計畫。最後，我准許他們每一個人選擇自己要走的路，但他們都沒有其他的解決方案。不過，那些願意逃走的人，可以走。」

五月二日凌晨快一點，紅軍第七十九近衛步兵師收到一通無線電通訊，「哈囉！哈囉！」無線電話的聲音說道：「這裡是德軍第五十六裝甲軍，我們請求停火。在柏林時間十二點五十分，我們派出停火談判代表到波茨坦橋。識別信號為一面白旗，敬候回答。」

蘇軍回答道：「知道了，知道了，正在把你們的要求報告參謀長。」

崔可夫將軍收到這項消息，立即下令停火。五月二日半夜十二點五十分，柏林衛戍司令魏德林將軍的參謀長杜福文上校和另外兩名軍官，在一面白旗下到達波茨坦橋。蘇軍把他們帶往崔可夫的司令部。不久，魏德林也到了。這天下午，柏林全市各地的擴音器宣布敵對狀況中止。「每增加一小時的衝突，」魏德林的命令中寫道：「都造成柏林市民及我軍傷兵的受苦受難……本人下令立即停止戰鬥。」雖然零星的射擊還會繼續好幾天，但柏林戰役算是正式結束了。當天下午敢冒險到共和廣場（Platz der Republik）的人，都見到了紅旗在總理府上空迎風招展。那面旗升上去時，戰鬥還在進行當中。當時時間正好是四月三十日下午一點四十五分。

蘇軍雖然知道元首地堡就在總理府下面，卻耗了他們好幾個小時鎖定位置。他們從街上抓住路人，要他們為蘇聯兵帶路。攝影師孟哲爾（Gerhard Menzel）就被問倒了，他壓根兒沒聽說過這處地堡，但他依然隨著一批士兵，到化成廢墟的總理府。蘇軍工兵手持金屬探測器，領著大家進入充滿通道與地下坑道的迷宮。一到一間房或者一條走廊搜索完畢，就由其他士兵把文件、檔案、地圖收集起來。蘇軍發現一副望遠鏡，把它送給孟哲爾，告訴他可以走了。他們已經到達元首地堡了。

他們最先發現的是布格杜夫和克雷布斯兩位將軍的屍體。他們坐在走廊的接待室一張長桌前，酒杯與酒瓶散落長桌上。兩個人都開槍自盡，他們的身分是經由軍服中的文件辨識的。

幾個頭一批進入地堡的搜索小組當中，其中包括波勒偉少校。他對整個地堡作了一次快速的檢查，有一間小房間，牆上固定著類似火車上的臥鋪。在那裡他發現了戈培爾一家的屍體，戈培爾夫婦的屍體在地上，「兩具屍體都被火焚燒過，」波勒偉說道：「只有戈培爾本人的臉部還可以辨識。」蘇軍後來想了好久屍體是如何到得了這間房的，只能假定還沒有完全火化之前，有人把他們搬回到地堡，但究竟是誰搬動的，蘇軍則無從得知。六個孩子的屍體也在屋內。「小孩死狀真可怕，」波勒偉少校說道：「看上去唯一掙扎的是長女哈爾嘉，她身上有瘀傷。他們全都死了，但躺在那裡的其餘五個孩子表情都很平靜。」

蘇軍醫官立刻檢視他們，發現嘴裡有灼傷的痕跡。醫官們認為孩子先服了安眠藥，然後在他們睡著時，大人用氰化鉀膠囊壓碎在他們牙齒間把他們毒死。從哈爾嘉的瘀傷，醫官們猜測在下毒時她驚醒過來掙扎，不得不把她按住所導致的。這些屍體都被抬到總理府的「榮譽廳」去拍照存檔，並以標籤識別。波勒偉對房間做最後的巡視，發現放在地板上的，是孩子們的牙刷和一管擠扁了的牙膏。

一個專家小組幾乎立刻就找到埋在淺層泥土底下的希特勒屍體。蘇軍歷史學家特波卻夫斯基將軍（B. S. Telpuchovskii）認為那確實就是元首本人。「屍體嚴重燒焦，」他說道：「後腦雖被一發子彈打碎，但頭部卻很完整，假牙已經取了下來，放在頭部旁邊。」

後來，出現了一些令人不解的地方。附近發現的其他屍體，有一些也有被火燒過。「我們發現一具屍體，身穿軍服，面貌很像希特勒，」特波卻夫斯基說道：「可是他的襪子有補丁，我們確定這不會是希特勒，因為很難相信第三帝國元首會穿補過的襪子。那裡也有一具剛被殺而沒有焚化的屍體。」

這兩個令人不解的問題，當把第一具遺體放在第二具旁邊時，就更形混亂了。地堡的衛兵與其他德國人被要求辨識屍體，他們不是認不出，就是不願意這麼做。幾天以後，蘇可洛夫斯基上將下令檢查屍體的牙齒。佛里茲·艾希特曼（Fritz Echtmann）和凱茜·霍伊瑟曼是曾在希特勒的牙醫布萊什克診所里工作過的牙科技師，他們被找來。艾希特曼被帶到柏林西北邊二十五英里外的埃伯斯瓦爾德附近的菲諾（Finow），首先要他畫出希特勒的牙位圖。一畫好，訊問他的人拿了圖到另一間房。沒多久，他們回來了，告訴艾希特曼：「是吻合的。」然後蘇軍便把希特勒下顎牙齒及牙橋給他看。

五月七日，凱茜·霍伊瑟曼被找來。她馬上就認出了牙齒與牙橋。幾個月以前，她和布萊什克做過的工作，她很容易就認得出來的。凱茜得到一袋的食物，送回柏林市。兩天以後，又來接她，這一回帶到厄克納。空地上是一排挖開的墳墓，裡面的屍體都露了出來。陪著她的那名蘇軍說道：「去辨識。」凱茜馬上認出戈培爾和幾個孩子的屍體，她說道：「女孩依然穿著印花的法蘭絨睡袍，上面是小小紅玫瑰與藍色花朵交織的圖樣。」卻找不到戈培爾太太的屍體。

顯然由於她辨認出了希特勒的牙齒，霍伊瑟曼其後的十一年，都在蘇聯的監獄中度過，大部分時間都是單獨囚禁。

希特勒屍體的下落如何？蘇聯人說在柏林市郊火化了，但卻不說在什麼地方。他們說從沒發現伊娃·布朗的屍體，那一定是被火完全焚燒了。任何一般可以用作辨識的部分，一定在猛烈砲轟政府建築群時被摧毀，或者遺失了[27]。

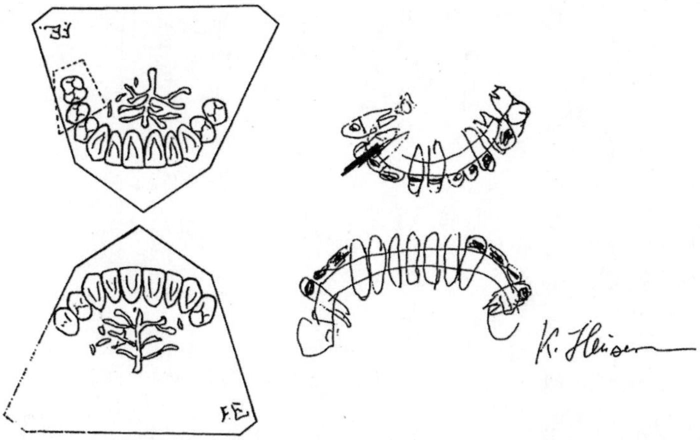

這兩幅牙位圖，由凱茜・霍伊瑟曼及佛里茲・艾希特曼於 1963 年特別為作者繪製，並且簽了名。右是霍伊瑟曼的作畫，在圖上說明如何讓蘇軍認出希特勒的牙齒。艾希特曼所繪的圖，希特勒上顎的長方形虛線，是牙橋的位置。

27 原註：作者認為，蘇聯人對伊娃·布朗不感興趣，也沒有花功夫辨識她的屍體。他們到一九六三年四月十七日才向蘇可洛夫斯基元師、作者，以及艾瑞克森教授第一次證實希特勒死了，這已經在事件發生將近十八年之後。

四月三十日早上，韓李奇走過集團軍司令部的走廊要去道別。一名年輕上尉向他走過去。「報告司令」他說道：「司令不認識我，我一直在作戰處工作。和別人一樣，我知道司令被解職了，奉令到普倫（Plön）報到。」

韓李奇沒有說話。

「我請求司令，」年輕上尉說道：「別急著趕到那裡去。」

「你這是在說什麼？」韓李奇問道。

「好多年以前，」上尉說道：「在施瓦本格明德（Schwäbisch Gmünd）每逢星期天的教會遊行，我常走在團樂隊的後面，那時您是少校。長官，我後來和一個人很熟，他當時是您的副官。」

韓李奇說道：「對了，隆美爾。」

「這個，長官，」上尉繼續說道：「希望司令恕我直言，我不喜歡發生在隆美爾元帥的命運也發生在司令身上。」

「你說這話什麼意思？」韓李奇問道，緊緊盯住他：「隆美爾是作戰中陣亡的。」

上尉回答道：「長官，不是，他不是陣亡，而是被迫自殺的。」

韓李奇瞪著他，劈頭問道：「你怎麼知道這些事？」

「我是隆美爾的侍從官，」這名軍官告訴他：「我叫藍格（Hellmuth Lang）。我求求司令，盡可能慢慢開車到普倫去。慢慢走的話，等到司令到那裡，戰爭大概已經結束了。」

韓李奇遲疑了一下，然後和藍格握了握手。「謝謝你，」他說話時，聲音僵硬，「感謝。」

韓李奇走過走廊，出了大樓。他少數幾個幕僚都集合在一起，有人下了口令，全體舉手敬禮，韓李奇走到每一個人面前，說道：「我要謝謝大家。」他的侍從官畢拉上尉把車門打開，韓李奇上了車，畢拉也上車坐在駕駛兵旁邊，說道：「普倫。」

韓李奇俯身向前，拍拍駕駛兵的肩膀，說道：「我們不急著趕路。」

第二天晚上深夜，韓李奇抵達普倫的營區。他進入自己的房間，一架收音機正在廣播，忽然廣播停止了，一陣低沉的鼓聲後，播音員宣布元首逝世了，時間正是五月一日晚上十點。

——

英軍戰俘德恩斯准尉坐在德軍守衛貢巴哈的旁邊，正在收聽新聞，這可是他很久以來聽過最好的消息，新聞播報員嚴肅地宣布：「……在對抗共產主義的戰爭中，元首奮戰直到逝世前的最後一口氣。」德恩斯向周圍張望，他和貢巴哈大約在勞恩堡（Lauenburg）東邊的一帶，藏身在德軍戰線後面一所屋子的地窖裡。播報新聞時，這一家人都在場，太太聽到消息時流下了眼淚。德恩斯壓抑住自己的高興，雖然元首死了，戰爭還沒有結束。德軍戰線就在前面。德恩斯一定要過去，這很不容易，砲火還正猛烈。

大家都要在這個不舒服的地方安頓下來過一夜，德恩斯很容易就入睡了。他騎了好多天的自行車，要通過戰區到英軍戰線那裡去。現在，只需要再一點點的運氣，他也許就可以達成目標——倘若自己能說服下一批老德讓他過去的話。他記得這是自己入睡前，所想到的最後一件事。

幾個小時後，一下劇烈搖晃使他醒了過來，一把衝鋒槍抵住了他的肋骨，一個聲音說道：「好了，好朋友，站起來。」德恩斯抬頭一看，是英軍第六空降師一名傘兵凶悍的臉孔，這附近在晚間他們睡夢中被英軍佔領了。德恩斯喜出望外，跳起身來、解釋自己的身分。他和貢巴哈被押解到連部，先送到師部，然後轉軍部。終於見到了英軍第八軍軍長巴克中將（Evelyn H. Barker）。

德恩斯迅速說明情況，「有一萬兩千名皇家空軍戰俘正向著前線行軍，」他緊急說明。「而我們的飛機卻對著他們掃射！」他把自己離開弟兄時的位置指給巴克看，巴克神色大變，連忙抓起電話——取消預定在這帶地區實施的另一次空中攻擊。「現在沒問題了，」巴克將軍的神色如釋重負，「我們在四十八小時內就要攻佔這一帶，你最好休息一下。」

「不行，長官，」德恩斯說道，「我答應過戰俘營指揮官奧斯曼上校我會回去的。」巴克吃驚地看著他。「這不會有點傻嗎？」他問道：「反正，我們幾個小時後就會攻到那裡。」

可是德恩斯還是堅定不移，「好吧，」軍長說，「我給你一部有紅十字旗的車，也許可以送你通過。遇到德國佬就告訴他們，倒不如現在結束的好。」

德恩斯舉手敬禮，他經過參謀長辦公室時向裡面探了探，問道，「我那個德國衛兵貢巴哈那裡去了？」「正送他進戰俘營。」德恩斯急得跳腳，「沒有他我就不走，」他吼道：「我要說話算話。」貢巴哈很快就被放回來了，他們坐了一輛車蓋上有紅十字旗、繳獲的賓士車出發。

兩天以後，德恩斯率領他的弟兄，由風笛手帶頭，行軍踏入英軍戰線。英軍官兵站立著注視這些消瘦、疲倦的皇家空軍士兵頭抬得天高，齊步走進英軍地區。德軍戰俘營指揮官奧斯曼上校和衛兵這時由英軍拘押。德恩斯和一些弟兄送他們到戰俘營。這兩批人面對面，並立正站好。奧斯曼向前一步，他與德恩斯都舉手敬禮，德恩斯說道：「再見了，奧斯曼上校！」奧斯曼也說道：「再見了，德恩斯先生，希望我們能再相見。」然後德恩斯一聲「立正！」奧斯曼和德軍衛兵齊步進入英軍的戰俘營。貢巴哈經過時，還向德恩斯揮手。

——

來自四面八方的火力異常猛烈。德軍第九軍團司令布瑟將軍四處視察，對著官兵吼叫：「站起來！向前進！只要再幾英里了！溫克在等著！」布瑟疲憊異常，不知道現在是幾點，也不知道今天是幾號。九軍團奮戰向溫克十二軍團的前進，似乎已經過了好幾個星期的樣子。他們彈藥所剩無幾，根本沒有砲兵，只有一些迫擊砲，他們的機關槍極少，也差不多沒有可供射擊的子彈了。布瑟在每一處地方，只見到士兵倒下去，沒力氣動彈，要他和麾下軍官使盡生平氣力，才能使他們前進。使情況變得更複雜的是上萬的難民加入了他們的行列，導致糧食短缺，就連供應弟兄吃的都不夠。

溫克的部隊就在幾英里外，可是蘇軍的抵抗依然猛烈。布瑟把自己殘餘的最後一輛戰車調上來，他一直留著這輛戰車，為的就是這一刻。他告訴哈格曼中將（Wolf Hagemann）引領前進，哈格曼一跳上車，告訴駕駛兵加速。戰車費勁向前衝，越過一條水溝和一帶崎嶇地面，突然哈格曼發現戰車前面的蘇軍四散奔逃，他環顧四周想找子彈來發射，機槍彈藥早就沒有了。他便抓起一把霰彈槍，對著潰逃的蘇軍轟上幾發。

這時，他聽到另一個方向——蘇軍的後面——有射擊聲，那是溫克軍團的弟兄。兩個軍團的會師來得這麼突然，事後沒有人記得是如何達成的，筋疲力竭的官兵倒在彼此的懷抱，溫克軍團與布瑟軍團會合在一起了。

溫克後來回憶道：「第九軍團的官兵好疲倦，沒有力氣了。這慘象令人不敢置信。」他站著注視時，一個人從隊伍中間走出來向他走近，溫克只見這個男人容貌憔悴、灰頭土臉、滿臉鬍渣。一直要對方走到跟前，溫克這才認出是布瑟將軍。他們一句話也沒說，緊緊握著彼此的手。溫克這才說道：「謝謝天主，你們到了。」

五月七日，兩個軍團退到易北河，超過十萬名官兵過河到了西岸，由美軍接受投降。布瑟的第九軍團原來有官兵二十萬人，卻只有四萬人倖存。

——

德國半官方的「海通社」（Trans-Ocean News Service）發出的最後一則消息卻是用法文發布的。「為了自保逃命」（Sauve qui peut），柏林人懂得它的涵義。戰車、部隊、嬰兒推車、汽車、馬車、裝甲車、自走砲、騎馬的人、成千上萬步行的人，都集體逃出柏林，跨過大橋去到施潘道區。這支龐大的逃亡潮已經流動了好幾個小時。降書也許都已經簽過了，可是射擊卻依然持續不斷。難民們所要做的便是逃離出去。砲彈偶爾落到這些潰逃的德國人隊伍中間，顯然南、北兩邊的蘇軍砲兵還沒有接到停火的命令。

年輕的碧姬·韋伯坐著她繼父的司機駕駛的車子離開柏林。她包在自己的皮毛大衣裡，腳邊放著一籃家傳的銀器。車一開到施潘道區就被人流堵住了，花了十個半小時才走了幾英里。最後她只得拋下車子，和上萬人一起長途跋涉往西方前進。

十六歲的舒茲驚訝地發現自己又見到那名黨衛軍的劊子手。舒茲躺在防空洞的急救站，旁邊就是那個瘦長、紅髮的黨衛軍槍手。對方的腹部紮紮實實地挨了一發，厲聲叫了十六個小時才死去。

一大批人擠在通往各處橋樑的道路上時，砲彈一再落在他們之間。潘哲（Hildegard Panzer）和艾奇上尉（Kurt Ache）一起走，艾奇幫助她照料兩個孩子——九歲的沃夫岡（Wolfgang），和五歲的海爾嘉（Helga）——在擁擠的人潮中兩個小孩走失了，她再也沒有找到他們。估計這次瘋狂的逃亡潮造成兩萬人死傷。

然後，砲彈終於不再轟來，難民漸漸聽不到砲聲。他們為了安全起見再走遠一點，然後在地上躺下去，男女老幼躺著躺著就睡著了——田地、泥溝、空屋、廢車、路肩，還有就在馬路中間。現在他們安全了，最後一役已經結束了。

——

「阿布！阿布！」施瓦茲走過一片狼藉的動物園。他想到，什麼都沒有剩下了。動物園再不會和以前一樣了，到處都是死去的動物和瓦礫。他走向池邊，大叫道：「阿布！阿布！」一陣拍翅的聲音出現。就在這處空闊池塘的邊緣，那隻稀有的鸛鳥阿布，一隻腳站立著，看著施瓦茲。他走過水池，提起牠來。「阿布，沒事了，」施瓦茲說道：「沒事了。」他兩手抱起阿布走了。

——

五月四日伊麗絲．安特斯從維爾默斯多夫區的地窖慢慢走了出來。自從四月二十四日以來，大白天出來還是頭一遭。街上安靜得出奇。「一開始真還不習慣這麼亮，我什麼也沒看見，眼前只是黑圈圈。這時我四周觀望，太陽燦爛，春天已經來了。樹木正在開花，惠風和暢，即使在這個備受酷虐與垂死的城鎮，大自然依然帶來了生命。一直到這個時候為止，已經沒有任何事物可以觸動我，我所有的情感都已經消逝了。當我望向公園，春天正在降臨到眼前。我再也無法控制自己。自從這場浩劫發生以來，我還是頭一遭落下了眼淚。」

筆記　傷亡數字

即使已經過了二十年，還是沒人能夠確切知道柏林戰役中老百姓的傷亡人數是多少人。甚至到目前，還有屍體從廢墟、菜園、公園——戰鬥過程中匆匆掩埋——乃至萬人坑被挖出。然而，經過統計的研究，這一場戰役最後導致老百姓死了將近十萬人。至少有兩萬人死於心臟病，約有六千人自殺，其餘的不是在砲轟、巷戰當時死亡，就是傷重而死。最後那幾天逃離柏林，死在德國各地的人數，也從沒有準確的統計數字。如果說，至少有五萬兩千人死於轟炸，而這個數字又可以被接受的話，那麼死去的人數就多達十五萬人以上，而且還不包括受傷的人在內。

有多少婦女遭到性侵？又是沒有人知道的數字。我經由不同醫師的判斷計算，人數大約在兩萬到十萬人之間。墮胎行為被官方暗地裡許可進行，基於再顯然不過的理由。沒有人願意去猜測這個人數有多少。

至於德軍的傷亡，也和平民的數字一樣，沒有人真正清楚。這個問題之所以會複雜化的原因，是由於此役的傷亡數字被納入德國在整場戰爭期間的傷亡人數之中。因此便不可能算得出來光是在柏林戰役死了多少人。蘇軍對本身的損失則相當確定，蘇聯國防部權威人士說，他們從奧得河開始一直到佔領柏林，「超過了十萬人戰死」。對本人來說，這個數字似乎高了一點，或許是故意灌水，好使這次勝利看起來更像是那麼一回事。另一方面，柯涅夫元帥告訴本人，光是他的方面軍「從奧得河到柏林的整個戰役，再加上右翼進軍易北河……有十五萬人戰死。」似乎朱可夫與柯涅夫兩個方面軍在攻下柏林時，至少死了十萬人。反觀，美軍第十二集團軍司令布萊德雷將軍則警告艾森豪，如果他要想攻下柏林，也許會有十萬人的傷亡。不過布萊德雷所說的是整體的數字，包括了陣亡，受傷與失蹤在內。

謝誌

常靖譯

本書中的資訊主要來自參與戰役者本身，他們包括盟軍各國的軍人、與他們交戰的德軍，以及在交戰中存活的柏林市民。對本書有貢獻的人總計超過兩千人。自一九六二年起的三年間，有大約七百多人提供了書面的憶述或接受當面訪談。他們給了我各種的記錄，包括日記、地圖、個人傳記與珍藏的記事本。

他們提供的資訊由我加入一套以英、美、德、俄等國資料來源為基礎的軍事架構中。我取得了各單位的作戰報告、戰爭日誌、師級戰史、情報摘要與審訊報告，還有當代重要的軍人與政治人物的個人專訪，以及來自這些人當中多位交給我的個人檔案、文件與筆記。這些研究總共累積了十個檔案櫃的資料，其中甚至包括此戰役之前柏林加油站存有的油料數量，以及有關羅科索夫斯基元帥戴了一隻附內建羅盤的手錶等細節。

這個計畫得到了非常多人的協助。若是沒有《讀者文摘》（*Reader's Digest*）的利拉・華萊士（Lila Wallace）和德特・華萊士（Dewitt Wallace）夫婦的相助，這個計畫根本不會開始。他們交給我的是《讀者文摘》的大量研究資源，並且承擔許多開銷。我想感謝我的朋友路易士（Hobart Lewis），他是《讀者文摘》的總裁與執行總編輯，並且投入了無盡的努力讓這本書得以付梓。我還想感謝美國與歐洲各地《讀者文摘》分社的大家，他們收集了許多研究成果，並訪問了許許多多參與戰役的人。若是要我單獨提出某些人，那就太不公平了。我希望依分社與姓名的字母順序列出他們。柏林：John Flint、Helgard Kramer、Suzanne Linden、Ruth Wellman；倫敦：Heather Chapman、Joan Isaacs；紐約：Gertrude Arundel、Nina Georges-Picot；巴黎：Ursula Naccache、John D. Panitza（歐洲首席記者）；斯圖加特：Arno Alexi；華盛頓：Bruce Lee、Julia Morgan。

我還必須感謝美國國防部允許我們進入歷史檔案庫作研究。其中，我尤其想要感謝美國國防部軍事歷史處（Office of the Chief of Military History, OCMH）處長Hal C. Pattison准將，以及他的同事：Magda Bauer、Detmar Fincke、Charles von Luttichau、Israel Wice、Hannah Zeidlik與Earl Ziemke博士等人，他們全都撥出時間協助我和我的同事。我還要感謝二戰記錄處處長Sherrod East，他允許我們每天調查文獻，長達數月之久。該部門的其他人也和他一樣，人都很好，包括資料分組組長Wilbur J. Nigh與他的同事Lois Aldridge、Morton Apperson、Joseph Avery、Richard Bauer、Nora Hinshaw、Thomas Hohmann、Hildred Livingston、V. Caroline Moore、Frances Rubright與Hazel Ward等。本團隊還得到了Julius Wildstosser博士的協助，他檢查了數哩長的微縮膠捲，並翻譯數千份德文文件，供我和我在《讀者文摘》的同事使用。

我還虧欠美國前總統艾森豪先生、阿拉敏子爵蒙哥馬利元帥、布萊德雷上將、摩根爵士中將、史密斯上將、辛普森上將、蓋文中將、伊斯麥勳爵、霍羅克斯爵士中將、史屈朗勳爵、哈里曼大使、科勒大使（Foy D. Kohler）、布魯斯大使（David Bruce）、波倫大使（Charles Bohlen）、艾德禮伯爵、霍夫曼太太（Anna Rosenberg Hoffman）、奎剛德少將爵士、鄧普賽爵士、巴克中將、林恩因少將、R. F. Belchem少將與莫斯禮教授。上述人士與英美兩國許多其他官員、外交人員都協助我了解當代的軍事與政治背景，並讓我明白英美兩國為什麼沒有繼續前往柏林的原因。

我很感謝蘇俄政府慷慨地允許我查看一些至今沒有公開過的文件、命令、審訊報告與其他來自國防檔案庫的資料。我們對許多事情的看法並沒有共識，我的方法也不見得像以前那麼八面玲瓏。但我發現面對蘇軍，我對他們坦白直接，他們也就會對我坦白直接。舉例來說，對於在柏林發生的強暴事件，美國國務院和英國外交部的部分官員都向我建議，說提起這個話題在外交上而言不太好。甘迺迪總統不同意這樣的看法。他在我出發前往蘇聯之前對我說的話，基本上就是說他認為俄國人完全不會在乎，因為他們其實是很願意談條件的人。他認為我應該直接把整件事「攤在桌面上講」。我確實這麼做了，而蘇聯的官員也相當善意地回應。但還是有一些相當尷尬的狀況。雖然我是應赫魯雪夫政府之邀而進入蘇聯作研究，但莫斯科機場的邊防警察居然想沒收蘇聯國防部直接開給我的文件！蘇聯紅軍的軍官、柯涅夫、羅科索夫斯基、蘇可洛夫斯基和崔可夫等幾位元帥人也都非常好，他們給了我很多時間和資訊，就像其他接受我訪問的蘇軍人士一樣。如此的聯繫能圓滿完成，相當大部分要感謝我這次蘇聯行的同伴：曼徹斯特大學的艾瑞克森教授。他的語言能力與對俄國事務的熟悉，事後證明非常有用。

在德國，波昂政府媒體資訊部的Graf Schweintz博士替我敞開了許多大門。華盛頓北大西洋公約組織的豪辛格將軍（A. Heusinger）替我寫了很多介紹信。最後一位柏林衛戍指揮官魏德林將軍的前參謀長杜福文上校花了好幾天的時間，幫我把最後一役的過程整理了一番。溫克上將、布瑟上將、格瑞斯上將、德赫勒夫森上將、吉克斯特中將（Friedrich Sixt）、史坦納黨衛軍上將、希爾布蘭德上將、克魯肯伯格黨衛軍少將（Gustav Krukenberg）、漢斯．里福歐爾上校、韋勒曼上校和露薏絲．約德爾女士。他們都盡一切可能的方法幫我重建這場戰役，以及柏林的最後幾天。

然後還有許多人以各種方式幫助了我：慕尼黑蘇聯研究會的副顧問Leon J. Barat、時任柏林電台總編輯的Rolf Menzel、德國軍事檔案協會的Meyer Welcker中將；柏林報紙《*Der Abend*》的編輯

Frank E. W. Drexler先生、柏林美國佔領區電台的長官Robert Lochner、《*Paris Match*》的Raymond Cartier、慕尼黑現代史圖書館的Jurgen Rohwer博士、柏林市立檔案庫的Albrecht Lampe博士、德國老兵組織WAST的Karl Röder先生、Carl Johann Wiberg先生、法國國立前德國戰俘協會（Amicale Nationale des Anciens P.G. des Stalags）的Marcel Simonneau先生、出版社Siegbert Mohn Verlag的Dieter Strauss博士。我希望對上述這些人與其它許多人士致上最誠摯的感謝。

我將對韓李奇上將的感謝留到了最後，因為他提供了德軍那邊的故事。在三個月期間，我們進行了無數的訪談與對話。他又將該戰役的每個階段都再打了一輪。他讓我使用他的個人筆記、文件與戰爭日誌。雖然他有病在身，但他仍大方獻出自己的時間。若是沒有他，這本書恐怕將無法完成。在我當作家的二十多年間，我很少遇到如此具有威嚴和榮譽感的人，也很少遇到像他這樣記得這麼清楚的人。

我該怎麼感謝那些在我寫作時陪伴我的人呢？我親愛的妻子幫我收集、建檔、編輯、重寫了許多資料。同時又在我長年研究、寫作的同時照顧著我們的家庭；我的好友與最嚴厲的評論作家傑里·科恩（Jerry Korn），他銳利的筆鋒在紙上來去自如（但這一頁沒有他動手的機會）；我珍貴的兩位秘書Horty Vantresca和Barbara Sawyer，負責打字、重新打字、建檔、接電話、支援我們之外的其他人。Suzanne和Charlie Gleaves總是在我需要的時候出現；西蒙與舒斯特出版社（Simon & Schuster）的彼得·施韋德（Peter Schwed）和邁克爾·科達（Michael Korda），他們和Helen Barrow（製作經理）、Frank Mets（美術監督）、Even Metz（設計師）和Sophie Sorkin（書稿主任）一起應付我的種種不合理要求。Raphael Palacios的精緻地圖與幽默感，是作家難以奢求的珍寶。泛美航空的Dave Parsons將龐大的研究資料在歐洲各地搬來搬去，連一件也沒有遺失過。我的朋友Billy

Collins和Robert Laffont，他們分別是我在英國與法國的出版商，他們等這本書等很久了，甚至都快開始稱之為「緊盯雷恩大作戰」了；我的律師Paul Gitlin也提供了優異的協助、指導和抗壓性；我的權利代表人Marie Schebeko（法國）和Elaine Greene（英國）也都提供了機會、勇氣、支持和信任。我要對以上的所有人致上最深的謝意。

C.R.

Olson, Sidney, "Defeated Land." Life, May, 1945.

Paret, Peter, "An Aftermath of the Plot Against Hitler: the Lehrterstrasse Prison in Berlin, 1944-45." Journal of the Institute of Historical Research (Vol. 32, No. 85). University of London. The Athlone Press, 1959.

Powell, Robert, "Berlin Today." Fortnightly, October, 1945.

Prinz, Gunther, "When the Guns Fell Silent." Berliner Morgenpost, May, 1945.

Rosinski, Herbert, "The Red Flood." U.S. Army Combat Forces Journal, July, 1953.

Sayre, Joel, "Letter from Berlin." The New Yorker, August, 1945; "That Was Berlin" (five articles). The New Yorker, September, October, 1948.

Singh, Brig. Thakul Sheodatt, "The Battle of Berlin." Journal of the U.S. Institute of India, 1949-50.

Sondern, Frederic, "Adolf Hitler's Last Days." Reader's Digest, June, 1951.

Thompson, John H., "Meeting on the Elbe." Chicago Daily Tribune, April, 1945.

Warner, Albert, "Our Secret Deal over Germany." The Saturday Evening Post, August, 1952.

Lt. Gen. Hellmuth Reymann, Commander—Berlin Defense Area; Lt. Col. Edgar Platho, Artillery Commander—Berlin Defense Area; Lt. Col. Karl Stamm, Maj. Pritsch—Wehrmacht Area Headquarters; Col. Gerhardt Trost—Luftwaffe; M/Sgt. Schmidt—Ordnance; Col. Erich Duensing, Police Commander—Berlin; Dr. Hans Fritsche, Chief, Radio Dept.— Propaganda Ministry; and Col. Guenther Hartung. Introduction by Col. Gen. Franz Halder, former Chief of the German General Staff. OCMH, MS P-136.

Wöhlermann, Col. Hans Oscar, *An Account of the Final Defense Eastward and in Berlin, April-May, 1945* (By the Artillery Commander of the 56th Panzer Corps and later Artillery Commander of the Berlin Defense Area). German sources.

選輯文章

Aichinger, Gerhard, "Wenck and Busse at the End of April, 1945." Tagespiegel, January, 1957.

Andreas-Friedrich, Ruth, "Observation Post Berlin." Die Zeit, July, 1962.

Arzet, Robert, "The Last Ten Days." Tagespiegel, March, 1946.

Bailey, George, "The Russian at Reims." The Reporter, May 20, 1965.

Baldwin, Hanson, "Victory in Europe." Foreign Affairs, July, 1945.

"Battle for Berlin, The." Revue de la défense nationale, January-June, 1953.

Bolte, Charles G., "Breakthrough in the East." The Nation, January, 1945.

Cartier, Raymond, "The Day Hitler Died." Paris-Match, July, 1962.

Chatterton-Hill, Dr. G., "The Last Days in Berlin." Contemporary Review, May, June, 1946.

Codman, Lt. Col. Charles R., "For the Record: Buchenwald." Atlantic Monthly, July, 1945.

Creel, George, "The President's Health." Collier's, March, 1945.

"Dead Heart of Berlin." From a Special Correspondent, The Times of London, June, 1945.

Ehrenburg, Ilya, "On to 'Tamed Berlin.'" New York Times Magazine, August, 1944.

Erickson, John, "The Soviet Union at War (1941-45): An Essay on Sources and Studies." Soviet Studies (Vol. XIV, No. 3). Oxford: Basil Blackwell, 1963.

Flynn, John T., "Why Eisenhower's Armies Did Not Take Berlin." Reader's Digest, August, 1948.

Franklin, William M., "Zonal Boundaries and Access to Berlin." World Politics, Vol. XVI, No. 1, October, 1963.

Freidin, Seymour, and Fleischer, Jack, "The Last Days of Berlin" (two articles). Collier's, August, 1945.

Geilinger, Dr. Eduard, "The Siege of Berlin" (A Swiss correspondent's account). Neue Zürcher Zeitung, June, 1945.

Jacobi, Oscar, "Berlin Inferno." New York Times Magazine, January, 1944; "Berlin Today." New York Times Magazine, September, 1944.

Kuhn, Irene Corbally, "Patton: 'The Russians Really Took Us for Suckers.'" Human Events, November, 1962.

Lauterbach, Richard, "Zhukov." Life, February, 1945.

"Letters from Berlin." Catholic World, November, 1945.

Mitchell, Donald W., "Allied Pincers Close on Germany." Current History, March, 1945.

Morris, Joe Alex, "Germany Waits to Be Saved." Collier's, September, 1945.

Mosely, Philip E., "Dismemberment of Germany." Foreign Affairs, April, 1950; "The Occupation of Germany." Foreign Affairs, July, 1950.

Personal manuscript prepared especially for the author.
Lageberichte Ost: 1-21 April, 1945; 23-28 April, 1943; 29 April, 1945. Document. German Military Archives.
Last Russian Offensive, The, 1945 (27th Corps Sector). OCMH, MS D-281.
Letztes Kriegstagebuch O.d.M. (*Doenitz*) (Bormann's telegram, signals on devolution of power re: Hitler's death). Documents. German Military Archives.
Notizen nach Führervortrag (to 31 March, 1945; for the Eastern Front). Document. German Military Archives.
Operation Eclipse. Captured and annotated copy from files of Organisationsabteilung, Generalstab des Heeres. Translated by John Flint.
Organization of the Volkssturm from Organisationsabteilung, Generalstab des Heeres. Document. German Military Archives.
Politische Angelegenheiten (The German White Book). German Military Archives.
Raus, Col. Gen. Erhard, *The Pomeranian Battle and the Command in the East. Discussions with Reichsführer SS Himmler and Report to the Führer.* OCMH, MS D-189.
Refior, Col. Hans, *Diary of the Chief of Staff of the Berlin Defense Area, 18 March-5 May, 1945.* German sources.
Reichhelm, Col. Günther, *Battles of the 12th Army, 13 April-7 May, 1945* (By the Chief of Staff). OCMH, MS B-606; *Personal papers, maps, diary.* Given to the author.
Reitsch, Fl/Capt. Hanna. Accounts extracted from U.S. and British interrogation and summarized in the *Nuremberg Papers*; Personal narrative in the U.S.A.F. psychological evaluation and study, *Air Medical Intelligence Report of Flugkapitan Hanna Reitsch, 1945.*
Remagen Bridgehead, The, 11-21 March, 1945. OCMH, MS A-965.
Rendulic, Col. Gen, Lothar, *Army Group A, South, 7 April-7 May, 1945: Report of the Commander.* OCMH, MS B-328.
Reymann, Gen. Hellmuth, *Personal Account of the Battle for Berlin by the Commander of the Berlin Defense Area, 6 March-24 April, 1945.* German sources.
Schramm, Professor Percy E., *Wehrmacht Losses, World War II. German War Potential at the Beginning of 1945.* OCMH, MS B-716.
Schultz, Maj. Joachim, *OKW War Diary Extracts, 20 April-19 May, 1945.* Translated by Giselle Fort. German sources.
Weidling, Lt. Gen. Helmut, *The Final Battle in Berlin, 23 April-2 May, 1945* (By the last commander of the Berlin Defense Area). Translated from the Soviet Defense Dept. *Military Historical Journal* by Wilhelm Arenz. Military Science Review, Jan., Feb. and March, 1962.
Wenck, Gen. Walther, *12th Army: Report of the Commander.* OCMH, MS B-394; Personal Journal and Maps. Given to the author.
Willemer, Col. Wilhelm, *The German Defense of Berlin.* With contributions by: Col. Gen. Gotthard Heinrici, Col. Hans Georg Eismann—Army Group Vistula; Maj. Gen. Erich Dethleffsen, Maj. Gen. Thilo von Trotha, Col. Bogislaw von Bonin, Col. Karl W. Thilo—Army High Command; Col. Hans Oscar Wöhlermann, Artillery Commander—56th Panzer Corps; Col. Gerhard Roos, Chief of Staff—Inspectorate of Fortifications; Col. Ulrich de Maizieres, Operations Branch—Army General Staff; Maj. Gen. Laegeler—Replacement Army; Lt. Gen. Helmut Friebe, Lt. Col. Mitzkus—Deputy Headquarters, Third Corps;

Science Review, April, 1955.

Edelsheim, Gen. Freiherr von, *Capitulation Negotiations between the 12th German Army and the Ninth U.S. Army, 4 May, 1945*. OCMH, MS B- 220.

Eismann, Col. Hans Georg, *Eismann Papers: Diary, Narrative and Personal Notes by the Chief of Operations, Army Group Vistula, 14 January-7 May, 1945*. Also, letters, battle sketches and other military studies prepared for Col. Gen. Heinrici. German sources.

End of Army Group Weichsel (Vistula) and Twelfth Army, The, 27 April-7 May, 1945, and Ninth Army's Last Attack and Surrender, 21 April-7 May, 1945. Research studies by Magna E. Bauer, 1956. Foreign Studies Branch, OCMH.

Estor, Col. Fritz, *The 11th Army, 1-23 April, 1945*. OCMH, MS B-581.

Feindkrafteberechnungen (FHO): Feb. 19-Apr. 15, 1945 (Estimates of enemy strength). Document. German Military Archives.

FHO: "Wesentliche Merkmale des Feindbildes" for April 23-28 1945(Enemy order of battle; telegrams). Document. German Military Archives.

Fighting Qualities of the Russian Soldier, The (German estimates of). Vol. II, No. 8.OCMH, MS D-036.

Gareis, Gen. Martin, Personal Papers and Diary of the Commander of the 46th Panzer Corps, 1945. German sources.

Gehlen, Gen. Reinhard, *Gedanken zur Feindbeurteilung 2.2.45* (Estimate of Soviet intentions). Document. German Military Archives; *Vermutliche Weiterführung der souwj. russ.—Operationen … (Fremde Heere Ost): Stand: 2.2.45*. Document. German Military Archives.

Gen. StdH/Abt. FHO (Chef): "Befehle Op.-Abt." (Operational Orders: 7 March-25 April, 1945). Document. German Military Archives.

Heeresarzt/OKH: (German casualties, July 1943-April 1945 for German Army central military medical authorities). Document. German Military Archives.

Heinrici, Col. Gen. Gotthard, *Account by the Commander of the Army Group Vistula of the Last Battle of the Reich, 1945*. Translated by Susanne Linden; *Heinrici Papers and Diary*. Translated by Professor John Erickson, 1964; *Heinrici: Army Group Vistula War Diary, March-April, 1945*. Translated by Dr. Julius Wildstosser, 1963; *Heinrici Telephone Log*, as recorded in *Army Group Vistula War Diary* by Lt. Col. Hellmuth von Wienskowski, 20-29 April, 1945. Translated by Helga Kramer, 1963; *Papers, monographs, maps, battle sketches*, provided by Col. Gen. Heinrici for the author's use. Translated by Ursula Naccache.

Hengl, Gen. Georg Ritter von, *The Alpine Redoubt*. OCMH, MS B-461.

Hofer, Gauleiter Franz, *The National Redoubt*. OCMH, MS B-458, B-457.

Jodl, Col. Gen. Alfred, *Diary Extracts; Operation Eclipse Notes and Affidavit; Nuremberg Notes; Private Papers*. All translated by Frau Luise Jodl for the author's use.

Koller, Gen. Karl, *The Collapse Viewed from Within* (The diary notes of General Koller, German Chief of Air Staff, 14 April-9 May, 1945). British Air Ministry Archives.

Kriegstagebuch: OKH/Gen. Stab. des Heeres: Operationsabteilung. 4 April-15 April, 1945; 16 April-24 April, 1945. Document. German Military Archives.

Krukenberg, SS Maj. Gen. Gustav, *Battle Days in Berlin* (by the Commander of the SS Nordland Division).

Simonov, K., *Front Ocherki i rasskazy 1941-1945* (The Front. Sketches and stories, 1941-1945). Moscow:Ministry of Defense of the U.S.S.R., 1960.

Smakotin, M. P., *Ot Dona do Berlina* (From the Don to Berlin). Combat history of the 153rd Rifle Division, later 57th Guards Rifle Division. Moscow: Ministry of Defense of the U.S.S.R., 1962.

Solomatin, Col. Gen. M. D., of Tank Troops, *Krasnogradtsy* (1st Krasnograd Mechanized Corps). Moscow: Ministry of Defense of the U.S.S.R., 1963.

Soviet War News (Vols. 1-8, 1941-1945). London: Soviet Embassy Press.

Stavka Directives: 2-23 April, 1945. Document. Moscow: Ministry of Defense of the U.S.S.R.

Sychev, Gen. K. V., and Malakbov, Col. M. M., *The Rifle Corps Offensive*. Moscow: Ministry of Defense of the U.S.S.R., 1958.

Telpukhovskii, Boris Sejonovitsch, *The Soviet History of the Great National War, 1941-45*. Moscow: Military Publishing House, Ministry of Defense of the U.S.S.R., 1959.

Troyanovskii, Lt. Col. P., *Poslednie dni Berlina* (The Last Days of Berlin). Moscow: Ministry of Defense of the U.S.S.R., 1945.

Vyshevskii, V., *Dnevniki voennykh let* (Diary of the War Years). Vol. 4. Moscow: Publishing House for Artistic Literature, 1958; *Sobranie sochinenii*(Collected Works). Moscow: Publishing House for Artistic Literature, 1958.

Weidling, Gen., Interrogation of. By representative of the Soviet commander, Maj. Gen. Trusov. Document. Moscow: Ministry of Defense Archives, May, 1945.

What We Saw in Germany with the Red Army to Berlin. Thirteen Soviet war correspondents. London: Soviet Embassy Press, 1945.

Yedenskii, P. I., *The Berlin Operation of the 3rd Shock Army*. Moscow: Military Publishing House, Ministry of Defense of the U.S.S.R., 1961.

Yuschuk, Maj. Gen. I. I., of Tank Troops, Tank Operations and the Storming of Berlin. Moscow: Military Publishing House, Ministry of Defense of the U.S.S.R., 1962.

Zhilin, Col. P. A., *Vazhneishie operatsii Velikoi Otechestvennoi Voiny 1941-1945 gg* (The Most Important Operations of the Great Patriotic War 1941-1945). Moscow: Ministry of Defense of the U.S.S.R., 1956.

以上尚未列出戰鬥序列、地圖、情報預判，從特定審訊報告中抽出的內容，以及其他大量由蘇聯政府及其其他的機構提供給作者的文件在內。

德國手稿、軍事研究及文件

Adjutantur der Wehrmacht beim Führer, *Beurteilung der Feindlage vor deutscher Ostfront im grossen—Stand 5.1.45* (Estimate of Soviet intentions). Document. German Military Archives.

Arndt, Lt. Gen. Karl, 39th Panzer Corps, 22 April-7 May, 1945. Office of the Chief of Military History (hereafter referred to as OCMH), Dept. of Army, U.S.A., MS B-221.

Blumentritt, Gen. Guenther, *The Last Battles of the AOK Blumentritt, 10 April-5 May, 1945*. OCMH, MS B-361; *Battles Fought by the 1st Parachute Army, 29 March-9 April, 1945*. OCMH, MS B-354.

Busse, Gen. Theodor, *The Last Battle of the 9th German Army* (Vol. 5). German Military Research Studies,*Military*

Ministry of Defense of the U.S.S.R., 1959.

Boltin, Gen. E. A., and others (collective authorship), *Istoriya Velikoi Otechestvennoi Voiny Sovetskovo Soyuza, 1947-1945* (History of the Great Patriotic War of the Soviet Union. 1941-1945). Vols. 1-6. Moscow: Dept. of History, Institute of Marxism-Leninism, and Ministry of Defense of the U.S.S.R., 1960-64.

Chuikov, Col. Gen. V. I., and Gen. Krebs, *Stenographic record of conversations between Berlin: 30 April-1 May, 1945*. Document. Moscow: Soviet private archives, individual possession; "Shturm Berlina" in *Literaturnaya Rossiya* ("The Storming of Berlin" in *Literary Russia*). Moscow: March 27, 1964; *The Beginning of the Road*. London: MacGibbon & Kee, 1963.

Correspondence 1941-45: Winston Churchill; Franklin Roosevelt; Josef V. Stalin; Clement Atlee (Vols. 1-2). Moscow: Foreign Languages Publishing House, 1957.

Ehrenburg, Ilya, *We Come As Judges*. London: *Soviet War News, 1945*; "Lyudi, gody, zhizn" in *Novyi Mir* ("People, Years, and Life" in New World). Moscow: 1962-63.

Gladkii, Lt. Col., 8 Guards Army, Interrogations Report of. Opisanie peregovorv s nachalnikom Generalnovo shtaba Sukhoputnykh Voisk Germanskoi Armii generalom pekhoty Gansom Krebsom i komanduyushym oboronoi goroda Berlin generalom artillerii Veidlingom o kapitylyatsii nemetskikh voisk v Berline (Record of conversations with the Chief of the General Staff of the Land Forces of the German Army, General of Infantry Hans Krebs, and the Commander of the Defense of the City of Berlin, General of Artillery Weidling, on the capitulation of German Forces in Berlin). Document. Moscow: Ministry of Defense Archives.

Gvardeiskaya tankovaya (History of the 2nd Guards Tank Army). Collective authorship. Moscow: Ministry of Defense of the U.S.S.R., 1963.

Kochetkov, Col. D., S *zakrytymi lyukami* in the series Voennye Memuary (With Closed Hatches). Moscow: Ministry of Defense of the U.S.S.R., 1962.

Krivoshein, Gen. S. M., *Ratnaya byl'* (This Was War). Moscow: Military Publishing House, Ministry of Defense of the U.S.S.R., 1959.

Neustroyev, Lt. Col. S. A., *Put' k Reikhstagu* (The Road to the Reichstag) in series, Voennye Memuary. Moscow: Military Publishing House, Ministry of Defense of the U.S.S.R., 1948; "Shturm Reikhstagu" (The Storming of the Reichstag) in *Voenno-istoricheskii Zhurnal*, 1960.

Platonov, Lt. Gen. S. P. (editor), *Vtoraya mirovaya voina 1939-1945 gg. Voennoistoricheskii ocherk* (The Second World War, 1939-1945, Military-historical outline). Moscow: Military Publishing House, Ministry of Defense of the U.S.S.R., 1958.

Popiel, Lt. Gen. N., "Vperedi—Berlin!" (Forward—Berlin!) in Zvezda (Star). Personal memoir. Moscow: Military Publishing House, Ministry of Defense of the U.S.S.R., 1958.

Poplawski, Gen. S. G. (editor), *Boevye deistviya Narodnovo Voiska Pol'skovo, 1943-1945 gg* (Combat operations of the Polish National Army, 1943-45). Moscow: Ministry of Defense of the U.S.S.R., 1961.

Samchuk, I. A., *13-ya Gvardeiskaya* (13th Poltava Rifle Division). Moscow: Ministry of Defense of the U.S.S.R., 1962.

Shturm Berlina (The Storming of Berlin). Collective authorship (Soviet participant accounts). Moscow: Ministry of Defense of the U.S.S.R., 1948.

Tidy, Maj. Gen. Sir Henry Letheby (editor), *Inter-Allied Conferences on War Medicine, 1942-45, Convened by the Royal Society of Medicine*. London: Staples Press Ltd., 1947.

Toland, John, *Battle*. New York: Random House, 1959.

Trevor-Roper, H. R., *The Last Days of Hitler*. London: Macmillan & Co., Ltd., 1947.

Trial of German Major War Criminals, The (Vols. 1-26). London: H. M. Stationery Office, 1948.

Tully, Andrew, *Berlin: Story of a Battle*. New York: Simon and Schuster, 1963.

The 12th Yorkshire Parachute Battalion in Germany, 24th March-16 May, 1945. Privately published.

United States Division Histories: *XIII Corps-One Hundred and Eighty Days; 117th Inf., 1st Btn., 30th Div.—Curlew; 83rd Inf. Div.—Thunderbolt; 84th Inf. Div., The Battle for Germany by Lt. Theodore Draper; 113th Cavalry Group—Mechanized "Red Horse"; 119th Infantry; 30th Artillery Div.; 331st Infantry—We Saw It Through by* Sgt. Jack M. Straus; *329th Infantry—Buckshot; XIXth Corps; 102nd Division; 34th Tank Btn., 5th Armored Div.; 30th Inf. Div.; 120th Inf. Regt.; Fire Mission—The Story of the 71st Armored F.A. Btn. in the ETO; History of the 67th Armored Regt. 1945; History of the 117th Infantry, 1944-45*. Washington, D.C.: Dept. of Defense.

Verney, Maj. Gen. G. L., *The Desert Rats, The History of the 7th Armoured Division*. London: Hutchinson & Co., 1954.

Verney, Maj. Gen. G. L., *The Guards Armoured Division*. London: Hutchinson & Co., 1955.

Victory Division in Europe, The. A History of the 5th U.S. Armored Division. Gotha, Germany: privately printed, 1945.

Wallace, Sir Donald MacKenzie, *Russia on the Eve of War and Revolution*. New York: Random House. 1961.

Warlimont, Walter, *Inside Hitler's Headquarters. 1939-45*. New York: Frederick A. Praeger, 1964.

Webster, Sir Charles, and Frankland, Noble, *The Strategic Air Offensive against Germany, 1939-45* (Vols. 1-4). London: H. M. Stationery Office, 1961.

Wellard, James, *General George S. Patton, Jr.: Man under Mars*. New York: Dodd, Mead, 1946.

Werth, Alexander, *Russia at War, 1941-45*. New York: E. P. Dutton & Co., 1964.

Wheeler-Bennett, J., *Nemesis of Power—The German Army in Politics 1918-45*. London: Macmillan & Co., Ltd., 1953.

White, D. F., *The Growth of the Red Army*. Princeton: Princeton University Press. 1944.

White, W. L., *Report on the Germans*. New York: Harcourt, Brace, 1947.

Wilmot, Chester, *The Struggle for Europe*. London: Collins. 1957.

Windsor, Philip, *City on Leave*. London: Chatto & Windus, 1963.

Woodward, Llewellyn. *British Foreign Policy in World War II*. London: H. M. Stationery Office, 1962.

Younger, Carlton, *No Flight from the Cage*. London: Frederick Muller, Ltd., 1956.

蘇聯書籍、官方文書及文件

Andronikov, N. G., and others (collective authorship), *Bronetankovye i mekhanizirovannye voiska Sovetskoi Armii* (Tank and mechanized forces of the Soviet Army). Moscow: Ministry of Defense of the U.S.S.R., 1958.

Batov, Gen. P. I., *V pokhodakh i boyakh* (Campaigns and battles). In the series Voennye Memuary. Moscow: Ministry of Defense of the U.S.S.R., 1962: *History of the 65th Army*. Moscow: Military Publishing House,

Riess, Curt, *The Berlin Story*. London: Frederick Muller, Ltd., 1953.

Rollins, Alfred B., Jr. (editor), *Franklin D. Roosevelt and the Age of Action*. New York: Dell Publishing Co., 1960.

Roosevelt, Elliott, *As He Saw It*. New York: Duell, Sloan & Pearce, 1946.

Roosevelt, Franklin D., *Nothing to Fear, The Selected Addresses of Franklin D. Roosevelt, 1932-45*. Boston: Houghton Mifflin, 1946.

Royce, Hans (editor), *Germans against Hitler*. Bonn: Berto, 1952.

Rumpf, Hans, *The Bombing of Germany*. London: Frederick Muller, Ltd., 1963.

Russell, Lord, of Liverpool, *The Scourge of the Swastika*. London: Cassell & Co., Ltd., 1954.

Russell, William, *Berlin Embassy*. New York: E. P. Button, 1941.

Salmond, J. B., *The History of the 51st Highland Division, 1939-1945*. Edinburgh and London: William Blackwood & Sons, Ltd., 1953.

Saunders, Hilary St. George, *The Fight Is Won. Official History Royal Air Force, 1939-1945* (Vol. III). London: H. M. Stationery Office, 1954.

Saunders, Hilary St. George, *The Red Beret*. London: Michael Joseph, Ltd., 1950.

Schoenberner, Gerhard, *Der gelbe Stern*. Hamburg: Rutten & Loening, 1960.

Scholz, Arno, Outpost Berlin. Berlin: Arani, 1955.

Shabad, Theodore, *Geography of the U.S.S.R.* New York: Columbia University Press, 1951.

Sherwood, Robert E., *The White House Papers of Harry L. Hopkins* (Vols. I and II). London: Eyre & Spottiswoode, 1948.

Shirer, William L., *Berlin Diary*. New York: Alfred A. Knopf, 1943.

Shirer, William L., *End of a Berlin Diary*. New York: Alfred A. Knopf, 1947.

Shirer, William L., *The Rise and Fall of the Third Reich*. New York: Simon and Schuster, 1960.

Short History of the 7th Armoured Division, June 1943-July 1945, A Privately published.

Shulman, Milton, *Defeat in the West*. London: Secker and Warburg, 1947.

Smith, Jean Edward, *The Defense of Berlin*. Baltimore: The Johns Hopkins Press, 1963.

Smith, Gen. Walter Bedell (with Stewart Beach), *Eisenhower's Six Great Decisions*. New York: Longmans Green, 1956.

Snyder, Louis L., *The War. A Concise History, 1939-1945*. London: Robert Hale, Ltd., 1960.

Stacey, Col. C. P., *The Canadian Army: 1939-45*. Ottawa: Kings Printers, 1948.

Stein, Harold (editor), *American Civil-Military Decisions*. University of Alabama Press, 1963.

Steiner, Felix, *Die Freiwilligen*. Gottingen: Plesse, 1958.

Stettinius, Edward R., *Roosevelt and the Russians: The Yalta Conference*. New York: Doubleday, 1949.

Stimson, Henry L., and Bundy, McGeorge, *On Active Service in Peace and War*. New York: Harper & Bros., 1948.

Strang, Lord, *Home and Abroad*. London: Andre Deutsch, 1956.

Studnitz, Hans-Georg von. *While Berlin Burns*. London: Weidenfeld and Nicolson, 1964.

Tassigny, de Lattre de, Marshal. *Histoire de la première armée française*. Paris: Plon, 1949.

Taurus Pursuant: A History of the 11th Armoured Division. Privately published.

Taylor, Telford, *Sword and Swastika*. New York: Simon and Schuster, 1952.

Thorwald, Juergen, *Flight in the Winter*. London: Hutchinson & Co., 1953.

Marshall, S. L. A., *Men Against Fire*. New York: William Morrow, 1947.
Martin, H. G., *History of the 15th Scottish Division 1939-45*. London: William Blackwood & Sons, Ltd., 1948.
Matloff, Maurice, *Strategic Planning for Coalition Warfare, 1943-44*. Washington, D.C.: Office of the Chief of Military History, Dept. of the Army, 1954.
Members of the 224th Parachute Field Ambulance, Over the Rhine, A Parachute Field Ambulance in Germany. London: Canopy Press, 1946.
Mission Accomplished. The Story of the Fighting Corps, A Summary of Military Operations of the XVIII Corps (Airborne) in the European Theatre of Operations, 1944-45. Schwerin, Germany: XVIII Corps.
Montgomery, Field Marshal Sir Bernard, *An Approach to Sanity-A Study of East-West Relations*. Lecture to the Royal United Service Institution. London: 1945.
Montgomery, Field Marshal Sir Bernard, *The Memoirs of Field-Marshal The Viscount Montgomery of Alamein, K.G.* London: Collins, 1958.
Montgomery, Field Marshal Sir Bernard, *Normandy to the Baltic*. Privately published by Printing & Stationery Service, British Army of the Rhine, 1946.
Moorehead, Alan, *Eclipse*. New York: Coward-McCann, 1945.
Moorehead, Alan, *Montgomery*. London: Hamish Hamilton, 1946.
Morgan, Gen. Sir Frederick, *Overture to Overlord*. London: Hodder & Stoughton, 1950.
Morgan, Gen. Sir Frederick, *Peace and War-A Soldier's Life*. London: Hodder & Stoughton, 1961.
Morison, Samuel Eliot, *The Invasion of France and Germany, 1944-45*. Boston: Little, Brown, 1959.
Mosely, Philip E., *The Kremlin and World Politics*. New York: Vintage Books, Random House, 1960.
Mosley, Leonard, Report from Germany. London: Gollancz, 1945.
Murphy, Robert, Diplomat among Warriors. New York: Doubleday, 1964.
Musmanno, Michael A., *Ten Days to Die*. New York: Doubleday, 1950.
Nobécourt, Jacques, *Le dernier coup de Dès de Hitler: la bataille des Ardennes*. Paris: Robert Laffont, 1964.
North, John, *North-West Europe, 1944-45*. London: H. M. Stationery Office, 1953.
Oldfield, Col. Barney, *Never a Shot in Anger*. New York: Duell, Sloan and Pearce, 1956.
Parker, Col. T. W., Jr., and Col. Thompson, *Conquer, The Story of the Ninth Army*. Washington, D.C.: Infantry Journal Press, 1947.
Paths of Armor. History of the 5th U.S. Armored Division. Atlanta: Albert Love Enterprises, 1945.
Patton, Gen. George S., Jr., *War As I Knew It*. Boston: Houghton Mifflin, 1947.
Phillips, R. (editor), *The Belsen Trial*. London: William Hodge & Co., Ltd., 1949.
Poelchau, Harald, *Die letzten Stunden*. Berlin: Volk und Welt, 1949.
Pogue, Forrest C., "The Decision to Halt on the Elbe, 1945" in Command Decisions.Greenfield, Kent (editor). London: Methuen & Co., Ltd., 1960.
Pogue, Forrest C., *The Supreme Command*. Washington, D.C.: Office of the Chief of Military History, Dept. of the Army, 1954.
Radcliffe, Maj. G. L. Y., *History of the 2nd Battalion. The King's Shropshire Light Infantry in the Campaign NW Europe, 1944-45*. London: Basil Black-well & Mott, Ltd., 1957.
Ridgway, Gen. Matthew B., *Soldier: Memoirs*. New York: Harper & Bros., 1956.

Gilbert, G. M., *Nuremberg Diary*. New York: Farrar, Straus & Cudahy, 1947.

Gill, R., and Groves, J., *Club Route in Europe*. Hanover: British Army of the Rhine, 1945.

Gisevius, Hans Bernd, *To the Bitter End*. London: Jonathan Cape, 1948.

Goerlitz, Walter, *History of the German General Staff.* New York: Frederick A. Praeger, 1953.

Guderian, Gen. Heinz, *Panzer Leader*. New York: E. P. Dutton & Co., 1952.

Guingand, Maj. Gen. Sir Francis de, *Generals at War*. London: Hodder & Stoughton, 1964.

Guingand, Maj. Gen. Sir Francis de, *Operation Victory*. London: Hodder & Stoughton, 1947.

Hagemann, Otto, *Berlin the Capital.* Berlin: Arnai, 1956.

Harriman, Averell, *Our Wartime Relations with the Soviet Union*. Statement submitted to a Joint Senate Committee, 1951.

Harriman, Averell, *Peace with Russia?* New York: Simon and Schuster, 1959.

Hausser, Paul, *Waffen SS im Einsatz*. Gottingen: Plesse, 1953.

Hechler, Ken, *The Bridge at Remagen*. New York: Ballantine Books, 1957. *History of the 4th Armoured Brigade, The*. Privately published.

Hollister, Paul, and Strunsky, Robert (editors). Columbia Broadcasting System War Correspondents' Reports: Edward R. Murrow, Quentin Reynolds, William Shirer,Winston Burdett, Charles Collingwood, Joseph C. Harsch, Eric Sevareid, Bill Downs, Howard K. Smith, Larry Lesueur, Quincy Howe, Richard C. Hottelet, Maj. George Fielding Eliot, George Hicks. From D-Day through Victory in Europe. New York: CBS, 1945.

Horrocks, Lt. Gen. Sir Brian, *A Full Life*. London: Collins, 1960.

Howley, Brig. Gen. Frank, *Berlin Command*. New York: G. P. Putnam's Sons, 1950.

Inkeles, Alex, *Public Opinion in Soviet Russia*. Cambridge: Harvard University Press, 1950.

Irving, David, *The Destruction of Dresden*. London: William Kimber, 1963.

Ismay, Gen. Lord, *The Memoirs of* New York: The Viking Press, 1960.

Jackson, Lt. Col. G. S., *Operations of Eighth Corps*. London: St. Clements Press, 1948.

Joslen, Lt. Col. H. F., *Orders of Battle, Second World War, 1939-45*. London: H. M. Stationery Office, 1960.

Kesselring, Field Marshal, *Memoirs*. London: William Kimber, 1953.

Kindler, Helmut, *Berlin*. Germany: Kindler, 1958.

Kronika, Jacob, *Der Untergang Berlins*. Flensburg: Christian Wolf, 1946.

Leahy, William D., *I Was There*. London: Gollancz, 1950.

Lederry, Col. E., *Germany's Defeat in the East-1941-45*. London: War Office, 1955.

Leonhard, Wolfgang, *Child of the Revolution*. London: Collins, 1957.

Liddell Hart, B. H., *The German Generals Talk*. New York: William Morrow, 1948.

Liddell Hart, B. H. (editor), *The Red Army*. New York: Harcourt, Brace, 1948.

Liddell Hart, B. H., *The Tanks*. London: Cassell & Co., Ltd., 1959.

Life (editors of), *Life's Picture History of World War II*. New York: Time, Inc., 1950.

Lippmann, Walter, *U.S. War Aims*. Boston: Little, Brown, 1944.

McMillan, Richard, *Miracle Before Berlin*. London: Jarrolds Publishers, Ltd., 1946.

Mander, John, *Berlin: Hostage for the West*. Baltimore: Penguin Books, 1962.

Crankshaw, Edward, *Gestapo*. New York: The Viking Press, 1956.

Crawley, Aidan, M.P., Escape from Germany. London: Collins, 1956.

Cumberlege, G. (editor), *BBC War Report, 6th June, 1944-5th May, 1945*.

Oxford: Oxford University Press, 1946.

D'Arcy-Dawson, John, *European Victory*. London: Macdonald & Co., Ltd., 1946.

David, Paul, *The Last Days of the Swiss Embassy in Berlin*. Zurich: Thomas, 1948.

Dawson, Forrest W., Saga of the All American (82nd Airborne Div.). Privately printed.

Deane, John R., The Strange Alliance. New York: The Viking Press, 1947.

Dempsey, Sir Miles, *Operations of the 2nd Army in Europe*. London:War Office, 1947.

Djilas, Milovan, *Conversations with Stalin*. London: Rupert Hart-Davis, 1962.

Doenitz, Admiral Karl, *Memoirs*. Cleveland: World Publishing Co., 1958.

Donnison, F. S. V., *History of the Second World War—Civil Affairs and Military Government, North-West Europe, 1944-46*. London: H. M. Stationery Office, 1961.

Duroselle, Jean-Baptiste, *From Wilson to Roosevelt*. Cambridge: Harvard University Press, 1963.

Ehrman, John, History of the Second World War-Grand Strategy (Vols. V and VI). London: H. M. Stationery Office, 1956.

Eisenhower, Gen. Dwight D., *Crusade in Europe*. New York: Doubleday, 1948.

Erickson, John, *The Soviet High Command, 1918-1941*. London: Macmillan & Co., Ltd., 1962.

Essame, Maj. Gen. H. *The 43rd Wessex Division at War (1944-45)*. London: Wm. Clowes & Sons, Ltd., 1952.

Falls, Cyril, The Second World War. London: Methuen & Co., Ltd., 1948.

Farago, Ladislas, Patton: Ordeal and Triumph. New York: Ivan Obolensky, Inc., 1963.

Feis, Herbert, *Between War and Peace*. Princeton: Princeton University Press, 1960.

Feis, Herbert, *Churchill, Roosevelt, Stalin*. Princeton: Princeton University Press, 1957.

Fittkan, Msgr. Gerhard A., "Darkness over East Prussia" in A Treasury of Catholic Reading. New York: Farrar, Straus & Cudahy, 1957.

Flower, Desmond, and Reeves, James (editors), *The War, 1939-45*. London: Cassell & Co., Ltd., 1960.

Folttmann, Josef, and Muller-Wittne, Hans, *Opfergang der Generale*. Berlin: Bernard & Graefe.

Foreign Relations of the United States, the Conferences at Malta and Yalta, 1945. U.S. Government Printing Office, 1955.

Freiden & Richardson (editors), *The Fatal Decisions*. London: Michael Joseph, Ltd., 1956.

Fuller, Maj. Gen. J. F. C., *The Conduct of War, 1789-1961*. London: Eyre & Spottiswoode, 1962.

Gallagher, Matthew P., *The Soviet History of World War II*. New York: Frederick A. Praeger, Inc., 1963.

Gallagher, Richard F., *Nuremberg: The Third Reich on Trial*. New York: The Hearst Corp., 1961.

Gaulle, Charles de, *The War Memoirs of* (Vols. 1-3). New York: Simon and Schuster, 1955.

Gavin, Lt. Gen. James M., *Airborne Warfare*.Washington: Infantry Journal Press, 1947.

Gavin, Lt. Gen. James M., *War and Peace in the Space Age*. New York: Harper & Bros., 1958.

Genoud, François (editor), *Le testament politique de Hitler*. Paris: Librairie Arthème Fayard, 1959.

Germany Reports. Germany: The Press and Information Office of the Federal German Government, 1955.

Gilbert, Felix (editor), *Hitler Directs His War*. New York: Oxford University Press, 1950.

參考書目

BIBLIOGRAPHY

Adlon, Hedda, *Hotel Adlon*. New York: Horizon Press, 1960.

Anderson, Hartvig, *The Dark City*. London: The Cresset Press, Ltd., 1954.

Andreas-Friedrich, Ruth, *Berlin Underground*. New York: Henry Holt, 1947

Baldwin, Hanson W., *Great Mistakes of the War*. New York: Harper & Bros., 1949.

Belsen. Irgun Sheerit Hapleita Me'haezor Habriti. Israel: 1957.

Bennett, D. C. T., Air Vice-Marshal , Pathfinder. London: Frederick Muller, Ltd., 1958.

Bentwich, Norman, *They Found Refuge*. London: The Cresset Press, Ltd., 1956.

Berlin: Figures, Headings and Charts. Berlin: Press and Information Office, 1962.

Bernadette, Count Folke, *The Curtain Falls*. New York: Alfred A. Knopf, 1945.

Bird, Will R., *No Retreating Footsteps*. Nova Scotia: Kentville Publishing Co.

Bishop, Edward, *The Wooden Horse*. London: Max Parrish & Co., Ltd., 1959.

Blake, George, *Mountain and Flood"the History of the 52nd (Lowland) Division, 1939-46*. Glasgow: Jackson, Son & Co., 1950.

Blond, Georges, *The Death of Hitler's Germany*. New York: Macmillan, 1954.

Boldt, Gerhard, *Die letzen Tage der Reichskanzlei*. Hamburg: Rowohlt, 1947.

Bradley, Gen. Omar N., *A Soldier's Story*. New York: Henry Holt, 1951.

Brereton, Lt. Gen. Lewis H., *The Brereton Diaries*. New York: William Morrow, 1946.

Bryant, Sir Arthur, *Triumph in the West, The War Diaries of Field Marshal Viscount Alanbrooke*. London: Collins, 1959.

Bullock, Alan, *Hitler: A Study in Tyranny*. London: Odhams Press, Ltd., 1952.

Butcher, Capt. Harry C., My Three years with Elsenhower. New York: Simon and Schuster, 1946.

By Air to Battle. Official Account of the British Airborne Divisions. London: H. M. Stationery Office, 1945.

Byford-Jones, Lt. Col. W., Berlin Twilight. London: Hutchinson & Co., 1947.

Cartier, Raymond, *Hitler et ses généraux*. Paris: Librairie Arthème Fayard, 1962.

Churchill, Peter, *Spirit in the Cage*. London: Hodder & Stoughton, 1954.

Churchill, Winston S., *The Second World War* (Vols. 1-6). London: Cassell & Co., Ltd., 1955.

Clark, Alan, *Barbarossa: The Russian-German Conflict, 1941-45*. New York: William Morrow, 1965.

Clay, Gen. Lucius, *Decision in Germany*. New York: Doubleday, 1950.

Cooper, John P., Jr., *The History of the 110th Field Artillery*. Baltimore: War Records Div., Maryland Historical Society, 1953.

Cooper, R. W., *The Nuremberg Trial*. London: Penguin Books, Ltd., 1947.

Counsell, John, Counsell's Opinion. London: Barrie & Rockliff, 1963.

Craig, Gordon A., *The Politics of the Prussian Army: 1640-1945*. New York: Oxford University Press, 1956.

最後一役：納粹第三帝國的末日

Last Battle: The Classic History of the Battle for Berlin

作者　考李留斯雷恩（Cornelius Ryan）
譯者　黃文範、常靖（謝誌）
審訂　許綬南
主編　區肇威（查理）
封面設計　莊謹銘
內頁排版　宸遠彩藝

社長　郭重興
發行人兼出版總監　曾大福
出版發行　燎原出版／遠足文化事業股份有限公司
地址　新北市新店區民權路108-2號9樓
電話　02-2218-1417
傳真　02-8667-1065
客服專線　0800-221-029
信箱　sparkspub@gmail.com
Facebook　www.facebook.com/SparksPublishing/
法律顧問　華洋法律事務所／蘇文生律師
印刷　中原造像股份有限公司
出版日期　二〇二一年一月／初版一刷
定價／六五〇元

最後一役：納粹第三帝國的末日 / 考李留斯雷恩 (Cornelius Ryan) 著；黃文範譯. -- 初版. -- 新北市：遠足文化事業股份有限公司燎原出版, 2021.01
496 面；17×22 公分

譯自：Last battle : the classic history of the battle for Berlin

ISBN 978-986-98382-8-3（平裝）

1. 第二次世界大戰　2. 納粹　3. 戰役

712.84　　109018432